浙江文化研究工程（17WH20022ZD-2Z）成果

浙江文化研究工程成果文库

浙學未刊稿叢編　第二輯

圖録

◎童聖江　黄　静　王若舟　編

浙江省越文化傳承與創新研究中心成果

国家出版基金项目
NATIONAL PUBLICATION FOUNDATION

國家圖書館出版社

圖書在版編目（CIP）數據

浙學未刊稿叢編．第二輯．圖録／童聖江，黄静，王若舟編．北京：國家圖書館出版社，2024.10 -- ISBN 978-7-5013-7250-8

Ⅰ．Z122.55

中國國家版本館 CIP 數據核字第 202471N0D9 號

書　　名　浙學未刊稿叢編·第二輯·圖録

著　　者　童聖江　黄　静　王若舟　編

項目統籌　殷夢霞　張愛芳

責任編輯　靳　諾

封面設計　黄曉飛

出版發行　國家圖書館出版社（北京市西城區文津街 7 號　100034）

（原書目文獻出版社　北京圖書館出版社）

010-66114536　63802249　nlcpress@nlc.cn（郵購）

網　　址　http://www.nlcpress.com

印　　裝　北京科信印刷有限公司

版次印次　2024 年 10 月第 1 版　2024 年 10 月第 1 次印刷

開　　本　787×1092　1/16

印　　張　19

書　　號　ISBN 978-7-5013-7250-8

定　　價　298.00 圓

浙江省文化研究工程指導委員會

《浙學未刊稿叢編》學術指導委員會

《浙學未刊稿叢編》編輯委員會

周會會（浙江圖書館）
曹海花（浙江圖書館）
童正倫（浙江圖書館）
蘇立峰（浙江圖書館）
宋清秀（浙江師範大學）
慈　波（浙江師範大學）
鮑有爲（浙江師範大學）
孫巧雲（浙江師範大學）
陳翌偉（浙江省博物館）
杜遠東（浙江大學圖書館）
沈　静（杭州圖書館）
金新秀（杭州圖書館）
饒國慶（寧波市天一閣博物院）
王　妍（温州市圖書館）
唐　微（紹興圖書館）
沈秋燕（嘉興市圖書館）
馬曉紅（餘姚市文物保護管理所）
朱　鴻（海寧市圖書館）
許海燕（嘉善縣圖書館）
方俞明（紹興王陽明研究會）

《浙江文化研究工程成果文庫》總序

有人將文化比作一條來自老祖宗而又流向未來的河，這是説文化的傳統，通過縱向傳承和横向傳遞，生生不息地影響和引領着人們的生存與發展；有人説文化是人類的思想、智慧、信仰、情感和生活的載體、方式和方法，這是將文化作爲人們代代相傳的生活方式的整體。我們説，文化爲群體生活提供規範、方式與環境，文化通過傳承爲社會進步發揮基礎作用，文化會促進或制約經濟乃至整個社會的發展。文化的力量，已經深深熔鑄在民族的生命力、創造力和凝聚力之中。

在人類文化演化的進程中，各種文化都在其内部生成衆多的元素、層次與類型，由此决定了文化的多樣性與複雜性。

中國文化的博大精深，來源於其内部生成的多姿多彩；中國文化的歷久彌新，取决於其變遷過程中各種元素、層次、類型在内容和結構上通過碰撞、解構、融合而産生的革故鼎新的强大動力。

中國土地廣袤、疆域遼闊，不同區域間因自然環境、經濟環境、社會環境等諸多方面的差異，建構了不同的區域文化。區域文化如同百川歸海，共同匯聚成中國文化的大傳統，這種大傳統如同春風化雨，滲透於各種區域文化之中。在這個過程中，區域文化如同清溪山泉潺潺不息，在中國文化的共同價值取向下，以自己的獨特個性支撑着、引領着本地經濟社會的發展。

從區域文化入手，對一地文化的歷史與現狀展開全面、系統、扎實、有序的研究，一方面可以藉此梳理和弘揚當地的歷史傳統和文化資源，繁榮和豐富當代的先進文化建設活動，規劃和指導未來的文化發展藍圖，增强文化軟實力，爲全面建設小康社會、加快推進社會主義現代化提供思想保證、精神動力、智力支持和輿論力量；另一方面，這也是深入瞭解中國文化、研究中國文化、發展中國文化、創新中國文化的重要途徑之一。如今，區域文化研究日益受到各地重視，成爲我國文化研究走向深入的一個重要標志。我們今天實施浙江文化研究工程，其目的和意義也在於此。

千百年來，浙江人民積澱和傳承了底蘊深厚的文化傳統。這種文化傳統的獨特性，正在於它令人驚歎的富於創造力的智慧和力量。

浙江文化中富於創造力的基因，早早地出現在其歷史的源頭。在浙江新石器時代最爲著名的跨湖橋、河姆渡、馬家浜和良渚的考古文化中，浙江先民們都以不同凡響的作爲，在中華民族的文明之源留下了創造和進步的印記。

浙江人民在與時俱進的歷史軌迹上一路走來，秉承富於創造力的文化傳統，這深深地融匯在一代代浙江人民的血液中，體現在浙江人民的行爲上，也在浙江歷史上衆多杰出人物身上得到充分展示。從大禹的因勢利導、敬業治水，到勾踐的卧薪嚐膽、勵精圖治；從錢氏的保境安民、納土歸宋，到胡則的爲官一任、造福一方；從岳飛、于謙的精忠報國、清白一生，到方孝孺、張蒼水的剛正不阿、以身殉國；從沈括的博學多識、精研深究，到竺可楨的科學救國、求是一生；無論是陳亮、葉適的經世致用，還是黄宗羲的工商皆本；無論是王充、王陽明的批判、自覺，還是龔自珍、蔡元培的開明、開放，等等，都展示了浙江深厚的文化底蘊，凝聚了浙江人民求真務實的創造精神。

代代相傳的文化創造的作爲和精神，從觀念、態度、行爲方式和價值取向上，孕育、形成和發展了淵源有自的浙江地域文化傳統和與時俱進的浙江文化精神，她滋育着浙江的生命力、催生着浙江的凝聚力、激發着浙江的創造力、培植着浙江的競争力，激勵着浙江人民永不自滿、永不停息，在各個不同的歷史時期不斷地超越自我、創業奮進。

悠久深厚、意韵豐富的浙江文化傳統，是歷史賜予我們的寶貴財富，也是我們開拓未來的豐富資源和不竭動力。黨的十六大以來推進浙江新發展的實踐，使我們越來越深刻地認識到，與國家實施改革開放大政方針相伴隨的浙江經濟社會持續快速健康發展的深層原因，就在於浙江深厚的文化底藴和文化傳統與當今時代精神的有機結合，就在於發展先進生產力與發展先進文化的有機結合。今後一個時期浙江能否在全面建設小康社會、加快社會主義現代化建設進程中繼續走在前列，很大程度上取决於我們對文化力量的深刻認識、對發展先進文化的高度自覺和對加快建設文化大省的工作力度。我們應該看到，文化的力量最終可以轉化爲物質的力量，文化的軟實力最終可以轉化爲經濟的硬實力。文化要素是綜合競争力的核心要素，文化資源是經濟社會發展的重要資源，文化素質是領導者和勞動者的首要素質。因此，研究浙江文化的歷史與現狀，增强文化軟實力，爲浙江的現代化建設服務，是浙江人民的共同事業，也是浙江各級黨委、政府的重要使命和責任。

二〇〇五年七月召開的中共浙江省委十一届八次全會，作出《關於加快建設文化大省的决定》，提出要從增强先進文化凝聚力、解放和發展生產力、增强社會公共服務能力入手，大力實施文明素質工程、文化精品工程、文化研究工程、文化保護工程、文化産業促進工程、文化陣地工程、文化傳播工程、文化人才工程等“八項工程”，實施科教興國和人才强國戰略，加快建設教育、科技、衛生、體育等“四個强省”。作爲文化建設“八項工程”之一的文化研究工程，其任務就是系統研究浙江文化的歷史成就和當代發展，深入挖掘浙江文化底藴、研究浙江現象、總結浙江經驗、指導浙江未來的發展。

浙江文化研究工程將重點研究“今、古、人、文”四個方面，即圍繞浙江當代發展問題研究、浙江歷史文化專題研究、浙江名人研究、浙江歷史文獻整理四大板塊，開展系統研究，出版系列叢書。在研究内容上，深入挖掘浙江文化底蘊，系統梳理和分析浙江歷史文化的内部結構、變化規律和地域特色，堅持和發展浙江精神；研究浙江文化與其他地域文化的異同，釐清浙江文化在中國文化中的地位和相互影響的關係；圍繞浙江生動的當代實踐，深入解讀浙江現象，總結浙江經驗，指導浙江發展。在研究力量上，通過課題組織、出版資助、重點研究基地建設、加强省内外大院名校合作、整合各地各部門力量等途徑，形成上下聯動、學界互動的整體合力。在成果運用上，注重研究成果的學術價值和應用價值，充分發揮其認識世界、傳承文明、創新理論、咨政育人、服務社會的重要作用。

我們希望通過實施浙江文化研究工程，努力用浙江歷史教育浙江人民、用浙江文化熏陶浙江人民、用浙江精神鼓舞浙江人民、用浙江經驗引領浙江人民，進一步激發浙江人民的無窮智慧和偉大創造能力，推動浙江實現又快又好發展。

今天，我們踏着來自歷史的河流，受着一方百姓的期許，理應負起使命，至誠奉獻，讓我們的文化綿延不絶，讓我們的創造生生不息。

二〇〇六年五月三十日於杭州

《浙江文化研究工程成果文庫》序言

易煉紅

國風浩蕩、文脉不絶，錢江潮涌、奔騰不息。浙江是中國古代文明的發祥地之一，是中國革命紅船啓航的地方。從萬年上山、五千年良渚到千年宋韵、百年紅船，歷史文化的風骨神韵、革命精神的剛健激越與現代文明的繁榮興盛，在這裏交相輝映、融爲一體，浙江成爲了揭示中華文明起源的“一把鑰匙”，展現偉大民族精神的“一方重鎮”。

習近平總書記在浙江工作期間作出“八八戰略”這一省域發展全面規劃和頂層設計，把加快建設文化大省作爲“八八戰略”的重要内容，親自推動實施文化建設“八項工程”，構築起了浙江文化建設的“四梁八柱”，推動浙江從文化大省向文化强省跨越發展，率先找到了一條放大人文優勢、推進省域現代化先行的科學路徑。習近平總書記還親自宣導設立“文化研究工程”并擔任指導委員會主任，親自定方向、出題目、提要求、作總序，彰顯了深沉的文化情懷和强烈的歷史擔當。這些年來，浙江始終牢記習近平總書記殷殷囑托，以守護“文獻大邦”、賡續文化根脉的高度自覺，持續推進浙江文化研究工程，接續描繪更加雄渾壯闊、精美絶倫的浙江文化畫卷。堅持激發精神動力，圍繞“今、古、人、文”四大板塊，系統梳理浙江歷史的傳承脉絡，挖掘浙江文化的深厚底藴，研究浙江現象、總結浙江經驗、豐富浙江精神，實施“‘八八戰略’理論與實踐研究”等專題，爲浙江幹在實處、走在前列、勇立潮頭提供源源不斷的價值引導力、文化凝聚力、精神推動力。堅持打造精品力作，目前一期、二期工程已經完結，三期工程正在進行中，出版學術著作超過一千七百部，推出了“中國歷代繪畫大系”等一大批有重大影響的成果，持續擦亮陽明文化、和合文化、宋韵文化等金名片，豐富了中華文化寶庫。堅持礪煉精兵强將，鍛造了一支老中青梯次配備、傳承有序、學養深厚的哲學社會科學人才隊伍，培養了一批高水準學科帶頭人，爲擦亮新時代浙江學術品牌提供了堅實智力人才支撑。

文化是民族的靈魂，是維繫國家統一和民族團結的精神紐帶，是民族生命力、創造力和凝聚力的集中體現。在以中國式現代化全面推進强國建設、民族復興偉業的新征程上，習近平文化思想在堅持“兩個結合”中，以“體用貫通、明體達用”的鮮明特質，茹古涵今明大道、博大精深言大義、萃菁取華集大成，鮮明提出我們黨在新時代新的文化使命，推動中華文脉綿延繁盛、中華文明歷久彌新，推動全黨全國各族人民文化自信明顯增强、精神面貌更加奮發昂揚。特别是今年9月，習近平總書記親臨浙江考察，賦予我們“中國式現代化的先行者”的新定位和“奮力譜寫中國式現代化浙江新篇章”的新使命，提出“在建設中華民族現代文明上積極探索”的重要要求，進一步明確了浙江文化建設的時代方位和發展定位。

文明薪火在我們手中傳承，自信力量在我們心中升騰。縱深推進文化研究工程，持續打造一批反映時代特徵、體現浙江特色的精品佳作和扛鼎力作，是浙江學習貫徹習近平文化思想和習近平總書記考察浙江重要講話精神的題中之義，也是浙江一張藍圖繪到底、積極探索闖新路、守正創新强擔當的具體行動。我們將在加快建設高水準文化强省、奮力打造新時代文化高地中，以文化研究工程爲牽引抓手，深耕浙江文化沃土、厚植浙江創新活力，爲創造屬於我們這個時代的新文化貢獻浙江力量。要在循迹溯源中打造鑄魂工程，充分發揮習近平新時代中國特色社會主義思想重要萌發地的資源優勢，深入研究闡釋“八八戰略”的理論意義、實踐意義和時代價值，助力夯實堅定擁護“兩個確立”、堅決做到“兩個維護”的思想根基。要在賡續厚積中打造傳世工程，深入系統梳理浙江文脉的歷史淵源、發展脉絡和基本走向，扎實做好保護傳承利用工作，持續推動優秀傳統文化創造性轉化、創新性發展，讓悠久深厚的文化傳統、源頭活水暢流於當代浙江文化建設實踐。要在開放融通中打造品牌工程，進一步凝煉提升“浙學”品牌，放大杭州亞運會和亞殘運會、世界互聯網大會烏鎮峰會、良渚論壇等溢出效應，以更有影響力、感染力、傳播力的文化標識，展示“詩畫江南、活力浙江”的獨特韵味和萬千氣象。要在引領風尚中打造育德工程，秉持浙江文化精神中蘊含的澄懷觀道、現實關切的審美情操，加快培育現代文明素養，讓陽光的、美好的、高尚的思想和行爲在浙江大地化風成俗、蔚然成風。

我們堅信，文化研究工程的縱深推進，必將更好傳承悠久深厚、意蘊豐富的浙江文化傳統，進一步弘揚特色鮮明、與時俱進的浙江文化精神，不斷滋育浙江的生命力、催生浙江的凝聚力、激發浙江的創造力、培植浙江的競争力，真正讓文化成爲中國式現代化浙江新篇章中最富魅力、最吸引人、最具辨識度的閃亮標識，在鑄就社會主義文化新輝煌中展現浙江擔當，爲建設中華民族現代文明作出浙江貢獻！

二〇二三年十二月

《浙學未刊稿叢編》前言一

徐曉軍

浙學是淵源於古越、興盛於宋元明清而綿延於當代的學術傳統與人文精神傳統，是浙江寶貴的人文優勢。浙江歷史悠久、英才輩出、人文薈萃，爲我們留下了豐富的歷史文獻資源。這些歷史文獻是浙學的主要載體，亟須系統保護和整理、充分挖掘和揭示，“讓書寫在古籍中的文字活起來”，這對於推動和繁榮浙學研究，展示浙江與時俱進的歷史軌迹，傳承富於創造的文化傳統，具有基礎的、積極的重要意義。

中華人民共和國成立以來，特别是改革開放四十年來，以《中華再造善本》《四庫全書存目叢書》《續修四庫全書》爲代表的一批文獻基礎項目的完成，以及浙江省内《重修金華叢書》《衢州文獻集成》等區域叢書出版，大量的中華典籍影印出版，宋、元、明、清刻本大多被影印出版。然而，省内外藏書機構還有相當數量的清至近代的稿抄校本未影印發布，社會利用仍存在很大障礙。據浙江省古籍普查報告統計，浙江近百家單位藏有稿本五千七百多部、抄本一萬七千多部，其中許多是普查中新發現的、未被各種目録著録，更未曾發布。向社會充分揭示這些祖輩留下的寶貴財産，仍然是古籍保護、整理的重要任務。二〇一二年，由浙江省文化廳等十二個廳局組成的浙江省古籍保護聯席會議，發布《浙江省“中華古籍保護計劃”實施方案》，提出實施“浙江未刊古籍影印工程”。二〇一七年七月，浙江省委、省政府發布《浙江省實施中華優秀傳統文化傳承發展工程工作方案》，提出“整理浙江館藏未刊本（手稿），選輯浙江歷代文人所撰或館藏稿本中主要内容涉及浙江而未出版刊行的文獻資料，發揮其重要的學術價值和藝術價值”。

二〇一五年，浙江省建立了《珍貴古籍名録》保護制度，入選國家和省級《珍貴古籍名録》古籍一千四百八十部（其中入選《國家珍貴古籍名録》八百七十一部）；通過古籍重點保護單位評選，百分之九十一的古籍處於達標庫房保護狀態；建立以浙江圖書館和寧波市天一閣博物院兩家國家級修復中心、四家省級修復中心和十八家修復站組成的浙江省古籍修復網絡；完成全省二百五十萬册古籍普查，建立全省三十三萬部古籍統一的信息數據庫。在浙江古籍保護體系基本建立以後，浙江古籍保護的工作重心就自然轉移到促推古籍的合理利用上來。二〇一六年，浙江省未刊古籍影印項目正式啓動，“兩浙文叢”（浙江未刊古籍整理研究）入選浙江省社科規劃優勢學科重大委托項目（17WH20022ZD）。二〇一七年八月，以“浙江文化研究工程”立項，開展未刊古籍整理工作。二〇一八年，浙江師範大學浙學傳承與地方治理現代化協同創新中心李聖華研究團隊加入項目組，浙江省哲學規劃辦公室加强經費支持，并增設三個子課題。經綜合考慮，出版成果定名爲《浙學未刊稿叢編》（以下簡稱《叢編》）。

《叢編》主要收録範圍爲：浙籍人士著作以及外省人士有關浙學的撰述；一九五〇年後未刊印的稿抄本及價值較高的孤本印本。選目主要原則爲：一、國家和省級珍貴古籍優先選入原則，將第一批至第五批《國家珍貴古籍名録》中浙江圖書館藏未刊印過的稿抄本全部選入，解决珍貴古籍看書難的問題，完善珍貴古籍名録保護制度；二、優先選入《國家珍貴古籍名録》所收人物的其他著述，以方便學界研究，如祁彪佳三種稿本《祁忠敏公稿五種》五卷、《贍族約》不分卷、《贍族簿》附《贍村簿》不分卷，毛奇齡三種稿本《誥授奉直大夫都察院湖廣道監察御史何公墓碑銘》一卷、《何母陳宜人榮壽序》一卷、《越州西山以揆道禪師塔誌銘》一卷、《蕭山三江閘議》一卷。對入選的殘本，儘可能收集完整，如姚燮《復莊今樂府選》，存世稿本分藏於浙江圖書館（一百一十册）、寧波市天一閣博物院（五十六册）、國家圖書館（二册），此次都收集齊全。又如晚清外交官、學者德清傅雲龍的稿本《籑喜廬文初集》十八卷、二集十卷、三集四卷，浙江圖書館藏初集和三集，杭州圖書館藏二集，此次也完璧出版。

《叢編》共收録一百三十餘人著述約四百一十三部，計一千八百一十册，分五輯影印出版。其中稿本三百一十二部一千四百七十八册（分别占總收録量的百分之七十七點四二和百分之八十三點六），原創性著述三百四十三部一千一百三十四册（分别占收録總量的百分之八十五和百分之六十四點一）。爲了便於社會使用，配套編纂出版《浙學未刊稿叢編・書志》和《浙學未刊稿叢編・圖録》等成果。

《叢編》是浙江圖書館聯合十一家館藏單位，與浙江師範大學等單位合作編輯成書，前期選目工作始於二〇一三年，由浙江省社會科學院歷史所徐立望先生（時任浙江大學歷史系教授）和浙江圖書館吴志堅博士承擔，二〇一六年後，由童聖江、杜惠芳和童正倫等進行審核及底本複製，二〇一八年，項目組補充選目，最終確定全書收書目録，同時確定浙江圖書館周聿丹、杜惠芳、蘆繼雯、周會會、曹海花，浙江大學徐立望，紹興王陽明研究會方俞明，分别負責來集之、朱駿聲、管庭芬、王繼香、姚燮、平步青、陶方琦和陶濬宣等專集編輯工作。項目得到國家圖書館、中國科學院文獻情報中心、上海圖書館、雲南省圖書館、天津圖書館、浙江圖書館、浙江省博物館、浙江大學圖書館、浙江師範大學圖書館、寧波市天一閣博物院、西泠印社管委會、杭州圖書館、杭州博物館、温州市圖書館、紹興圖書館、嘉興市圖書館、餘姚市文物保護管理所、海寧市圖書館、嘉善縣圖書館等單位和紹興市王德軒先生的大力支持。項目又得到浙江省社科聯和國家古籍保護中心領導大力支持和關心，浙江師範大學黄靈庚教授、復旦大學吴格教授、浙江大學張涌泉教授、山東大學杜澤遜教授、國家圖書館張志清研究館員等專家爲項目提供了非常有價值的寶貴意見，國家圖書館出版社殷夢霞總編輯和張愛芳主任等編輯爲項目成果的出版提供了專業支持，浙江圖書館原館長朱海閔女士、應長興先生對項目策劃和前期工作提供了强有力領導保障。在此一并表示衷心的感謝。

二〇二〇年五月二十日於浙江圖書館孤山館舍

《浙學未刊稿叢編》前言二

李聖華

浙學興於南宋，乃儒學的一次新變。崛起雖晚，却很快成爲傳統學術的重要源流，明代一度標建高幟，蔚爲“顯學”。作爲具有兩浙地域特色的“非地域性”學術，千餘年來，浙學對中華文化産生了廣泛深遠的影響。從生成上看，興於南宋，東萊之學、永康之學、永嘉之學爲其標志，浙東乃其“祖庭”，故後世稱“浙東之學”。從淵源上看，近接北宋周程之學，遠接漢學，上溯孔孟。朱熹理學、陸九淵心學盛傳兩浙，與東萊之學、永嘉之學合流，并爲浙學源頭。從傳播上看，自南宋至明初，婺州爲中心，明中葉而後，中心移至紹興、寧波。然播傳不限兩浙，影響及於天下，無論東萊之學，還是陽明之學、梨洲之學，海内宗之。從特質上看，雖源出周程，但獨具特質：經史并重，乃至“經史不分”；重經世，强調實學事功；重文獻，并采漢、宋，博收廣蓄；綜會兼容，不避“博雜”。從流派上看，自南宋至晚近成一大學脉，學脉内又有學派之分，如東萊中原道統、永康事功、永嘉經制，又如北山、深寧、東發、陽明、蕺山、梨洲諸學派，各自在中國學術思想史上樹立里程碑。

晚近以來，西學興而舊學衰，學者習新黜故，積久而成傳統學術斷層。百餘年間，浙學血脉若斷若續。新世紀以來，賴吴光、黄靈庚、董平諸先生倡導，浙學研討復興。興復古學，道合日衆，我們進而倡議編纂《浙學文獻集成》，惜艱於施行。浙江圖書館從事《兩浙文叢》之役，首編擬作《兩浙未刊稿叢編》。浙江省社科聯邵清先生提議冠名“浙學”，乃删剔叢雜，輯存專門文獻，成《浙學未刊稿叢編》（以下簡稱《叢編》）。凡數百册，收明清稿抄本四百餘種，分爲五輯，陸續影印刊行。兹編以專題文獻、專人文獻彙輯方式收録珍稀古籍，限於當前條件，所收範圍暫止於浙人著述，未盡合浙學廣大之義。其間作者或非浙學傳人，然著述涉言浙學，庶幾有裨於浙學發覆，仍録不遺。所收珍稀之本，如入寶山，觸手可珍。於宋、元、明浙學大家名家著述已影印或整理出版者，則力避重複，故收清人著述爲多。兹編爲浙學傳播，深入發掘浙學歷史源流、思想内蘊、成就得失提供基礎文獻，雖不足稱浙學復興基石，然“椎輪爲大輅之始”，其價值自當可觀。

一、浙學淵源流變

關於浙學的源流，近人何炳松《浙東學派溯源》略及之。朱、陸、吕三家共爲浙學源頭，長期以來如何交叉融合？從金華一派到姚江一派，再到樸學浙派，發生了怎樣的變化？史學、經學如何互相影響，結果如何？浙學與樸學是一種怎樣的關係？諸如此類問題，皆有待探討。《叢編》爲深入發覆浙學源流提供了重要的材料。

浙學源流的梳理，明清已有不少著述。專門之論，有明人陳雲渠撰《浙學譜》一卷、明末劉鱗長輯《浙學宗傳》不分卷、清人許汝稷輯《浙學傳是編》六卷、清末張廷琛撰《浙學淵源述要》不分卷。專論浙學一脉，有明人金賁亨撰《台學源流》七卷、董遵撰《金華淵源録》二卷，清人沈復粲輯《霞西過眼録》八卷。

其合浙學與宋元之學及明學、清學并論，有黄宗羲撰《明儒學案》及其發凡起例、黄百家與全祖望等纂輯補修《宋元學案》、徐世昌等纂輯《清儒學案》等。《宋元學案》《明儒學案》述浙學源流皆詳。《清儒學案》述《南雷學案》《楊園學案》《三魚學案》《西河學案》《竹垞學案》《鄞縣二萬學案》《餘山學案》《堇浦學案》《息園學案》《謝山學案》《抱經學案》《耕崖學案》《實齋學案》《南江學案》《錢塘二梁學案》《鶴泉學案》《秋農學案》《南陔學案》《鐵橋學案》《丹邨學案》《嘉興二錢學案》《柳東學案》《儆居學案》《定盦學案》《壬叔學案》《曲園學案》《越縵學案》《籀廎學案》諸學案，亦云富矣，惜構畫不成體系，源流終有未明。如《南雷學案》僅列梨洲甬上、越中弟子數人，遺查慎行等海昌門人；以爲杜煦、姜炳璋無可歸屬，列入《諸儒學案》；平步青爲一時名家，竟遺其人，實可别立"景蓀學案"；《謝山學案》末附王梓材，而遺并稱之馮雲濠；邵瑛、沈冰壺、黄璋、查揆等人皆有學，《清儒學案》未言及之。

其合浙學與儒學源流并論，有周汝登撰《聖學宗傳》十八卷、黄宗羲撰《理學録》不分卷、姜希轍撰《理學録》九卷、萬斯同撰《儒林宗派》十六卷等。

以上諸書，《浙學譜》《浙學傳是編》不傳；黄宗羲《理學録》傳世有稿本，姜希轍《理學録》傳世有清抄本，沈復粲《霞西過眼録》傳世有稿本，皆未刊，其他數種各有刻本。《宋元學案》除刻本、抄本外，更有稿本數種。《叢編》未能輯得黄宗羲《理學録》稿本，但收録姜希轍《理學録》、沈復粲《霞西過眼録》、黄璋等校補《宋元學案》。

《宋元學案》自清康熙間黄宗羲發凡起例，至道光二十六年（1846）何紹基刻成百卷，成書歷時一百七十餘年，黄宗羲、黄百家、全祖望、黄璋、黄徵乂、王梓材、馮雲濠等十餘人各有功績。所構畫宋元學術史體系，久爲學者問學津筏和學術史撰著依據。黄百家底稿、全祖望底稿大都散佚，黄璋等校補本久鑰藏室，今人習見爲何氏刻本百卷，即王梓材、馮雲濠校補本。黄宗羲、黄百家父子，黄璋、黄徵乂父子，全祖望及王、馮諸子各有何貢獻，纂修思想前後發生怎樣變化，其間得失如何？《叢編》所收餘姚市文物保護管理所藏《宋元學案》稿本二十册，爲認識這類問題提供了有力的材料。王、馮校補《學案》，未見黄百家原稿，主要采用全祖望殁後散出底稿（大都藏於門人盧鎬家，部分殘稿藏於門人蔣學鏞家），即《宋元學案考略》所説“月船盧氏所藏底稿本”“樗菴蔣氏所藏底稿殘本”，間用黄璋父子校補本，即“餘姚黄氏校補本”[一]。今盧氏、蔣氏藏本罕傳，傳者有黄氏校補本《宋元儒學案》八十六卷（清抄本），其中《宋儒學案》藏中國臺灣傅斯年圖書館，《元儒學案》藏國家圖書館。《宋元儒學案》抄自黄璋等校補稿本《宋元學案》。稿本有全祖望、黄璋、黄徵乂等人手迹，校補以全氏、黄璋爲主，徵乂批校多爲校訂及注明抄寫格式。今詳作考證，知第三本《關中學案》後半部爲全氏底稿，修補於黄百家原本録副上；第五本《道南學案》爲全氏底稿，百家原本録副；第七本《豫章學案》《延平學案》，黄百家、全祖望原未分二案，其《朱松傳》以前爲全氏底稿，《朱松傳》以後爲全氏底稿，百家原本録副；第七本接下《横浦學案》有兩本，前一種爲黄璋重抄，後一種爲全氏底稿，百家原本録副。第十本《潛菴學案》《雙峰學案》《四明朱門學案》爲全氏底稿，百家原本録副；第十三本《新安學案》《木鐘學案》《鶴山學案》爲全氏底稿，百家原本録副；第十四本《西山學案》爲全氏底稿，百家原本録副；第十九本《鳴道學案》爲全氏底稿。黄氏、全氏底稿，學界久覓不得，不意於此本得見。對讀黄氏校補本、道光刊本，用文獻還原之法，析骨還肉，可以辨析諸家在《宋元學案》成書中思想異同、貢獻得失。如黄百家未立《東萊學案》《深寧學案》《麗澤諸儒學案》；全祖望别立《東萊學案》《深寧學案》；《麗澤諸儒學案》，全氏底稿未見，王、馮采黄璋父子校補，析《東萊學案》部分内容，復自作增補，成《麗澤諸儒學案》。黄百家討論宋元之學，以朱、陸爲綱，全祖望重拈朱、陸、吕并立以變化之，從黄璋到王、馮，大抵用全氏構畫體系，而皆修改未盡。

黄宗羲、姜希轍爲劉宗周高弟子，各撰《理學録》，堪稱《宋元學案》《明儒學案》之嚆矢。黄氏《理學録》，學界久以爲散佚。今人彭國翔先生披閲古籍，發現稿本尚存。是書共録濂溪學派、康節學派、河南學派、關中學派、浙學派、道南學派、湖南學派、金華學派、輔氏學派、江右學派、北方學派、明初學派、河東學派、崇仁學派、白沙學派、甘泉學派等十六學派。專立“浙學派”之目，開篇爲袁溉，注云“程氏門人，已見”。其後録門人薛季宣及後傳五十一人：薛季宣、陳傅良、蔡幼學、曹叔遠、吕大亨、章用中、陳端己、陳説、林淵叔、沈昌、洪霖、朱黼、胡時、周行己、鄭伯熊、吴表臣、葉適、周南、孫之宏、林居安、趙汝鐸、王植、丁希亮、滕宬、孟猷、孟導、厲詳、邵持正、陳昂、趙汝讜、陳耆卿、吴子良、舒岳祥、陳亮、喻偘、喻南强、陳頤、錢廓、郎景明、方坦、陳檜、金潚、凌堅、何大猷、劉範、胡括、章椿、徐碩、劉淵、孫貫、吴思齊。河南學派注云“程氏門人”，録二程門人五十二人，楊時、吕大均、吕大臨、吕希哲、袁溉皆在内[二]。書頗可貴，惜難徵集，本編未收。黄氏《理學録》至甘泉學派止，姜氏《理學録》則始於陽明學派。第一册收陽明及門人錢德洪諸人文録、語録。第二册爲《東林學派》《蕺山學派》。《東林學派》前有《東林學派表》，始歐陽德，下爲歐陽氏傳人李春芳、萬虞愷、王宗沐、何祥、張棨、薛應旂，接爲薛門再傳顧憲成、顧允成、薛敷教，再爲顧憲成門人高攀龍。歐陽德前標“王氏門人”，顧憲成前標“薛氏門人，陽明三傳”，高攀龍前標“顧氏門人，陽明四傳”。按所述，東林學派係出陽明。萬斯同《儒林宗派》卷十五“王氏學派”，述歐陽德一支，下接胡直、薛應旂、何祥、貢安國、沈寵、王宗沐、敖銑、卓邦清；後接薛氏門人薛敷教、顧憲成、顧允成，胡直門人鄒元標；再接顧憲成門人丁元薦、史孟麟，鄒元標門人馮應京[三]。所述與姜多合，然未列高攀龍。《明儒學案》立《東林學派》，首標顧、高。顧憲成傳言及其曾問學於薛應旂，應旂授以《考亭淵源録》，曰：“洙泗以下，姚江以上，萃於是矣。”[四]傳又言“先生深慮近世學者，樂趨便易，冒認自然”，“而於陽明無善無惡一語，辨難不遺餘力，以爲壞天下教法，自斯言始”，“今錯會陽明之立論”，“當時之議陽明者，以此爲大節目，豈知與陽明絶無干涉。嗚呼！天泉證道，龍谿之累陽明多矣”[五]。蓋以爲東林已逸出，故不標陽明後派。由此可見，黄、姜見解不盡合，萬氏之見與乃師亦不同。後世論東林學派，多不歸於陽明後學。就淵源論，東林雖爲陽明别調，亦可稱浙學流亞。《蕺山學派》前有《蕺山學派表》，首列唐樞，下接唐樞傳人許孚遠、錢鎮，再接許孚遠傳人劉宗周、馮從吾。唐樞下標“甘泉門人”，許孚遠前標“唐氏門人，甘泉再傳”，劉宗周前標“許氏門人，甘泉三傳”。《明儒學案》卷六十二《蕺山學案》未專强調“甘泉三傳”。《儒林宗派》卷十五述“王氏門人”，末附劉宗周與“劉氏學派”。“劉氏學派”列吴麟徵、葉廷秀、王毓蓍、祝淵、祁彪佳、何弘仁、傅日炯、劉汋、陳確、章正宸、金鉉、惲日初十二人。王梓材增注本按云：“日初下，當有闕文。”[六]第三册爲《錢緒山學派》《龍溪學派》《鄒氏學派》《劉氏學派》，《明儒學案》分列錢德洪、王畿入《浙中王學》，鄒守益、劉文敏入《江右王學》[七]。第四册爲《白沙學派》《甘泉學派》，《明儒學案》分歸入《白沙學案》《甘泉學案》。姜氏《理學録》六派前各有學派表，述師承統緒。《明儒學案》所述師承則略，於姜氏所載傳人有未言及者。《儒林宗傳》卷十四歸甘泉一派入“陳氏學派”，湛若水傳唐樞，唐樞傳許孚遠，許孚遠傳馮從吾、劉宗周，卷十五别立“劉氏學派”，所述統緒大抵與姜合。卷十五“王氏學派”，與姜氏所列學派表復多相合，然不標“錢緒山學派”“龍溪學派”“鄒氏學派”“劉氏學派”“東林學派”之名。

黄、姜皆蕺山親炙弟子，交往甚密，萬斯同爲梨洲高足，蕺山再傳，三人論學脉各有側重，乃有此異。諸家之論正可參看，以辨浙學源流。沈復粲《霞西過眼録》八卷，抄撮史部諸書，專録姚江一派，編次叢雜，價值遜於《宋元學案》《理學録》，然用力爬梳搜羅，亦可備鑒觀浙學源流。

二、關於“由經入史”

何炳松論浙學興衰，概括爲“由經入史”“由史入文”八字，云：“初闢浙東史學之蠶叢者，實以程頤爲先導”，“傳其學者多爲浙東人。故程氏雖非浙人，而浙學實淵源於程氏。浙東人之傳程學者有永嘉周行己、鄭伯熊，及金華之吕祖謙、陳亮等，實創浙東永嘉、金華兩派之史學，即朱熹所目爲‘功利之學’者也”，“唯浙學之初興也蓋由經入史，及其衰也又往往由史入文。故浙東史學自南宋以至明初，即因經史文之轉變而日就衰落。此爲浙東史學發展之第一個時期”，“迨明代末年，浙東紹興又有劉宗周其人者出”，“其學説一以慎獨爲宗，實遠紹程氏之無妄，遂開浙東史學中興之新局”，“其門人黄宗羲承其衣鉢而加以發揮，遂蔚成清代寧波萬斯同、全祖望及紹興邵廷采、章學誠等之兩大史學系。前者有學術史之創作，後者有新通史之主張”，“此爲浙東史學發展之第二個時期”，“唯浙東史學第一期之初盛也，其途徑乃由經而史，及其衰也，乃由史而文。第二期演化之經過亦復如是”[八]。“由經入史”，指由治經而好史；“由史入文”，指由治史而好文。“由史入文”未造成明清浙學之衰，何炳松判斷可疑，但所説浙學之興乃在“由經入史”，則爲確論。不過，浙學學者“經史不分”，不欲使二者相割裂，“史”也終未置於“經”上。且史學一脉發展流變遠較何氏所説複雜，非僅所謂第一時期、第二時期所能概括。

浙學之史學成就，有目共睹，《叢編》收明清稿抄本，也呈現了明清浙學經史繁榮的情況及“經史不分”的特質。

浙學史上號通儒者，首推吕祖謙，次爲王應麟、宋濂、黄宗羲。就經學言，學者長於治《易》《春秋》，《詩》《禮》之學稍可觀，《尚書》罕見專家。因傳朱學，又多擅《四書》學，如金履祥、許謙等。《叢編》收録經解，未如史著富有，亦自不少。如《易》學著作：黄璋《周易象述》不分卷，朱駿聲《易學三種》（《易鄭氏爻辰廣義》《易經傳互卦卮言》《易章句異同》）、《易消息升降圖》、《學易札記》、《六十四卦經解》，陶方琦《鄭易小學》，黄式三《易傳通解初稿》，柯汝霖《平湖柯春塘先生易説》。《春秋》學著作：董守諭《春秋簡秀集》、朱駿聲《春秋左傳識小録》《春秋闕文考》《春秋平識》《春秋三家異文覈》《春秋亂賊考》、陶方琦《春秋左氏古經漢義補證》、王紹蘭《春秋説》。《詩》學著作：沈近思《學詩隅見録》、沈冰壺《沈氏詩醒八牋》、姚燮《詩問稿》、陶方琦《韓詩遺説補》。《禮》學著作：王紹蘭《周人禮説》《儀禮圖》等。此外，經説尚有黄以恭《愛經居經説》，《四書》學著述有方桑如《四書考典》。以上大都清人之作。當然，這并不意味宋、元、明浙學經解少，乃《叢編》專收"未刊稿抄本"使然。總體以觀，清人經解一方面承緒浙學"經史不分"傳統，另一方面深受清代樸學風氣影響，并以小學考據見長。

《叢編》收史著數量、卷帙遠超過經解。由於立意"未刊"，僅收稿抄本，故吕祖謙《大事記》《十七史詳節》、王益之《西漢年紀》、黄震《古今紀要》、王應麟《通鑑地理通釋》、胡三省《資治通鑑音注》《通鑑釋文辯誤》、王禕《大事記續編》、黄宗羲《明儒學案》等經典之作，因有刻本，甚乃宋元珍槧，不復采録。黄宗羲史著多種，整理本《黄宗羲全集》已收，《叢編》不重複收録。清初浙學三部史學名著，即張岱《石匱書》、談遷《國榷》、萬斯同《明史》，未刻行。《石匱書》存稿本（殘）、清抄本（殘）。《國榷》傳清初抄本（殘）、清抄本、清胡蕉窗抄本（殘）等。萬氏《明史》存清抄本四百十六卷，又有清抄本《明史紀傳》三百十三卷（殘），稿本《明史列傳稿》二十二卷，清抄本《明史列傳稿》二百六十七卷。今以《石匱書》《明史稿》已影印，《國榷》已整理，捨而弗録。《叢編》所收稀見文獻，史部諸類幾盡涵蓋，而傳記最多，其次爲政書、地理、金石考、雜史。收録情况如下：

紀傳之史，如杭世駿《金史補》、平步青《宋史叙録》。編年之史，如沈德符《歷代正閏考》。紀事本末，如陶濬宣《通鑑長編紀事本末補佚》。雜史，如朱駿聲《秦漢軍國考》《孔子紀年》、陶濬宣《官階古稱考》《國朝掌故瑣記》。史表，如俞汝言《崇禎大臣年表》。史鈔，如沈赤然《後漢搴英》、傅以禮《史鈔》。史評，如孫德祖《讀鑑述聞》、馬青《史繩》。譜牒，如向洪上等修《向氏家乘》、孫峻《孫氏家乘》。政書，如平步青《星軺便覽》《國朝館選爵里謚法考》、傅以禮《明謚考》《明謚考略》。詔令奏議，如何焻《兩漢制詔》、閔鶚元《奏稿》、王文韶《退圃老人直督丙申奏議》《直督奏議》、林啓《奏議公文遺稿》、吴慶坻《奏稿録要》。地理類，如鄭元慶《湖録》、沈復粲《大善寺志稿》、孫峻《天竺續志備稿》《六和塔志》、許良模《花溪志補遺》、祝定國《花溪備忘録》、丁丙《杭城坊巷志》、金明全《紹興風俗志》、杭世駿《武林覽勝記》、陶濬宣《東湖記》、管庭芬《越遊小録》。金石考，如吴東發《金石文跋尾》《吴侃叔吉金跋》、管庭芬《錢譜》、傅雲龍《簑喜廬訪金石録》、洪頤煊《倦舫碑目》、陶濬宣《金石隨筆》《稷山所見金石目》。目録，如管庭芬《海昌經籍志略》、陶濬宣《國朝史學叢書目録》。

傳記又以總傳、日記、年譜、職官類爲多。如屠本畯《三史統》、項聖謨《歷代畫家姓氏考》、萬言《明女史》、沈冰壺《勝國遺獻諸人傳》《勝國傳略》《本朝諸公傳》、朱駿聲《吴中朱氏史傳》、平步青《國朝文録小傳》《燃藜餘照》《唐文粹補小傳》《南書房入直諸臣考略》、陶濬宣《國朝紹興詩録小傳》、傅以禮《明史續編》《傅氏先世事實編》、沈景修《禾郡項氏事略》、吴慶坻《辛亥殉難記》、平步青《國子監進士題名碑録》《唐科目考》《五代宋元科目考》、孫德祖《兩朝會狀録》、王繼香《王孝子事略》、查慎行《壬申紀遊》、姚祖同《南歸紀程》《金陵行紀》、管庭芬《日譜》、平步青《南輶紀程》、陶濬宣《海州病中日記》《入剡日記》、王繼香《日記》、沈景修《蒙廬日記》、吴慶坻《使滇紀程》《入蜀紀程》、平步青《西漢宰相考》《東漢宰相考》《五代宰相考》《宋宰輔考》《明宰輔考》《明列輔起家考》《復社姓氏録》《殘明百官簿》、葉嘉棆《葉文定公年譜》、孫衣言《葉文定公年譜》、韓系同《毛西河先生年譜殘稿》、陶方琦《許君年表稿》、嚴烺《自撰年譜》、朱蘭《黄梨洲先生年譜稿》《補讀室自訂年譜》《舜水先生年譜稿》、黄雲眉《南江先生年譜初稿》。

以上史著，稿本居多。《歷代正閏考》《明女史》《湖録》《崇禎大臣年表》《金史補》《武林覽勝記》等皆知名於世。鄭元慶《湖録》一百二十卷，大都散佚，《叢編》收初稿本五卷殘帙，計一百十六葉，另題跋六葉。元慶字子餘，號芷畦，歸安人。沉酣載籍，肆力著述。應聘纂修《湖州府志》，書成未刻。自嘆數十年心力，不忍弃之，遂別成《湖録》[九]，當時僅刻傳二卷。覽者服其精博，全祖望《鄭芷畦窆石志》稱其"苕中文獻之職志"[一〇]。乾隆初年，胡承謀修《湖州府志》，援以爲據。周中孚《鄭堂讀書記》卷三十二云："其原稿即爲胡《志》所取材，止有初稿在吾鄉楊拙因處，并原稿爲胡氏取去。"[一一]《[雍正]浙江通志》、阮元《兩浙金石志》、陶元藻《全浙詩話》、丁丙《善本書室藏書志》、陸心源《三續疑年録》《吴興金石記》及汪曰楨《湖蠶述》，頗徵述《湖録》。杭世駿《武林覽勝記》未刻，吴慶坻《蕉廊脞録》卷五云："堇浦先生著《武林覽勝記》四十二卷，無刻本。友石山房高氏藏鈔本，題'仁和杭世駿大宗輯，東里盧文弨召弓校'。"[一二]《叢編》所收即此本。《兩浙經籍志》稱是書"乃攟拾浙中舊志，增益舊聞，而補采搜討之功，獨爲詳備"，"今存此一書，猶見當時典章文物也"。[一三]世駿研治諸史，著

《史記考證》七卷、《後漢書百官志》五卷、《漢爵考》一卷、《漢書蒙拾》三卷、《後漢書蒙拾》二卷、《三國志補注》六卷、《晉書補傳贊》一卷、《諸史然疑》一卷等。《叢編》收其《金史補》不分卷，民國二十六年（1937）影抄本，封題“影録仁和瞿氏清吟閣原鈔稿本”，共九册。《中國古籍總目》未著録此本。是書與厲鶚《遼史拾遺》二十四卷，皆效劉昭、裴松之注史之法，補正史之闕，爲研治宋、金、遼三史需備舊籍。

有清一代，浙學史學大盛，乃清代史學最重要的一支。其統緒有自，研治明史頗爲顯著，近源可追溯至明末私撰史著風氣，真正發軔則是張岱作《石匱書》，談遷撰《國榷》，查繼佐作《罪惟録》，黄宗羲與門人萬斯同、邵廷采等爲存明史，撰著私史。浙學傳人接緒黄、萬，推轂探研明史之盛。《叢編》所收乏宏製，但可觀者不少。如俞汝言《崇禎大臣年表》、萬言《明女史》、沈冰壺《勝國遺獻諸人傳》《勝國傳略》、傅以禮《明史續編》、平步青校補《殘明百官簿》等，可見浙派史學旨趣所在。俞汝言爲明遺民，其《崇禎大臣年表》稿本一卷，記一朝殿閣、部院大臣，末附弘光南都即位大臣表。《自序》云：“論者以明而過察，信任不專，以致群臣畏罪，相爲欺蔽。然不思人臣委身事主，惟所任使，位卑職輕，則曰非我任也。及都右職，則曰委任不專也。又曰好疑用察，救過不暇也。是則無一之可爲歟？迨至君呼籲而求助，臣邅迴而不前，壞不可支，歸之氣數”，“爲是説者，是左聖明，長奸佞，設辭以助惡也。即無論其他，五十輔臣中，力排衆議、任相十年者有之，起自外僚、特簡政地者有之，奪情召用、出入將相者有之，釋褐三載、即首端揆者有之。任非不專也，察非過用也，而效忠殫職，何鮮聞也？”反思明亡之由、崇禎政亂之故，駁斥時人將亡明歸於崇禎“明而過察，信任不專”。崇禎亡國，實録未作。俞氏此作存史，簡明而確，便於觀覽，可與《國榷》及民間私撰《崇禎實録》《崇禎長編》相發明。浙學傳人好談明史事，自清初迄晚近胥然。乾嘉間，山陰沈冰壺字玉心，號梅史，熟精於史，尤諳明人物軼事，與同時全祖望等人關注前明舊史，致力存一代文獻。《叢編》收其《勝國遺獻諸人傳》不分卷，黄璋抄本，即《勝國傳略》卷六録出單行者。傳録蔣德璟、張鏡心、李清、姜埰、姜垓、徐復儀、王正中、董守諭、劉汋、柴紹炳、侯玄汸、侯玄涵、傅山、來集之、吴繁昌、吴謙牧、蔣平階、李世熊、梁以樟、林古度、閻爾梅、王弘撰、杜濬、張杉、徐柏齡、李標、范路、來蕃、葉名振、萬泰、徐鼎、陳恭尹、屈大均、文點等五十一人，各有史評。末附清人王復禮、陳廷會、孫治、毛先舒四人傳。其書表彰奇節忠直，所謂"勝國遺獻諸人傳"，即"明遺民傳"，類於黄宗羲、邵廷采記東南遺民，非簡單抄撮舊籍。且多捃摭兩浙遺民，有裨明季史乘。今人謝正光、范金民二先生編纂《明遺民録彙輯》，收邵廷采《明遺民所知傳》、黄容《明遺民録》、佚名《皇明遺民傳》、陳去病《明遺民録》、孫鏡菴《明遺民録》、陳伯陶《勝朝粤東遺民録》、秦光玉《明季滇南遺民録》等七種[一四]，頗具史料價值。今天看來，尚可補葺。沈冰壺《勝國遺獻諸人傳》、侯登岸《勝國遺民録》、張其淦《明代千遺民詩詠》等皆可補録。由於文獻難徵，南明史研治不易，其中甚難的一點即南明職官考録。平步青校補《殘明百官簿》四卷，值得稱道。是書輯者未詳，平氏以卷第殘損、波磔脱落，校而補之，卷一爲《弘光百官簿》，卷二爲《魯監國百官簿》，卷三爲《唐王百官簿》，卷四爲《桂王百官簿》。全祖望嘗見《庚寅桂林百官簿》，考之知寧士仕嶺外者三人：鄞縣余鷴起、任斗墟，奉化陳純來。《題庚寅桂林百官簿》嘆其事難考，鷴起事迹"近始得其始末"[一五]。由此可覘《殘明百官簿》價值。傅以禮輯《明史續編》，從家譜、别集、總集、方志中爬梳大量明季人物傳記，偶收請疏、墓誌銘、墓表等，以補《明史》所未詳，亦可見浙派重文獻的傳統。

《叢編》收清人日記稿抄本十餘種、清人撰年譜近十種。日記别有紀年價值，年譜對學術史研究大有補益。年譜之作興於宋，盛於明清。浙學傳人喜作學者年譜，如吕祖儉爲吕祖謙撰《年譜》，喬行簡爲宗澤作《忠簡公年譜》，袁燮爲陸九淵作《象山陸先生年譜》，錢德洪爲王陽明作《陽明先生年譜》，盧演爲方孝孺作《方正學先生年譜》。《叢編》所收略可見浙學這一風氣。

三、樸學之浙派

中國傳統經學有漢學、宋學之分，略言之，漢學重考據訓詁，宋學重性理詮釋。至於清代，學者各有取徑、師承、好尚，尚漢學者有之，好宋學者有之，兼采漢、宋者有之，更有不分漢、宋者。這與清代詩壇分野相類，或宗唐，或宗宋，或兼學唐、宋，或不分唐、宋。清代學風屢生變革，皮錫瑞《經學歷史》述曰："國朝經學凡三變。國初，漢學方萌芽，皆以宋學爲根柢，不分門户，各取所長，是爲漢、宋兼采之學。乾隆以後，許、鄭之學大明，治宋學者已尟，説經皆主實證，不空談義理，是爲專門漢學。嘉道以後，又由許、鄭之學導源而上，《易》宗虞氏以求孟義，《書》宗伏生、歐陽、夏侯，《詩》宗魯、齊、韓三家，《春秋》宗《公》《穀》二傳。漢十四博士今文説，自魏、晉淪亡千餘年，至今日而復明。實能述伏、董之遺文，尋武、宣之絶軌，是爲西漢今文之學。學愈進而愈古，義愈推而愈高，屢遷而返其初，一變而至於道，學者不特知漢、宋之别，且皆知今、古文之分，門徑大開，榛蕪盡闢。"[一六]總括大抵可信。清儒取捨好尚不同，有清學術遂區分諸派。清初，黄宗羲講學東南，讀書窮經，兼好治史，并采漢、宋，是爲梨洲一派；孫奇逢講學於北，著《理學宗傳》，主於宋學，是爲夏峰一派。南黄北孫，爲一時顯學。此外，顧炎武、汪琬、徐乾學等傳吴中學統，兼采漢、宋；李顒、李因篤等傳關中學統，主於宋學；閻若璩倡導漢學，重於考據。自乾隆以後，漢、宋之争熾，有吴派、皖派之分，又有今文、古文之訟。學者論清學，喜談吴派、皖派，輕於拈説浙派，即使談之，亦多將其歸爲史學一派。事實上，浙學亦清學一大源頭，浙派堪與吴派、皖派相鼎立。

關於吴、皖之分，學者所論多矣。章炳麟云："其成學著系統者，自乾隆朝始。一自吴，一自皖南。吴始惠棟，其學好博而尊聞；皖南始戴震，綜形名，任裁斷。此其所異也。"[一七]梁啓超有"惠、戴兩家中分乾嘉學派"之説[一八]，謂："但漢學派中也可以分出兩個支派，一曰吴派，二曰皖派。吴派以惠定宇（棟）爲中心，以信古爲標幟，我們叫他做'純漢學'。皖派以戴東原（震）爲中心，以求是爲標幟，我們叫他做'考證學'。"[一九]錢穆談論稍異："今考惠學淵源與戴學不同者，戴學從尊宋述朱起脚，而惠學則自反宋復古而來"，"徽學以地僻風淳，大體仍襲東林遺緒，初志尚在闡宋，尚在述朱，并不如吴學高瞻遠矚，劃分漢、宋，若冀、越之不同道也"。又謂"東原論學之尊漢抑宋，則實有聞於蘇州惠氏之風而起也"，贊同王鳴盛所説"惠君之治經求其古，戴君求其是，究之舍古亦無以爲是"，以爲惠、戴非異趨，吴、皖非分幟[二〇]。今人陳祖武先生進而指出吴、皖分派不盡合理，治乾嘉學術，但按地域劃分學派還可商量，不宜以吴、皖兩派或惠、戴二家來概括整個乾嘉學派，其時南北學者争奇鬥妍，"互爲師友，相得益彰，其間本無派别之可言。强分門户，或吴或皖，實有違歷史實際"[二一]。筆者基本贊同這一説法，乾嘉非僅有吴派、皖派，强分門户，有違實際。梁啓超也承認所舉派别"不過從個人學風上，以地域略事區分。其實各派共同之點甚多，許多著名學者，也不能説他們專屬哪一派"[二二]。不過筆者仍略有不同之議：緣師承取法、學術旨趣之異，學者各成一隊，門户亦客觀存在，不必盡黜之。皖派、吴派以地域命名，但皖派非皖人之學，吴派非吴人之説，均超越地域所限，與浙學非浙人之學同理，不必諱疾忌醫。

章、梁論吴、皖之學，也關注到浙學一脉。章炳麟《訄書·清儒》曰：“然自明末有浙東之學，萬斯大、斯同兄弟皆鄞人，師事餘姚黄宗羲，稱説《禮經》，雜陳漢、宋，而斯同獨尊史法。其後餘姚邵晉涵、鄞全祖望繼之，尤善言明末遺事。會稽章學誠爲《文史》《校讎》諸通義，以復歆、固之學，其卓約過《史通》。而説禮者羈縻不絶，定海黄式三傳浙東學，始與皖南交通。其子以周作《禮書通故》，三代度制大定。唯浙江上下諸學説，亦至是完集云。”從史學、《禮》學總述清代浙東之學。梁啓超《中國近三百年學術史》云：“此外尚有揚州一派，領袖人物是焦里堂（循）、汪容甫（中）。他們研究的範圍，比較的廣博。有浙東一派，領袖人物是全謝山（祖望）、章實齋（學誠），他們最大的貢獻在史學。”[二三]章氏不言學派，梁氏明言之，以吴、皖爲主流，以揚、浙爲支流。章氏并談經史，梁氏獨拈一史。

學者關注皖、吴，無可非議，但不應輕視浙派成就和影響。應該説，浙學亦乾嘉之學近源，浙派爲清代樸學重要一支。梁啓超以爲乾嘉“自成一種學風”，稱之“科學的古典學派”[二四]，學者習用説法是清代樸學。清初漢、宋兼采，爲樸學發軔。嘉道而後，沿許、鄭之學導源而上，爲樸學變化。就發軔言，黄宗羲、顧炎武、徐乾學、汪琬、閻若璩、萬斯同皆重要人物。錢穆不贊同近人率推顧炎武爲“漢學開山”：“而亭林漫游河、淮，於江左文史夙習，滌弃若盡，要其辨經學、理學，分漢、宋疆界，則終亦不能遠異於其鄉先生之緒論耳。近人既推亭林爲漢學開山，以其力斥陽明良知之説，遂謂清初漢學之興，全出明末王學反動，夫豈盡然？”[二五]“其語要非亭林所樂聞也。”[二六]駁斥夸大清初漢學，不贊同梁啓超等人以顧炎武爲“漢學開山”。清初學者研習漢學，與乾嘉學者立意、路徑頗異，簡單將顧炎武認作“漢學開山”，未妥。不過研治漢學乃清初學風轉變一大關捩，學者兼采漢、宋或漢、宋不分，是學術史客觀存在，追溯乾嘉之學近源，可推至黄宗羲、萬斯同、顧炎武、汪琬、徐乾學、閻若璩等人。

黄、萬之學源出姚江一脉而自爲變化，閻若璩則自稱梨洲私淑弟子。梁啓超稱“大抵清代經學之祖推炎武，其史學之祖當推宗羲”，還指出宗羲“又好治天算，著書八種。全祖望謂‘梅文鼎本《周髀》言天文，世驚爲不傳之秘，而不知宗羲實開之’。其《律吕新義》，開樂律研究之緒。其《易學象數論》，與胡渭《易圖明辨》互相發明”，“故閻、胡之學，皆受宗羲影響。其他學亦稱是”[二七]。樸學發軔，不離吴越。浙學盛於兩浙，并傳吴中。黄、顧商證學問，各有助益。惠棟標榜專門之漢學，自稱四世漢學，實則惠氏家學源出汪琬等吴中學者。以淵源論，樸學與浙學大有關係。統觀南宋之學，諸儒未嘗專詮義理而不事訓詁考據。吕學與朱學一大不同，即吕學兼采漢學、北宋之學，重於訓詁、文獻。“東萊文獻”“經史不分”，奠立浙學基調。陽明一派崛起，浙學新變，訓詁考據非所長，爲談説性理所掩。至梨洲一派，風氣一變，讀書重於經解，經史側於文獻，遥接東萊之緒，兼事義理、考據。非僅浙派繼之，吴、皖二派究未逾於此外。漢、宋之争日熾，惠、戴傳人各標門户，方東樹作《漢學商兑》爲宋學護法，江藩作《國朝漢學師承記》爲漢學護法。有調和漢、宋者，更有跳出漢、宋而標“清學”者，龔自珍即其人。《與江子屏箋》云：“大著曰《國朝漢學師承記》，名目有十不安焉。改爲《國朝經學師承記》，敢貢其説”，“實事求是，千古同之”，“非漢人所能專”，“本朝自有學，非漢學。有漢人稍開門徑而近加邃密者，有漢人未開之門徑，謂之漢學，不甚甘心”，“瑣碎餖飣，不可謂非學，不得謂漢學”，“漢人與漢人不同，家各一經，經各一師，孰爲漢學乎”，“若以漢與宋爲對峙，尤非大方之言。漢人何嘗不談性道”，“宋人何嘗不談名物訓詁”，“本朝别有絶特之士，涵泳白文，創獲於經，非漢非宋，亦惟其是”，“國初之學，與乾隆初年以來之學不同。國初人即不專立漢學門户，大旨欠區别”[二八]。龔氏立論即“漢宋不分”，非兼采漢、宋。其既厭弃藉漢、宋立門户，又不喜將清儒之學比爲漢、宋附庸，故昌言“清學”。按所説，乾嘉專立漢學門户，并不比清初學者高明。這一觀點與其傳承浙學不無關聯。浙學“經史不分”，并重義理、考據，乃至“漢宋不分”。龔氏跳出漢、宋門户之訟，重新審視古今之變，發抒己見，欲重開兼容并蓄、經史不分、經世致用之學[二九]。錢穆推尊龔氏開風氣之功，以爲清儒因政治威劫鮮談政治，乾嘉經學一趨於訓詁考索，嘉、道以還乃稍稍發爲政論，“而定菴則爲開風氣之一人”[三〇]。又謂：“常州之學，起於莊氏，立於劉、宋，而變於龔、魏，然言夫常學之精神，則必以龔氏爲眉目焉。何者？常州言學，既主微言大義，而通於天道、人事，則其歸必轉而趨於論政。否則何治乎《春秋》？何貴乎《公羊》？亦何異於章句訓詁之考索？故以言夫常州學之精神，其極必趨於輕古經而重時政，則定菴其眉目也。”[三一]復謂：“然則定菴之爲學，其先主治史通今，其卒不免於治經媚古；其治經也，其先主大義通治道，其卒又不免耗於瑣而抱其小焉。自浙東之《六經》皆史，一轉而爲常州《公羊》之大義微言；又自常州之大義微言，再折而卒深契乎金壇、高郵之小學訓詁，此則定菴之學也。以定菴之才，遇定菴之時，而遂以成其爲定菴之學。”[三二]其説頗具隻眼，惜忘龔氏乃浙學傳人，融貫諸家，變化常州之學，亦自有故，且治經非爲媚古，蓋以“經史不分”也。

抛開純粹門户諍訟不論，乾嘉時期吴派、皖派、浙派可稱三足鼎立，揚州一派聲勢稍遜。浙學之興貫穿清學終始。清學始興，黄宗羲啓其端緒，清學之告一段落，章炳麟爲重要人物，被梁啓超推爲清學正統派“殿軍”。樸學浙派源出梨洲一派，又爲吴、皖二派風氣鼓動，在嘉道後也因時發生相應的變化。

今以樸學浙派專指乾嘉樸學興起後，浙學發生新變一脉。代表人物爲全祖望、章學誠、邵晉涵、杭世駿、厲鶚、盧文弨、齊召南、嚴可均、姚文田、龔自珍、俞樾、李慈銘、朱一新、洪頤煊、黄式

三、黄以周、孫詒讓、章炳麟等。重要人物有董秉純、盧鎬、蔣學鏞、沈冰壺、吴騫、陳鱣、黄璋、黄徵乂、馮登府、吴東發、王梓材、馮雲濠、管庭芬、姚燮、戚學標、平步青、陶方琦、陶濬宣、沈曾植、張作楠、王紹蘭、朱蘭、孫衣言、丁丙、孫鳴鏘、傅以禮、王棻、龔橙等。其中全祖望、章學誠、邵晉涵爲開啓風氣者，儼然宗主。浙派雖以浙人爲主，但非僅浙人之學，一時霑溉甚廣。

浙學凡經數變，浙派之興爲清代浙學的一次重要變化。其在經學、史學、小學、金石學、校勘學、輯佚學等方面都取得很高的成就。梁啓超《清代學術概論》談樸學成就，舉隅屢及浙學傳人。"經史考證"方面，例舉孫詒讓《周禮正義》、邵晉涵《爾雅正義》；其研究之書，例舉金鶚《求古録禮説》、黄以周《禮書通故》。清儒以小學爲治經途徑，蔚爲大觀，俞樾《古書疑義舉例》稱精鑿，章炳麟《小學答問》多新解。音韻學爲小學附庸，清代特盛，例舉姚文田《説文聲系》、嚴可均《説文聲類》、章炳麟《國故論衡》。典章制度一科，號爲絶學，例舉洪頤煊《禮經宫室答問》、又謂晚清黄以周《禮書通故》"最博贍精審，蓋清代禮學之後勁矣"。史學方面，黄宗羲、萬斯同以一代文獻自任，乾隆以後，傳此派者，全祖望最著。考證之學及於史，有洪頤煊《諸史考異》；專考證一史，有梁玉繩《史記志疑》《漢書人表考》、杭世駿《三國志補注》。自萬斯同力言表志重要，著《歷代史表》，此後表志專書可觀者多，例舉齊召南《歷代帝王年表》，考證古史又舉錢儀吉《補晉兵志》。其專研究史法，有章學誠《文史通義》，價值可比劉知幾《史通》。私撰之史，萬斯同《明史稿》"最稱巨製"。學術史，則以《宋元學案》爲著。"水地與天算"方面，清代地理學偏於考古一途，著者有全祖望《水經注校正》、趙一清《水經注釋》，齊召南《水道提綱》《漢志水道疏證》，以水道治地理。外國地理，丁謙博爲考證，成書二十餘種。天文算學，例舉張作楠、李善蘭，作楠有《翠微山房算學叢書》，善蘭有《則古昔齋算學》。"金石學、校勘學和輯佚學”方面，金石學甚盛，例舉洪頤煊《平津館讀碑記》、嚴可均《鐵橋金石跋》，“考證精徹”。梨洲一派以金石研究文史義例，宗羲著《金石要例》，其後梁玉繩、馮登府各有續作（梁玉繩有《誌銘廣例》二卷，馮登府有《金石綜例》四卷）。“自金文學興，而小學起一革命”，例舉孫詒讓《古籀拾遺》，以爲與莊述祖《説文古籀疏證》并著。“最近復有龜甲文之學”，例舉孫詒讓《名原》。清儒校勘學成專門之學，成績可紀者，例舉盧文弨校《逸周書》《春秋繁露》，全祖望校《水經注》，孫詒讓校《墨子》，梁玉繩校《吕氏春秋》，嚴可均校《慎子》《商君書》，洪頤煊校《竹書紀年》《穆天子傳》，丁謙校《穆天子傳》，浙派人物占據所列諸家三分之一。研究諸子學，例舉俞樾《諸子平議》、洪頤煊《管子義證》、孫詒讓《墨子閒詁》[三三]。梁氏分類以述，例舉著者，雖甚簡略，大體不誤，浙派成就由此可概見。惜梁氏側重吴、皖二派，述及浙派往往“側鋒”出之，可爲一憾。

《叢編》所收稿抄本以清人著述爲多，清人又以樸學浙派之作爲多。其作者爲《清儒學案》采入者亦自不少。如陶方琦、陶濬宣、王繼香、朱一新，《清儒學案》卷一百八十五列入“越縵學案”；杭世駿，《清儒學案》卷六十五立“堇浦學案”，厲鶚以交游附焉；王紹蘭，《清儒學案》卷一百十六立“南陔學案”；錢儀吉，《清儒學案》卷一百四十三立“嘉興二錢學案”，管庭芬附焉；黄式三，《清儒學案》卷一百五十三立“儆居學案”，黄以恭附焉；吴東發、洪頤煊，《清儒學案》列入阮元“儀徵學案”；吴慶坻，《清儒學案》卷一百九十列入王先謙“葵園學案”；俞汝言，《清儒學案》卷二百一列入“諸儒學案七”；杜煦，《清儒學案》卷二百二列入“諸儒學案八”。《清儒學案》所未及言者，平步青可立“景孫學案”；葉嘉棆傳盧鎬之學，可入“謝山學案”；龔橙可附龔自珍“定盦學案”。邵瑛、沈冰壺、查揆、黄璋等人，可載入諸案，或附入諸儒學案。

浙派經史考證之書，以孫詒讓《周禮正義》、邵晉涵《爾雅正義》、黄以周《禮書通故》等名著刻本、整理本已多，兹編僅收罕見者，如黄璋、沈冰壺、姚燮、王紹蘭、陶方琦、黄式三、柯汝霖、黄以恭著述，已臚列於前。《説文》成就，朱駿聲甚著，其《説文通訓定聲》乃常見之書，兹編不録，而收《説文段注拈誤》一卷。又收邵瑛《説文經訓偶箋》《説文解字羣經正字》、姚覲元校補《説文解字攷異》、李宗蓮《説文經字録》、汪厚昌《説文引經録》。其以訓詁家會通群書，俞樾《古書疑義舉例》、章炳麟《小學答問》已廣傳，兹收洪頤煊《平津筆記》。文字學專門之作，收平步青《古字發微》、陶方琦《埤蒼考異》《廣倉》等。音韻學之作，收陶方琦《説文古讀考》、朱一新《同音集釋要》《浙垣同音千字文》，其價值固難比姚文田《説文聲系》、嚴可均《説文聲類》。

史學爲浙派大宗，以全祖望、邵晉涵、章學誠諸家著述習見，兹編不録，亦未收洪頤煊《諸史考異》、梁玉繩《史記志疑》《漢書人表考》、杭世駿《三國志補注》、齊召南《歷代帝王年表》。其專考證一史，收杭世駿《金史補》、王紹蘭《袁宏後漢紀補證》。學術史，如梁啓超所説，以《宋元學案》爲最著，《叢編》收黄璋等校補稿本。

水地與天算之學，乃浙派所長。《叢編》收録不多，全祖望《水經注校正》、趙一清《水經注釋》、齊召南《水道提綱》、洪頤煊《漢志水道疏證》等不收録。張作楠《翠微山房算學叢書》，以《重修金華叢書》已采録，此編不重複收録。

金石學之書，兹編收録稍富。梁氏所舉洪頤煊《平津館讀碑記》、嚴可均《鐵橋金石跋》，未收。如梁氏所説“自金文學興，而小學起一革命”。《叢編》所收龔橙《古金石文字叢著》，最可爲代表。

清儒校勘學，浙派功績亦著。兹編收陶方琦《淮南許高二注異同考》《淮南許注異同詁續補》《淮南參正殘草》、陶濬宣《校讎之學》。朱一新批校《漢書》《魏書》，《重修金華叢書》已收，不重複收録。梁氏例舉盧文弨校《逸周書》、全祖望校《水經注》、孫詒讓校《墨子》、梁玉繩校《吕氏春秋》、嚴可均校《慎子》《商君書》、洪頤煊校《竹書紀年》《穆天子傳》，以及俞樾《諸子平議》、洪頤煊《管子義證》、孫詒讓《墨子閒詁》，以其多有印本、整理本，不收録。

《叢編》彙輯浙派文獻，初具規模，且於數家著述搜羅較賅備，如朱駿聲、平步青、陶方琦、陶濬宣著述，接近竭澤而漁。儘管梁啓超例舉諸名作罕録，但此編絶非"邊角料"。除杭世駿著述外，他如王紹蘭、陶方琦、黄式三、龔橙之作，皆不當輕覷。陶方琦從學李慈銘，通經學，邃於訓詁，所著《鄭易小學》《韓詩遺説補》《爾雅漢學證義》《淮南許、高二注異同考》《淮南許注異同詁》及《續補》俱可稱道。龔橙爲龔自珍長子，湛深經術，精小學。纂著《古金石文字叢著》，收《器銘文録》《六典理董許書》《古俗一覽象義》《秦漢金石録文》《秦漢金石篆隸記誤》《漢隸記誤》《漢石録文補遺》《魏晉南北隋唐石刻録文》《漢碑用經傳異字》《石刻字録》《金石文字録》《石刻文録》《金石文録識餘》《詩三百五篇》《六經傳記逸詩周書韻表》《鄭典》《論語諸子韻》諸書，由金石而入小學，考證多有發明。略可遺憾的是，本編以徵訪不易，浙派著述尚多可補輯，如齊召南、戚學標、張廷琛、喻長霖、王棻、王舟瑶諸家稿抄本，可進而采録。

皮錫瑞《經學歷史》謂輯佚書、精校勘、通小學爲"國朝經師有功於後學者有三事"[三四]。舉隅諸家，浙派人物僅列盧文弨精校勘、嚴可均通小學。綜觀之，浙派輯佚、校勘、小學三方面的成就足媲美吴、皖二派。還應看到浙派自成風氣：一是循"經史不分"之統，"《六經》皆史"，經史互證，史學成就卓著。二是重訓詁考證，同時不廢性理詮釋。正由主於"漢宋不分"，不喜參與漢、宋門户之争。三是重用實，考證史實，明於治亂，既爲學問一途，又存治世之意。錢穆嘆説："蓋亭林論學，本懸二的：一曰明道，一曰救世"，"後儒乃打歸一路，專守其'經學即理學'之議，以經術爲明道，餘力所匯，則及博聞。至於研治道，講救世，則時異世易，繼響無人，而終於消沉焉。若論亭林本意，則顯然以講治道救世爲主。故後之學亭林者，忘其'行己'之教，而師其'博文'之訓，已爲得半而失半。又於其所以爲博文者，弃其研治道、論救世，而專趨於講經術、務博聞，則半之中又失其半焉。"[三五]乾嘉學者一趨於訓詁考索，有着社會政治的因素。浙派不離此大勢，但由治史而通於世用，故與吴派、皖派有所不同。章學誠《文史通義·浙東學術》云："或問：'事功、氣節果可與著述相提并論乎？'曰：'史學所以經世，固非空言著述也。且如《六經》同出於孔子，先儒以爲其功莫大於《春秋》，正以切合當時人事耳。後之言著述者，捨今而求古，捨人事而言性天，則吾不得而知之矣。學者不知斯義，不足言史學也。"'"求古"尊漢，"言性天"尊宋，章氏以爲若"捨今""捨人事"，皆有未當。錢穆《中國近三百年學術史》第九章《章實齋》列"經學與史學"條目，評云："實齋《文史通義》唱'《六經》皆史'之説，蓋所以救當時經學家以訓詁考覈求道之流弊。"[三六]四是遥接東萊、深寧，近承黄、萬，重視文獻搜輯、網羅、編輯。五是綜會博采，往往一人兼長諸學，經學訓詁、史學考據、小學音韻、金石文字、校勘輯佚、天文曆算，多所涉獵，平步青等皆是，不似吴派、皖派多專門之家。

當然，樸學浙派存在較明顯的地域性，以兩浙爲中心，傳播未如陽明學派、蕺山學派廣泛。自清初始，浙西之學興，浙東爲主流的格局已發生變化。至浙派興起，浙東、浙西并盛，成就相埒。

在學術史上，樸學浙派未受到足够重視。江藩《國朝漢學師承記》僅論及盧文弨、邵晉涵，謂盧文弨"官京師，與東原交善，始潛心漢學，精於讎校。歸田後二十餘年，勤事丹鉛，垂老不衰"[三七]，以爲盧氏爲戴震所轉，"潛心漢學"，竟忘其傳浙學一脉。而戴震在浙講學，受浙學影響也頗深。謂邵晉涵聞錢大昕談宋史，乃撰《南都事畧》，“以續王偁之書，詞簡事增，正史不及也”。後稍言及“君少從山陰劉文蔚豹君、童君二樹游，習聞蕺山、南雷之説。於明季黨禍緣起，奄寺亂政，及唐、魯二王本末，從容談論，往往出於正史之外。自君謝世，而南江之文獻亡矣”[三八]。晉涵傳浙東史學一脉，江藩未審之。章炳麟、梁啓超、錢穆對浙派的認識雖未全面，但無疑遠超江藩。

四、關於“由史入文”

黄宗羲《理學録》列十六學派，浙學派與金華學派、明初學派相并立。黄百家纂輯《宋元學案》，立《金華學案》，全祖望改題《北山四先生學案》。黄百家《金華學案》以宋濂爲金華嫡傳，案語云：“金華之學，自白雲一輩而下，多流而爲文人。夫文與道不相離，文顯而道薄耳。雖然，道之不亡也，猶幸有斯。”[三九]所謂自許謙而下“多流而爲文人”，後世學者多襲其説。何炳松論浙學興衰，以南宋至明初爲第一期，明末至清中葉爲第二期，於其前後衰落之由總曰“由史入文”。事實上，“由史入文”未造成浙學之衰。何氏又説：“金華本支則曾因由史入文，現中衰之象；至明初宋濂、王禕、方孝孺諸人出，一時乃爲之復振。”[四〇]由於偏重史學，論金華一脉衰而復振，竟忘宋濂、王禕、方孝孺皆文章名家，被後世推許爲“明文正宗”。

浙東文章興於南宋，與浙學并起。理學家好薄文章爲“小道”，詩爲“小技”，壯夫不爲。浙學初興，吕祖謙、陳亮、葉適未鄙弃詩文，吕祖謙好三蘇，有《標注三蘇文選》五十九卷，又編《皇朝文鑑》一百五十卷、《古文關鍵》二卷。陳亮編有《歐陽先生文粹》二十卷、《蘇門六君子文粹》七十卷，態度與邵雍不同。三人頗工文章，陳亮更擅詩詞。宋末元初，王應麟、黄震、胡三省、舒岳祥俱能文，舒岳祥更工詩。南宋學者開啓浙學尚文風氣，此爲浙東文派初興。總體以觀，浙學傳人工文者多，擅詩詞者少。“四先生”傳朱、吕學脉，詩文詞非其所長。如金履祥好詩文，難稱名家。元中葉至明初，黄溍、柳貫、吴萊、楊維楨、宋濂、王褘、蘇伯衡、劉基、戴良、貝瓊、方孝孺爲名家，浙東文派再興。宋濂爲明開國文臣之首，與門人方孝孺并稱“宋方”。其時以文鳴世者多，能詩者猶少，僅楊維楨、劉基、戴良、貝瓊等數人號名家。陽明傳人衆多，不乏能文工詩輩，此爲浙東文派三興。當然，陽明一派詩大都不脱理學之氣。明末清初，兩浙詩文大盛，浙西詞派崛興，稱浙東文派四興。黄宗羲爲文章祭酒，朱彝尊爲詞壇領袖，查慎行爲詩壇大家。乾嘉間，全祖望、厲鶚、杭世駿爲一代文學之士，繼有龔自珍領袖文壇。此爲浙東文派五興。

陽明學派、梨洲學派、樸學浙派之興，足見學者好文未造成浙學之衰。好文對浙學變革還是産生一定的影響，黄百家所説“文顯而道薄”有其道理，但不必誇大之。且在浙學傳人看來，文不離學之根本。宋濂作《文原》，王褘作《文訓》，蘇伯衡作《空同子瞽説》，述明文章本原《六經》，經史并重。如《文訓》稱文必“主之以氣”“一本於道”[四一]。至於詩，則以爲關乎世運，乃追踪風雅，提出詩爲“文之精”，欲合詩、文、道爲一。蘇伯衡《雁山樵唱詩集序》云：“言之精者之謂文，詩又文之精者也。”[四二]胡翰《缶鳴集序》云：“物生而形具矣，形具而聲發矣。因其聲而名之，則有言矣。因其言而名之，則有文矣。故文者，言之精也，而詩又文之精者。”[四三]劉基《蘇平仲文集序》云：“文以理爲主，而以氣攄之。理不明，爲虚文；氣不足，則理無所駕。文之盛衰，實關時之泰否。是故先王以詩觀民風，而知其國之興廢，豈苟然哉！文與詩，同生於人心，體製雖殊，而其造意出辭，規矩繩墨，固無異也。”[四四]所謂“文之精”，重於詩文同源。宋濂《題許先生古詩後序》稱詩文“本出於一原”，“沿及後世，其道愈降，至有儒者、詩人之分”[四五]，不滿於詩人自别於儒者，儒者自别於詩人。學者又强調“文章正宗”。如宋濂門人鄭柏編《文章正原》，方孝孺門人王稌纂《續文章正宗》，黄宗羲纂輯《明文案》，選録《明文授讀》，皆重“文章正宗”。黄氏《明文案序下》論明文正宗始自宋濂、方孝孺，繼爲楊士奇、解縉，而後李東陽、吴寬、王鏊雄起南北，王陽明、羅玘追配前賢，歸有光、唐順之、王慎中稱大纛，趙貞吉、趙時春不愧作者，郭正域、葉向高、焦竑、王錫爵不失矩矱，婁堅、唐時升、錢謙益、顧大韶、張大復能拾歸有光“墜緒”。復古四子、公安三袁、竟陵鍾譚不在其列。《明文案序上》提出“明文三盛”：一盛於明初，宋、方等爲表率，無意功名，埋身讀書；再盛於嘉靖，歸、唐、王振頹起衰，不爲擬古及科舉功名牢籠；三盛於崇禎，婁、唐、錢等爲表率，“通經學古”[四六]。世人關注陽明心學及事功，疏於談説文章，即使論之，多歸於“末技”。黄宗羲不然，并推陽明學問與文章。《李杲堂文鈔序》云：“余嘗謂文非學者所務，學者固未有不能文者。今見其脱略門面，與歐、曾、《史》《漢》不相似，便謂之不文，此正不可與於斯文者也。濂溪、洛下、紫陽、象山、江門、姚江諸君子之文，方可與歐、曾、《史》《漢》并垂天壤耳。蓋不以文爲學，而後其文始至焉。當何、李爲詞章之學，姚江與之更唱叠和，既而弃去。何、李而下，嘆惜其不成，即知之者亦謂其不欲以文人自命耳，豈知姚江之深於爲文者乎？使其逐何、李而學，充其所至，不過如何、李之文而止。今姚江之文果何如，豈何、李之所敢望耶？”[四七]以學衡文，黄氏得出“餘姚之醇正，南城之精煉，掩絶前作”的結論。於南宋以後文章，其歷推朱熹、陸九淵、吕祖謙、真德秀、黄榦、王柏、何基、金履祥、姚燧、虞集、黄溍、柳貫、吴師道、宋濂、王禕、方孝孺、王陽明，學統一望即知。與宋濂一様，宗羲力斥學者、文人相割裂之説，海昌講學告誡門人：“夫一儒也，裂而爲文苑，爲儒林，爲理學，爲心學”，其弊甚重，學者當求“歸一”[四八]。

《叢編》收明别集甚少，不足概觀明代浙學學者之文學成就。

清代大家之集又避出版重複，故所收亦不足觀清代浙學學者之文學成就。雖然如此，猶可據以見其文學好尚與創作風氣，且以多收珍稀之本，别具認識價值。如第一輯收陳選《恭愍公遺稿》清抄本，豐坊《南禺外史詩》稿本，屠勳《太保東湖屠公遺稿》清抄本，王石如《兀壺集》稿本二種，吴農祥《梧園詩文集》稿本，孫在豐《孫閣部詩集》稿本，祝定國《南山堂近草》稿本，趙昱《小山乙稿》稿本，杭世駿《全韻梅花詩》稿本，陳兆崙《陳太僕詩草》稿本，羅繼章《惜陰書屋詩艸》稿本，沈冰壺《古調自彈集》清抄本，金德輿《金鄂巖詩稿》稿本，曹大經《襟上酒痕集》稿本、《么絃獨語》稿本、《啣蘆集》稿本、《後咏懷》稿本，查揆《菽原堂初集》稿本、《菽原堂詩》稿本、《江行小集》稿本，王樹英《古槐書屋詩文稿》稿本，王衍梅《笠舫詩文集》稿本，杜煦《蘇甘廊手翰》稿本、《蘇甘廊先生詩稿》稿本、《蘇甘廊詞集》稿本，錢儀吉《衎石齋遺牘》稿本、《旅逸續稾》清抄本、《定廬集》清抄本，章鋆《章鋆詩文稿》稿本，吴仰賢《小匏庵詩草》稿本，鮑存曉《癡蟲吟稿》稿本，嚴辰《達叟文稿》稿本，楊象濟《白鶴峰詩屋初稿》稿本、《欲寡過齋存稿》稿本，陶在銘《寄槃詩稿》稿本，戴穗孫《春到廬詩鈔》稿本，都屬首次公布印行。第二輯至第五輯重在網羅諸家著述，合而編之。如第二輯收來集之《來集之先生詩話稿》《倘湖手稿》《倘湖遺稿》，朱駿聲《臨嘯閣文集補遺》《臨嘯閣詞》《庚午女史百詠》，皆稿本。平步青、陶方琦、陶濬宣、王繼香之集，網羅幾於殆盡。這些珍稀之集，也是撰著《兩浙詩史》《兩浙文史》《兩浙詞史》的基本材料，可藉以發覆作者文心、詩境、詞藝，補文學史載述所未備，并與浙學經史之學相發明。以下試舉數例以觀：

臨海陳選以精《小學》著聞，金賁亨撰《台學源流》，自宋徐中行迄明陳選，凡得三十八人，有明傳及郭樌、方孝孺、陳選三人，稱“三先生”[四九]。陳選字士賢，號克菴，與父員韜并從陳璲學。天順四年（1460）成進士。授監察御史，巡按江西，貪殘吏屏斥殆盡。時人語曰："前有韓雍，後有陳選。"督學南畿，患士習浮誇，範以古禮。纍遷廣東左布政使，以剛直忤市舶中官韋眷，誣奏朋比貪墨。被徵，病歿於道。正德中，謚恭愍。著有《小學集注》六卷、《孝經集注》一卷、《冠祭禮儀》一卷。海瑞《題尊鄉録贊》云："克菴之學，屹爲儒宗。"詩文有《丹崖集》，未刻傳。《叢編》收浙江圖書館藏清初抄本《恭愍公遺稿》不分卷。臨海市博物館又藏清光緒十八年（1892）張廷琛輯抄本《陳恭愍公遺集》一卷、《外集》一卷。《［民國］台州府志》著録《丹崖集》："舊省、府、縣志俱不著録，蓋佚已久。今天台張廷琛搜其詩文，輯爲《陳恭愍公遺集》一卷，冠以《明史》本傳，又附録表、記、序、跋、論、贊，爲《外集》一卷。"張廷琛《叙》云："第念藏書鮮渺，遺集之篇數既稀，集外之搜羅未備，將毋貽疎漏之譏乎！然考當日羅東川太守最好先生文，僅僅以三稿見示；張楊園先生寄凌渝安書，屬訪求《陳恭愍集》而無從，則此編亦正無容見少也。詩文雖不及《遜志集》之富，而先生秉性之剛正，持己之端方，事君之忠慤，教人之精詳，愛民之慈惠，以及安貧樂道之實，陟明黜幽之公，亦大略可見矣。"《遺集》一卷收文九篇，詩十五首。所輯多録自方志、宗譜及《三台詩録》。廷琛用力雖勤，惜未見清初抄本《遺稿》，故得詩僅隻鱗片羽。《遺稿》爲劉承幹舊藏，存《自省》《寫真有作》《姑蘇校文示諸生》《詠古》等一百三十八題一百五十六首。詩後佚名《跋》："右稿以公卒於官，多亡失者。今所輯或以人所記憶，或以別集互見。其家藏者往往雜以他作，雖加删校，猶疑未盡，觀者幸得之。"張廷琛輯本《除夕》《遊金鰲山》二詩不見於《遺稿》。《遺稿》較《遺集》多出一百四十餘首。《遺稿》收文七篇，題作《克菴遺稿》。《遺集》輯文十一篇，對勘二集，《遺稿》所收《結黨害民疏》爲《遺集》所無，《遺集》所收《請止狻猊入貢疏》《陳氏宗譜序》《逸像自贊》《對鏡》《修譜論》不見於《遺稿》。合二集，存陳選文十二篇。《遺集》不足論定陳選詩，《遺稿》則可矣。合二集，又略可論定其文。盛明多士，陳選與羅倫、張元禎、吴寬、黄孔昭、謝鐸相率砥礪名節，時稱“硬漢子”。幼受陳璲“文必關於世教”之教，《小學集注自序》云：“夫爲學而不嚴諸己，不踐其事，誦説雖多，辭章雖工，皆空文也，於吾身何益哉，於國家天下何補哉，於聖人之道何所似哉！”謝鐸《廣東左布政使陳君墓誌銘》云：“君學博而深於經，詞章非其所好。”陳選自謙不善爲文，然所作善養氣，明道言志，遠勝虚飾空文。其詩亦然。如《註小學有感》：“早年弄筆作虚文，赢得虚名悟却身。底事如今不知悔，又傳文筆誤他人。”《對鏡》：“方圓長短各形模，鼓鑄元從一大爐。但使行藏皆順理，謾從色相話榮枯。”《三台詩録》云：“克菴深心理境，爲文明白純正，而七古壯激排宕，造句奇特，出入杜蘇。安必直白迂腐，然後爲儒者之詩耶！”

鄞縣豐坊與臨海王宗沐俱浙學中人，詩文染習復古。豐坊字存禮，號南禺。舉鄉試第一，嘉靖二年（1523）成進士。授禮部主事，從父豐熙争大禮，下獄。後出爲南京吏部考功主事，謫通州同知，免歸。博學工文，摛詞藻麗，并擅書法。詩文生前未經編次，多散佚。《［雍正］浙江通志》著録《南禺集》二卷，《［雍正］寧波府志》著録《萬卷樓集》《南禺摛稿》，皆不標卷數。今傳世有二本，一爲萬曆四十五年（1617）刻《萬卷樓遺集》六卷，一爲浙江圖書館藏《南禺外史詩》手稿一卷。刻本前二卷爲文，後四卷爲賦、諸體詩，按體編排。《南禺外史詩》存詩二十五首，前二首詩題殘闕，以下爲五律《宿清道觀》《春晚感懷二首》《登清凉山絶頂》《夏日即事》《納凉》《山菴》《月下有懷》《湖遊》，七律《觀音閣餞公次次韻》《辟支洞次公次韻》《續夢中句》《焦山》《元夕鎮海樓》《雲居喜雨》《夢吕純陽聯句》《松花》《陳道復粉團花墨戲》《度育王嶺》《碧沚納凉》《紫陽菴》《星宿閣》《城隍廟》《肅愍墓》《僧樓避暑》。末爲豐坊嘉靖二十七年（1548）長至日跋："約山董子可遠，前少宰中峯先生冢嗣也，美質好學，自齠齔已識其偉器，別來二十五年矣。玆過會稽，因留款叙，而以此卷索書。爲録舊作如右，固詞札陋劣，皆由衷之言，可爲知己者道爾。"《宿清道觀》《觀音閣餞公次次韻》《陳道復粉團花墨戲》《肅愍墓》等四首，俱見《萬卷樓遺集》卷五，分題作《蓬萊軒》《餞高侯於觀音閣，次宗伯昭韻》《陳道復畫粉團花》《謁于公少保祠》，字句時異。其他諸詩，未見《萬卷樓遺集》收録。蓋温陵蔡獻臣選録《萬卷樓遺集》，屠本畯校之，未見此手卷。豐坊録舊作贈友，擇其得意者，手書有自選之意。其嘗輯李夢陽《空同精華集》三卷，又從陽明門人季本遊，與唐順之諸子交好，詩恃於才氣，既染習復古，復得陽明一派沾熏，雖不獨自成家，但論明詩不當遺之。

有明一代，浙西多才子，浙東多學者。浙西學者好詩，浙東學者尚文。清代不盡然，浙東學者尚文如故，而能詩者衆；浙西學者好詩不減，而長於詞，且學問不下浙東。兩浙學者傳承浙學，因其"土風"，各稟其氣，同枝而才情有異。清初朱彝尊、查慎行號詩壇大家，朱彝尊又儼然一時詞宗，浙西詞派延綿二百餘年，彬彬稱盛。查慎行師事黄宗羲，爲梨洲高弟子，論詩"不分唐宋"，自成"初白體"。同時浙西文士知名者不少，《叢編》所收毛奇齡、吴農祥皆其人。吴農祥字慶百，號星叟，又號大滌山樵，錢塘諸生。薦試博學鴻儒，大學士馮溥延之館舍，與陳維崧、毛奇齡、吴任臣、王嗣槐、徐林鴻并稱"佳山堂六子"。博鴻不第，入李之芳幕府。黄士珣《北隅掌録》稱其著作五百六卷，藏蕭山王小穀家。同治間，丁丙從三元坊包氏得集二十九册。《叢編》所收浙江圖書館藏《梧園詩文集》，即丁丙舊藏。農祥文章最優，詞勝於詩。詩作甚富，袁枚《隨園詩話》卷十六云："古人詩集之多，以香山、放翁爲最。本朝則未有多如吾鄉吴慶伯先生者，所著古今體詩一百三十四卷，他文稱是，現藏吴氏瓶花齋。"[五〇] 蓋貪多而不精，與朱彝尊同病。朱氏詩稱大家，農祥遠不及，時有可觀。如五律《問庭梅》二首，其一云："昨夜東風裏，枝枝到地生。爲嫌經尾礫，不敢問簷楹。壁上留花影，窗中悟雪聲。冰絲與水色，爲爾一含情。"[五一]海寧查慎行、查嗣瑮、查容、查昇皆能詩，查氏後人頗傳慎行家法，查揆即其一。查揆字伯葵，號梅史，海寧人。嘉慶九年（1804）舉人，纍官灤州知州。通經史。《叢編》收其稿本《菽原堂初集》一卷、《菽原堂詩》一卷、《江行小集》一卷。所作有初白餘風，如《慨予》四首，其一云："慨予家中落，蓬蒿三徑生。愁多銷意氣，貧亦損才名。賦罷病梨樹，餐餘秋菊英。窮年聊落感，不獨爲商聲。"[五二]《吕城次頻伽韻》："擊汰吴波并兩船，風流二老白漚然。心如隄水多縈帶，詩逼禪機欲豎拳。烏鵲依枝猶永夜，白衣搖艤定何年。江湖一種閑懷抱，除却窮愁我亦仙。"[五三]其《和淵明飲酒二十首》《兔牀先生摹家初白老人蘆塘放鴨圖屬題，即用橘社集自題原韻四首》，憑弔查繼佐故居所作《黄泥潭訪家伊璜先生故居，同胡秋白元杲作》《是日感舊》，及與郭麐唱和詩，俱可誦讀。沈濤《匏廬詩話》云："梅史《落葉》詩云：'低頭一笑渾相識，見汝春風緑上時。'此意爲前人所未道。"[五四]吴衡照曰："梅史得初白之雄健而加警，得樊榭之清峭而加動，是謂能轉法華，不爲法華轉者。"[五五]查慎行身後，浙學傳人厲鶚、龔自珍詩號大家，皆浙西產。杭世駿與厲鶚同時，詩亦不俗，與全祖望并不愧名家。《叢編》收世駿《全韻梅花詩》一卷，已見刻本《道古堂全集》之《外詩》，但此本係手稿，末題："全韻詩成，書奉玉几詞丈郢正。堇浦杭世駿脱稿。"全韻詩録爲單册，可見舊貌，且書法精美，與詩境相發。元、明作者百韻梅花詩纍纍，幾已極其窮工。《全韻梅花詩》猶能獨出心裁，如上平十灰韻一首："豐姿綽約絶塵埃，世眼誰憐閬苑才。莫道東風渾美意，不催花謝衹催開。"下平三肴韻一首："爲訪名花出近郊，攜筇踏遍水雲坳。眼前冰雪都知己，莫衹東風説舊交。"境韻横生，不讓前人。

學術"流而爲文人"，"由史入文"，未致浙學之衰。元末以後學者好文辭，乃風尚變化，不關涉浙學興衰。綜觀浙學文學一脉，因時而變，非盡株守一端，其變化終不離於學問本根。以文章言，名家輩出，重浙學統緒，乾嘉而後變化始著。以詩言，重風雅之遺、詩文合道，自宋至明末，理學氣甚濃，入清以後，因朱、查之倡，詩風一變，遂成清詩浙派。以詞言，始有陳亮稱大家，後數百年鮮杰出作者，迄於清初，朱彝尊爲首“浙西六家”崛起詞壇，開清詞浙派。

《叢編》所收稿抄本内容豐富，不啻浙學百科圖景呈現，具有巨大的學術與文獻價值，也有很高的文物與藝術價值，同時又是古代歷史、學術、文化、社會研究的重要資料。稿抄本作爲書法史文獻，藝術價值顯而易見，不必多言，這裏略及其文獻整理價值。玆編所收相當數量的稿抄本，乃真正意義上的孤本，未曾刊印，即使有印本，也多散佚。如陳選《恭愍公遺稿》、祁彪佳《祁忠敏公稿五種》、姜希轍《理學録》、吴農祥《梧園詩文集》、查慎行《壬申紀遊》、萬言《明女史》等。浙學著述不亡，實多賴之。在古籍整理中，孤本是唯一可據底本，具有不可替代性。即使偶有其他寫本或印本，《叢編》所收者也是整理校勘不可或缺的資料。他本或未盡良善，仍當以《叢編》收者爲底本。他本或可爲底本，《叢編》收者往往是主要校本。《叢編》還爲整理名家全集或全書提供了豐富的資料，尤其是第二輯、第三輯，徵輯一家著述，儘量網羅全面，可藉此整理平步青、陶方琦、陶濬宣、王繼香等人全書。第四輯擬專收姚燮輯《復莊今樂府選》稿本，第五輯擬專收黄澄量輯《明文類體》稿本，部帙繁富，可作專門整理。這些文獻大都散藏各地圖書館，資料分散，珍貴難獲，合璧不易，《叢編》力求完善，以成專題。整理者利用此次專題彙輯，難成之事轉爲易成。

浙學束置高閣時也已久，如今傳承浙學非易事，需要一個漸進的過程。就當前來説，浙學研究還處在起步階段，有必要展開廣泛深入的研究。玆編纂輯不易，賴諸同仁竭力從事數年，方有成效，今陸續刊行，以饗學者，嘉惠士林。是編列入第二期“浙江文化研究工程”，得到邵清先生和浙江省社科聯的大力支持，黄靈庚先生亦多贊襄之功。筆者得與其事，幸莫大焉。千里之行，始於足下，唯冀兹編能推轂浙學復興。至於補輯續編，則俟來日，然亦將有望矣。

二〇二〇年五月校定

【注釋】

［一］（清）黄宗羲、黄百家撰，（清）全祖望等補編《宋元學案》，中華書局，1986年，第15—20頁。

［二］參見彭國翔《黄宗羲佚著〈理學録〉考論》，《中共寧波市委黨校學報》2011年第4期。

［三］（清）萬斯同《萬斯同全集》第五册，方祖猷主編，寧波出版社，2013年，第169頁。

［四］（清）黄宗羲《明儒學案》卷五十八，沈芝盈點校，中華書局，1985年，第1376頁。

［五］（清）黄宗羲《明儒學案》卷五十八，第1379頁。朱熹撰有《伊洛淵源録》。《四庫全書總目》著録明宋端儀撰、薛應旂重修《考亭淵源録》二十四卷。

［六］（清）萬斯同《萬斯同全集》第五册，第173—174頁。

［七］《錢緒山學派》，《明儒學案》歸錢德洪入卷十一《浙中一》。《龍溪學派》，《明儒學案》歸王畿入卷十二《浙中二》。

［八］何炳松《浙東學派溯源・自序》，上海古籍出版社，2012年，第3頁。

［九］（清）翁方綱《補録鄭芷畦窆石志》，《復初齋文集》卷十四，清李彦章校刻本。

［一〇］（清）全祖望《鮚埼亭集》卷十九，《全祖望集彙校集注》，朱鑄禹彙校集注，上海古籍出版社，2000年，第239—240頁。

［一一］（清）周中孚《鄭堂讀書記》，民國《吴興叢書》本。

［一二］（清）吴慶坻《蕉廊脞録》，民國《求恕齋叢書》本。

［一三］（清）杭世駿《武林覽勝記》集前題識，清抄本。

［一四］謝正光、范金民編《明遺民録彙輯》，南京大學出版社，1995年。

［一五］（清）全祖望《鮚埼亭集外編》卷二十九，《全祖望集彙校集注》，第1346頁。

［一六］（清）皮錫瑞《經學歷史》，中華書局，2008年，第341頁。

［一七］章炳麟《訄書·清儒》，清光緒三年重訂本。

［一八］梁啓超《中國近三百年學術史》卷十三《清代學者整理舊學之總成績（一）》，中國書店，1985年，第186頁。

［一九］梁啓超《中國近三百年學術史》卷三《清代學術變遷與政治的影響（中）》，第22頁。

［二〇］錢穆《中國近三百年學術史》第八章《戴東原》，《錢賓四先生全集》第十六册，聯經出版事業股份有限公司，1998年，第403—408頁。

［二一］陳祖武《關於乾嘉學派的幾點思考》，《清儒學術拾零》，湖南人民出版社，1999年，第167—169頁。

［二二］梁啓超《中國近三百年學術史》卷三《清代學術變遷與政治的影響（中）》，第22頁。

［二三］梁啓超《中國近三百年學術史》卷三《清代學術變遷與政治的影響（中）》，第22頁。

［二四］梁啓超《中國近三百年學術史》卷三《清代學術變遷與政治的影響（中）》，第22頁。

［二五］錢穆《中國近三百年學術史》第四章《顧亭林》，《錢賓四先生全集》第十六册，第171頁。

［二六］錢穆《中國近三百年學術史》第四章《顧亭林》，《錢賓四先生全集》第十六册，第179頁。

［二七］梁啓超《清代學術概論》，上海古籍出版社，1998年，第17頁。

［二八］錢穆《中國近三百年學術史》第十一章《龔定菴》，《錢賓四先生全集》第十七册，第695頁。

［二九］（清）龔自珍有《賓賓》之説，謂："孔子述《六經》，則本之史也。史也，獻也，逸民也，皆於周爲賓也，異名而同實者也。"見錢穆《中國近三百年學術史》第十一章《龔定菴》，《錢賓四先生全集》第十七册，第704—705頁。

［三〇］錢穆《中國近三百年學術史》第十一章《龔定菴》，《錢賓四先生全集》第十七册，第691頁。

［三一］錢穆《中國近三百年學術史》第十一章《龔定菴》,《錢賓四先生全集》第十七册，第689頁。

［三二］錢穆《中國近三百年學術史》第十一章《龔定菴》,《錢賓四先生全集》第十七册，第714頁。

［三三］梁啓超《清代學術概論》，第55—61頁。

［三四］（清）皮錫瑞《經學歷史》，第330—331頁。

［三五］錢穆《中國近三百年學術史》第四章《顧亭林》,《錢賓四先生全集》第十七册，第177—178頁。

［三六］錢穆《中國近三百年學術史》第九章《章實齋》,《錢賓四先生全集》第十七册，第499頁。

［三七］（清）江藩《國朝漢學師承記》，中華書局，1983年，第91頁。

［三八］（清）江藩《國朝漢學師承記》，第95—96頁。

［三九］（清）黄璋等校補《宋元學案》第十七册，稿本。

［四〇］何炳松《浙東學派溯源・自序》，第3頁。

［四一］（明）王褘《王忠文公集》卷十九，明刻本。

［四二］（明）蘇伯衡《蘇平仲文集》卷五，明正統七年刻本。

［四三］（明）胡翰《胡仲子集》卷四，明洪武十四年王懋温刻、明重修本。

［四四］（明）劉基《太師誠意伯劉文成公集》卷五，明刻本。

［四五］（明）宋濂《宋學士先生文集》卷十三，明天順五年刻本。

［四六］（清）黄宗羲《明文案序上》,《黄宗羲全集》第十册，平慧善校點，浙江古籍出版社，1993年，第18—20頁。

［四七］（清）黄宗羲《李杲堂文鈔序》,《黄宗羲全集》第十册，第26—27頁。

［四八］（清）黄宗羲《留别海昌同學序》,《黄宗羲全集》第十册，第627—628頁。

［四九］（明）金賁亨《台學源流》，清金文煒刻、光緒八年陳樹桐補修本。

［五〇］（清）袁枚《隨園詩話》，清乾隆間刻本。

［五一］（清）吴農祥《星叟心蘇集》,《梧園詩文集》第二十三册，稿本。

［五二］（清）查揆《菽原堂初集》，稿本。

［五三］（清）查揆《江行小集》，稿本。

［五四］（清）潘衍桐編《兩浙輶軒續録》卷二十二，清光緒間刻本。

［五五］（清）潘衍桐編《兩浙輶軒續録》卷二十二。

編輯説明

本書爲《浙學未刊稿叢編·第二輯》之圖録，選録和編排原則如下：

一、本書所志典籍及其名稱、順序等與《浙學未刊稿叢編·第二輯》一致。共收録稿抄本203种，其中稿本174种、抄本29种。石印本1種，刻本1種。

二、本書儘量挑選卷端葉和比較能反映題名、著者、成書年代等信息的書影。所選書影兼顧藝術性和文獻性。

三、本書著録包含以下内容：題名、卷數、著者、版本、册數、收藏單位，若有入選《國家珍貴古籍名録》和《浙江省珍貴古籍名録》者，則詳細著録所屬批次及名録編號。若有與收藏單位著録内容不一致者，則根據編者考證的内容著録，將原單位的著録附於本條之後，標明“館藏單位原題：……”。

四、本書所收古籍書名、著者一般遵從《浙學未刊稿叢編·第二輯》中著録，個别地方稍做改動。其他一律使用通行正字。

二〇二四年八月

目　録

來集之專集

朱駿聲專集

管庭芬專集

姚燮專集

平步青專集

陶方琦專集

陶濬宣專集

王繼香專集

來集之專集

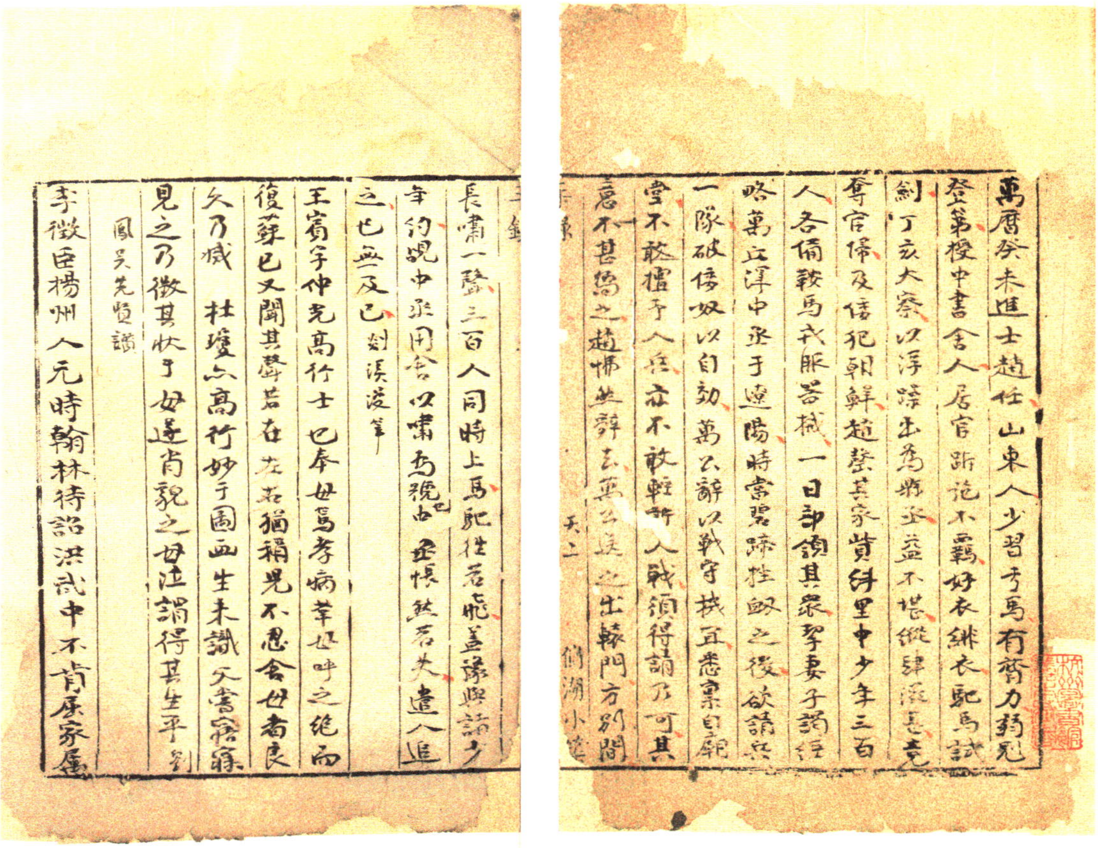
萬曆癸未進士趙任山東人少習弓馬有膂力弱冠
登第授中書舍人居官疏詭不羈好衣緋衣馳馬試
劍丁亥大察以浮躁出為縣丞益不堪縱肆滋甚竟
奪官俸及倭犯朝鮮趙罄其家貲糾里中少年三百
人各備鞍馬戎服器械一日部領其衆挈妻子詣經
略萬公洋中丞于遼陽時當累赫杜敗之後欲請兵
一隊破倭奴以自効萬公辭以戰守機宜悉稟自朝
嘗不敢擅予人兵亦不敢輕許人戰須得請乃可其
意不甚得之趙怫然辭去萬公送之出轅門方別間
長嘯一聲三百人同時上馬馳往若飛蓋豫與諸少
年約覘中丞用命以嘯為號也 丞悵然若失遣人追
之已無及已 剡溪漫筆
王賓字仲光高行士也奉母篤孝病革母呼之絕而
復蘇已又聞其聲若在左右猶稱兒不忍舍母者良
久乃絕 杜瓊亦高行妙于圖畫生未識賓嘗寫賓
見之乃徵其狀于母逼肖貌之母泣謂得其生平 剡
風吳先賢讚
李徵臣揚州人元時翰林待詔洪武中不肯屈家居

〇〇一　樵叟備忘雜識五卷　（清）來集之輯　稿本　十四册
杭州圖書館藏
第三批《國家珍貴古籍名録》，名録編號 08566

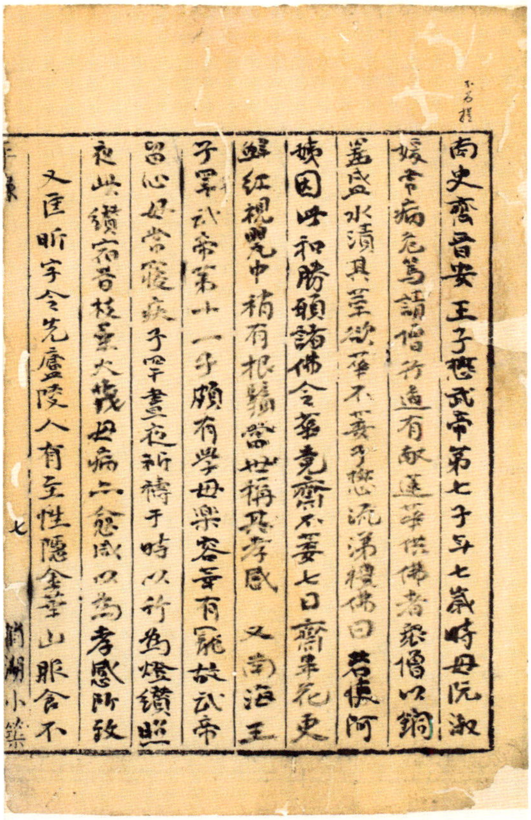
南史齊晉安王子懋武帝第七子年七歲時母阮淑媛嘗病危篤請僧行道有獻蓮華供佛者衆僧以銅罌盛水漬其莖欲華不萎子懋流涕禮佛曰若使阿姨因此和勝願諸佛令華竟齋不萎七日齋畢花更鮮紅視罌中稍有根鬚當世稱其孝感　又南海王子罕武帝第十一子頗有學母樂容華有寵故武帝留心母嘗寢疾子罕晝夜祈禱于時以竹為燈纘照夜此纘宿昔枝葉大茂母病亦愈咸以為孝感所致

又匡昕字令先廬陵人有至性隱金華山服食不

七　倘湖小築

來集之倘湖樵書原稿　一

〇〇二　倘湖樵書不分卷　（清）來集之輯　稿本　三册　浙江圖書館藏

第六批《國家珍貴古籍名録》，名録編號 12694

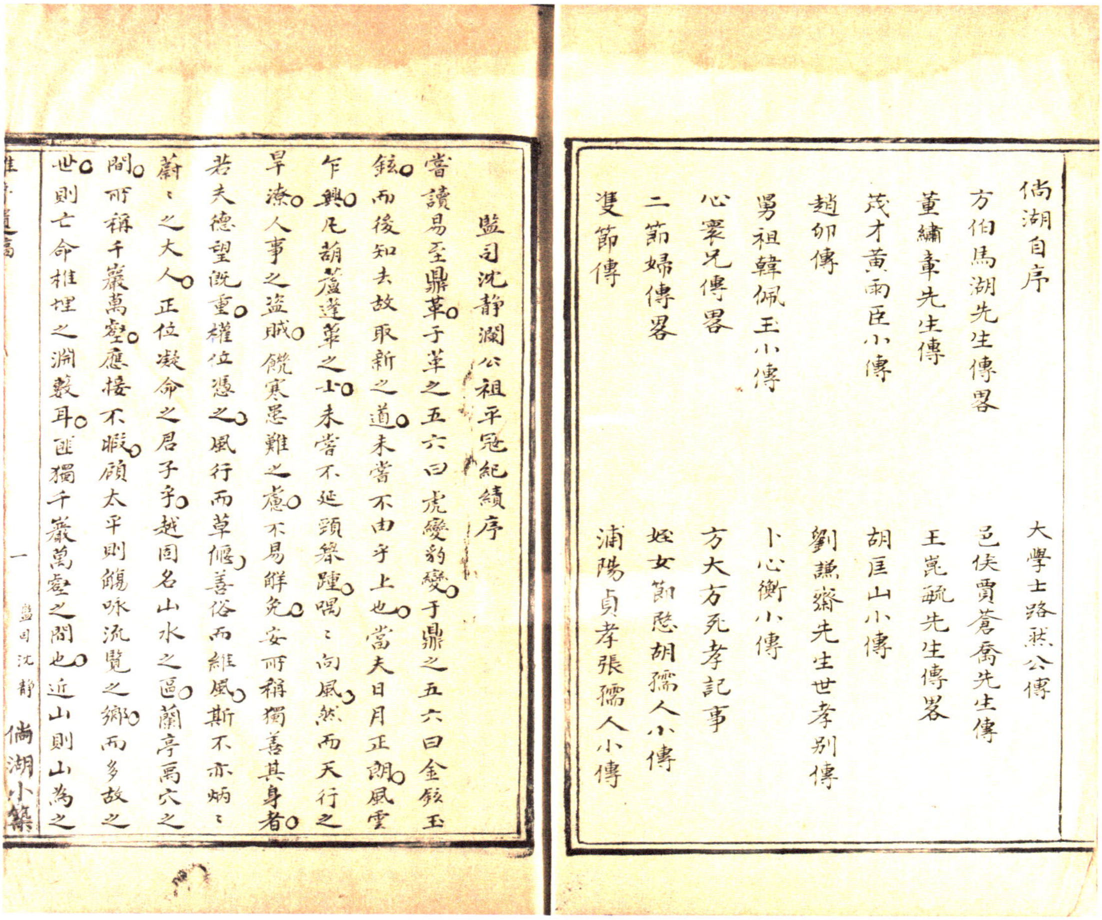
倘湖自序　大學士路然公傳
方伯馬湖先生傳畧　邑侯賈蒼喬先生傳
董繡章先生傳　王崑瓻先生傳畧
茂才黃雨臣小傳　胡匡山小傳
趙卯傳　劉譙谿先生世孝別傳
舅祖韓佩玉小傳　卜心衡小傳
心衆兄傳畧　方大方死孝記事
二節婦傳畧　姪女節懋胡孺人小傳
嫂節傳　浦陽貞孝張孺人小傳

監司沈靜瀾公祖平寇紀績序
嘗讀易至鼎革于革之五六曰虎變豹變于鼎之五六曰金鉉玉鉉。而後知去故取新之道。未嘗不由乎上也。當夫日月正朗。風雲乍興。凡葫蘆蓬蒿之上。未嘗不延頸幾踵。喁喁向風。然而天行之旱潦。人事之盜賊。饑寒患難之慮。不易解免。安所稱獨善其身者。若夫德望既重。權位憑之。風行而草偃。善俗而維風。斯不亦炳炳蔚蔚之大人。正位凝命之君子乎。越固名山水之區。蘭亭禹穴之間。所稱千巖萬壑應接不暇。頗太平則觴詠流覽之鄉。而多故之世。則亡命椎埋之淵藪耳。匪獨千巖萬壑之間也。近山則山為之

倘湖遺稿　一　監司沈靜　倘湖小築

〇〇三　倘湖遺稿不分卷　（清）來集之撰　稿本　杭州圖書館藏

存八册（册三至七、九至十一）

第四批《國家珍貴古籍名録》，名録編號 10840；第一批《浙江省珍貴古籍名録》，名録編號 00163

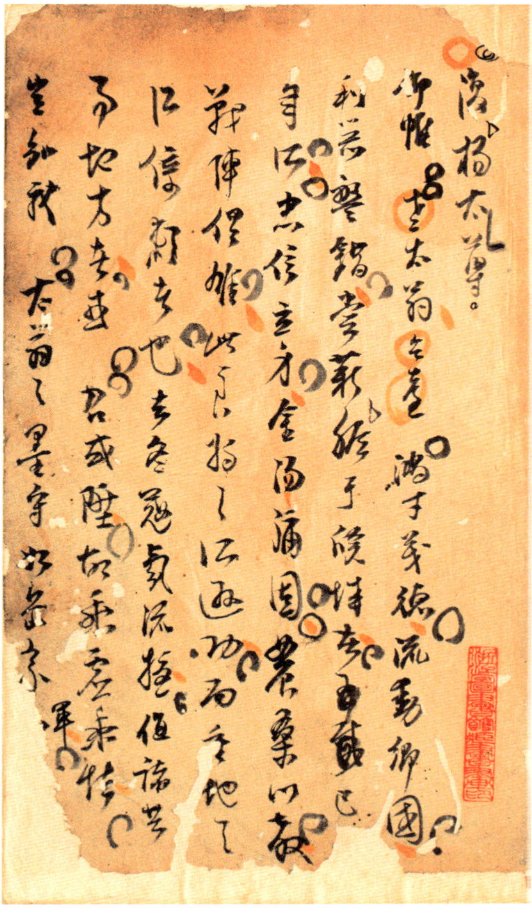

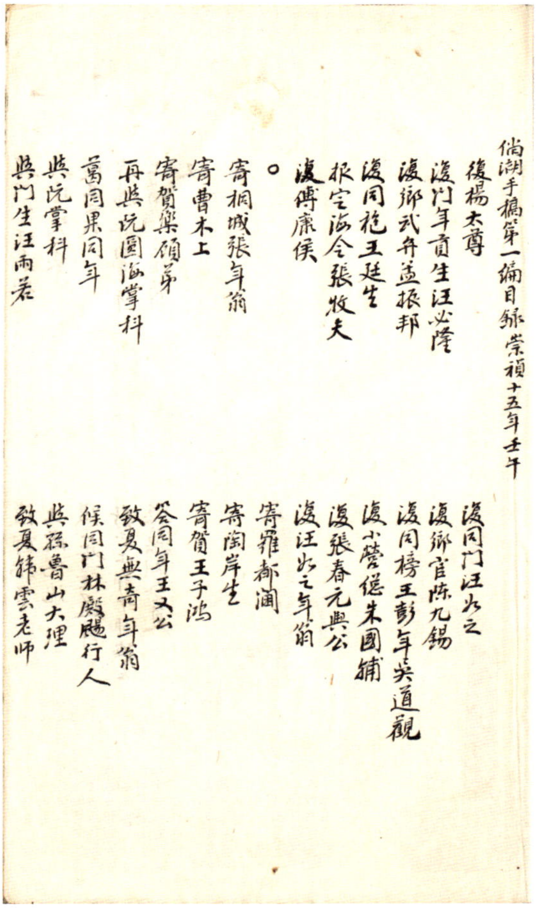

倘湖手稿第一編目錄 崇禎十五年壬午
復楊太尊
復門年貢生汪必隆
復鄉武弁孟振邦
復同袍王廷生
報宅海令張牧夫
復傅康侯
○
寄桐城張年翁
寄曹本上
寄賀梁碩弟
再與阮圓海掌科
萬同衆同年
與阮掌科
與門生汪雨若
復同門汪屴之
復鄉宦陳九錫
復同榜王彭年吳道觀
復小營從朱國輔
復張春元與公
復汪屴之年翁
寄羅都閫
寄閩岸生
寄賀王子鴻
答同年王文公
致夏興青年翁
候同門林殿颺行人
與孫魯山大理
致夏彝雲老師

○○四 倘湖手稿□□卷 （清）來集之撰 稿本 浙江圖書館藏

存十四卷（卷一至十、十九至二十二）

第二批《浙江省珍貴古籍名録》，名録編號00322

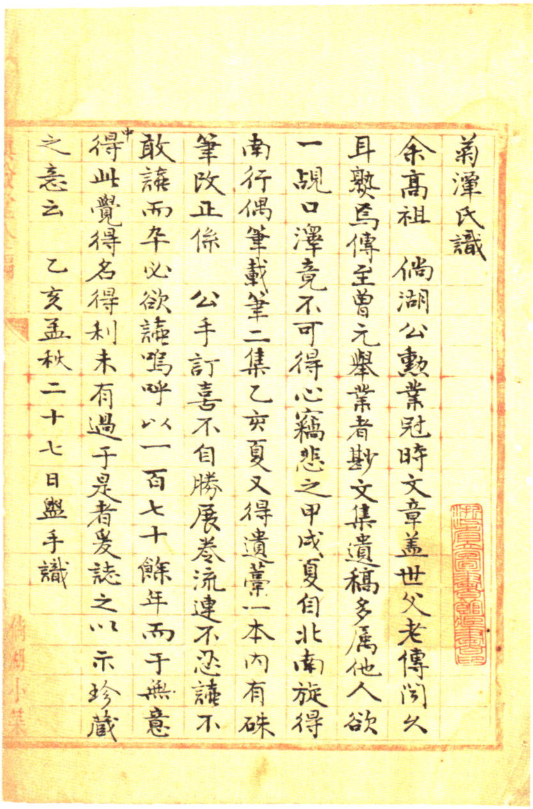
蒭澤氏識
余高祖　倘湖公勳業冠時文章蓋世父老傳聞久
耳熟焉傳至曾元舉業者尠文集遺稿多屬他人欲
一覩口澤竟不可得心竊悲之甲戌夏自北南旋得
南行偶筆載筆二集乙亥夏又得遺叢一本内有硃
筆改正係　公手訂喜不自勝展卷流連不忍讀不
敢讀而年必欲讀嗚呼以一百七十餘年而于無意
中得此覺得名得利未有過于是者爰誌之以示珍藏
之意云　乙亥孟秋二十七日盥手識

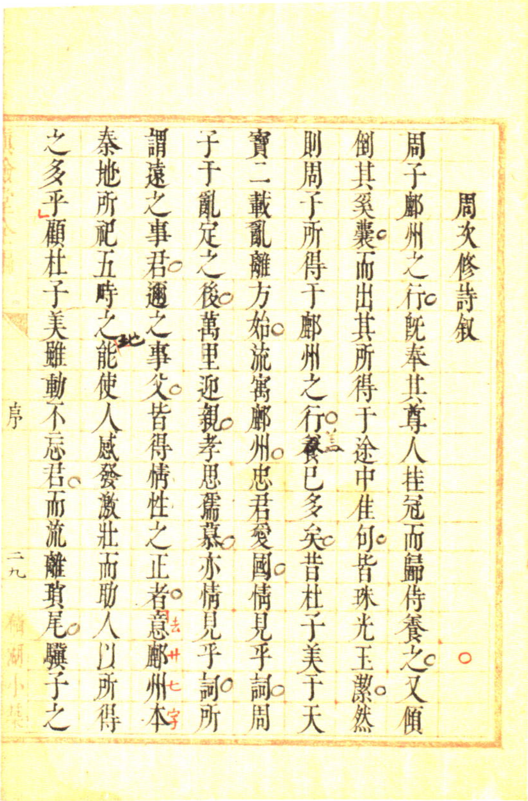
周文修詩敘
周子鄜州之行既奉其尊人挂冠而歸侍養之又傾
倒其奚囊而出其所得于途中佳句皆珠光玉潔然
則周子所得于鄜州之行蓋養已多矣昔杜子美于天
寶二載亂離方始流寓鄜州忠君愛國情見乎詞周
子于亂定之後萬里迎親孝思孺慕亦情見乎詞所
謂遠之事君邇之事父皆得情性之正者意鄜州本
秦地所祀五時之地能使人感發激壯而助人以所得
之多乎顧杜子美雖動不忘君而流離瑣尾驥子之
序　二九　倘湖小集

〇〇五　倘湖遺稿不分卷　（清）來集之撰　寫樣稿本　六册
浙江圖書館藏
第二批《浙江省珍貴古籍名録》，名録編號00323

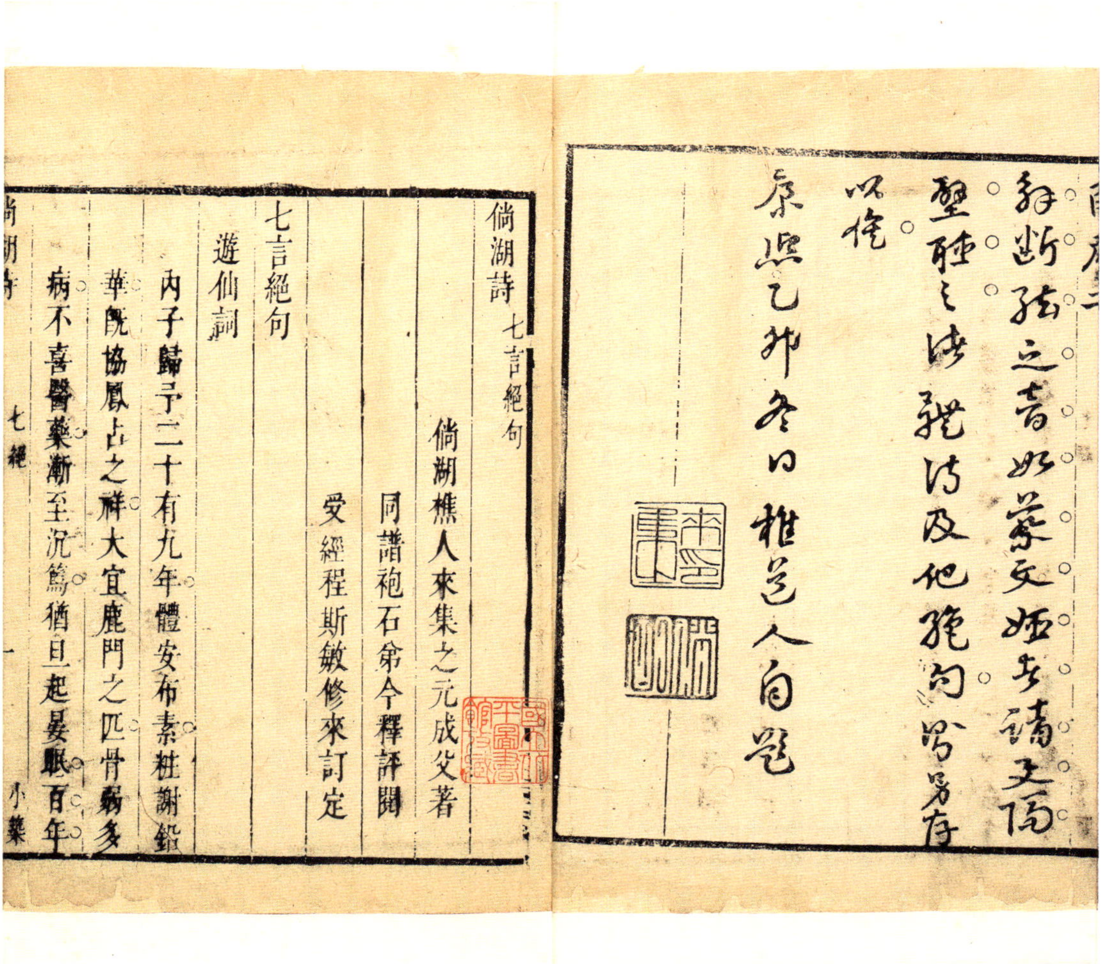
倘湖詩　七言絕句

倘湖樵人來集之元成父著

同譜袍石弟令釋評閱

受經程斯敏修來訂定

七言絕句

遊仙詞

丙子歸予二十有九年體安布素椎謝鉛華既協鳳占之祥大宜鹿門之匹骨竊多病不喜醫藥漸至沉篤猶且起晏眠百年

倘湖詩　七絕　一　小築

〇〇六　倘湖詩二卷　（清）來集之撰　清康熙十四年（1675）倘湖小築刻本　一册　國家圖書館藏

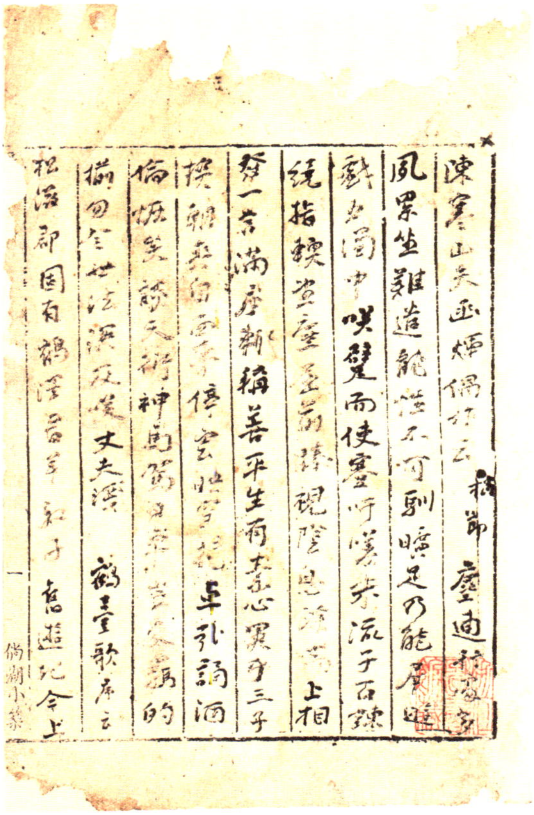

〇〇七　來集之先生詩話稿不分卷　（清）來集之撰　稿本　四册　浙江圖書館藏

第六批《國家珍貴古籍名録》，名録編號12872

朱駿聲專集

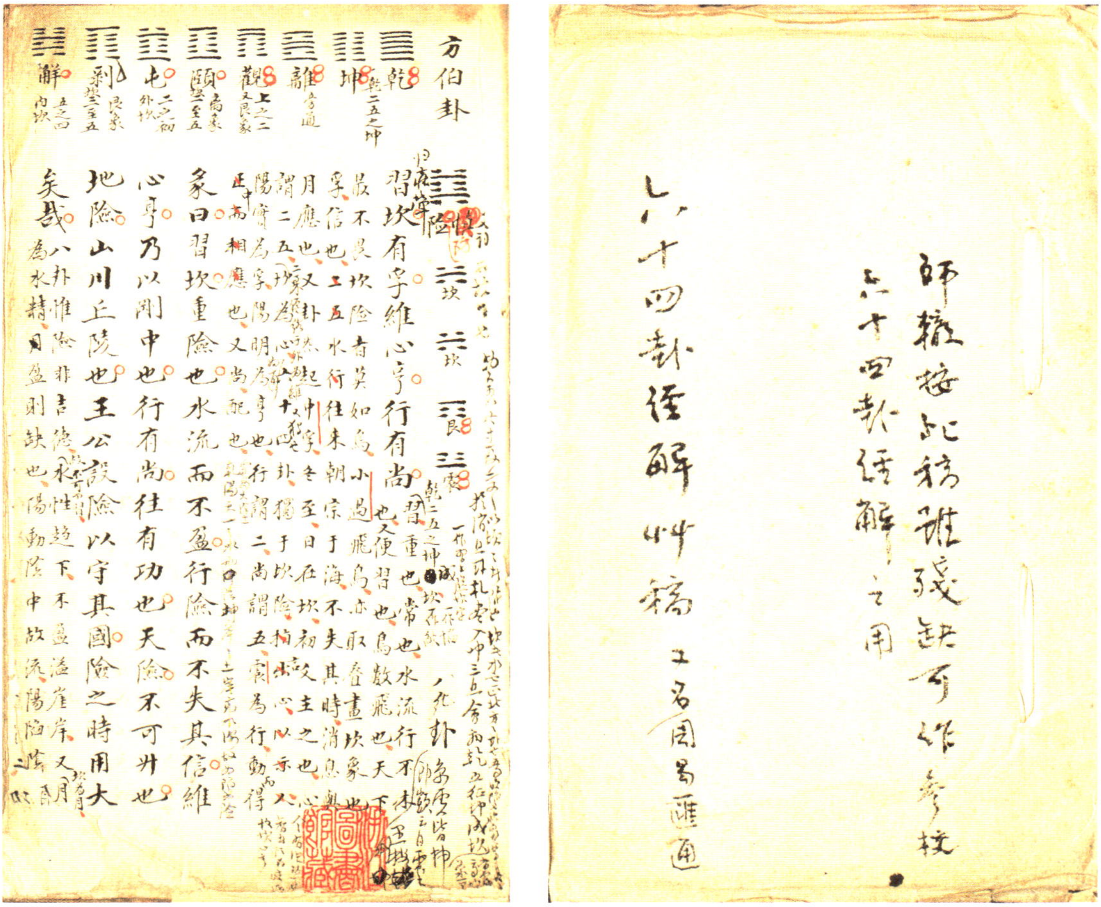

〇〇一 六十四卦經解不分卷 （清）朱駿聲集注 稿本 一册 浙江圖書館藏

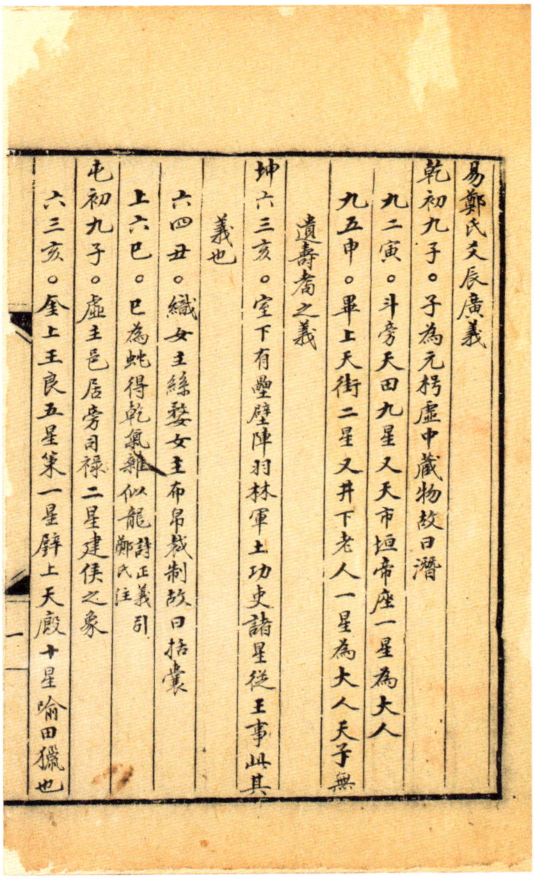
易鄭氏爻辰廣義
乾初九子。子為元枵虛中藏物故曰潛
九二寅。斗旁天田九星又天市垣帝座一星為大人
九五申。畢上天街二星又井下老人一星為大人天子無
遺壽耇之義
坤六三亥。室下有壘壁陣羽林軍土功吏諸星從王事無其
義也
六四丑。織女主絲蠶女主布帛裁制故曰括囊
上六巳。巳為蛇得乾氣雜似龍 詩正義引鄭氏注
屯初九子。虛主邑居旁司祿二星建侯之象
六三亥。奎上王良五星策一星壁上天廄十星喻田獵也

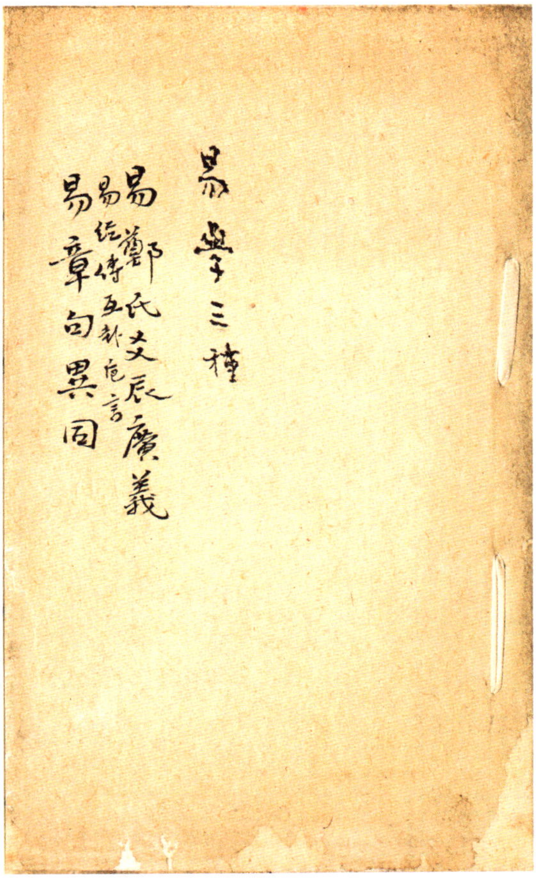
易學三種
易鄭氏爻辰廣義
易經傳互卦卮言
易章句異同

〇〇二 易鄭氏爻辰廣義一卷易經傳互卦卮言一卷易章句異同一卷易消息升降圖一卷 （清）朱駿聲撰 稿本 一册

浙江圖書館藏

第五批《國家珍貴古籍名録》，名録編號11480

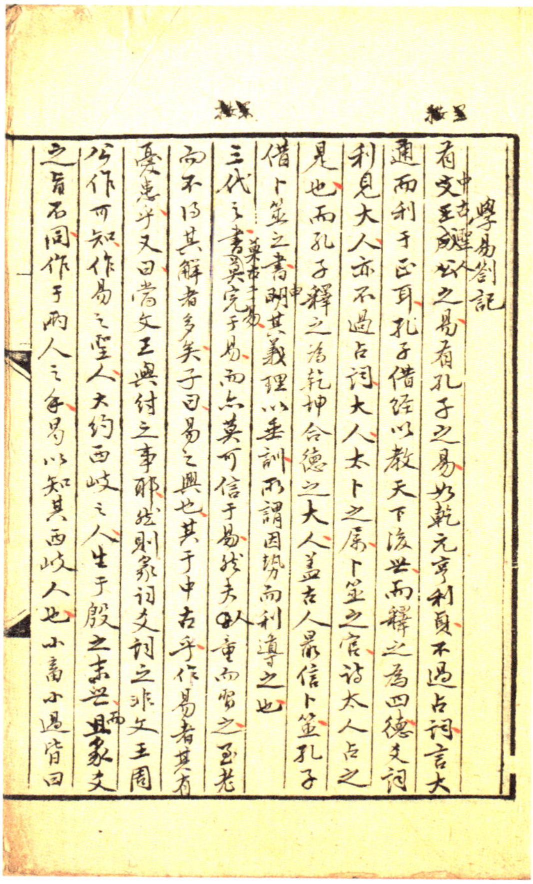

學易劄記

有文王周公之易有孔子之易如乾元亨利貞不過占詞言大通而利于正耳孔子借經以教天下後世而釋之爲四德爻詞利見大人亦不過占詞大人太卜之屬卜筮之官謂太人占之是也而孔子釋之爲乾坤合德之大人蓋古人最信卜筮孔子借卜筮之書明其義理以垂訓所謂因勢而利導之也

三代之書莫完于易而亦莫可信于易然夫人童而習之至老而不得其解者多矣子曰易之興也其于中古乎作易者其有憂患乎又曰當文王與紂之事耶然則彖詞爻詞之非文王周公作可知作易之聖人大約西岐之人生于殷之末世且彖爻之旨不同作于兩人之手易以知其西岐人也小畜小過皆曰

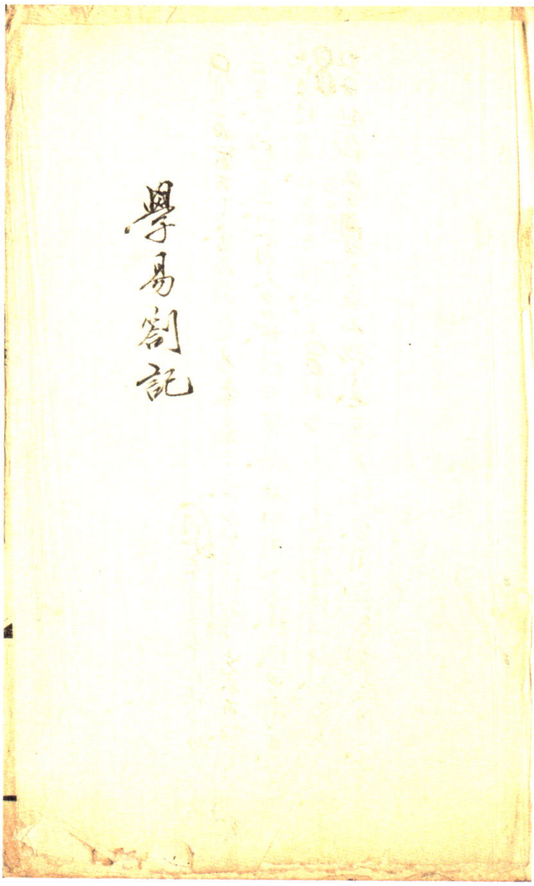

學易劄記

〇〇三　學易劄記不分卷　（清）朱駿聲撰　稿本　一册　浙江圖書館藏

第五批《國家珍貴古籍名録》，名録編號11484

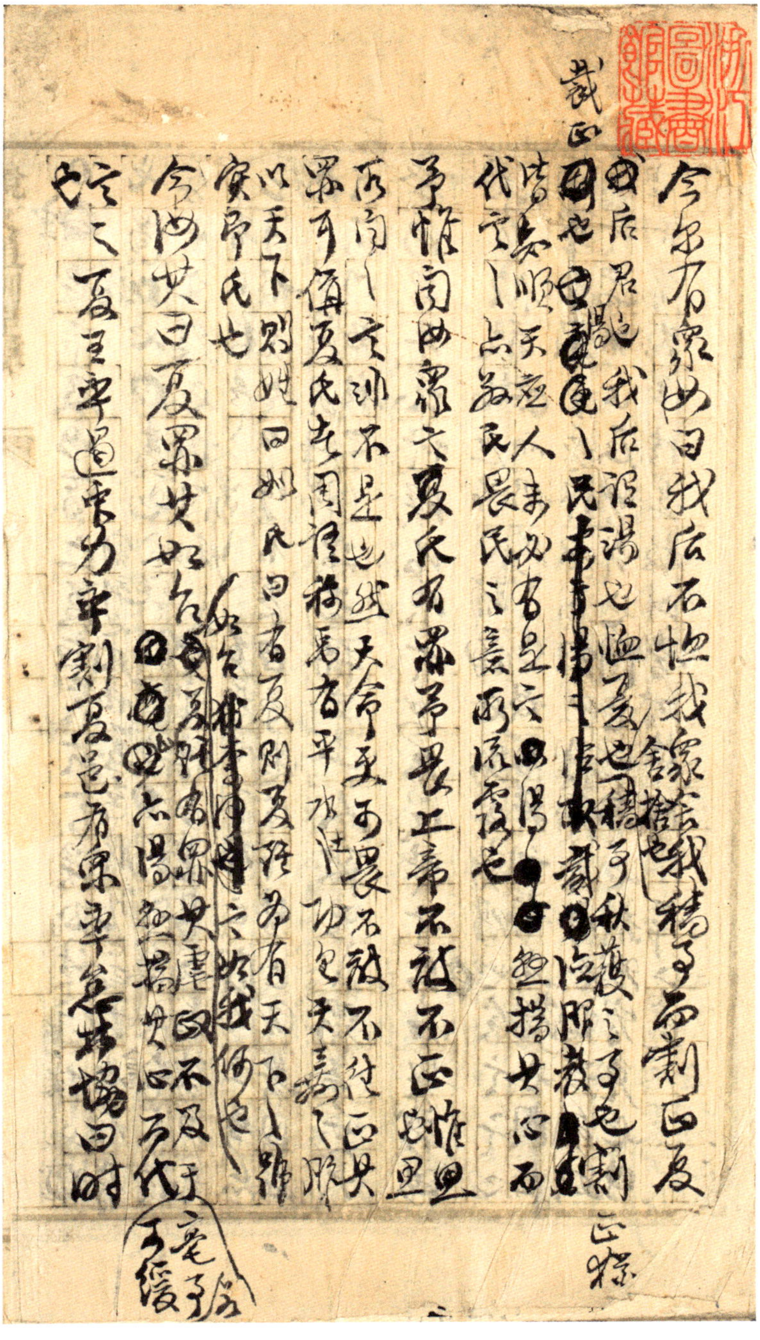

〇〇四　尚書古注便讀不分卷　（清）朱駿聲撰　稿本　一册

浙江圖書館藏

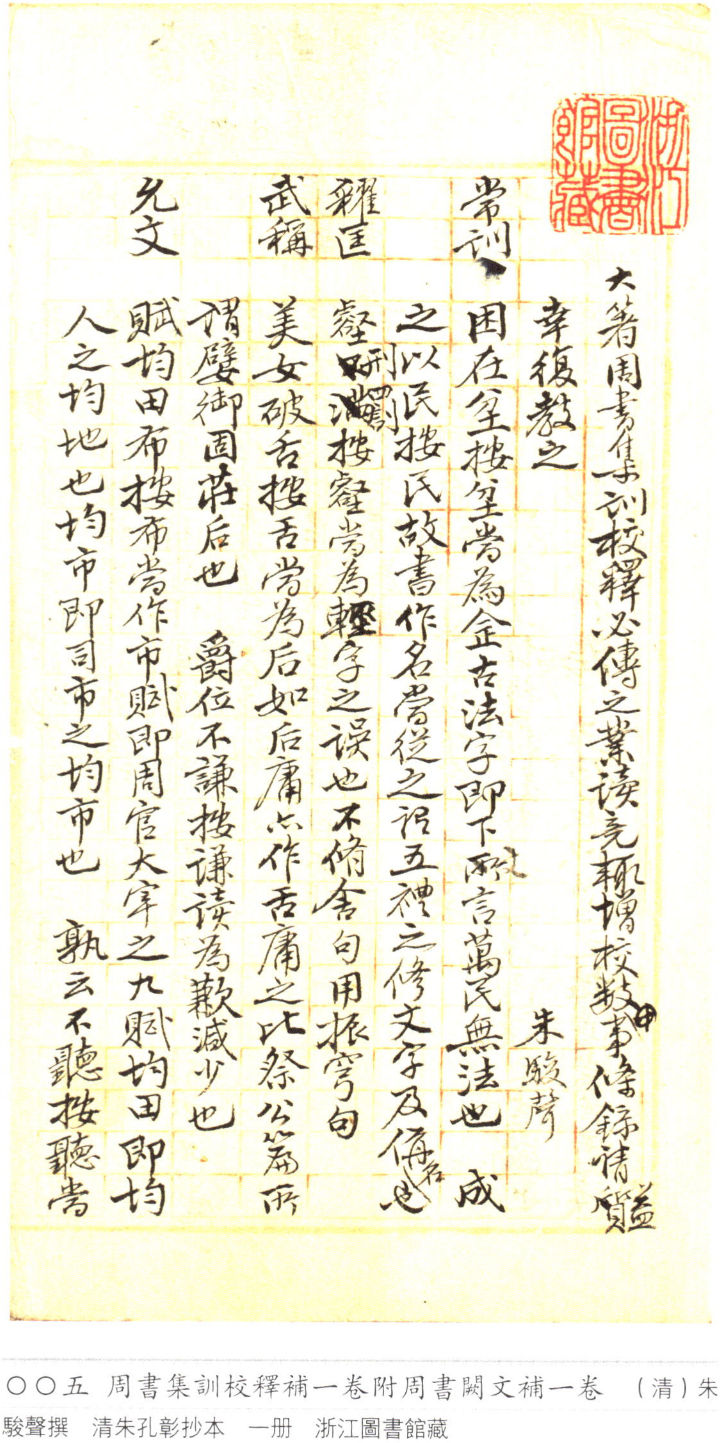
大箸周書集訓校釋必傳之業讀竟輒增校數事條錄請益
幸復教之　朱駿聲
常訓　周在至按至當爲企古法字即下所言萬民無法也　成
之以民按民故書作名當從之詛五禮之修文字及脩名也
糴匡　釐刑灟按釐當爲輕字之誤也不脩舍句用根窮句
武稱　美女破舌按舌當爲后如后庸亦作舌庸之比祭公篇所
謂嬖御固莊后也　爵位不謙按謙讀爲歉減少也
允文　賦均田布按布當作市賦即周官大宰之九賦均田即均
人之均地也均市即司市之均市也　執云不聽按聽當

〇〇五　周書集訓校釋補一卷附周書闕文補一卷　（清）朱駿聲撰　清朱孔彰抄本　一册　浙江圖書館藏

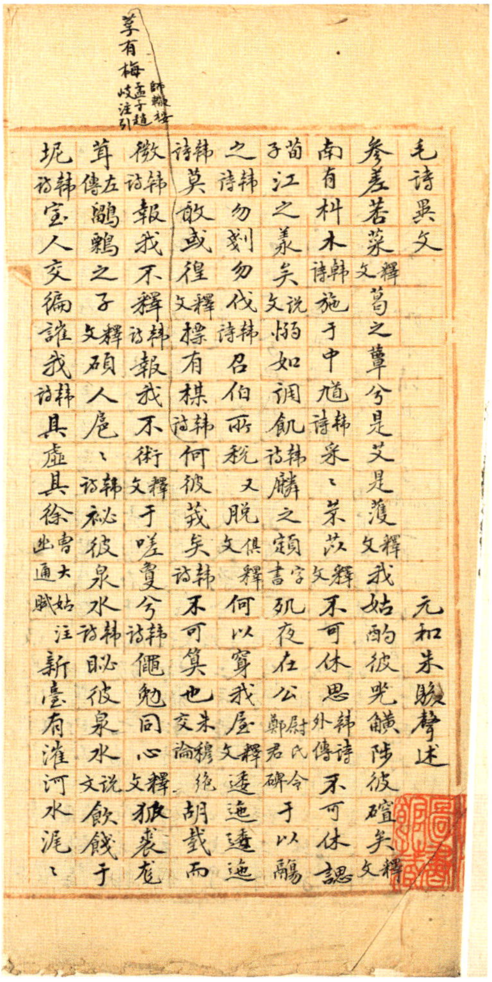

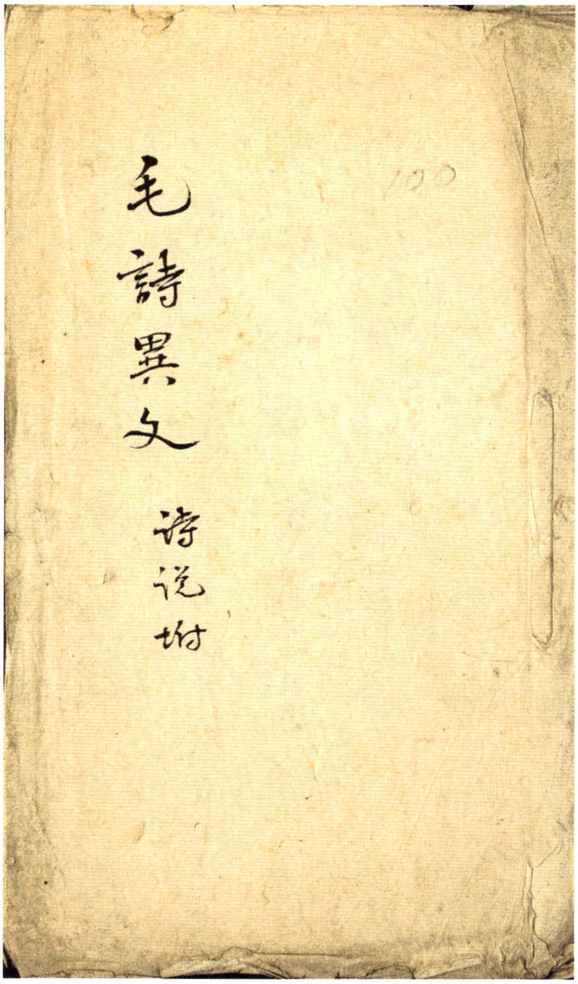

〇〇六　毛詩異文一卷坿申公詩　（清）朱駿聲述　清朱孔彰抄本　朱師轍批校　一册　浙江圖書館藏

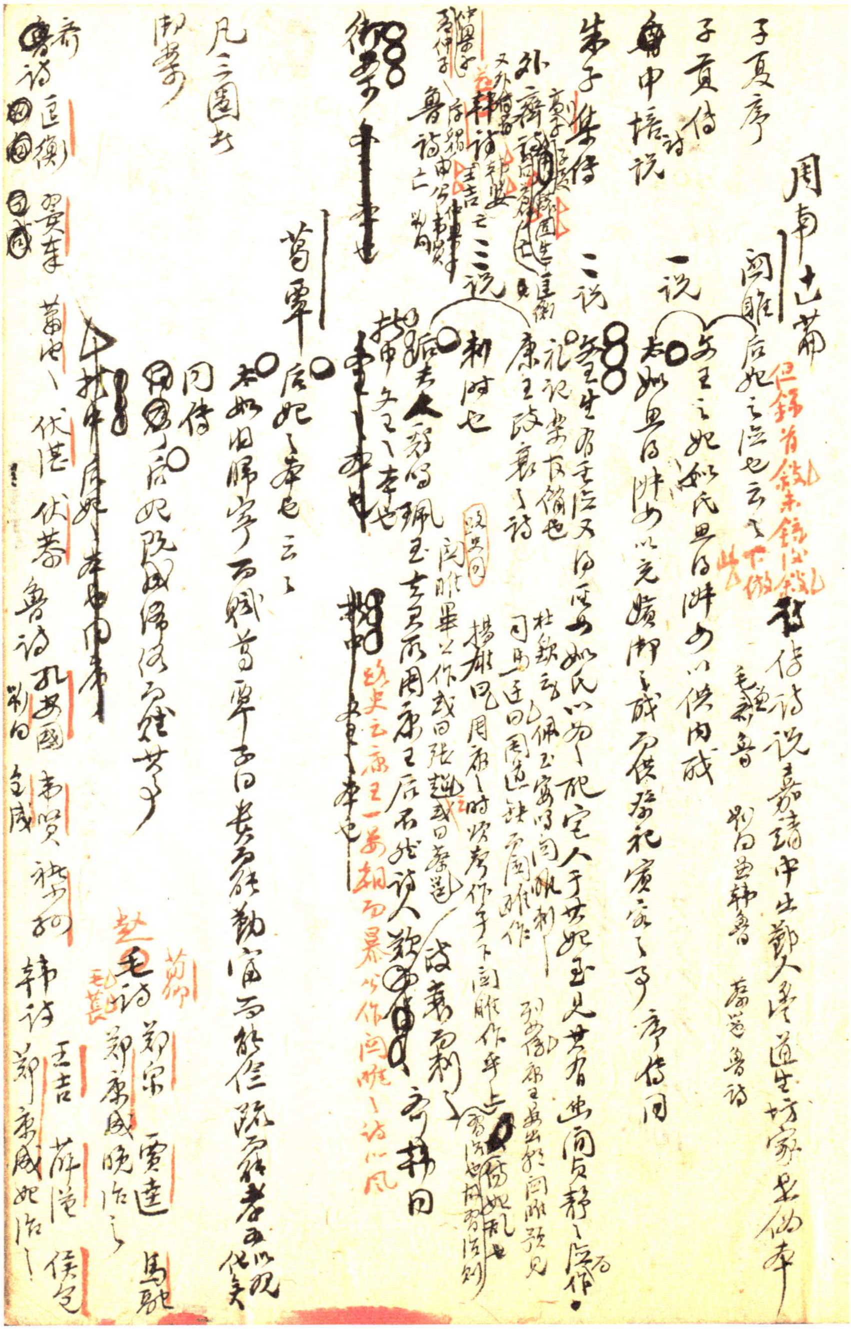

○○七　詩序異同彙參一卷　（清）朱駿聲撰　稿本　一册　浙江圖書館藏

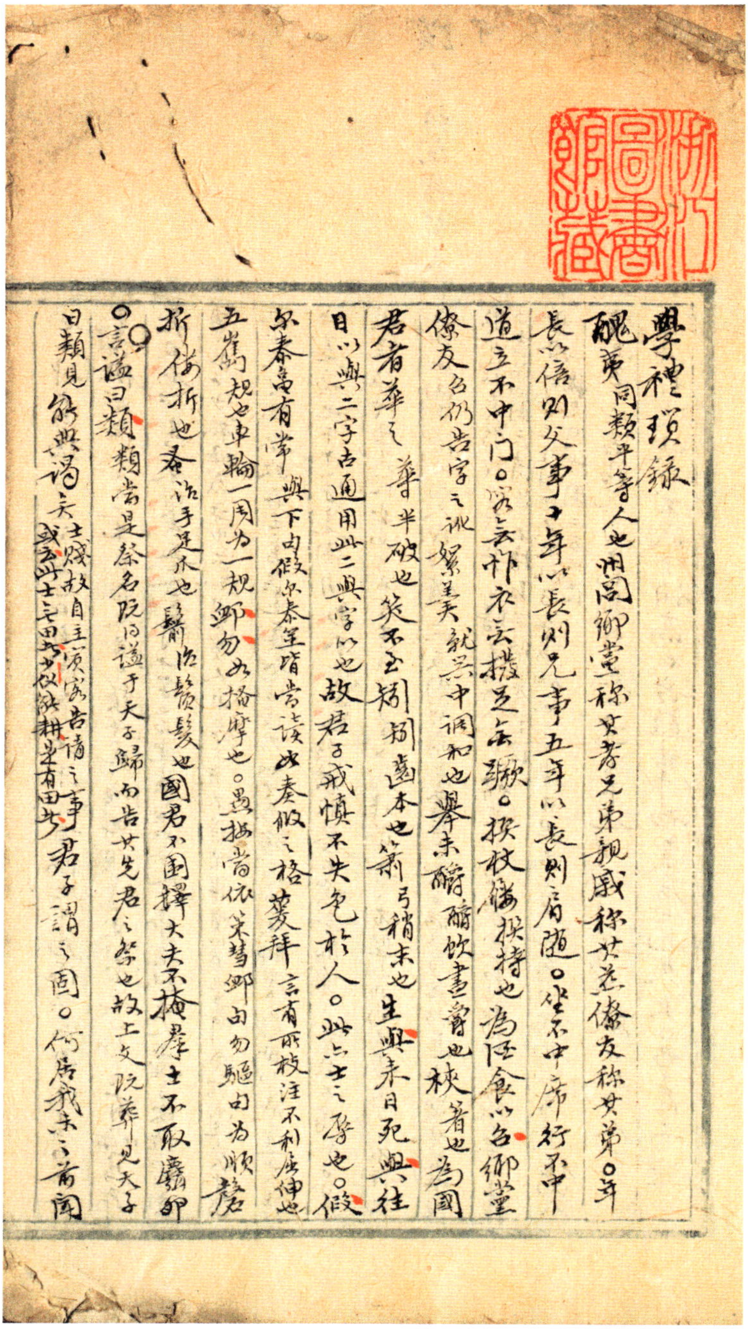

〇〇八　學禮瑣録一卷讀史剳記一卷　（清）朱駿聲撰　稿本　一册　浙江圖書館藏

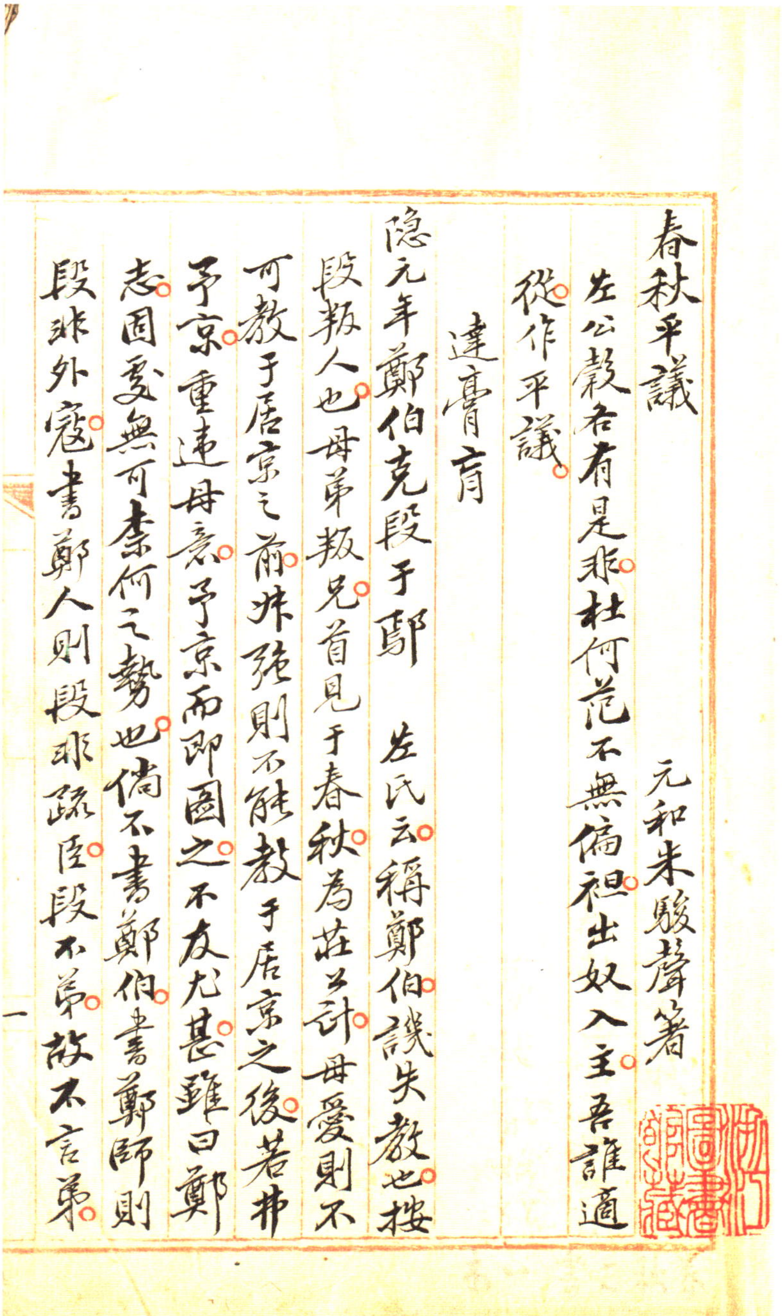

春秋平議　　　　元和朱駿聲著
左公穀各有是非杜何范不無偏袒出奴入主吾誰適
從作平議
達膏肓
隱元年鄭伯克段于鄢　左氏云稱鄭伯譏失教也按
段叛人也母弟叛兄首見于春秋為莊公計母愛則不
可教于居京之前非殺則不能教于居京之後若弗
予京重違母意予京而即圖之不友尤甚雖曰鄭
志固處無可奈何之勢也倘不書鄭伯書鄭師則
段非外寇書鄭人則段非疏臣段不弟故不言弟

〇〇九　春秋平議一卷春秋三家異文覈一卷春秋亂賊考一卷附讀韓非子札記一卷　（清）朱駿聲撰　稿本　一册　浙江圖書館藏

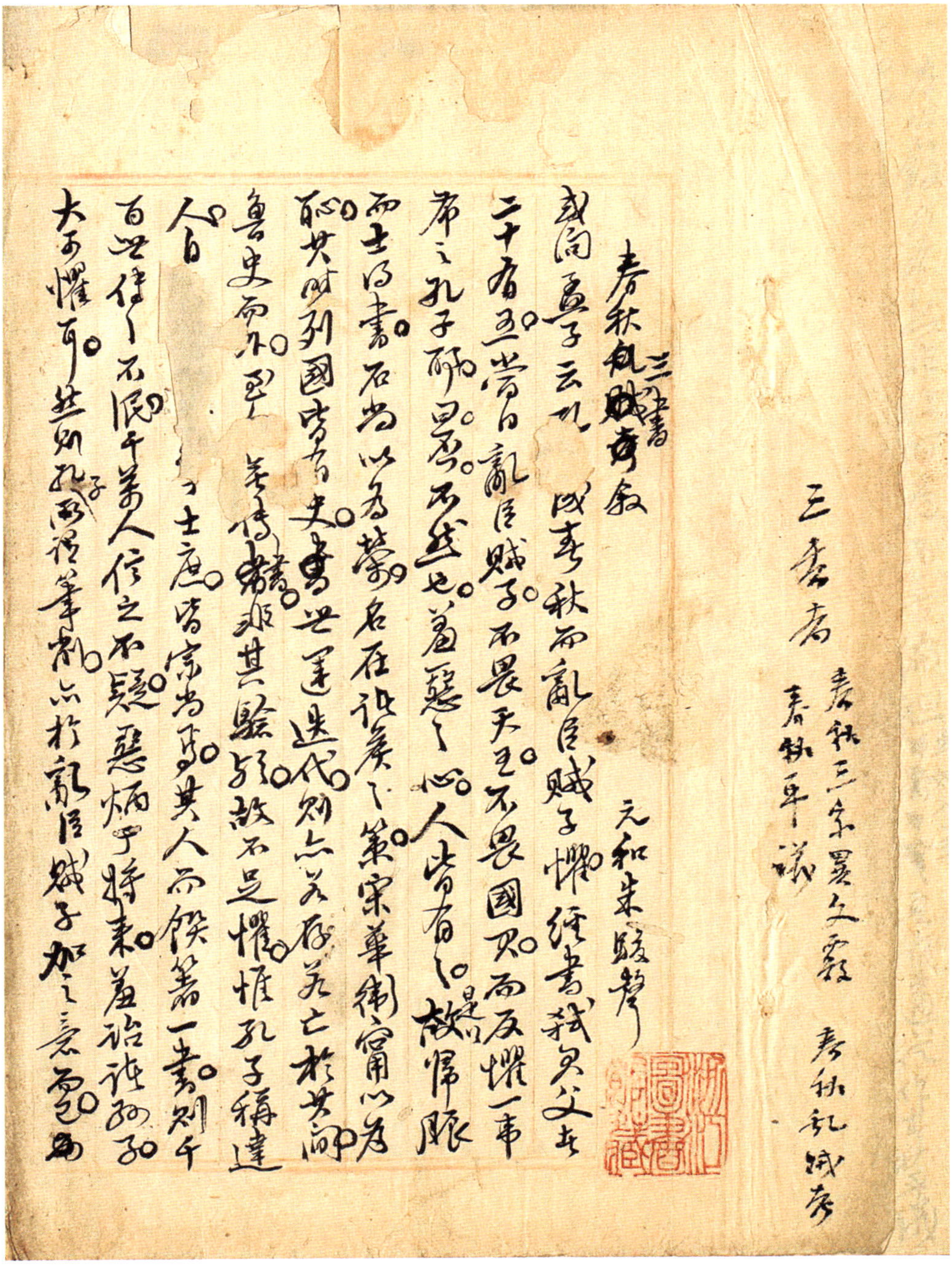

〇一〇 春秋平議一卷春秋三家異文覈一卷春秋亂賊考一卷春秋左傳識小録不分卷 （清）朱駿聲撰 稿本 一册 浙江圖書館藏

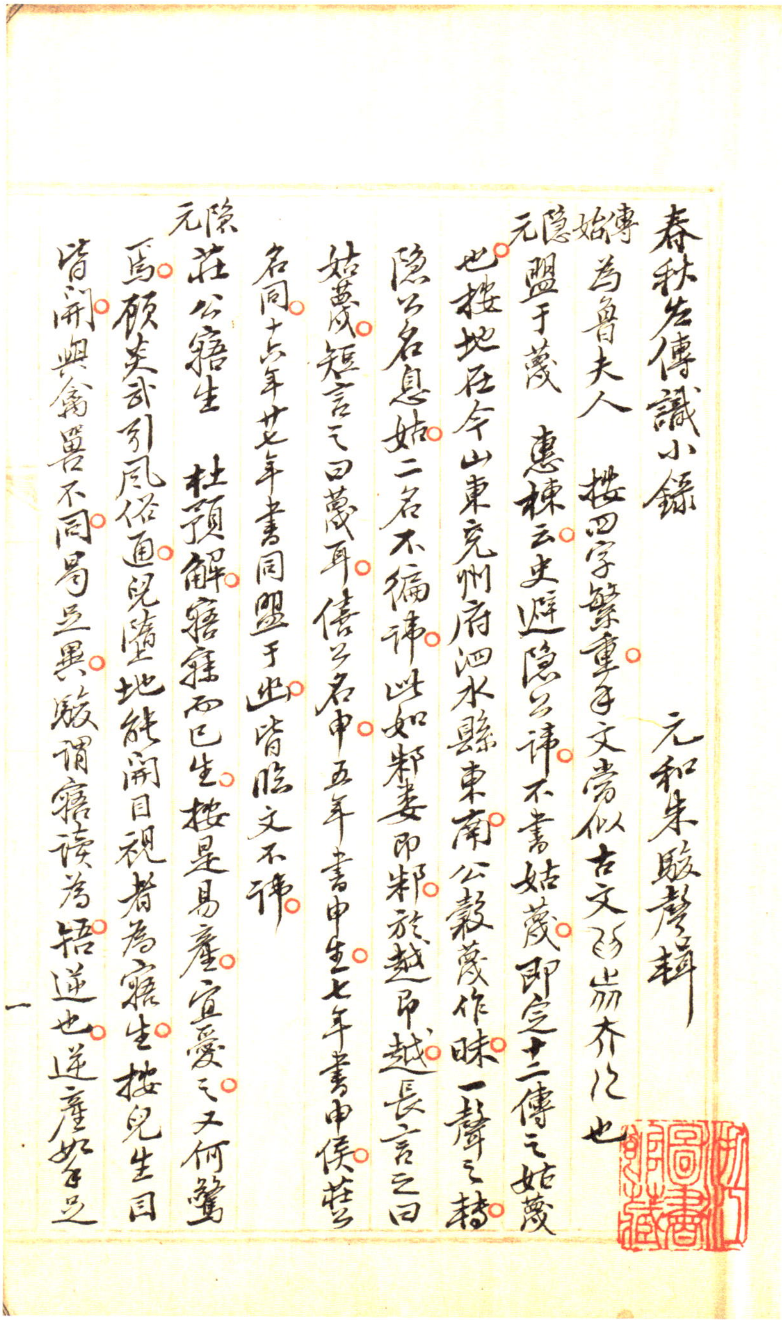
春秋左傳識小錄
元和朱駿聲輯
傳 始為魯夫人 按四字蘩重于文當似古文所出前介之也
隱元 盟于蔑 惠棟云史避隱公諱不書姑蔑即定十二傳之姑蔑
也按地在今山東兗州府泗水縣東南公穀蔑作眛一聲之轉
隱公名息姑二名不偏諱此如鄭妻即鄭於越即越長言之曰
姑蔑短言之曰蔑耳僖公名申五年書申生七年書申侯莊公
名同十六年廿七年書同盟于幽皆臨文不諱
隱元 莊公寤生 杜預解寤寐而已生按是易產宜愛之又何驚
焉顧炎武引風俗通兒墮地能開目視者為寤生按兒生目
皆開與禽畜不同曷足異駿謂寤讀為牾逆也逆產如子足

〇一一　春秋左傳識小録不分卷　（清）朱駿聲撰　稿本　一册　浙江圖書館藏

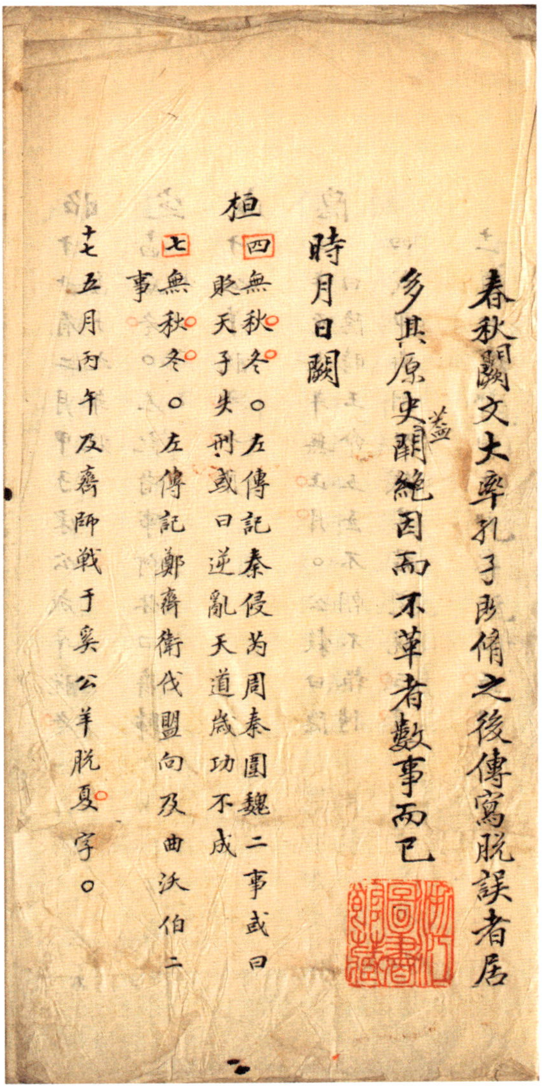
春秋闕文大率孔子所脩之後傳寫脫誤者居
多其原史闕絕因而不革者數事而已
時月日闕
桓 四 無秋冬。左傳記秦侵芮周秦圍魏二事或曰
貶天子失刑或曰逆亂天道歲功不成
七 無秋冬。左傳記鄭齊衛伐盟向及曲沃伯二
事
十七 五月丙午及齊師戰于奚公羊脫夏字。

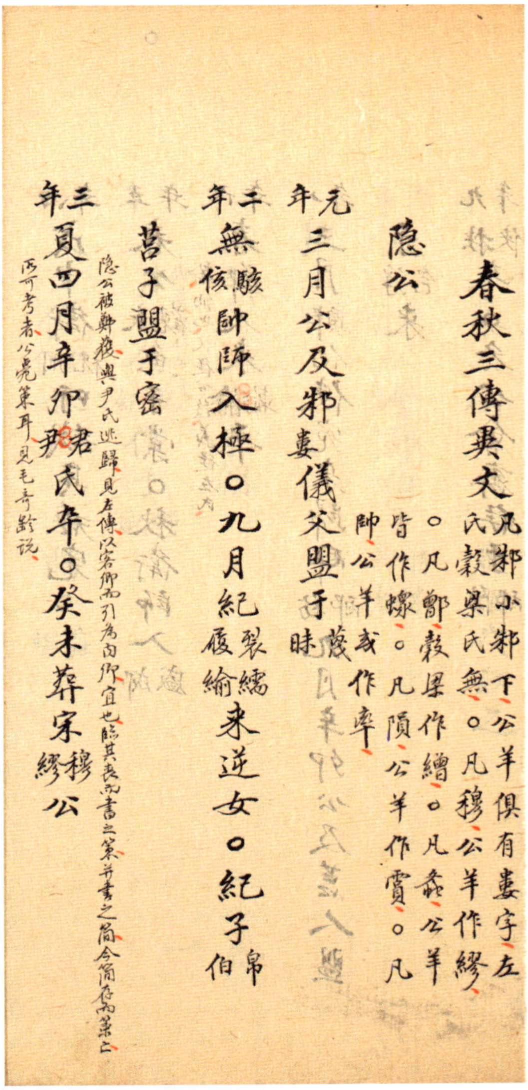
春秋三傳異文 凡邾小邾下公羊俱有婁字左氏穀梁氏無。凡穆公羊作繆。凡鄫穀梁作繒。凡蠡公羊皆作螺。凡隕公羊作霣。凡師公羊或作率
隱公
元年 三月公及邾婁儀父盟于眛
二年 無駭帥師入極。九月紀履緰來逆女。紀子伯莒子盟于密
三年 夏四月辛卯尹氏卒。癸未葬宋繆公

○一二 春秋闕文考一卷春秋三傳異文一卷 （清）朱駿聲撰 稿本 一册 浙江圖書館藏

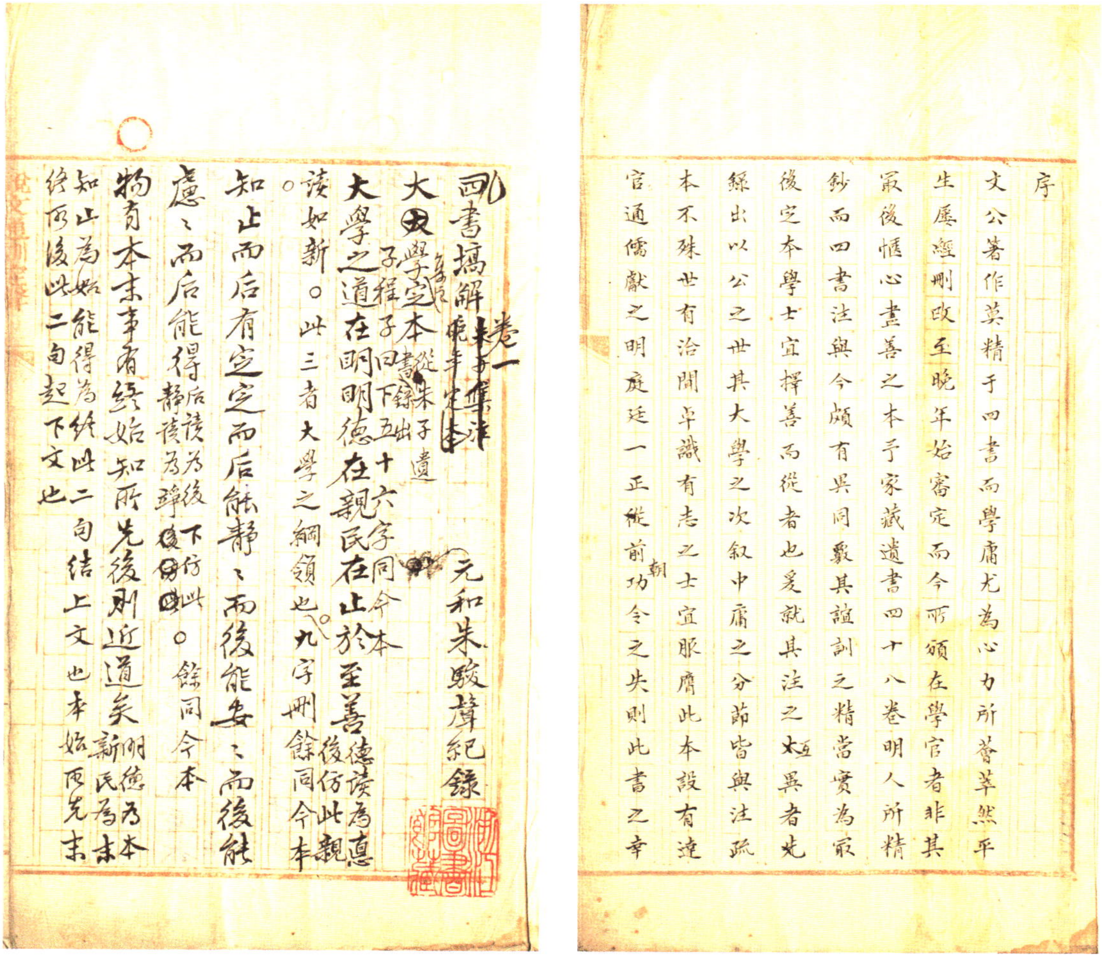

〇一三　四書塙解四卷　（清）朱駿聲撰　稿本　一册　浙江圖書館藏

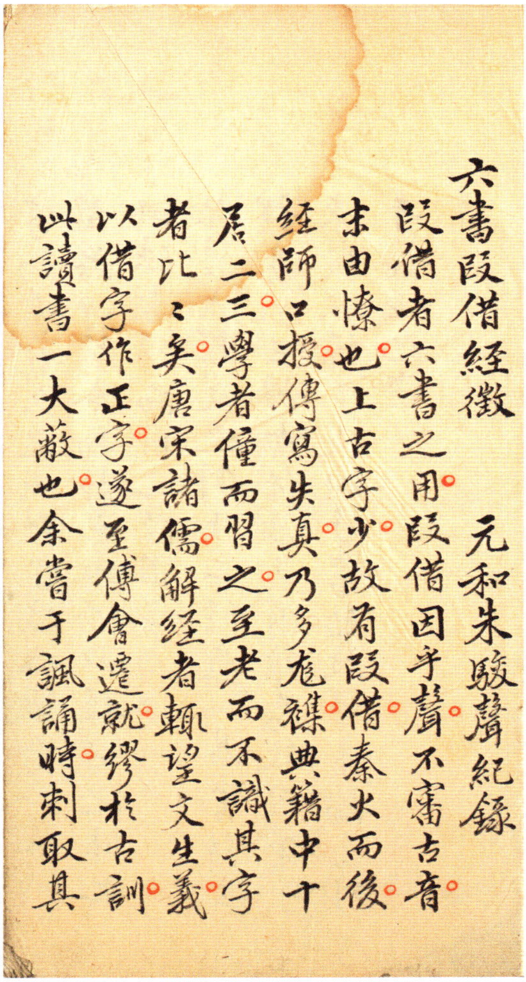

六書叚借經徵

元和朱駿聲紀錄

叚借者六書之用叚借因乎聲不審古音末由憭也上古字少故有叚借秦火而後經師口授傳寫失真乃多尨雜典籍中十居二三學者僅而習之至老而不識其字者比比矣唐宋諸儒解經者輒望文生義以借字作正字遂至傅會遷就繆於古訓此讀書一大蔽也余嘗于諷誦時刺取其

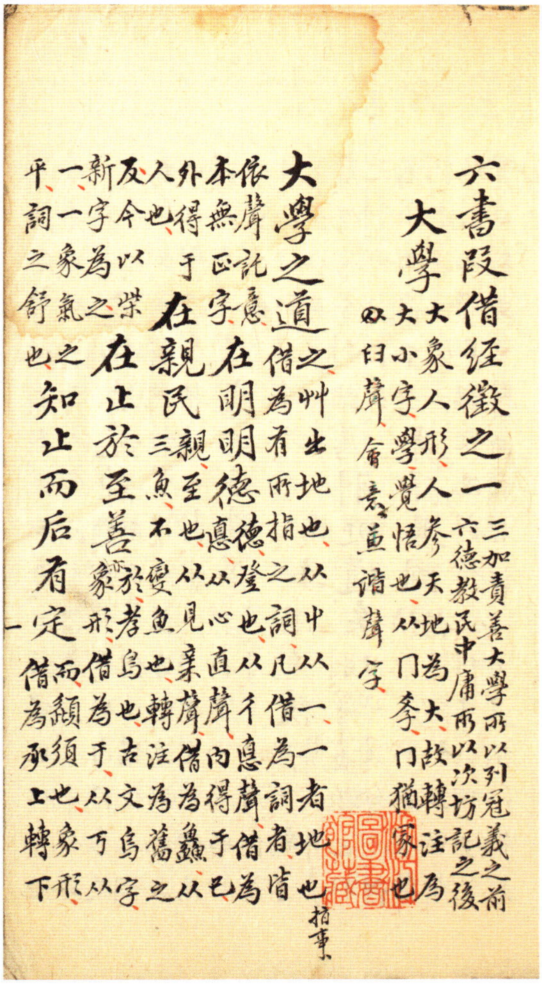

六書叚借經徵之一 三加責善大學所以列冠義之前六德教民中庸所以次坊記之後

大學 大大象人形人參天地為大故轉注為大小字學覺悟也从冂孝冂猶冡也以臼聲會意兼諧聲字

大學之道 之艸出地也从中从一一者地也指事借為有所指之詞凡借為詞者皆依聲託意本無正字

在明明德 德登也从彳悳聲借為悳从心直聲內得于己外得于人也

在親民 親至也从見亲聲借為蠡从三魚不變魚也轉注為舊之反今以棠新字為之

在止於至善 於孝烏也古文烏字象形借為于从丂从一一象氣之平詞之舒也

知止而后有定 而頦須也象形借為承上轉下

〇一四　六書叚借經徵四卷　（清）朱駿聲撰　稿本　一册　浙江圖書館藏

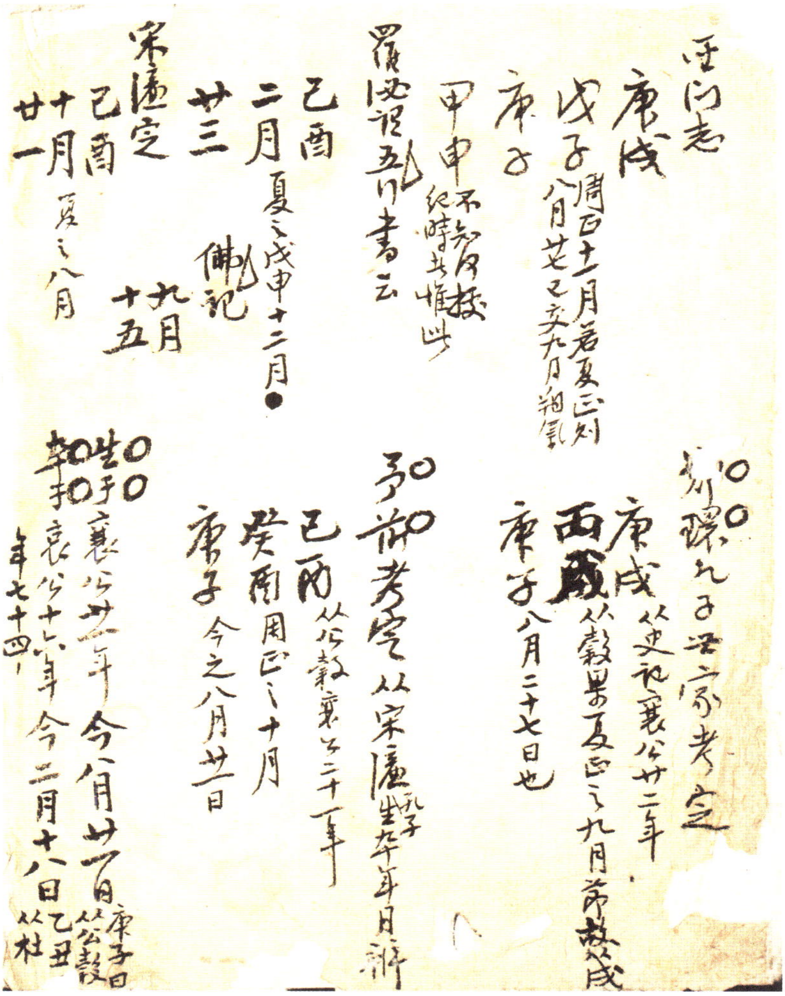

〇一五　孔子紀年不分卷　（清）朱駿聲撰　稿本　一册　浙江圖書館藏

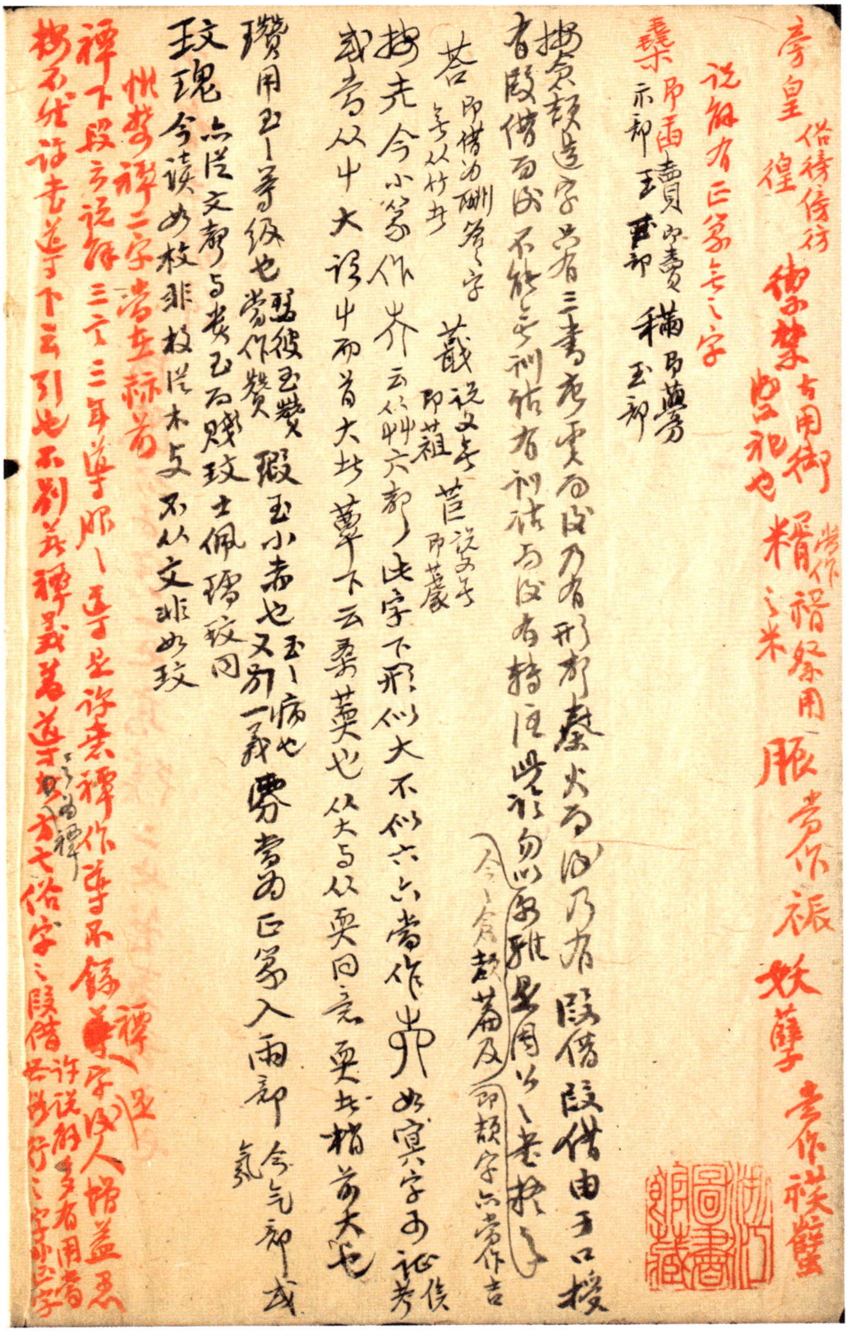

〇一六　孟子紀年不分卷　（清）朱駿聲撰　稿本　一册　浙江圖書館藏

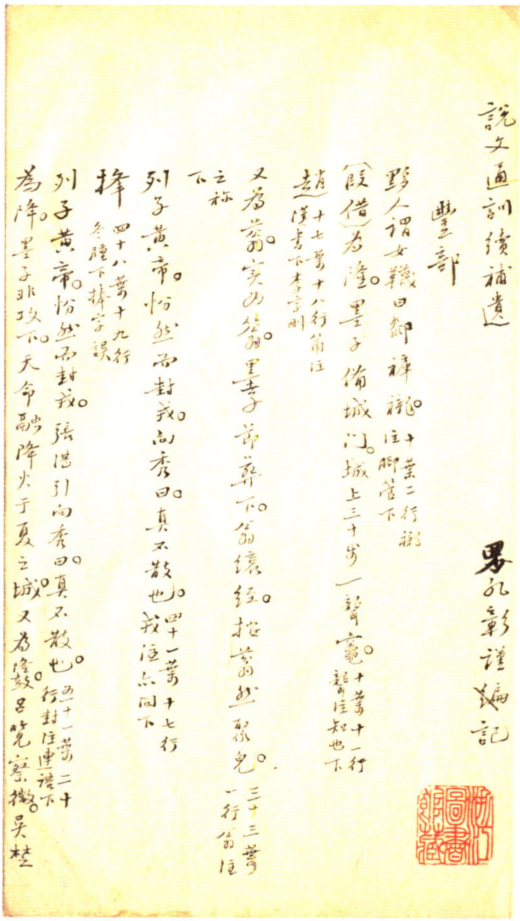

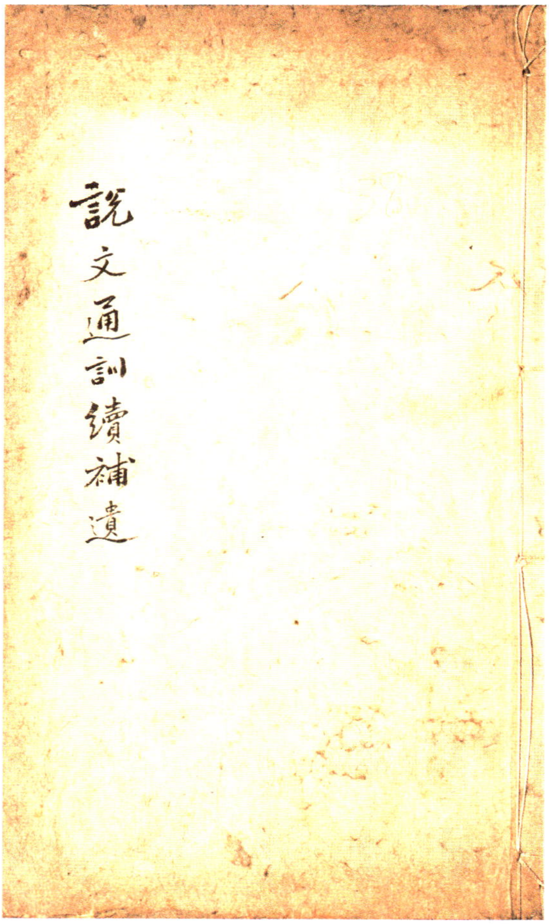

〇一七 説文通訓續補遺不分卷 （清）朱駿聲撰 （清）朱孔彰輯 稿本 一册 浙江圖書館藏

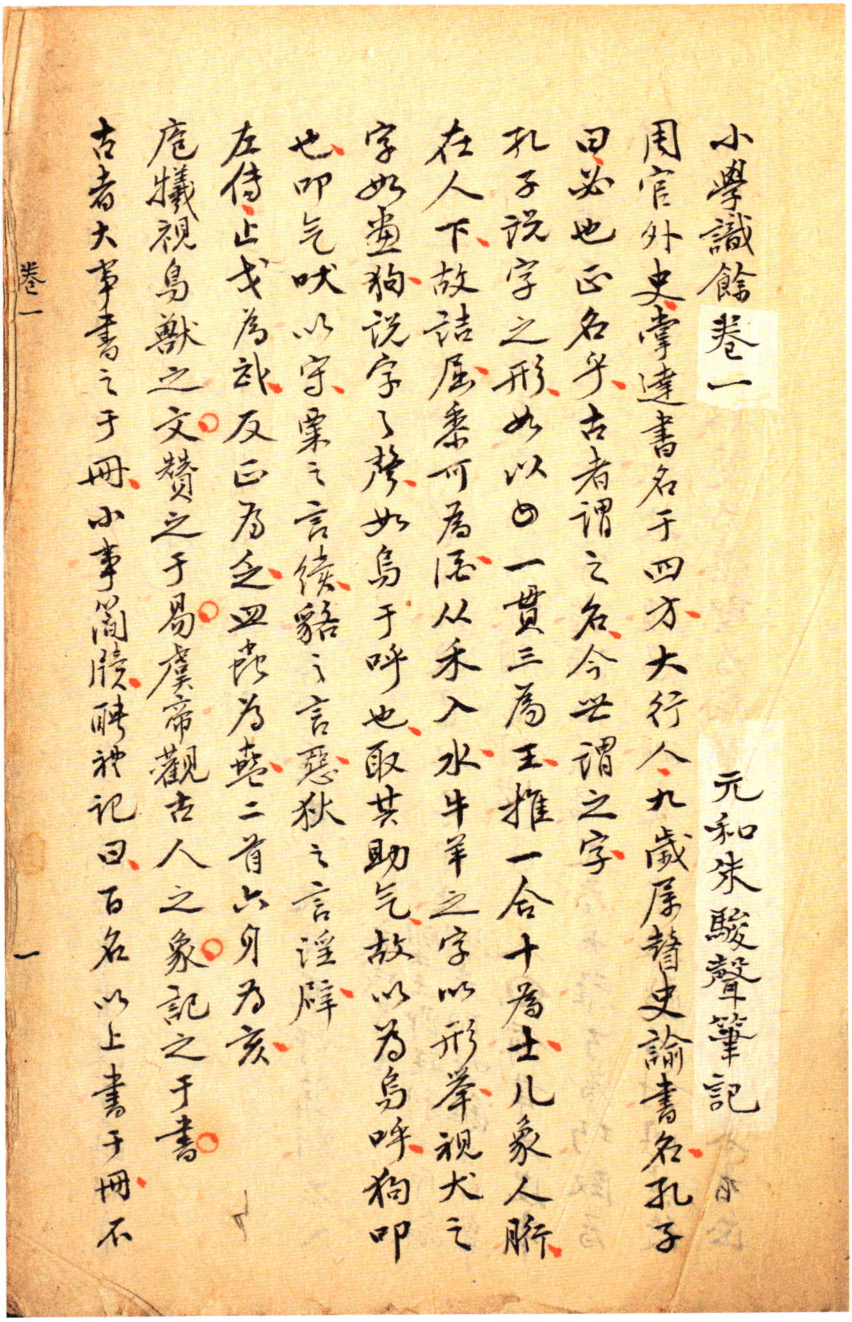
小學識餘卷一
元和朱駿聲筆記
周官外史掌達書名于四方大行人九歲屬瞽史諭書名孔子
曰必也正名乎古者謂之名今世謂之字
孔子說字之形如以一貫三為王推一合十為士儿象人脛
在人下故詰屈黍可為酒从禾入水牛羊之字以形舉視犬之
字如畫狗說字之聲如烏于呼也取其助气故以為烏呼狗叩
也叩气吠以守粟之言續貉之言惡狄之言淫辟
左傳止戈為武反正為乏皿蟲為蠱二首六身為亥
庖犧視鳥獸之文贊之于易虞帝觀古人之象記之于書
古者大事書之于冊小事簡牘聘禮記曰百名以上書于冊不
卷一
一

〇一八 小學識餘五卷説文段注拈誤一卷 （清）朱駿聲撰 稿本 一册 浙江圖書館藏

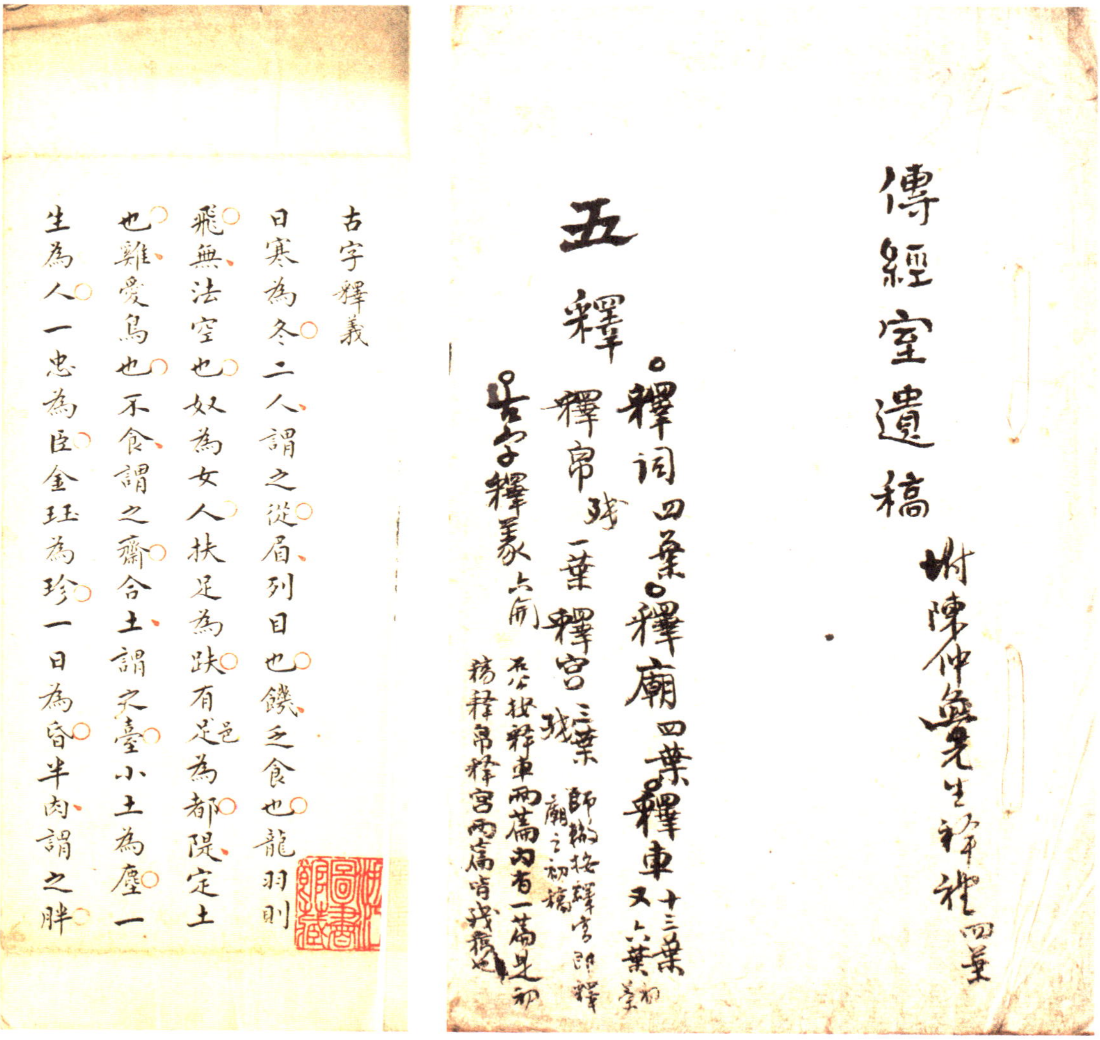

〇一九　五釋五卷附陳鱣釋禮一卷　（清）朱駿聲撰　稿本　一册　浙江圖書館藏

存五卷（古字釋義一卷、釋廟一卷、釋車一卷、釋帛一卷、附陳鱣釋禮一卷）

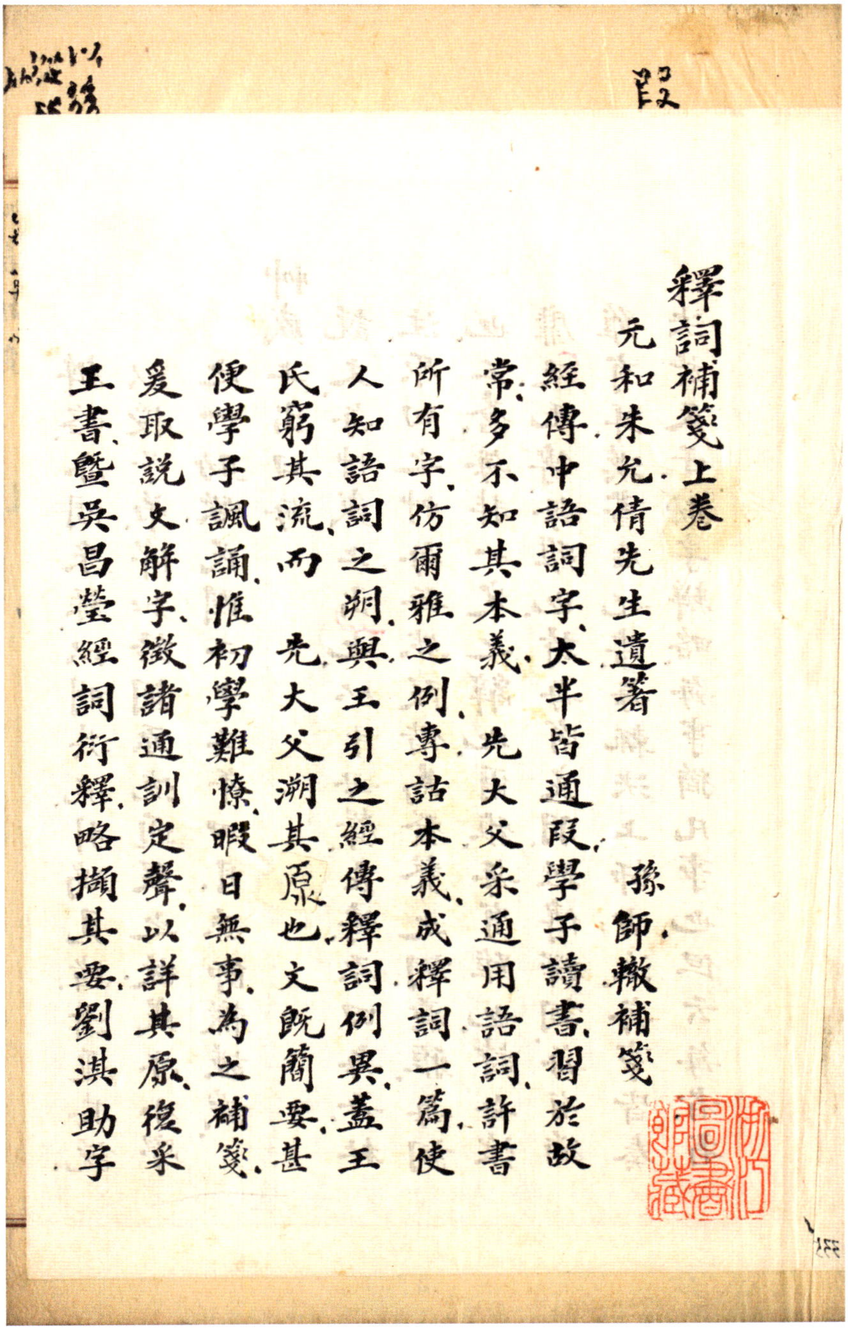
釋詞補箋上卷
元和朱允倩先生遺著　孫師轍補箋
經傳中語詞字太半皆通段學子讀書習於故
常多不知其本義　先大父采通用語詞許書
所有字仿爾雅之例專詁本義成釋詞一篇使
人知語詞之朔與王引之經傳釋詞例異蓋王
氏窮其流而　先大父溯其原也文既簡要甚
便學子諷誦惟初學難憭暇日無事為之補箋
爰取說文解字徵諸通訓定聲以詳其原後采
王書暨吳昌瑩經詞衍釋略擷其要劉淇助字

〇二〇　釋詞補箋二卷　（清）朱駿聲撰　朱師轍補箋　稿本　一冊　浙江圖書館藏

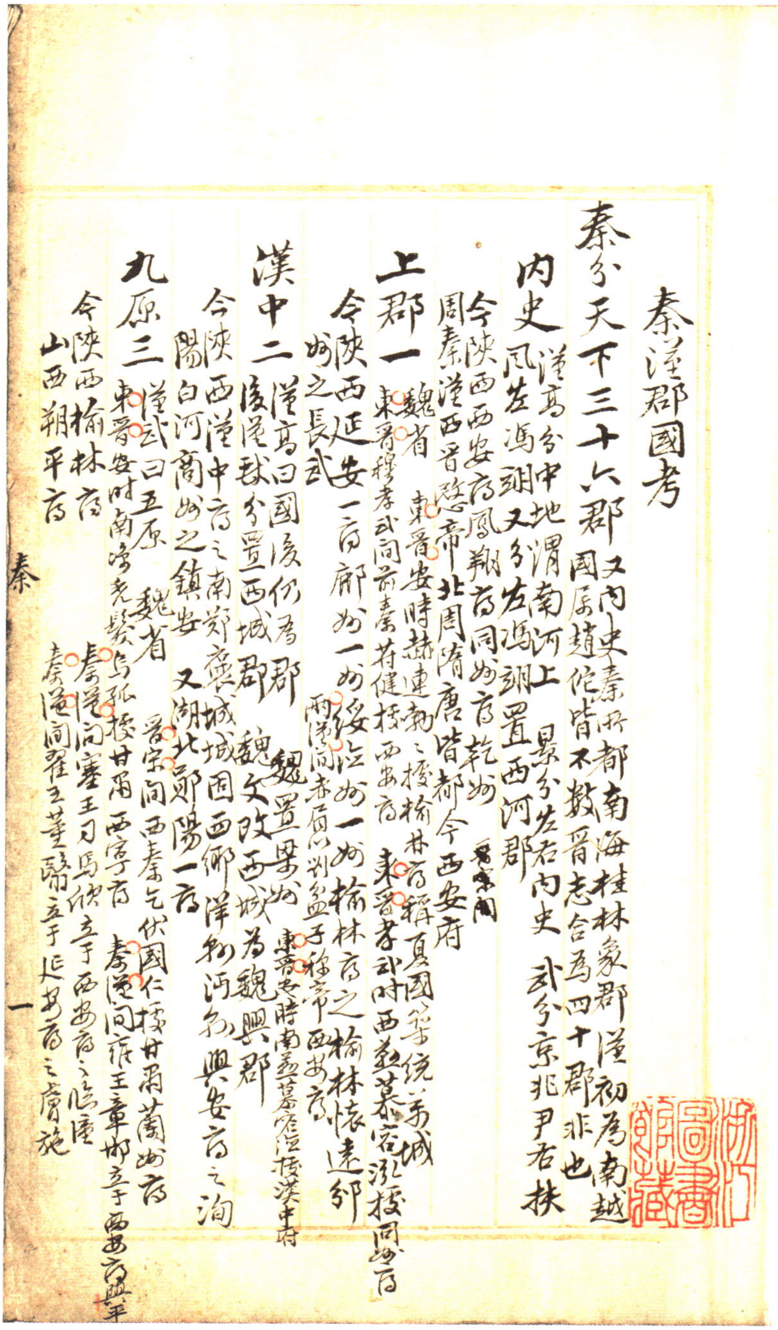

秦漢郡國考

秦分天下三十六郡 又內史秦所都南海桂林象郡漢初為南越國屬趙佗皆不數晉志合為四十郡非也

內史 漢高分中地渭南河上 景分左右內史 武分京兆尹右扶風左馮翊 又分左馮翊置西河郡

今陝西西安府鳳翔府同州府乾州 周秦漢西晉愍帝北周隋唐皆都今西安府 晉宋間

上郡一 魏省 東晉安時赫連勃勃據榆林府稱夏國都統萬城 東晉穆孝武間前秦苻健據西安府 東晉孝武時西燕慕容泓據同州府

今陝西延安一府鄜州一州綏德州一州榆林府之榆林懷遠邠州之長武 兩漢間赤眉以劉盆子稱帝西安府

漢中二 漢高曰國後仍為郡 後漢獻分置西城郡 魏置興州 魏文改西城為魏興郡 東晉安時南燕慕容德據漢中府

今陝西漢中府之南鄭褒城城固西鄉洋縣沔縣興安府之洵陽白河商州之鎮安 又湖北鄖陽一府

九原三 漢武曰五原 魏省 東晉安時南涼禿髮烏孤據甘肅西寧府 晉宋間西秦乞伏國仁據甘肅蘭州府 秦漢間塞王司馬欣立于西安府之臨潼 秦漢間雍王章邯立于西安府興平 秦漢間翟王董翳立于延安府之膚施

今陝西榆林府 山西朔平府

秦 一

〇二一 秦漢郡國考不分卷名人占籍今釋不分卷 （清）朱駿聲撰 稿本 一册 浙江圖書館藏

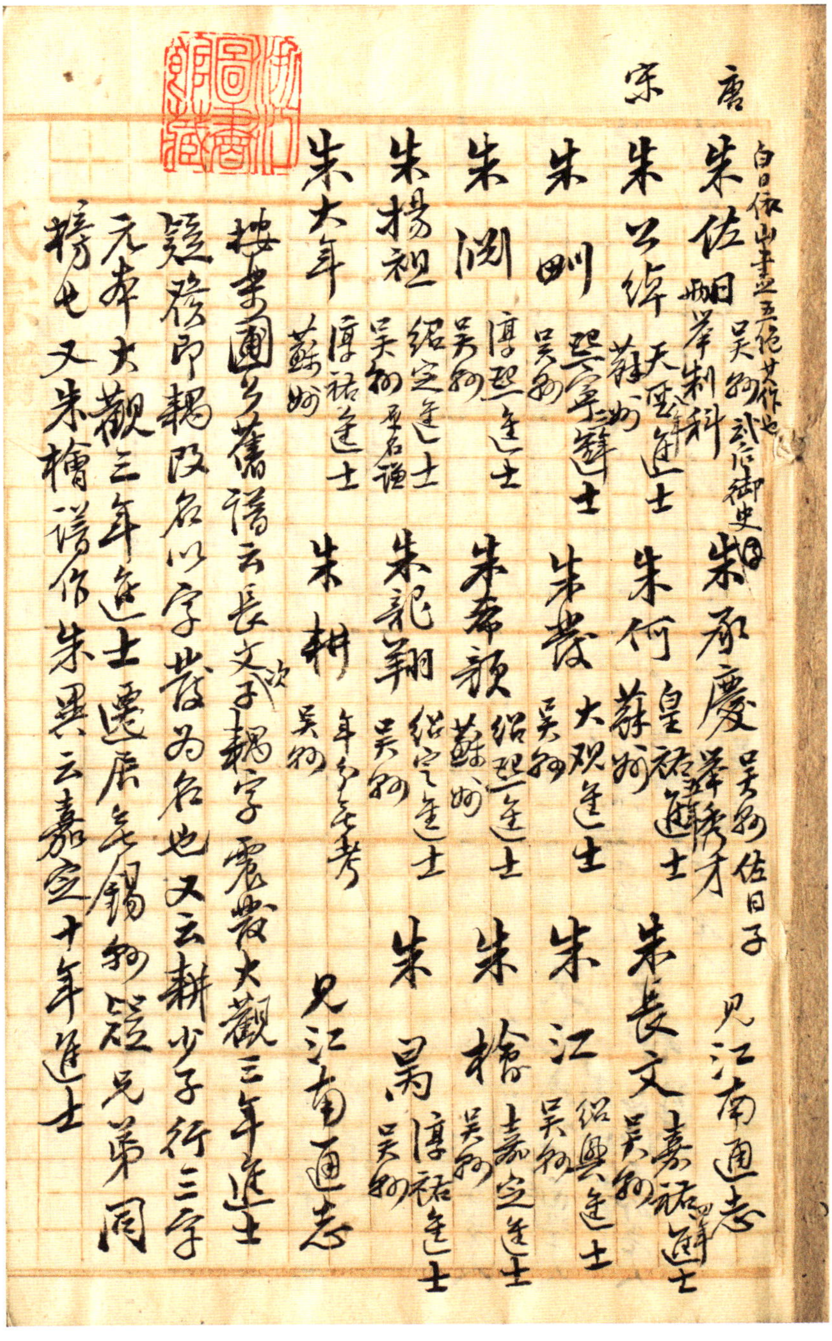

唐 宋

[illegible]吳郡[illegible]御史 朱佐日

朱承慶 舉秀才 吳郡 佐日子 見江南通志

朱公綽 天聖[illegible]年進士 蘇州 朱何 皇祐[illegible]年進士 蘇州 朱長文 嘉祐[illegible]年進士 吳郡

朱[illegible] 吳郡 崇寧[illegible]年進士 朱[illegible] 吳郡 大觀[illegible]年進士 朱江 吳郡 紹興[illegible]年進士

朱[illegible] 淳熙[illegible]年進士 吳郡 朱希顏 紹熙[illegible]年進士 蘇州 朱椿 吳郡 嘉定[illegible]年進士

朱揚祖 紹定[illegible]年進士 吳郡 更名[illegible] 朱龍翔 紹定[illegible]年進士 吳郡 朱[illegible] 淳祐[illegible]年進士 吳郡

朱大年 淳祐[illegible]年進士 蘇州 朱耕 吳郡 年分無考 見江南通志

按書圃乡舊譜云長文子耦字震發大觀三年進士疑發即耦改名以字發為名也又云耕少子行三字元本大觀三年進士遷居無錫初名冠兄弟同榜也又朱橧譜作朱異云嘉定十年進士

〇二二 朱氏宗譜不分卷 （清）朱駿聲編 稿本 一册 浙江圖書館藏

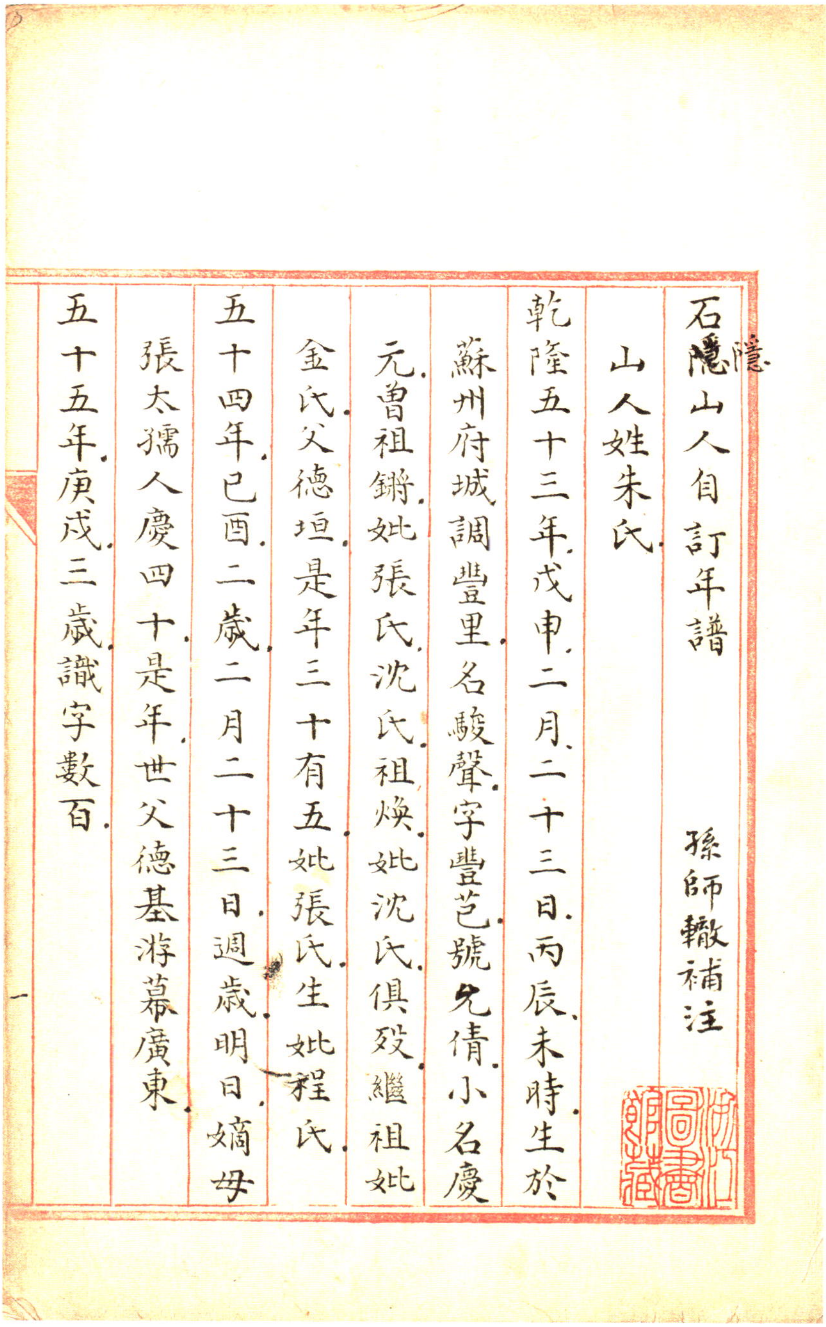
石隱山人自訂年譜　　孫師轍補注
山人姓朱氏
乾隆五十三年戊申二月二十三日丙辰未時生於
蘇州府城調豐里名駿聲字豐芑號允倩小名慶
元曾祖鏘妣張氏沈氏祖煥妣沈氏俱歿繼祖妣
金氏父德垣是年三十有五妣張氏生妣程氏
五十四年己酉二歲二月二十三日週歲明日嫡母
張太孺人慶四十是年世父德基游幕廣東
五十五年庚戌三歲識字數百
一

〇二三　石隱山人自訂年譜一卷　（清）朱駿聲撰　（清）程朝儀訂補　朱師轍補注　清末民初抄本　一册　浙江圖書館藏

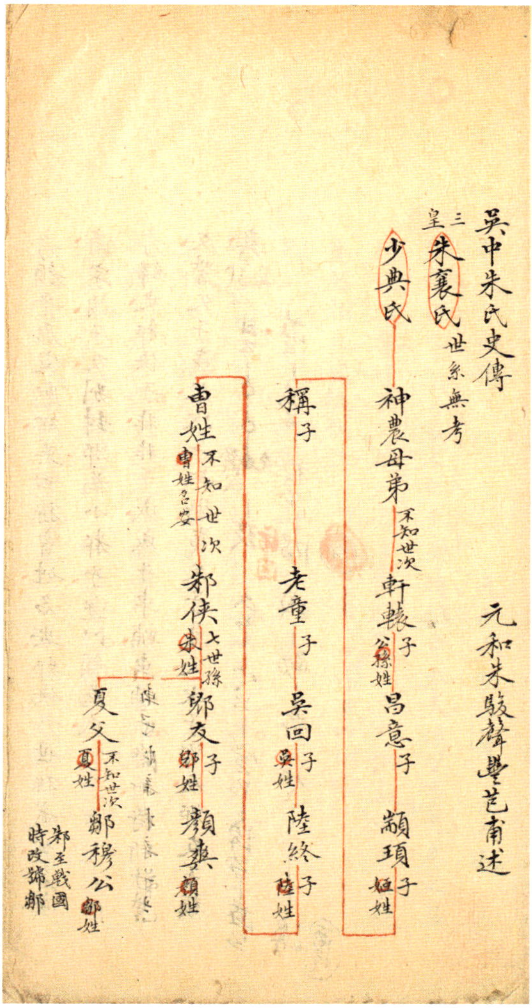

吳中朱氏史傳　　元和朱駿聲豐芑甫述

三皇 朱襄氏 世系無考

少典氏　神農母弟（不知世次）　軒轅子（公孫姓）　昌意子　顓頊子（姬姓）

稱子　老童子　吳回子（吳姓）　陸終子（陸姓）

曹姓（不知世次）（曹姓名安）　邾俠（七世孫）（朱姓）　邾友子（邾姓）　顏夾（顏姓）

夏父（不知世次）（夏姓）　郳穆公（郳姓）

邾至戰國時改號鄒

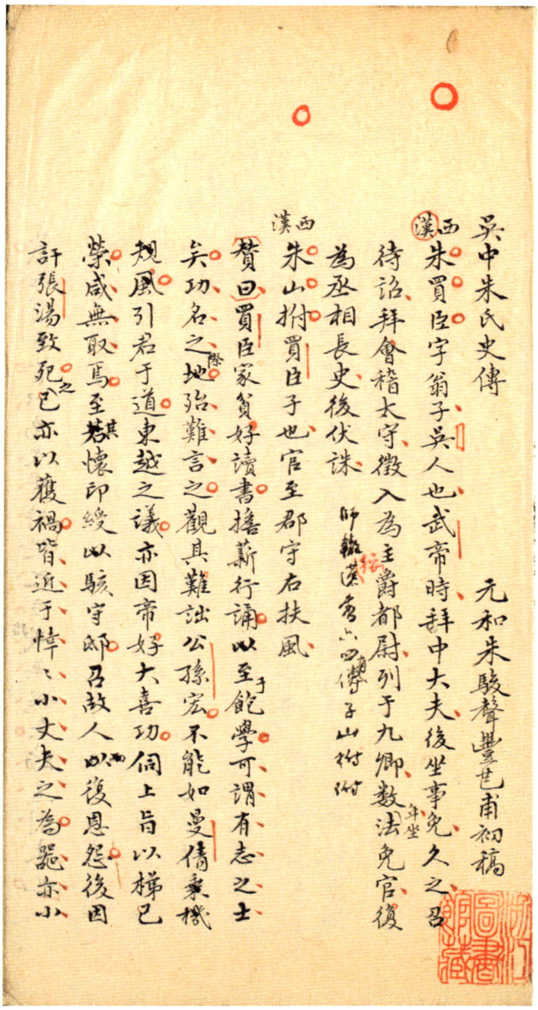

吳中朱氏史傳　　元和朱駿聲豐芑甫初稿

西漢 朱買臣字翁子吳人也武帝時拜中大夫後坐事免久之召待詔拜會稽太守徵入為主爵都尉列于九卿數（年坐）法免官復為丞相長史後伏誅　師翰按漢書六四傳子山拊附

西漢 朱山拊買臣子也官至郡守右扶風

贊曰買臣家貧好讀書擔薪行誦以至于能學可謂有志之士矣功名之際殆難言之觀其難詘公孫宏不能如晏信秉機規風引君于道東越之議亦因帝好大喜功伺上旨以梯己榮感無取焉至其懷印綬以駭守邸召故人以報恩怨後因許張湯致死已亦以穫禍皆近于悻悻小丈夫之為罷亦小

〇二四　吳中朱氏史傳一卷　（清）朱駿聲撰　稿本　朱師轍批校
一册　浙江圖書館藏

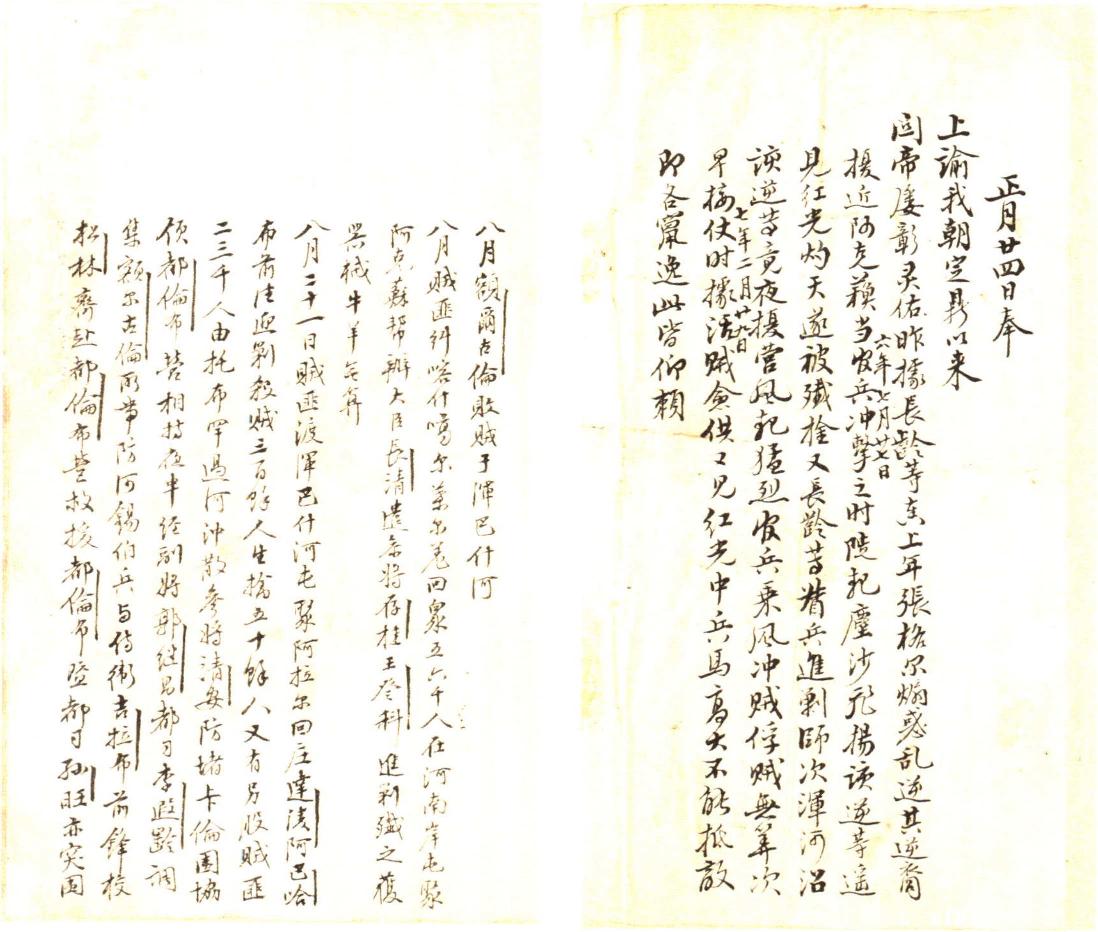
正月廿四日奉
上諭我朝定鼎以来
国帝屡彰灵佑昨據長齡等奏上年張格尔煽惑乱逆其逆裔
援逆阿克蘇当官兵冲擊之时六年七月廿七日陡起塵沙飛揚該逆等遥
見紅光灼天遂被殲擒又長齡等督兵進剿師次渾河沿
該逆等竟夜援營風起猛烈官兵乘風冲賊俘賊無算次
早擒伏时七年二月廿六日據活賊僉供又見紅光中兵馬高大不能抵敵
即各黨逸此皆仰賴

八月額爾古倫敗賊于渾巴什河
八月賊匪纠喀什噶尔葉尔羌回衆五六千人在河南岸屯聚
阿克蘇幫辦大臣長清遣參將存柱王鴻科進剿殲之獲
器械牛羊無算
八月二十一日賊匪渡渾巴什河屯聚阿拉尔回庄達淩阿巴哈
布前往迎剿殺賊三百餘人生擒五十餘人又有另股賊匪
二三千人由托布罕過河冲散參將清安防堵卡倫圍協
領都倫布替相持夜半经副將郭继昌都司李廷魁調
集額尔古倫所帶防河錫伯兵与侍衛吉拉布前鋒校
松林齊赴都倫布營救援都倫布暨都司孙旺亦突围

○二五　平定張格爾放不分卷　（清）朱駿聲撰　稿本　一册
浙江圖書館藏
館藏單位原題：朱駿聲雜稿册三

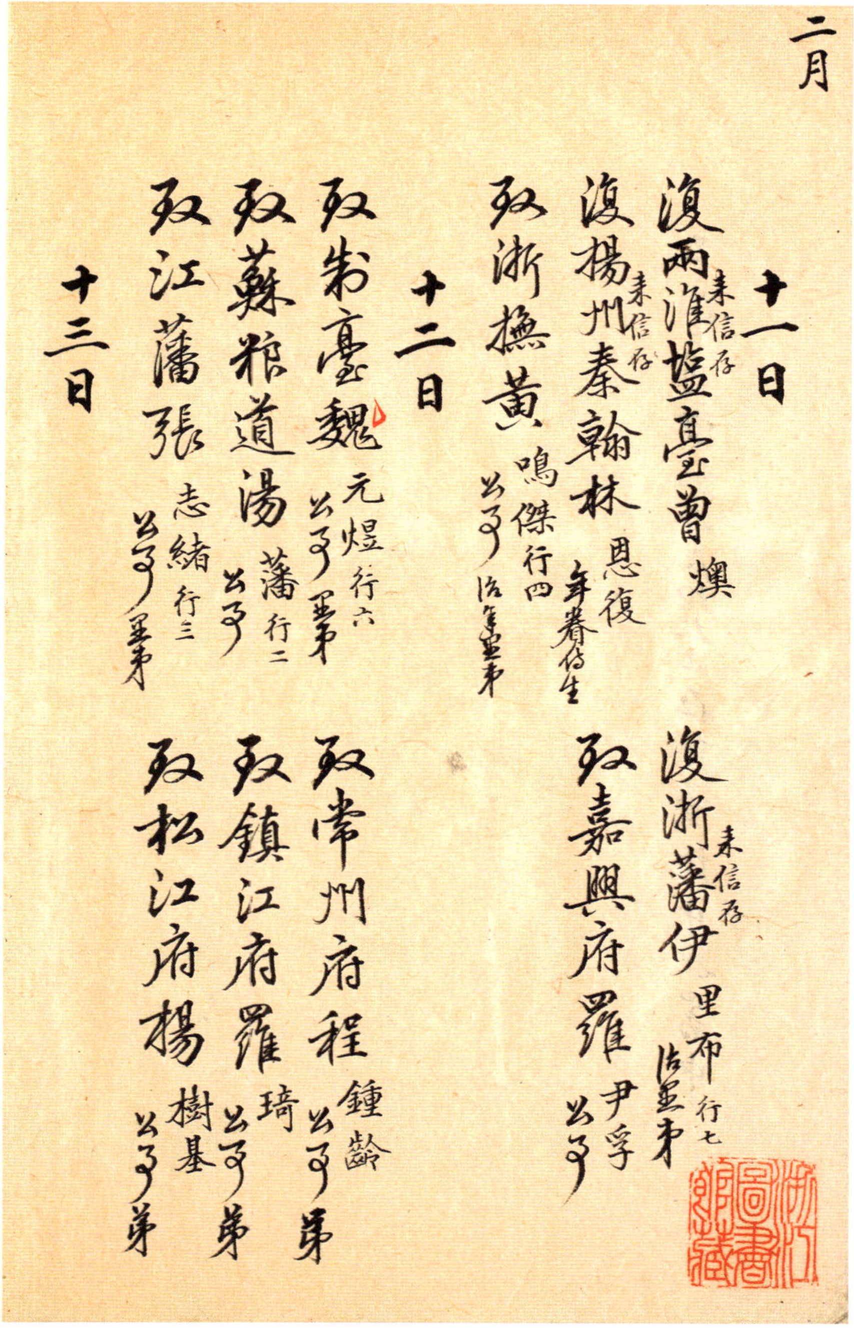

二月

十一日

復兩淮鹽臺曾 燠 來信存

復揚州秦翰林 恩復 來信存 年眷侍生

致浙撫黃 鳴傑 行四 治年愚弟

十二日

致布臺魏 元煜 行六 世愚弟

致蘇糧道湯 藩 行二 世愚

致江藩張 志緒 行三 世愚弟

十三日

復浙藩伊 里布 行七 來信存 治愚弟

致嘉興府羅 尹孚 世愚

致常州府程 鍾齡 世愚弟

致鎮江府羅 琦 世愚弟

致松江府楊 樹基 世愚弟

〇二六 朱駿聲日記一卷 （清）朱駿聲撰 稿本 一册 浙江圖書館藏

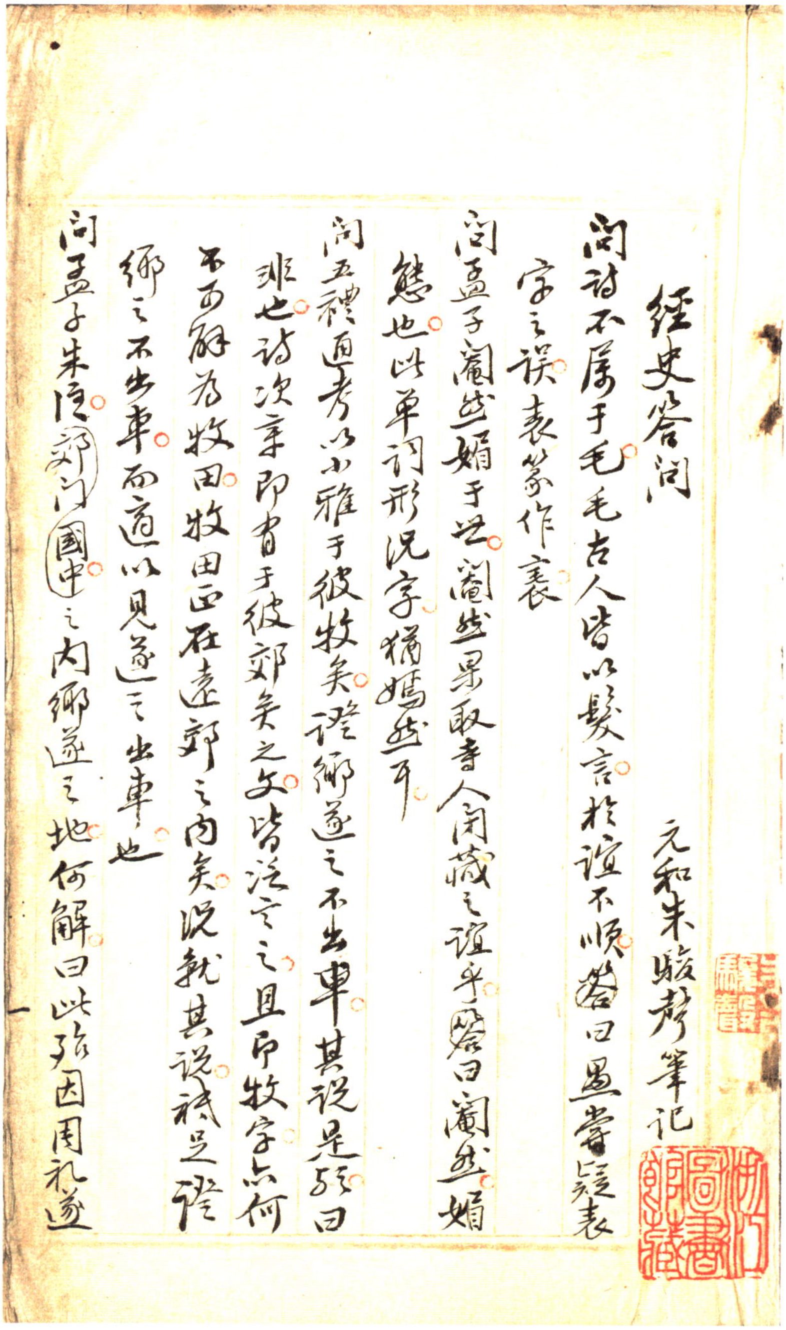
經史答問

元和朱駿聲筆記

問詩不屬于毛毛古人皆以髮言於誼不順答曰蓋當疑表字之誤表篆作裹

問孟子闇然媚于世闇然果取何人閉藏之誼乎答曰闇然媚態也此單詞形況字猶嫣然耳

問五禮通考以小雅于彼牧矣證鄉遂之不出車其說是否曰非也詩次章即有于彼郊矣之文皆從言之且即牧字亦何不可解為牧田牧田正在遠郊之内矣况就其說祇足證鄉之不出車而適以見遂之出車也

問孟子朱注郊門國中之内鄉遂之地何解曰此殆因周禮遂

〇二七　經史答問不分卷　（清）朱駿聲撰　稿本　一册　浙江圖書館藏

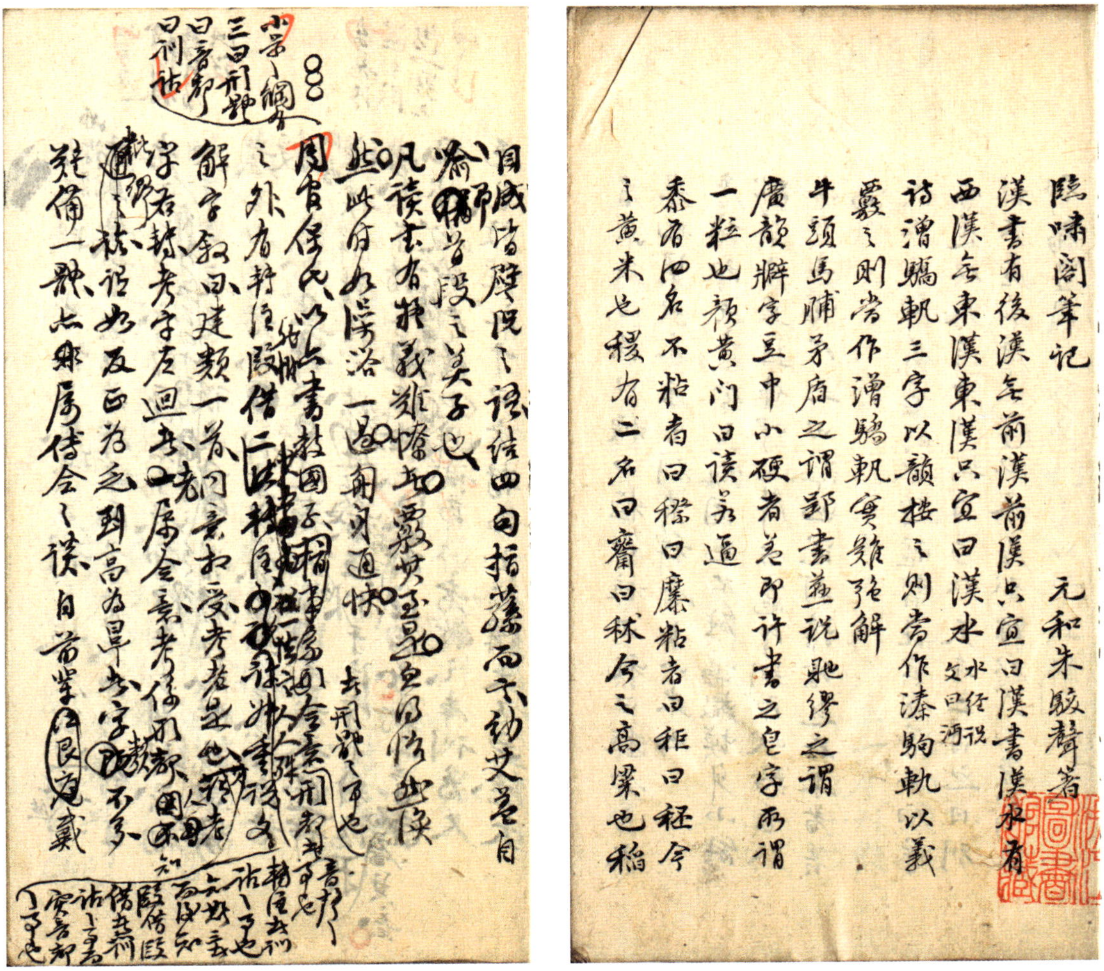

臨嘯閣筆記

元和朱駿聲著

漢書有後漢無前漢前漢只宜曰漢書漢水有西漢無東漢東漢只宜曰漢水水經說文曰沔

詩潧騶軓三字以韻按之則當作漆駒軌以義覈之則當作潧騶軓實難強解

牛頭馬脯茅店之謂鄭書並說馳繆之謂

廣韻䅝字豆中小硬者為即許書之皀字所謂一粒也顏黃門曰讀若逼

黍有四名不粘者曰穄曰糜粘者曰秬曰秠今之黃米也稷有二名曰齋曰秫今之高粱也稻

○二八　臨嘯閣筆記一卷附讀韓非子札記一卷　（清）朱駿聲撰　稿本　二册　浙江圖書館藏

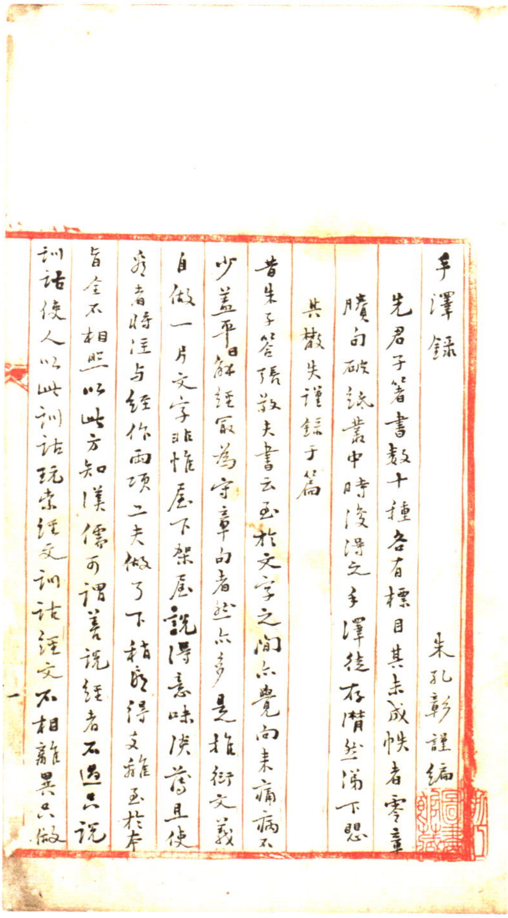

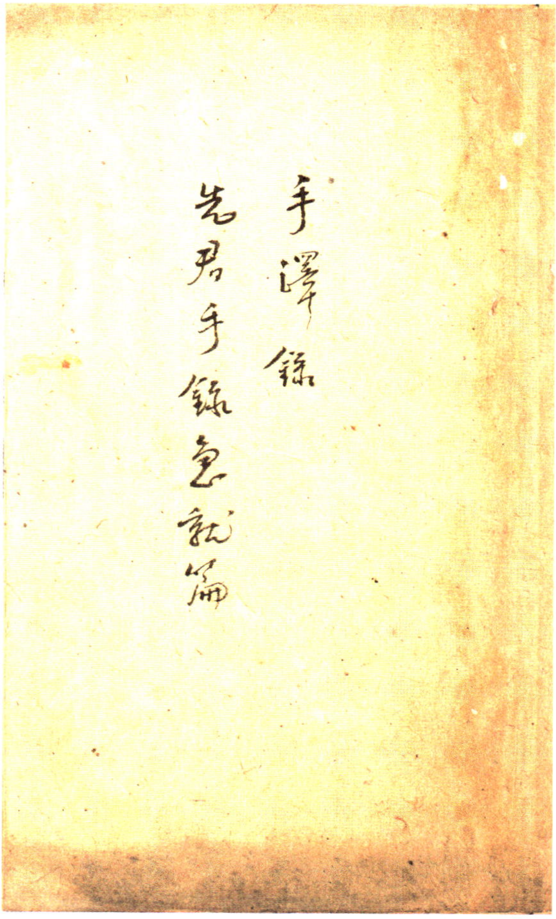

〇二九 手澤録一卷中興聞見録一卷先君手録急就篇一卷
（清）朱駿聲纂 （清）朱孔彰編 稿本 一册 浙江圖書館藏

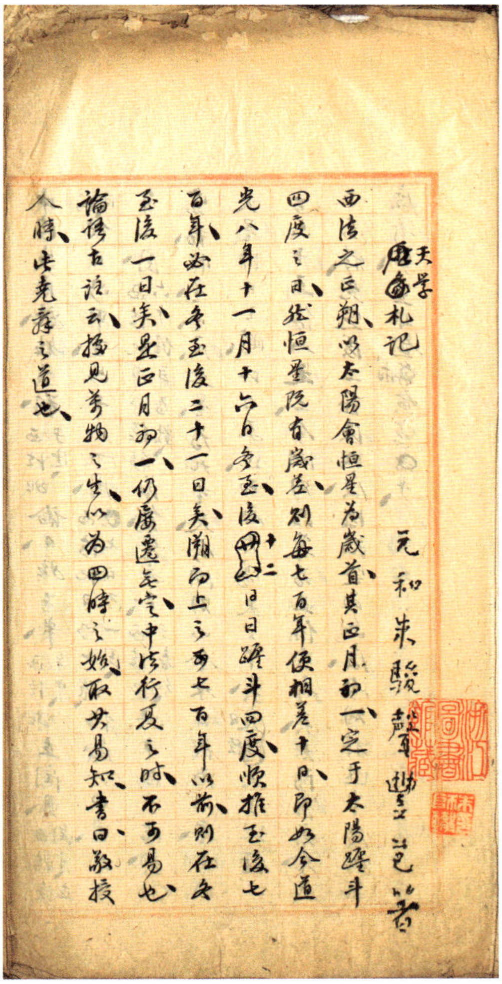
天學札記

元和朱駿聲豐芑著

西法之正朔，以太陽會恒星為歲首，其正月初一定于太陽躔斗四度之日，然恒星既有歲差，則每七百年便相差十日，即如今道光八年十一月十六日冬至後十二日日躔斗四度，依推至後七百年必在冬至後二十一日矣，溯而上之，再七百年以前則在冬至後一日矣，是正月初一仍屬遊無定，中法行夏之時，不可易也。論語古注云：據見萬物之生以為四時之始，取其易知。書曰敬授人時，此堯舜之道也。

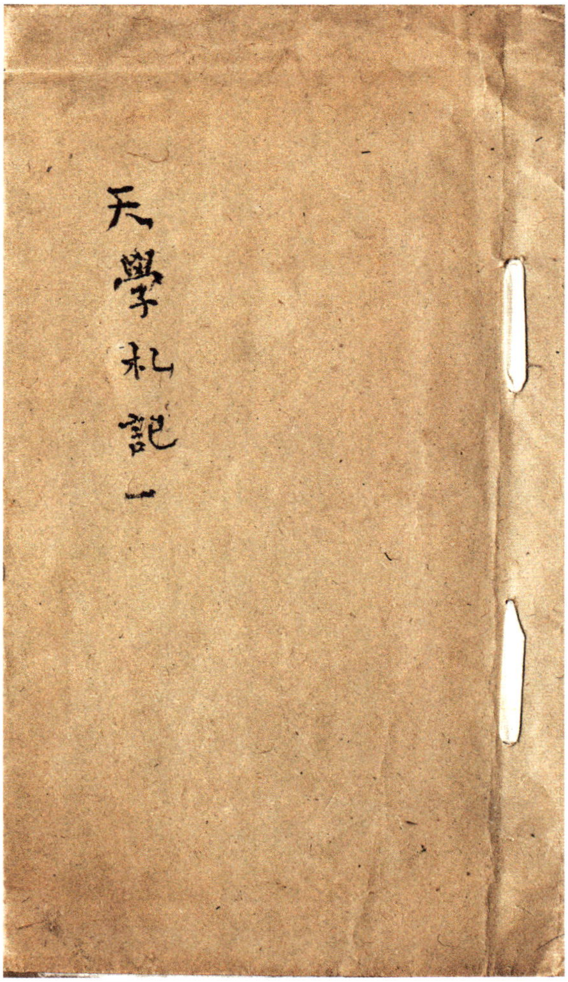
天學札記 一

〇三〇　天學札記二卷　（清）朱駿聲撰　稿本　二册　浙江圖書館藏

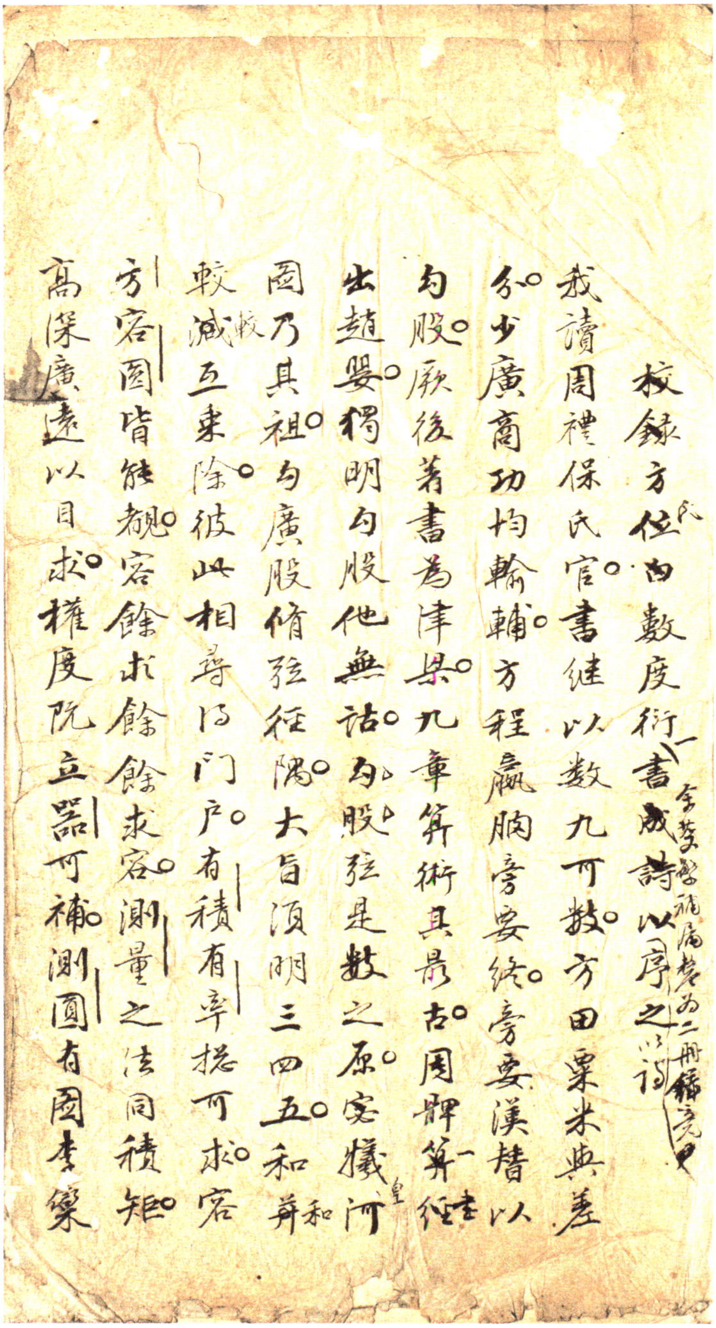
校錄方位伯數度衍一書成詩以序之
我讀周禮保氏官書繼以數九可數方田粟米與差
分少廣商功均輸輔方程贏朒旁要終旁要漢替以
句股厥後著書為津梁九章筭術其最古周髀筭經
出趙嬰獨明句股他無詁句股弦是數之原宓犧
圓乃其祖句廣股脩弦徑隅大旨須明三四五和并
較減互求除彼此相尋門户有積有率揣可求容
方容圓皆能觀容餘求餘餘求容測量之法同積矩
高深廣遠以目求權度既立器可補測圓有圖李欒

〇三一 數度衍約不分卷 （清）方中通撰 （清）朱駿聲校補 稿本 一册 浙江圖書館藏

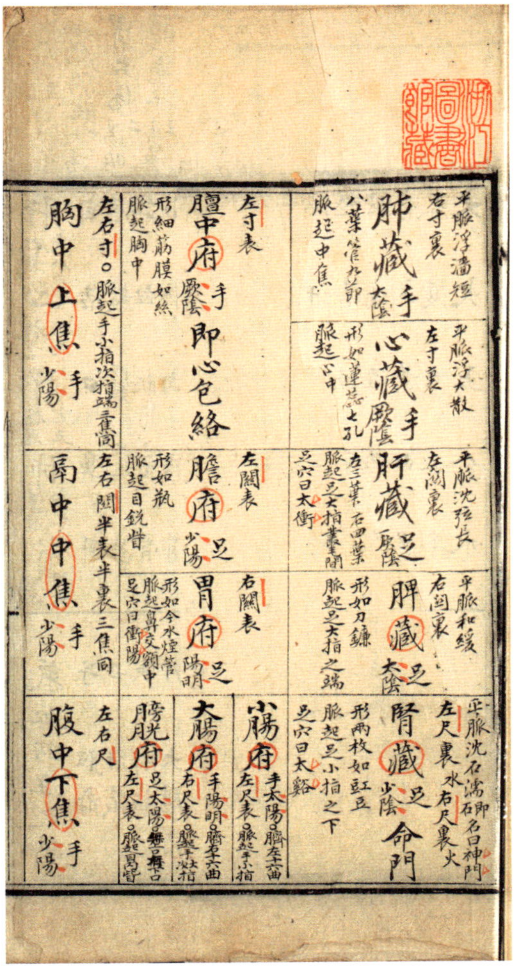

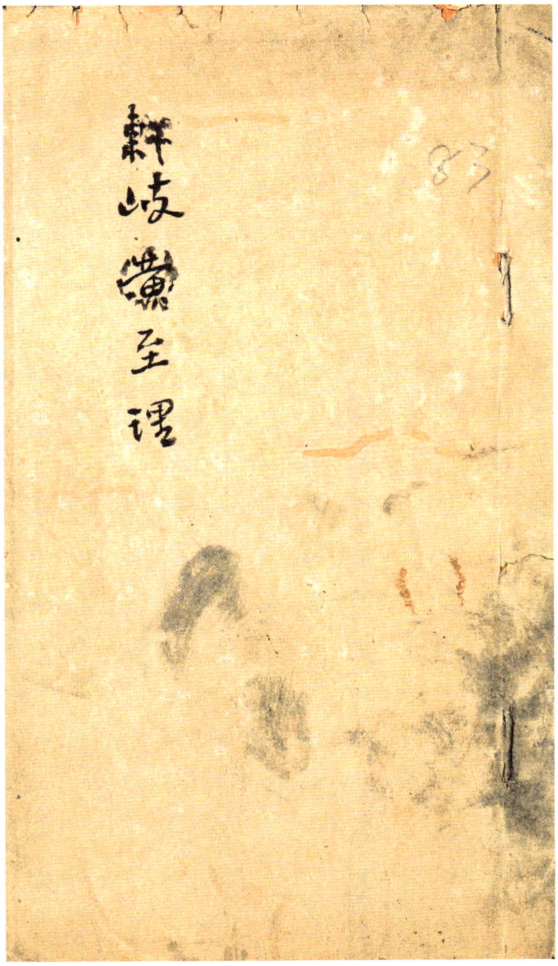

〇三二 軒岐至理不分卷 （清）朱駿聲編 稿本 一册 浙江圖書館藏

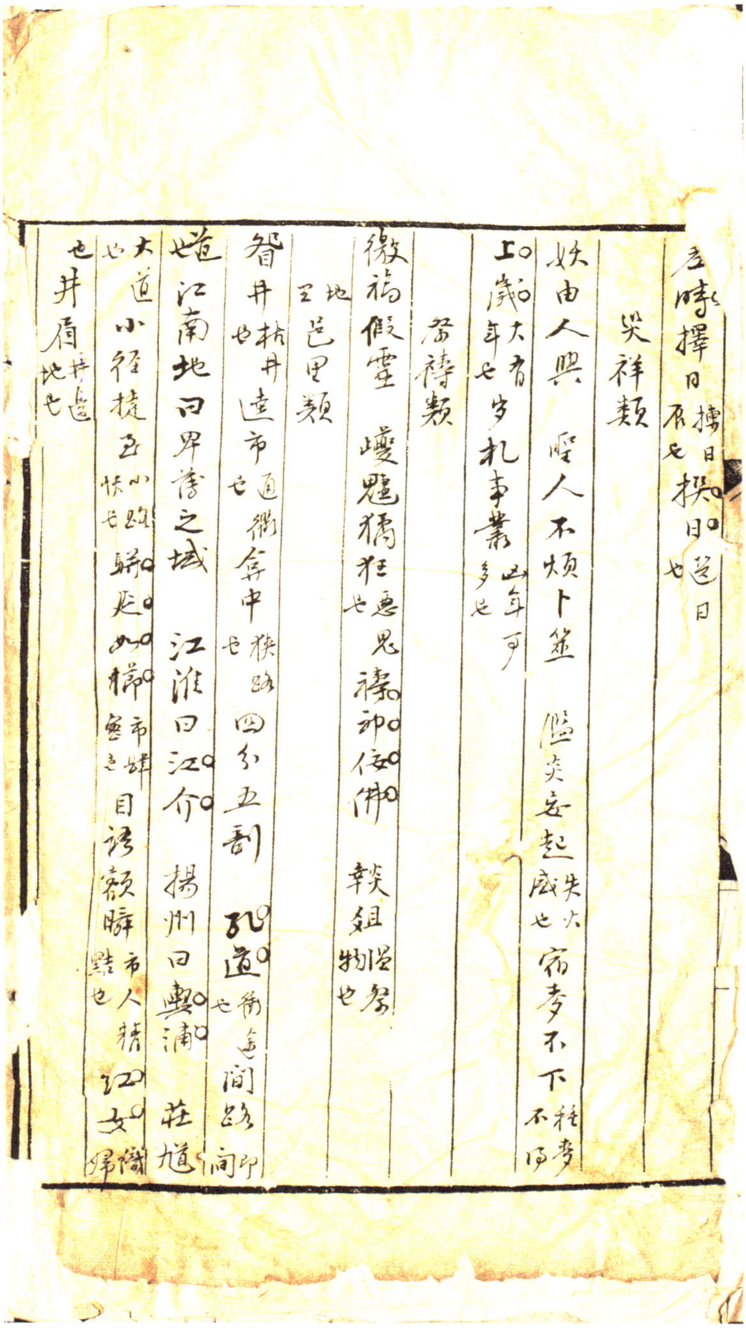

〇三三　漢書雋語不分卷　（清）朱駿聲輯　稿本　浙江圖書館藏
存十三葉

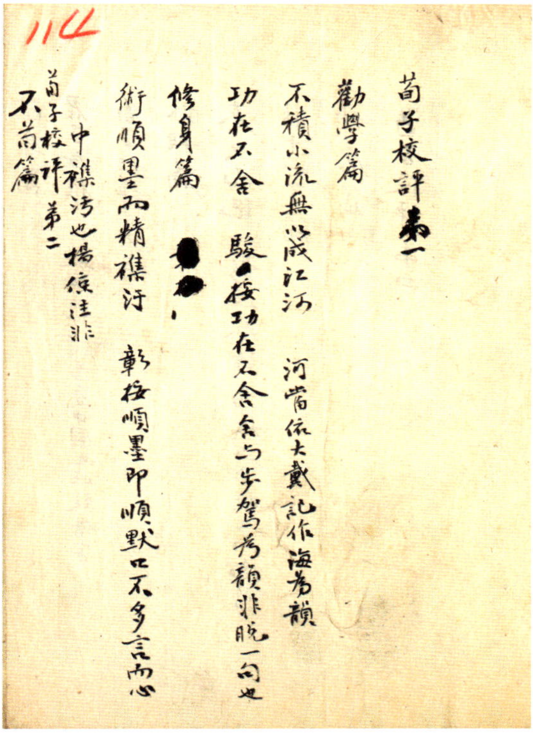

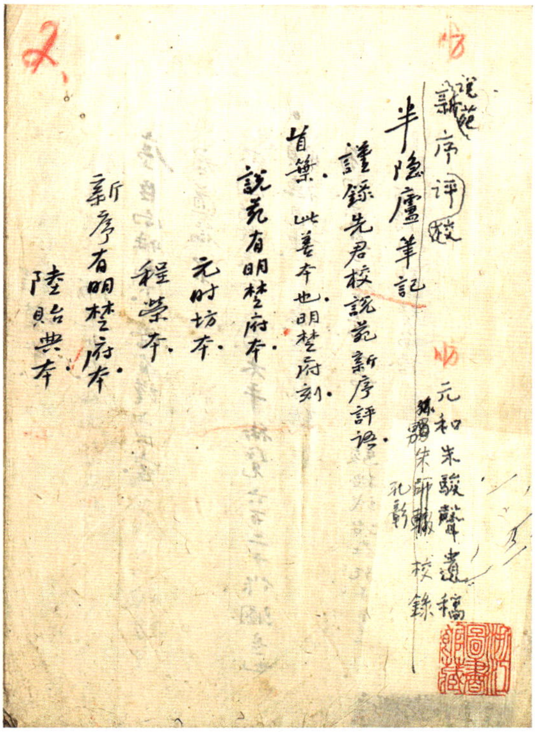

〇三四　説苑新序校評六卷附荀子校評一卷　（清）朱駿聲校評　（清）朱孔彰校録　稿本　二册　浙江圖書館藏

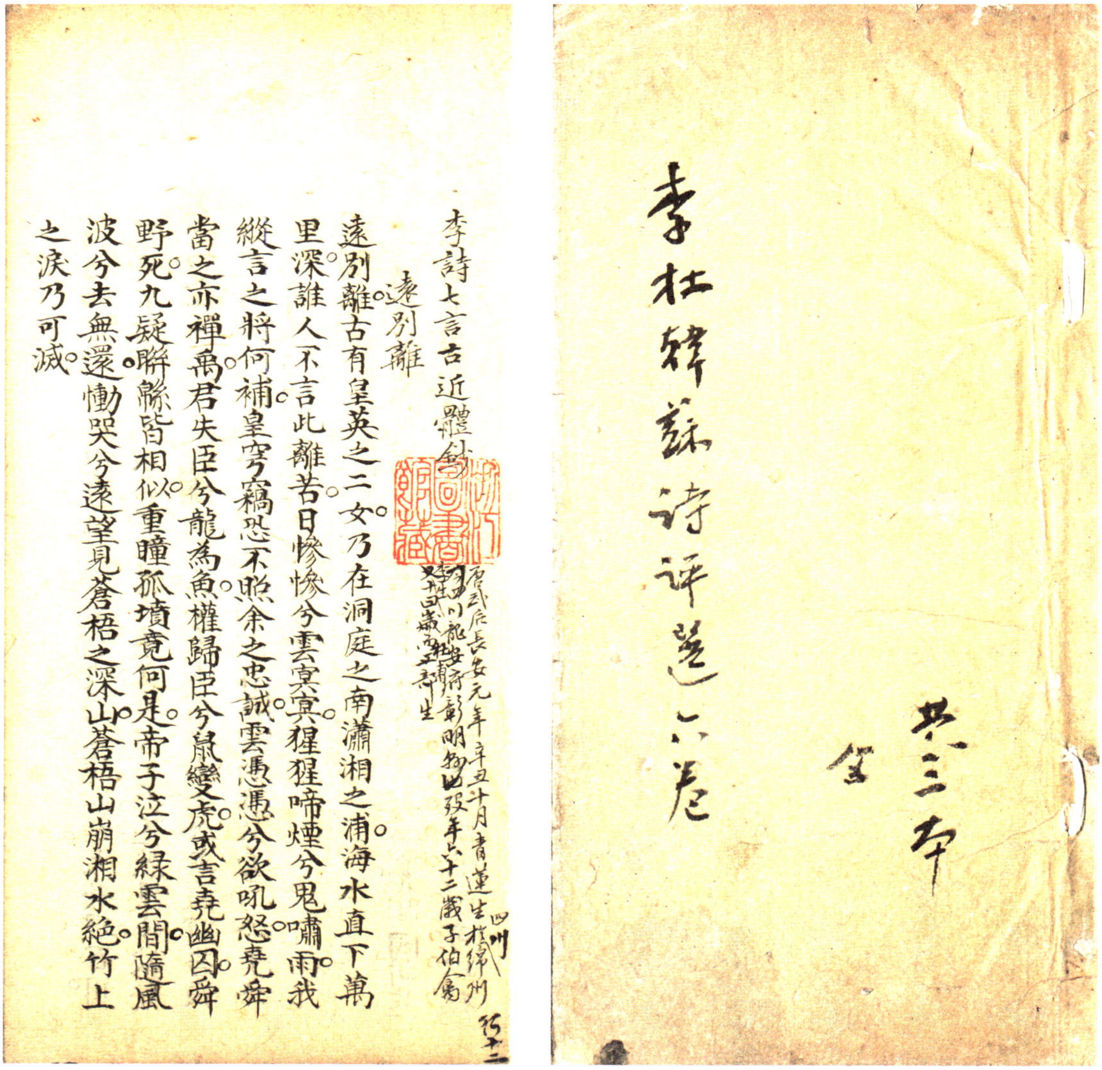

〇三五　李杜韓蘇詩評選六卷　（清）朱駿聲評選　稿本　三册
浙江圖書館藏
存四卷半（李詩一卷，韓詩一卷，杜詩半卷，蘇詩卷上半卷、卷中一卷、卷下半卷）

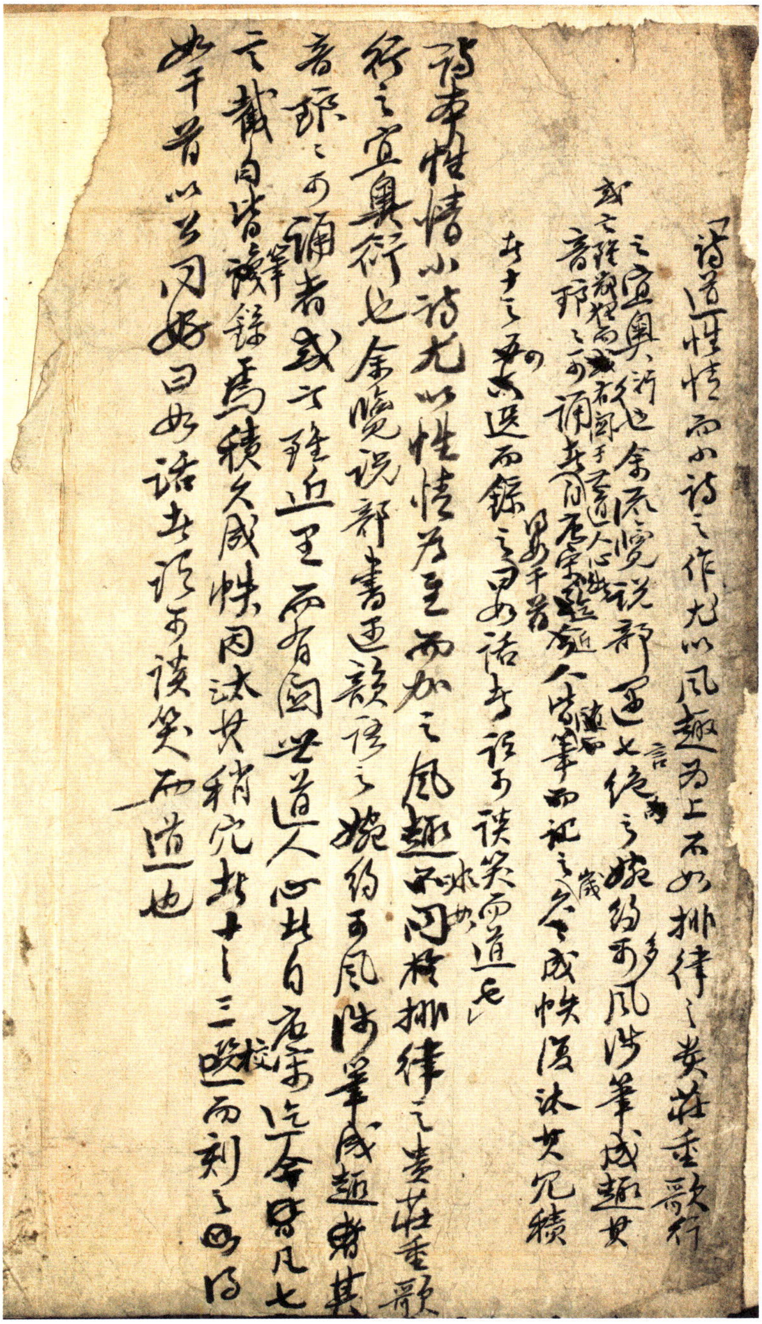

〇三六　如話詩鈔不分卷　（清）朱駿聲輯　稿本　一册　浙江圖書館藏

二十四風當改
二十四番

月挂霜林寒欲墜。正门外催人起。奈離別如今真個是。欲住也。留無計。欲去也。來無計。　馬上離情衣上淚。各自個供憔悴。問江路梅花開也未。春到也。須頻寄。人到也。須頻寄。

解珮令　六十六字

蔣捷　勝欲

春晴也好。春陰也好。著些兒春雨越好。春雨如絲。慣繡出花枝紅裊。怎禁他孟婆合皁。　梅花風悄。杏花風小。海棠風驀地寒峭。歲歲春光。被二十四風吹老。楝花風爾且慢到。

又一體　六十七字

九

晏幾道　叔元　小山词

〇三七　詞選一卷　（清）朱駿聲撰　稿本　一册　浙江圖書館藏

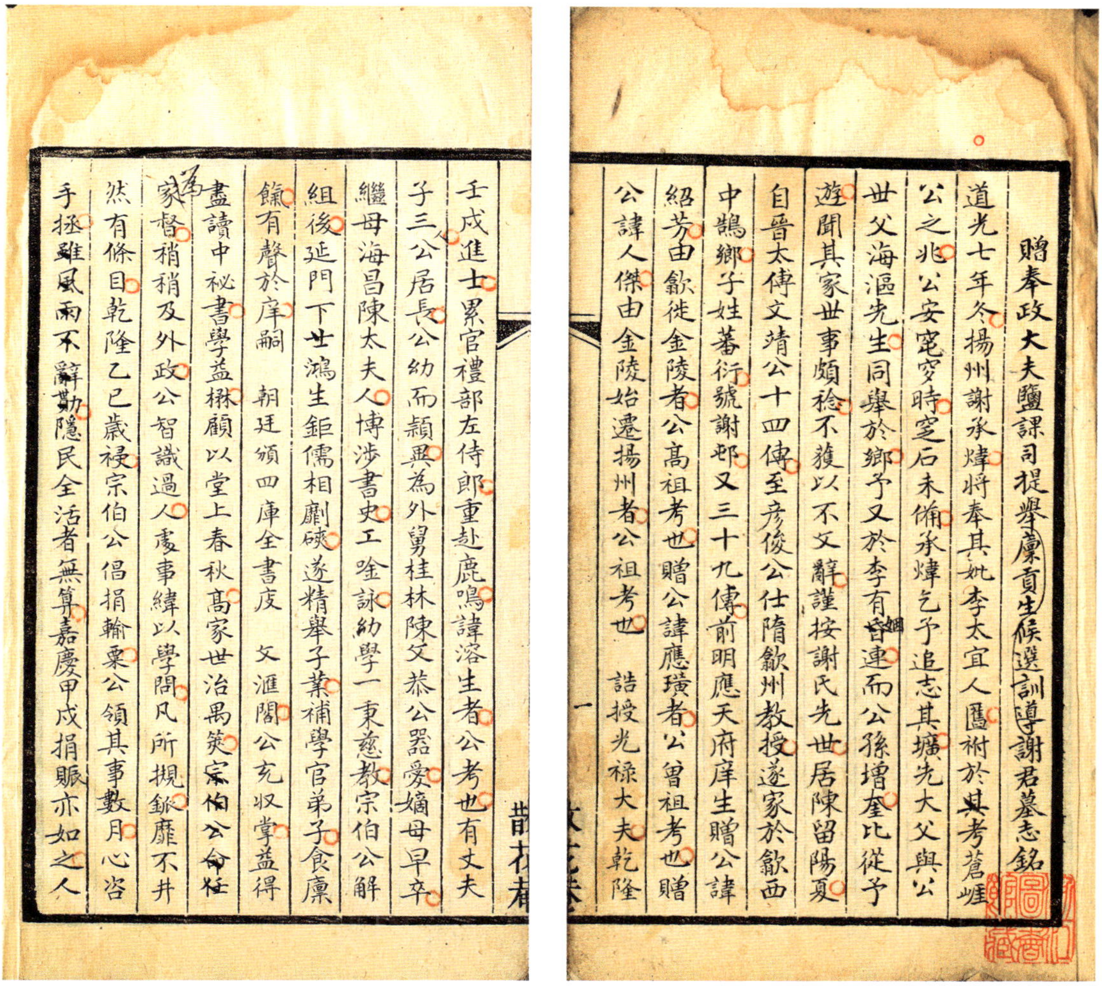
贈奉政大夫鹽課司提舉廩貢生候選訓導謝君墓志銘
道光七年冬揚州謝丞煒將奉其妣李太宜人匶祔於其考蒼崖
公之兆公安窀穸時窆石未備丞煒乞予追志其壙先大父與公
世父海漚先生同舉於鄉予又於李有姻連而公孫增奎比從予
遊聞其家世事頗稔不獲以不文辭謹按謝氏先世居陳留陽夏
自晉太傅文靖公十四傳至彥俊公仕隋歙州教授遂家於歙西
中鵠鄉子姓蕃衍號謝郡又三十九傳前明應天府庠生贈公諱
紹芳由歙徙金陵者公高祖考也贈公諱應璜者公曾祖考也贈
公諱人傑由金陵始遷揚州者公祖考也　誥授光祿大夫乾隆
壬戌進士累官禮部左侍郎重赴鹿鳴諱溶生者公考也有丈夫
子三人公居長公幼而穎異為外舅桂林陳文恭公器愛嫡母早卒
繼母海昌陳太夫人博涉書史工唫詠幼學一秉慈教宗伯公解
組後延門下士鴻生鉅儒相劘礪遂精舉子業補學官弟子食廩
餼有聲於庠翩　朝廷頒四庫全書庋　文滙閣公充收掌益得
盡讀中祕書學益楙顧以堂上春秋高家世治禺筴宗伯公命任
家督稍稍及外政公智識過人處事緯以學問凡所規鈚靡不井
然有條目乾隆乙巳歲祲宗伯公倡捐輸粟公領其事數月心咨
手拯雖風雨不辭勤隱民全活者無算嘉慶甲戌捐賑亦如之人

〇三八　傳經室文集不分卷　（清）朱駿聲撰　稿本　二册　浙江圖書館藏

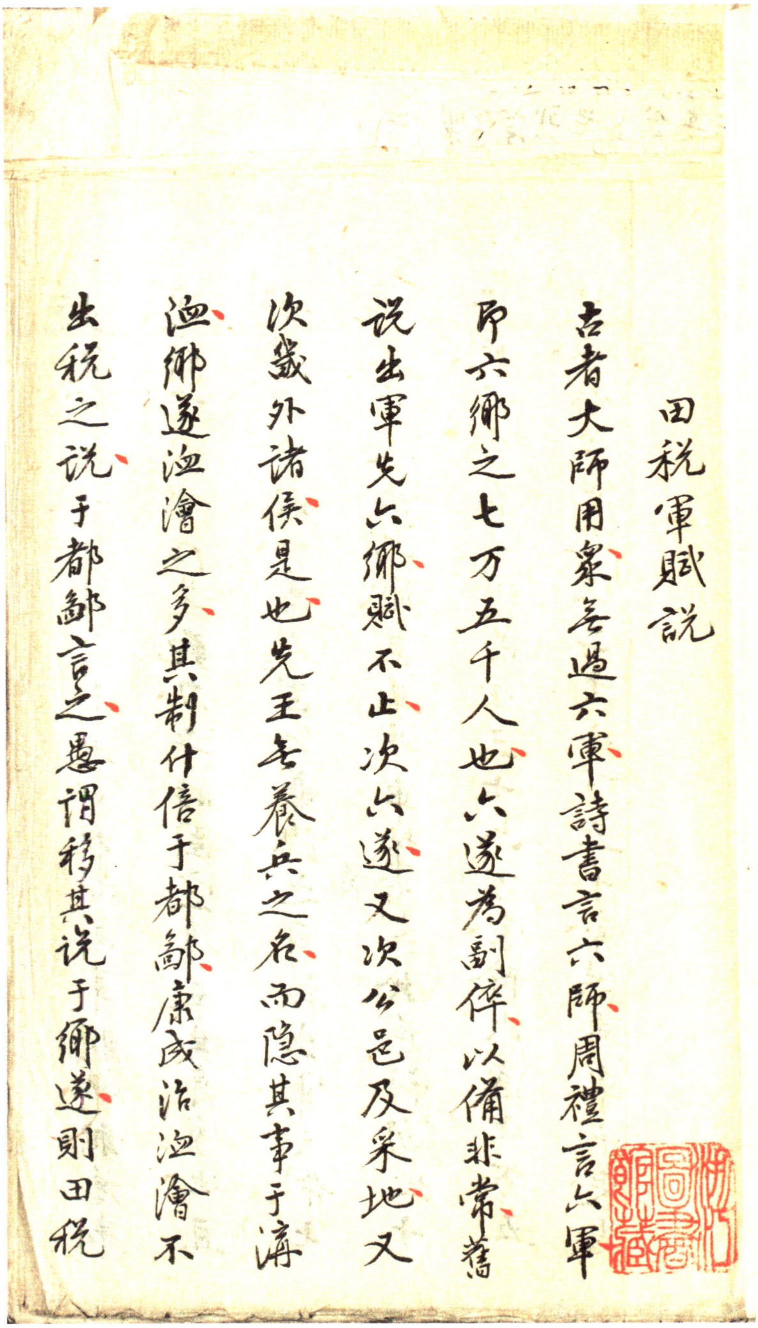

〇三九 臨嘯閣文集補遺一卷 （清）朱駿聲撰 稿本 一册
浙江圖書館藏

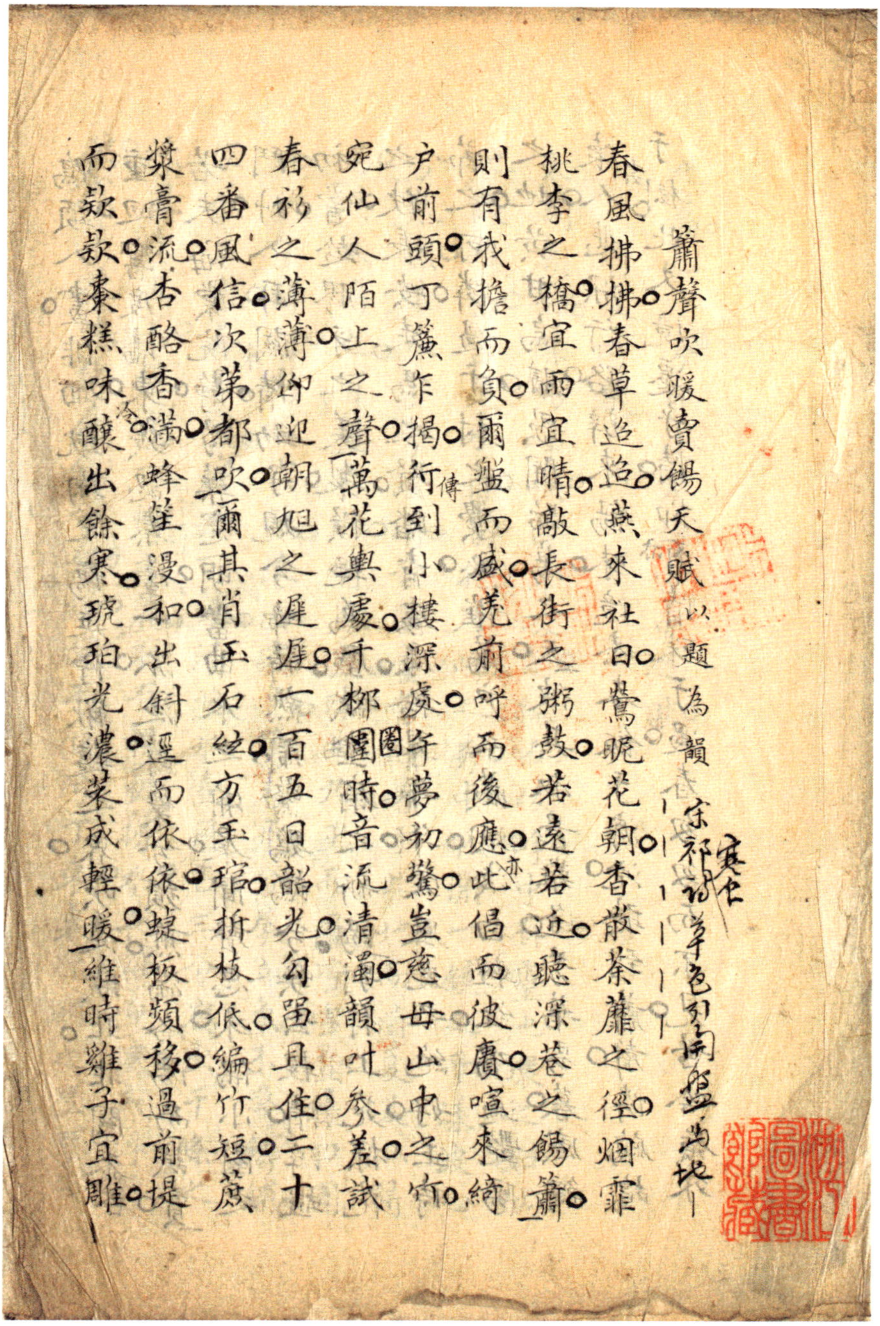
簫聲吹暖賣餳天賦以題為韻　宋祁詩草色引開盤馬地　寒食
春風拂拂○春草迢迢○燕來社日○鶯睨花朝○香散茶蘼之徑○烟霏
桃李之檐○宜雨宜晴○敲長街之粥鼓○若遠若近○聽深巷之餳簫○
則有我擔而負○爾盤而盛○羌前呼而後應○此倡而彼賡○喧來綺
戶前頭○丁簾乍揭○行到小樓深處○午夢初驚○豈慈母山中之竹○
宛仙人陌上之聲○萬花輿處○千梆闤闠時○音流清濁○韻叶參差○試
春衫之薄薄○仰迎朝旭之遲遲○一百五日韶光○勾留且住○二十
四番風信○次第都吹○爾其肖玉石絲○方玉琯○折枝低○編竹短○蔗
糉膏流○杏酪香滿○蜂筌漫和○出斜逕而依依○蝘板頻移○過前提
而款款○棗糕味○釀出餘寒○琥珀光濃○菜成輕暖○維時雛子宜雕○

〇四〇　傳經室駢體文存一卷　（清）朱駿聲撰　稿本　一册
浙江圖書館藏

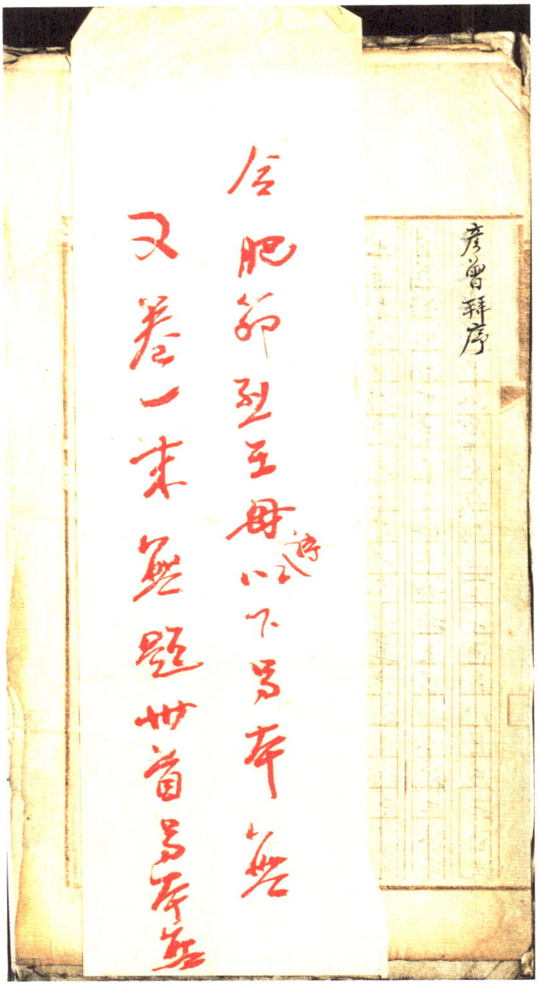

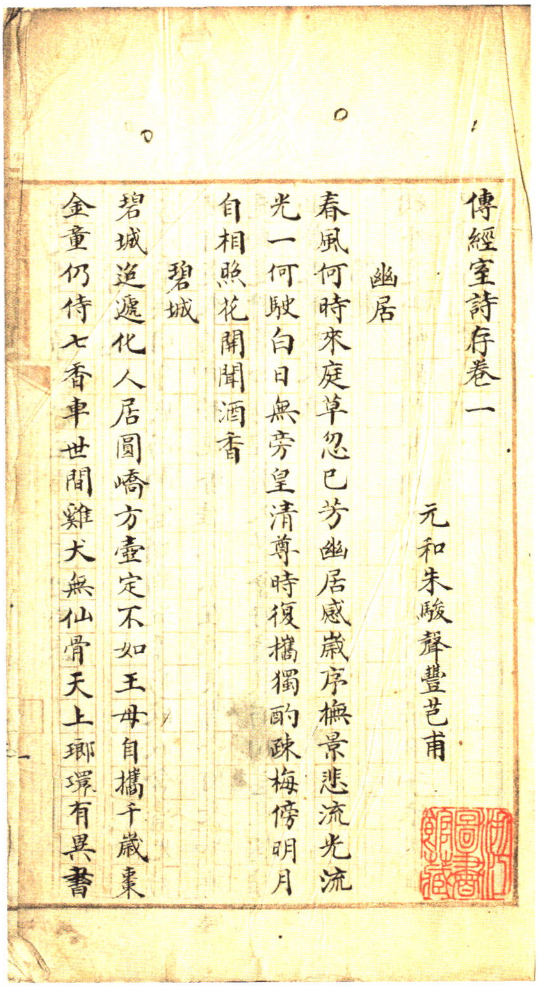

〇四一　傳經室詩存四卷傳經室五言律一卷　（清）朱駿聲撰
稿本　二册　浙江圖書館藏

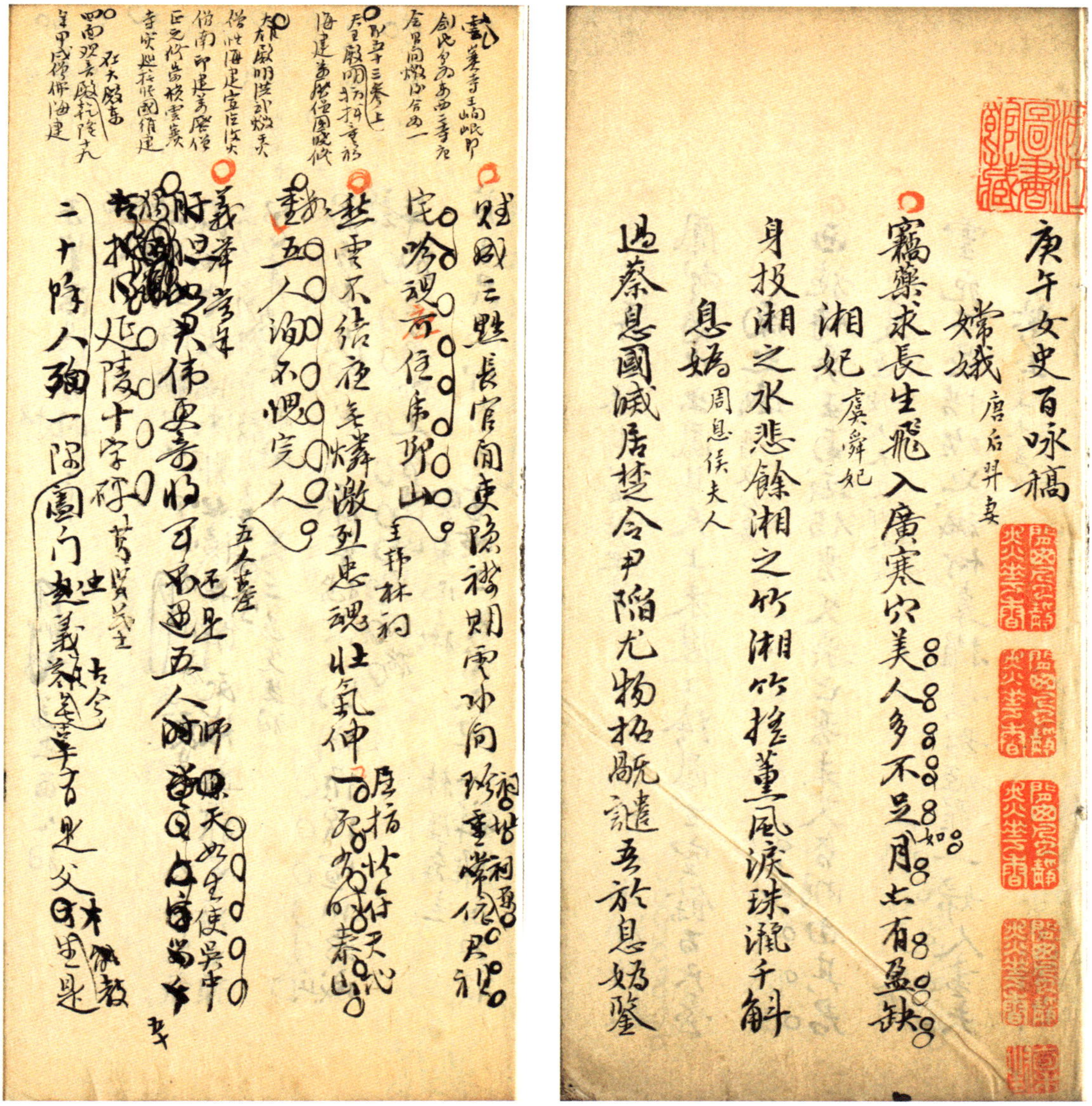

庚午女史百咏稿

嫦娥 唐后羿妻

竊藥求長生飛入廣寒宫美人多不足月亦有盈缺

湘妃 虞舜妃

身投湘之水悲餘湘之竹湘竹搖薰風淚珠灑千斛

息嬀 周息侯夫人

過蔡息國滅居楚令尹陷尤物招毀謗吾於息嬀鑒

〇四二 庚午女史百咏一卷虎丘懷古詩一卷 （清）朱駿聲撰

稿本 一册 浙江圖書館藏

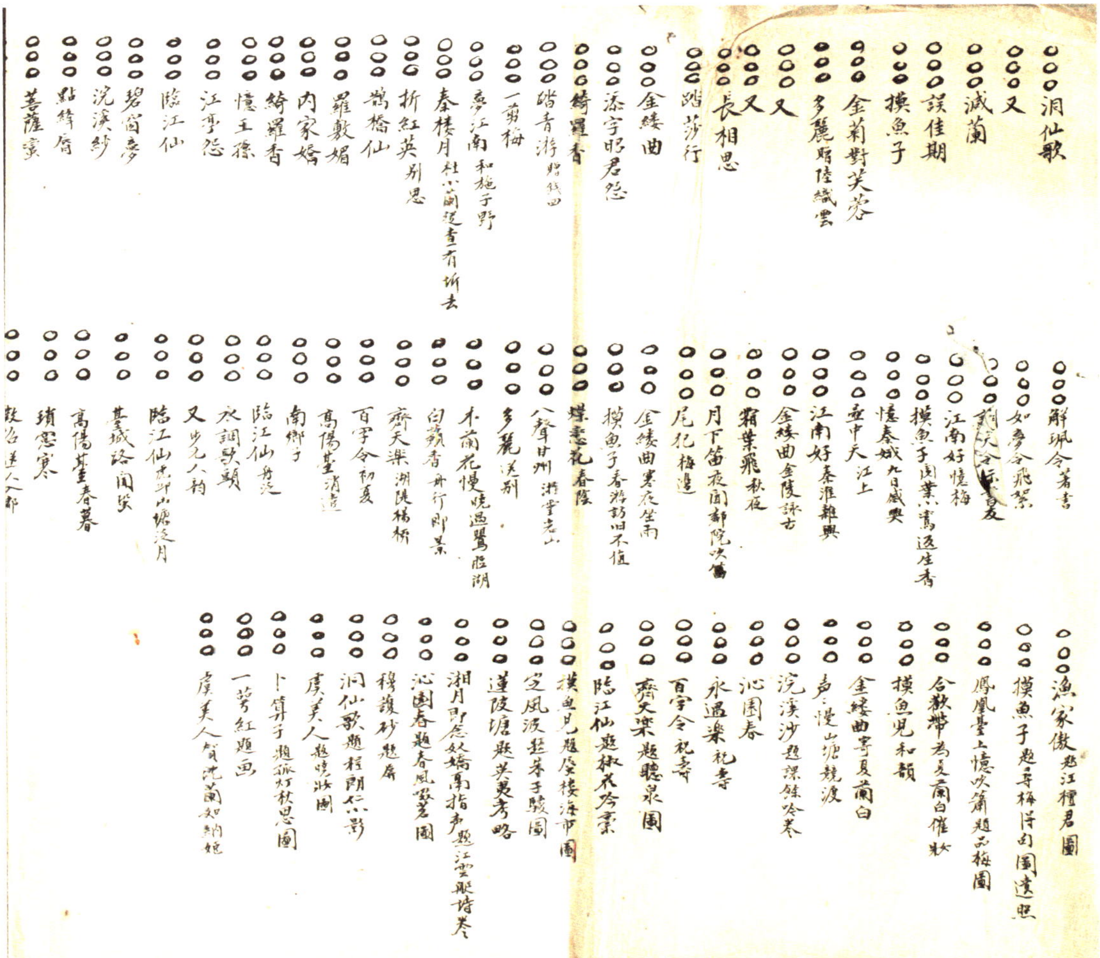
○○○洞仙歌
○○○又
○○○減蘭
○○○誤佳期
○○○摸魚子
○○○金菊對芙蓉
○○○多麗 贈陸織雲
○○○又
○○○又
○○○長相思
○○○踏莎行
○○○金縷曲
○○○添字昭君怨
○○○綺羅香
○○○踏青游 贈錢四
○○○一剪梅
○○○夢江南 和施子野
○○○秦樓月 杜小蘭題畫有折去
○○○折紅英 別思
○○○鵲橋仙
○○○羅敷媚
○○○內家嬌
○○○綺羅香
○○○憶王孫
○○○江亭怨
○○○臨江仙
○○○碧窗夢
○○○浣溪紗
○○○點絳唇
○○○菩薩蠻
○○○解珮令 著書
○○○如夢令 飛絮
○○○荊州亭 [illegible]友
○○○江南好 憶梅
○○○摸魚子 閨葉小鴛返生香
○○○憶秦娥 九日感興
○○○壺中天 江上
○○○江南好 秦淮雜興
○○○金縷曲 金陵詠古
○○○霜葉飛 秋夜
○○○月下笛 夜聞鄰院吹笛
○○○尾犯 梅邊
○○○金縷曲 寒夜坐雨
○○○摸魚子 春游訪舊不值
○○○蝶戀花 春陰
○○○八聲甘州 游雲岩山
○○○多麗 送別
○○○木蘭花慢 曉過鴛鴦湖
○○○白蘋香 舟行即景
○○○齊天樂 湖隄楊柳
○○○百字令 初夏
○○○高陽臺 消遣
○○○南鄉子
○○○臨江仙 舟泛
○○○水調歌頭
○○○又 步元人韻
○○○臨江仙 虎邱山塘泛月
○○○臺城路 聞笛
○○○高陽臺 春暮
○○○瑣窗寒
○○○鼓笛 送人入都
○○○漁家傲 題江種君圖
○○○摸魚子 題尋梅得句圖遺照
○○○鳳凰臺上憶吹簫 題品梅圖
○○○合歡帶 為吳蘭白催妝
○○○摸魚兒 和韻
○○○金縷曲 寄吳蘭白
○○○聲聲慢 山塘競渡
○○○浣溪沙 題課餘吟卷
○○○沁園春
○○○永遇樂 祝壽
○○○百字令 祝壽
○○○齊天樂 題聽泉圖
○○○臨江仙 題椒花吟稾
○○○摸魚兒 題蜃樓海市圖
○○○定風波 題朱子駿圖
○○○邁陂塘 題吳惠孝略
○○○湘月 即念奴嬌鬲指聲 題江雲[illegible]詩卷
○○○沁園春 題春風啜茗圖
○○○穆護砂 題扇
○○○洞仙歌 題程朗仁小影
○○○虞美人 題曉妝圖
○○○卜算子 題孤燈秋思圖
○○○一萼紅 題畫
○○○虞美人 賀沈蘭知納姬

○四三 臨嘯閣詞四卷 （清）朱駿聲撰 稿本 一册 浙江圖書館藏

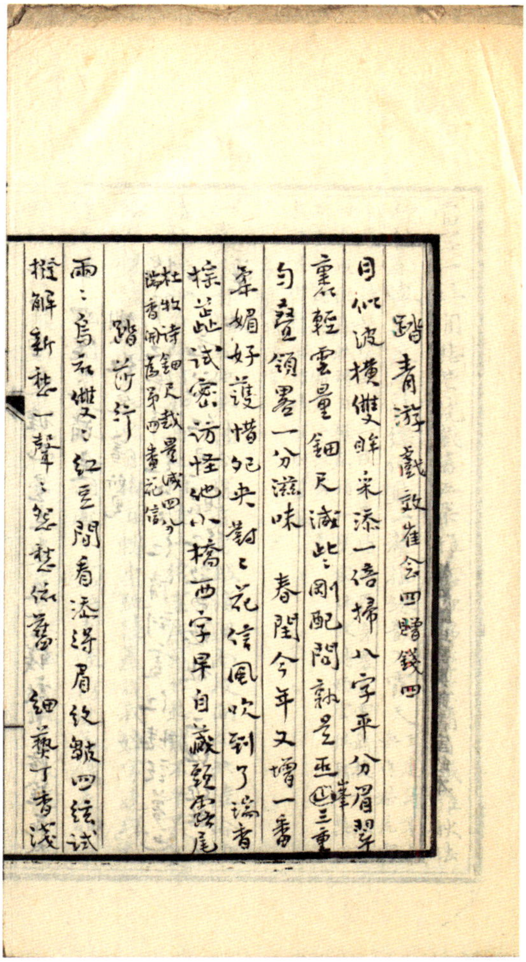

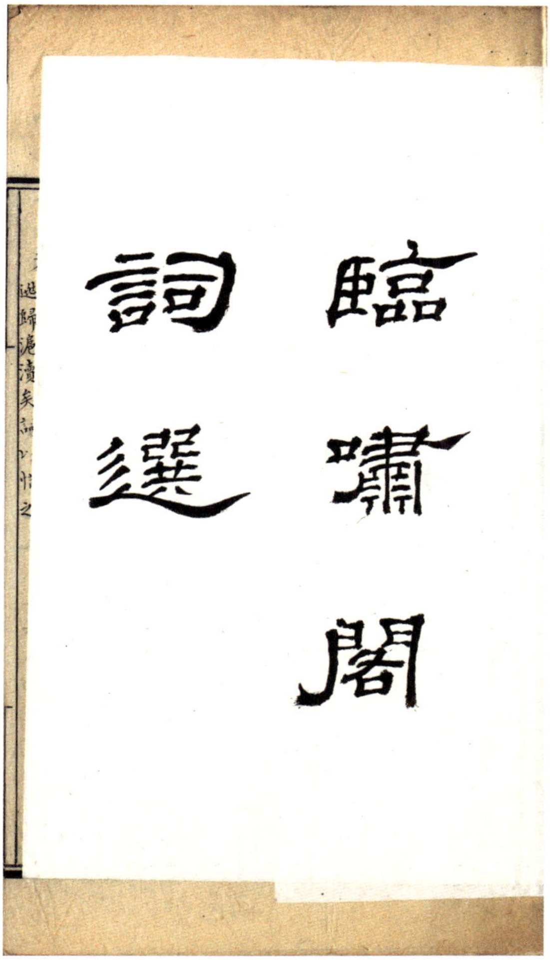
臨嘯閣詞選

〇四四　臨嘯閣詞選二卷芀藥詞一卷　（清）朱駿聲撰　（清）朱綬批校評選　稿本　一册　浙江圖書館藏

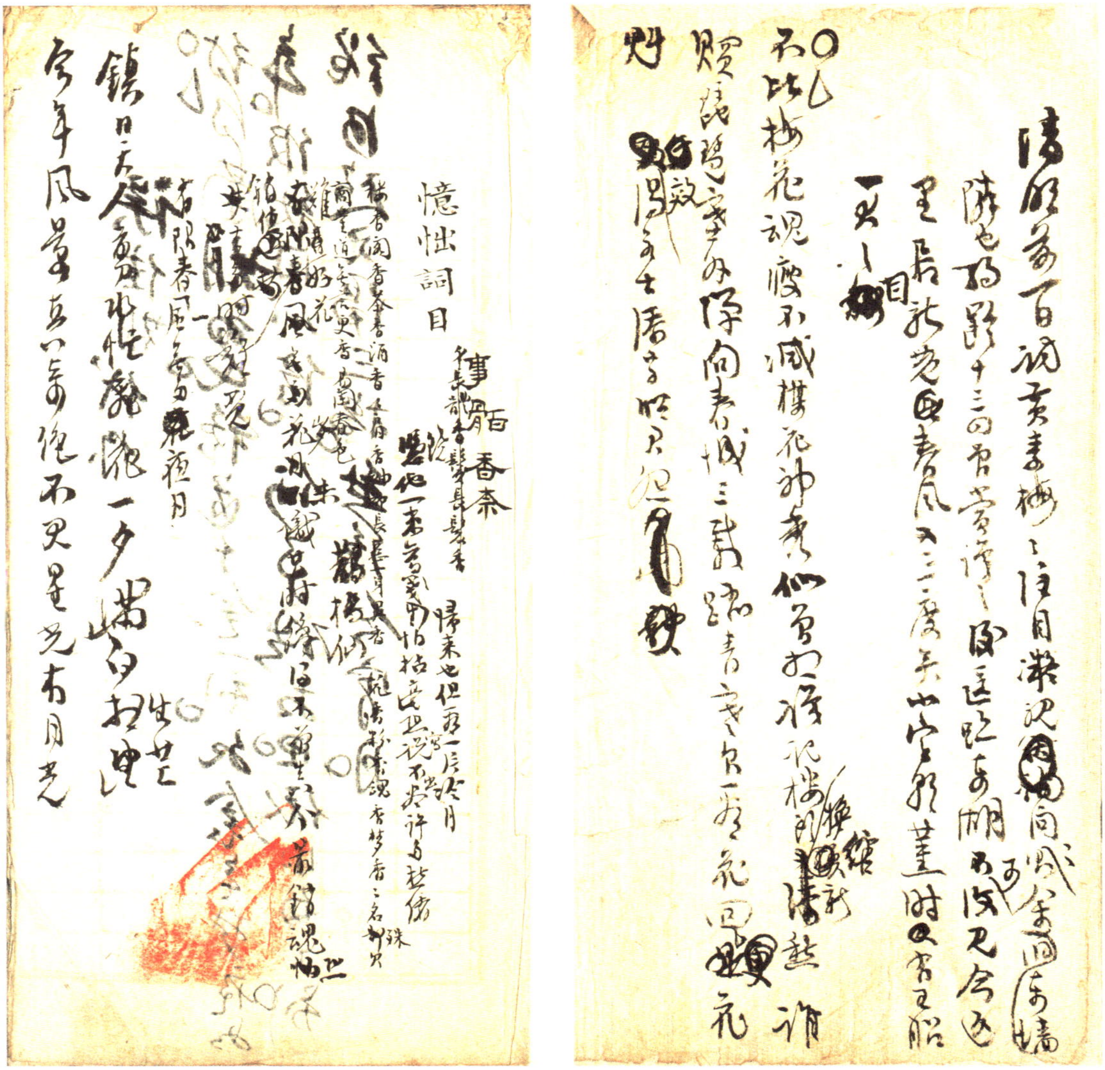
憶拙詞目

〇四五　憶拙詞一卷　（清）朱駿聲撰　稿本　一册　浙江圖書館藏

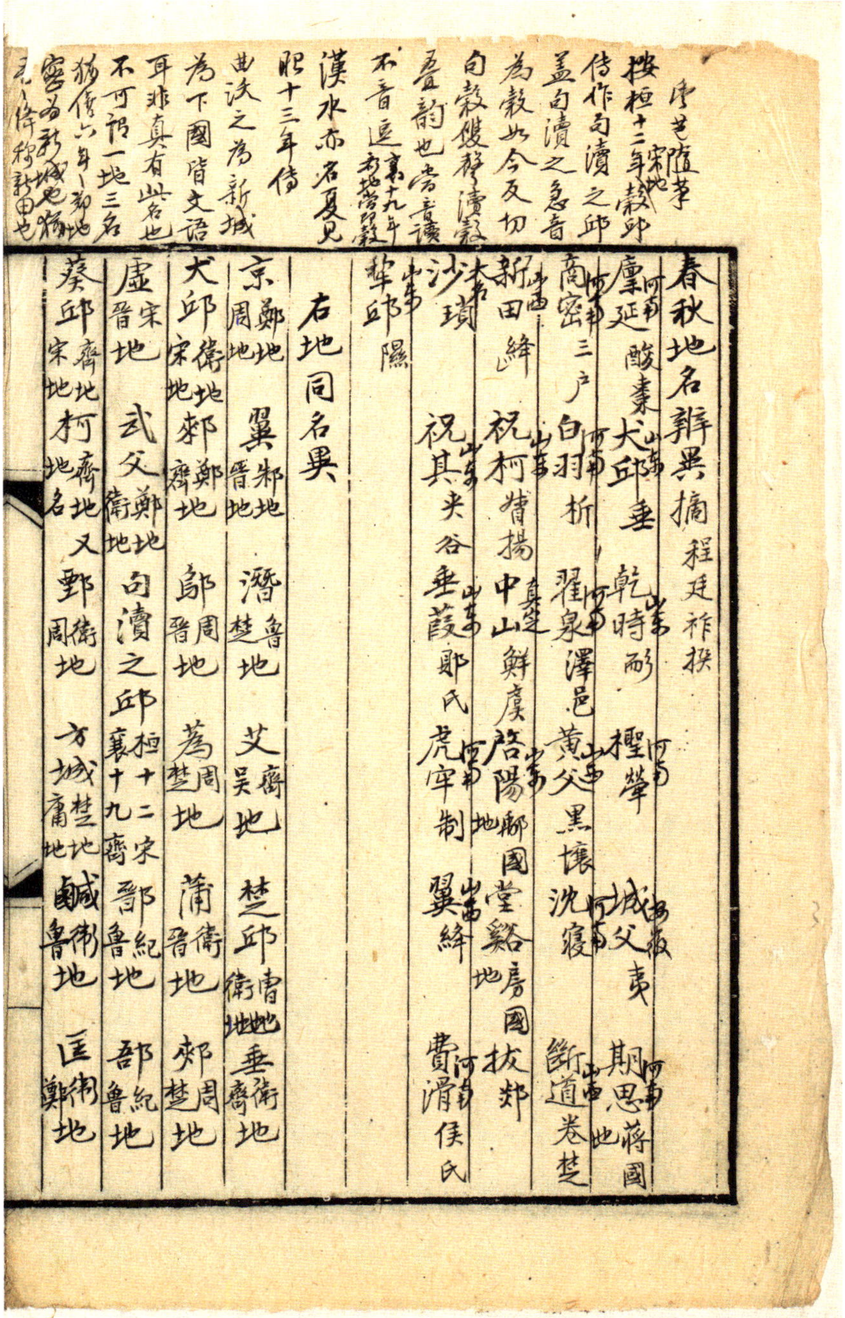
春秋地名辨異摘 程廷祚撰

廩延 酸棗 犬邱 垂 乾時 邴 檉 城父 期思 蔣國

商密 三户 白羽 析 翟泉 澤邑 黄父 黑壤 沈 寢 衙 道 卷 楚

新田 絳 祝柯 犢揚 中山 鮮虞 啓陽 鄅國 堂谿 唐國 拔 邿

沙 瑣 祝其 夾谷 垂葭 郹氏 虎牢 制 翼 絳 費滑 侯氏

犂邱 隰

右地同名異

京 鄭地 周地 冀 晉地 邿地 潛 魯地 楚地 艾 齊地 吳地 楚邱 曹地 衛地 垂 衛地 齊地

犬邱 衛地 宋地 郲 鄭地 齊地 郞 周地 晉地 蔿 周地 楚地 蒲 衛地 晉地 郟 周地 楚地

虛 宋 晉地 武父 鄭地 衛地 句瀆之邱 桓十二 宋 襄十九 齊 郚 紀 魯地 郚 紀 魯地

葵邱 齊地 宋地 柯 齊地 地名 又 鄄 衛地 周地 方城 楚地 庸地 鹹 衛地 魯地 匡 衛地 鄭地

〇四六 豐芑先生遺稿七種七卷 （清）朱駿聲撰 稿本 一册

浙江圖書館藏

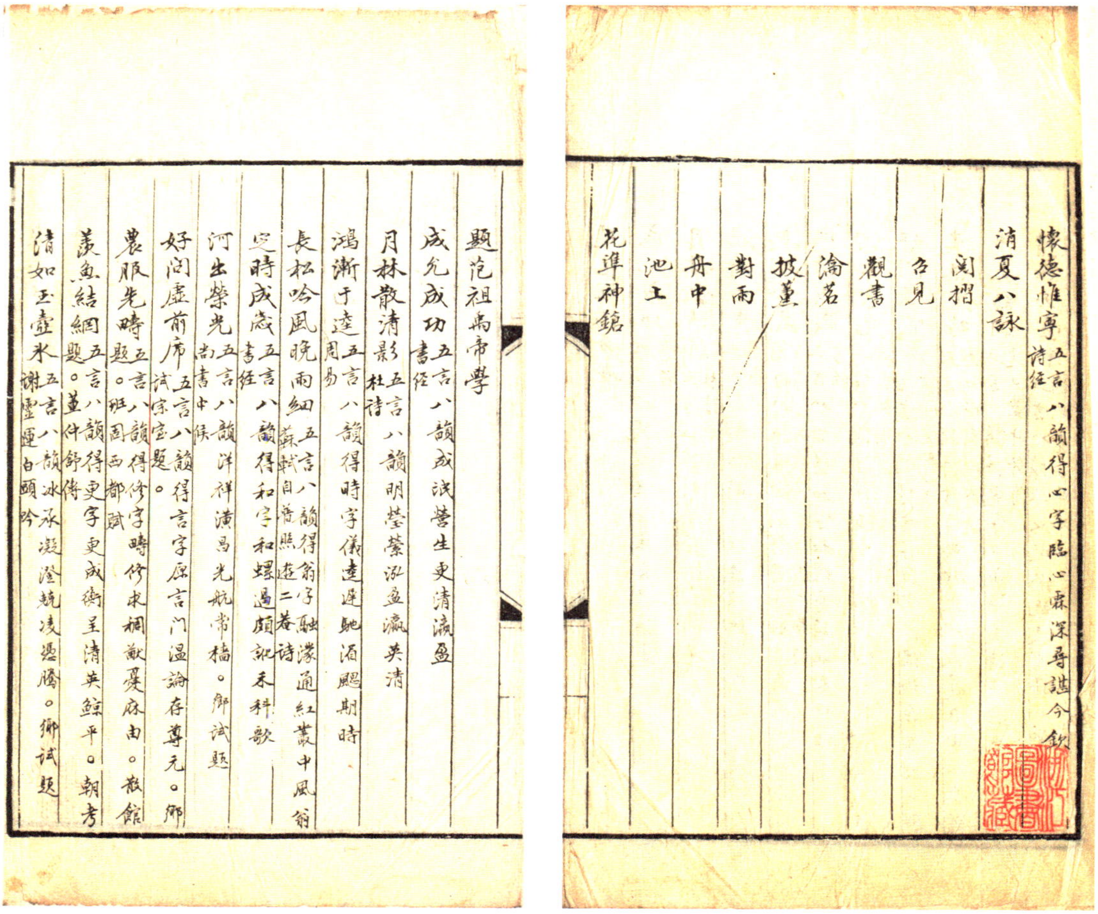

〇四七　朱駿聲雜稿十三種　（清）朱駿聲撰　稿本　三册　浙江圖書館藏

管庭芬專集

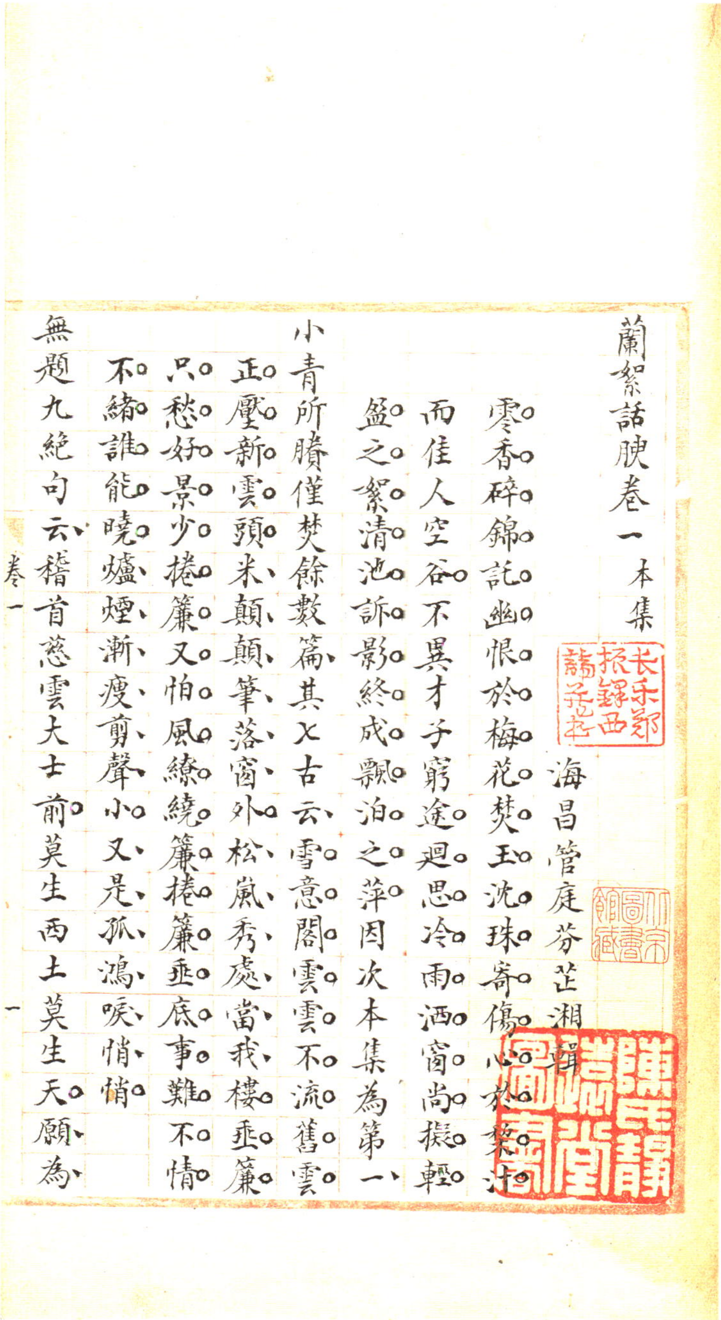
蘭絮話腴卷一　本集
海昌管庭芬芷湘輯
零香碎錦託幽恨於梅花焚玉沈珠寄傷心於絮汁
而佳人空谷不異才子窮途廻思冷雨洒窗尚擬輕
盈之絮清池訴影終成飄泊之萍因次本集為第一
小青所賸僅焚餘數篇其文古云雪意閣雲雲不流舊雲
正壓新雲頭米顛顛筆落窗外松嵐秀處當我樓垂簾
只愁好景少捲簾又怕風繚繞簾捲簾垂底事難不情
不絡誰能曉爐煙漸瘦剪聲小又是孤鴻唳悄悄
無題九絶句云稽首慈雲大士前莫生西土莫生天願為
卷一　一

〇〇一　蘭絮話腴四卷　（清）管庭芬輯　稿本　一冊　國家圖書館藏

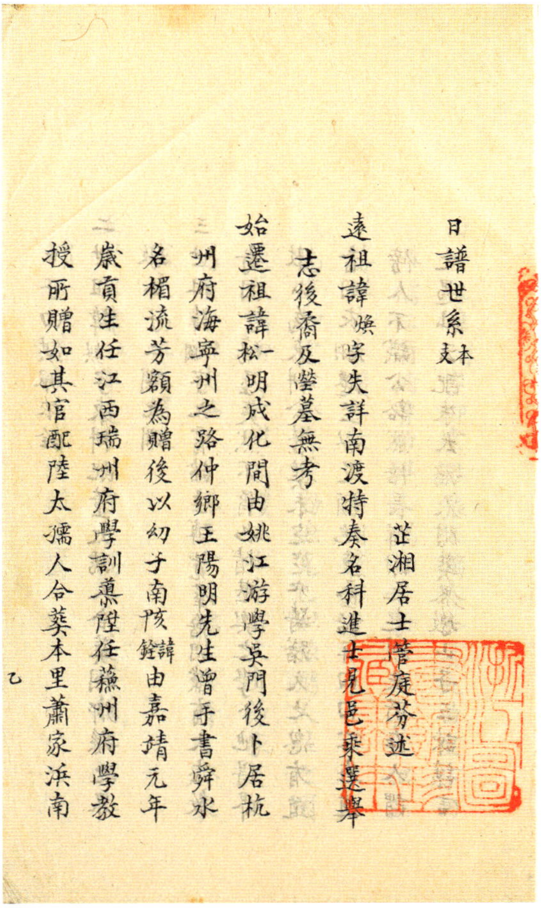
日譜世系本支

芷湘居士管庭芬述

遠祖諱煥字失詳南渡特奏名科進士見邑乘選舉志後裔及塋墓無考

始遷祖諱松一明成化間由姚江游學吳門後卜居杭州府海寧州之路仲鄉王陽明先生曾手書舜水名楣流芳額為贈後以幼子南陔諱銓由嘉靖元年歲貢生任江西瑞州府學訓導陞任贛州府學教授所贈如其官配陸太孺人合葬本里蕭家浜南

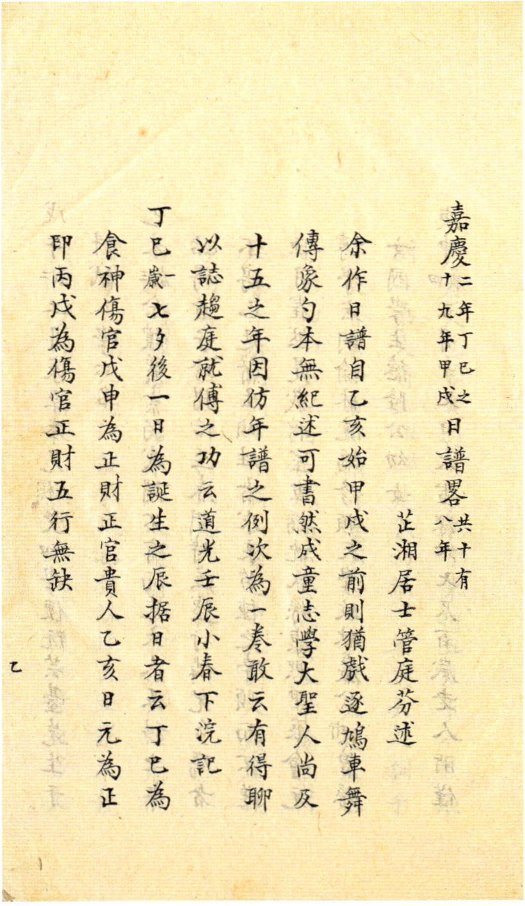
嘉慶二年丁巳之十九年甲戌日譜畧共十有八年

芷湘居士管庭芬述

余作日譜自乙亥始甲戌之前則猶戲逐鳩車舞傳象勺本無紀述可書然成童志學大聖人尚及十五之年因仿年譜之例次為一卷敢云有得聊以誌趨庭就傅之功云道光壬辰小春下浣記

丁巳歲七夕後一日為誕生之辰据日者云丁巳為食神傷官戊申為正財正官貴人乙亥日元為正印丙戌為傷官正財五行無缺

〇〇二　日譜不分卷　（清）管庭芬述　稿本　四十七册　浙江圖書館藏

第五批《國家珍貴古籍名録》，名録編號11647

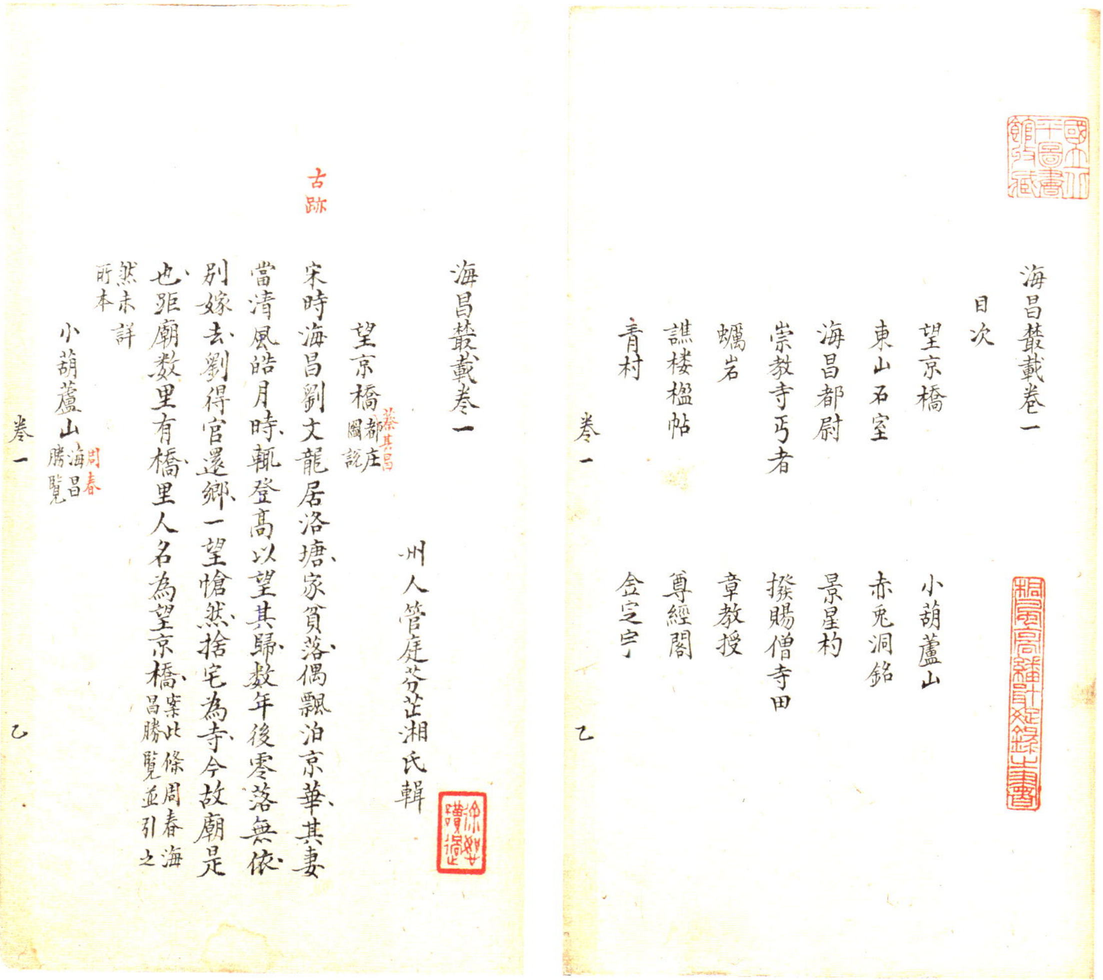
海昌叢載卷一
目次
望京橋　小葫蘆山
東山石室　赤兎洞銘
海昌都尉　景星杓
崇教寺丐者　撥賜僧寺田
蠣岩　章教授
譙楼楹帖　尊經閣
青村　金定寺
卷一　乙

海昌叢載卷一
州人管庭芬芷湘氏輯
古跡
望京橋　都庄圖說　蔡其昌
宋時海昌劉文龍居洛塘，家貧落，偶飄泊京華，其妻當清風皓月時，輒登高以望其歸。數年後，零落無依，別嫁去。劉得官還鄉，一望愴然，捨宅為寺，今故廟是也。距廟數里有橋，里人名為望京橋。案此條周春海昌勝覽並引之，然未詳所本
小葫蘆山　海昌勝覽　周春
卷一　乙

〇〇三　海昌叢載二十卷海昌續載七卷首一卷　（清）管庭芬輯　稿本　清朱元昃跋　十四册　國家圖書館藏

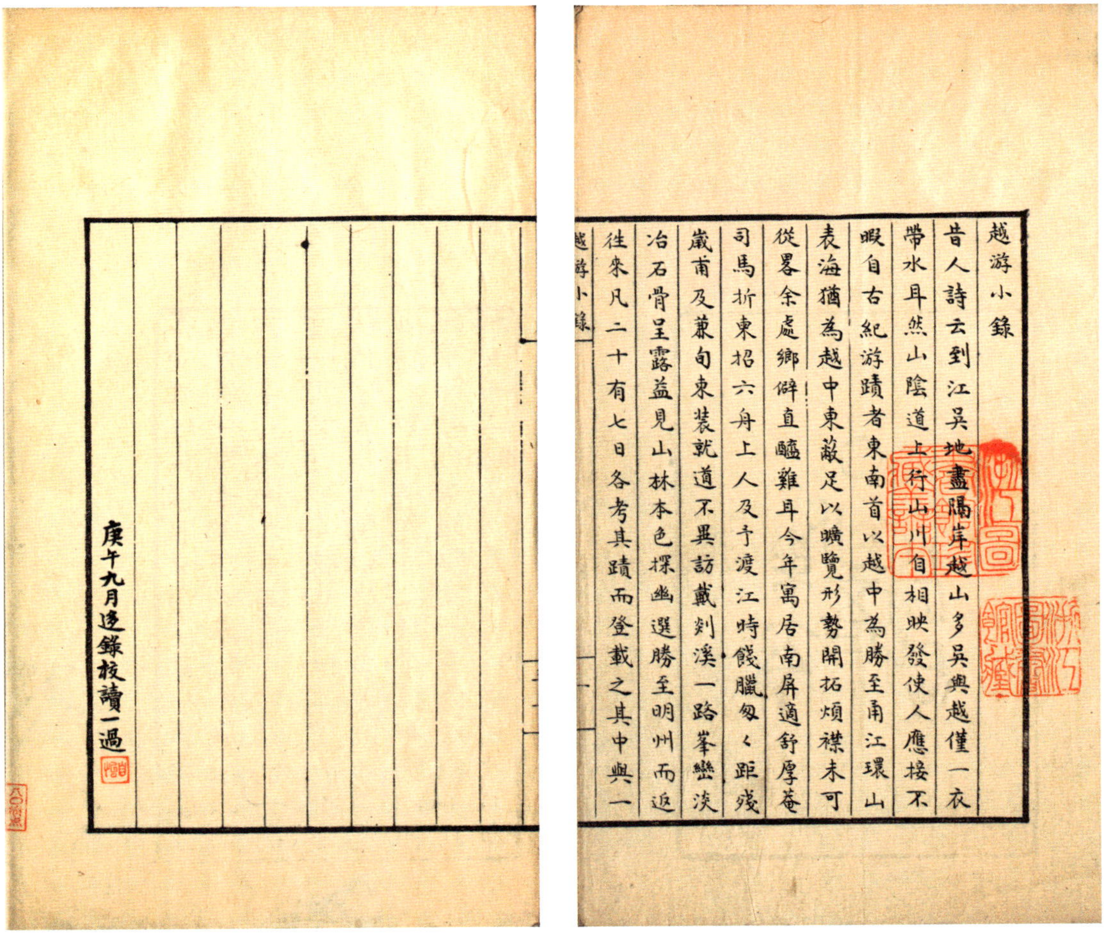

庚午九月迻錄校讀一過

越游小錄

昔人詩云到江吳地盡隔岸越山多吳興越僅一衣
帶水耳然山陰道上行山川自相映發使人應接不
暇自古紀游蹟者東南首以越中為勝至甬江環山
表海猶為越中東蔽足以曠覽形勢開拓煩襟未可
從畧余處鄉僻直醯雞耳今年寓居南屏適舒厚菴
司馬折東招六舟上人及予渡江時餞臘匆〻距殘
歲甫及蕨旬束裝就道不異訪戴剡溪一路峯巒淡
冶石骨呈露益見山林本色探幽選勝至明州而返
往來凡二十有七日各考其蹟而登載之其中與一

越游小錄　一

〇〇四　越游小録一卷　（清）管庭芬撰　抄本　一册　浙江圖書館藏

劍重九鋝俗儒良是考工記桃氏為劍上制九鋝中制七鋝下制五鋝康成注以六兩大半兩為鋝大半兩者十六銖也一鋝重一百六十銖令文曰五十二當鋝猶之後代當五當十皆以少當多是五十二宜為銖之数不得為斤之数今據布文以推此布即贖刑之鍰鍰重一百六十銖而此布五十二銖當鍰其罰百鍰者用此百布

〇〇五　錢譜不分卷　（清）管庭芬撰并拓　稿本　十二册　浙江圖書館藏

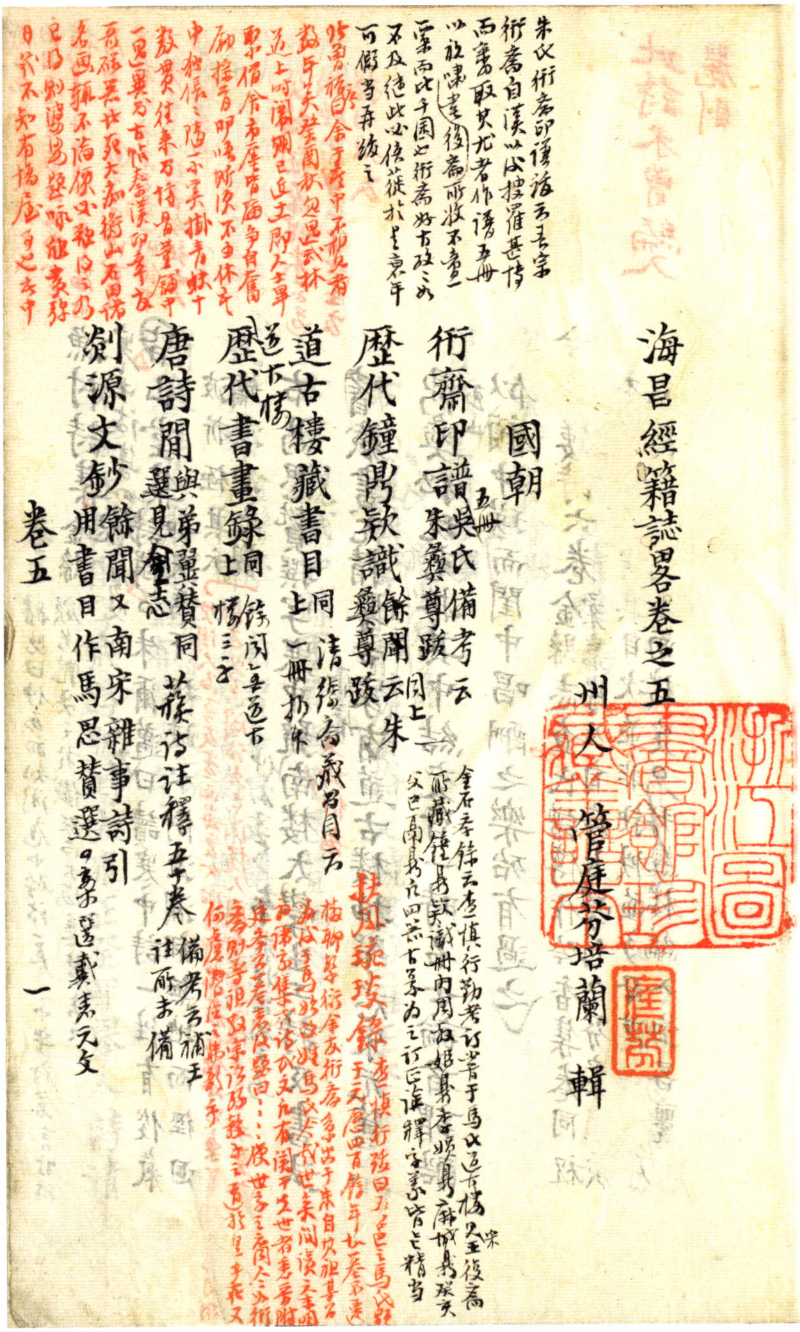
海昌經籍誌畧卷之五

州人管庭芬培蘭輯

國朝

衎齋印譜五冊吳氏備考云

歷代鐘鼎款識餘聞云朱彝尊跋

道古樓藏書目同

歷代書畫錄同

唐詩聞與弟蘁贊同

剡源文鈔餘聞又南宋雜事詩引用書目作馬思贊選

卷五

一

〇〇六　海昌經籍志略六卷　（清）管庭芬輯　稿本　鄧邦述跋　五冊　國家圖書館藏卷一至四（冊一至四）　浙江圖書館藏卷五至六（冊五）

渟溪老屋題畫詩

海昌管庭芬培蘭甫稿　族曾孫元耀謹輯

山水

林泉佳處結茅庵槲葉吟秋靜石潭畫出水鄉好風
景山平溪遠似江南
雲同潑墨隱空濛失却山前樹幾重醉後偶然拈破
筆亂拖橫抹學南宮
淒涼風雨灑荒江溼樹凝煙冷石矼夜半客船停古
寺鐘聲催夢上蓬牕
遠帆風送望春城墻影涵江分外清羨煞蘺蘺雲樹
底有人默坐聽泉聲
插天絕壁露靈根溪水如雲漲碧痕忽聽中流一聲
櫓扁舟載客到柴門
葉落天空老木孤釣魚人愛傍蒲菰寫來渾似倪迂
筆遠岫平林淡若無
如絮晴雲蕩未銷江村草閣隱漁樵阿儂錯認苕溪
路流水無聲渡野橋
恆山倒壓半天青樹斷枝枯葉盡零此景何人收拾
得天涯海角築孤亭
漠漠溪山鎖暮煙夕陽送到槿籬邊詩翁睡起渾無

〇〇七　渟溪老屋題畫詩不分卷　（清）管庭芬撰　管元耀輯　稿本　一册　浙江圖書館藏

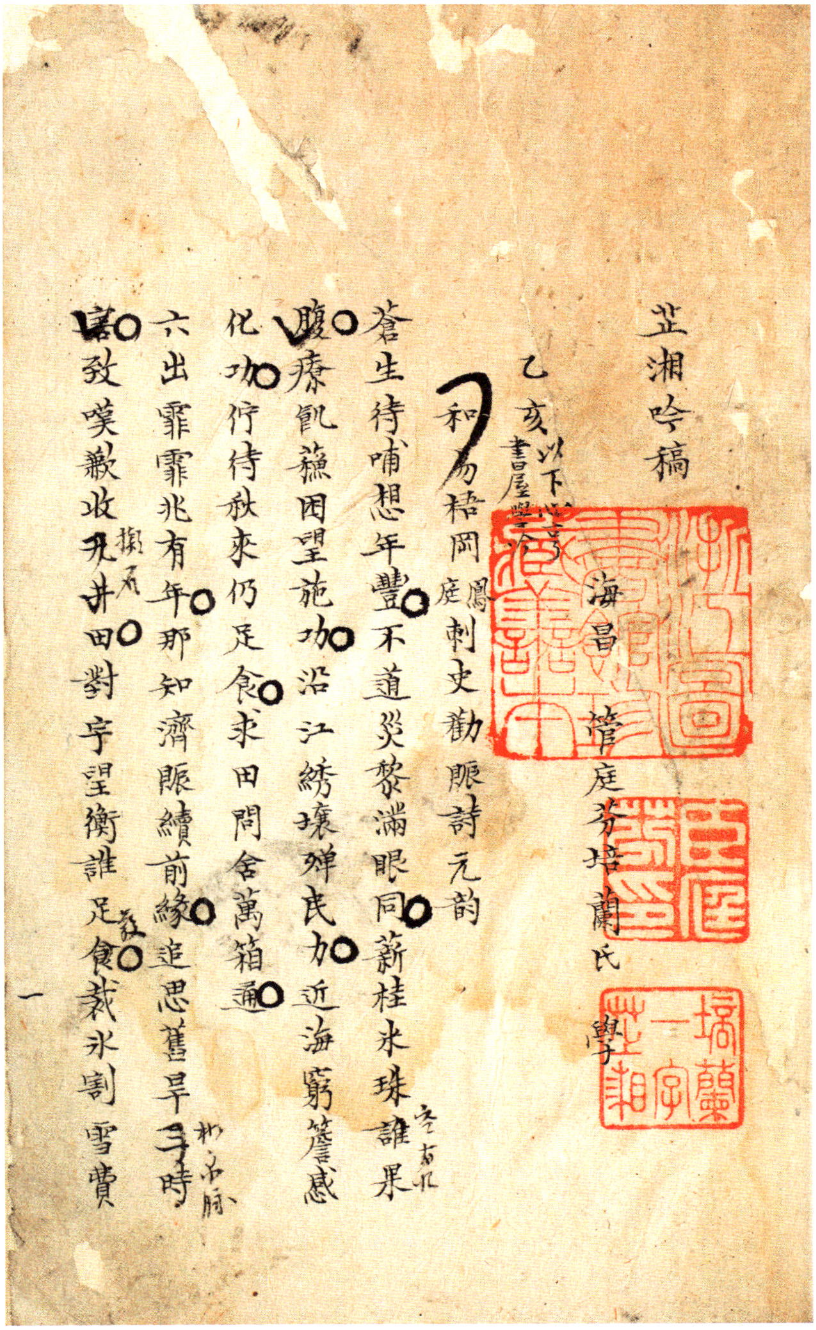
芷湘吟稿

乙亥 以下……書屋……

海昌 管庭芬培蘭氏學

和易梧岡庭鳳刺史勸賑詩元韵

蒼生待哺想年豐。不道災黎滿眼同。薪桂米珠誰果腹。療飢籟因望施功。沿江綉壤殫民力。近海窮簷感化功。佇待秋來仍足食。求田問舍萬箱通。

六出霏霏兆有年。那知濟賑續前緣。追思舊旱[illegible]時容。致嘆[illegible]收井田。對守望衡誰足食。菽水割雪[illegible]

〇〇八 芷湘吟稿六卷附録一卷 （清）管庭芬撰 稿本 佚名題記 一册 浙江圖書館藏

第二批《浙江省珍貴古籍名録》，名録編號00373

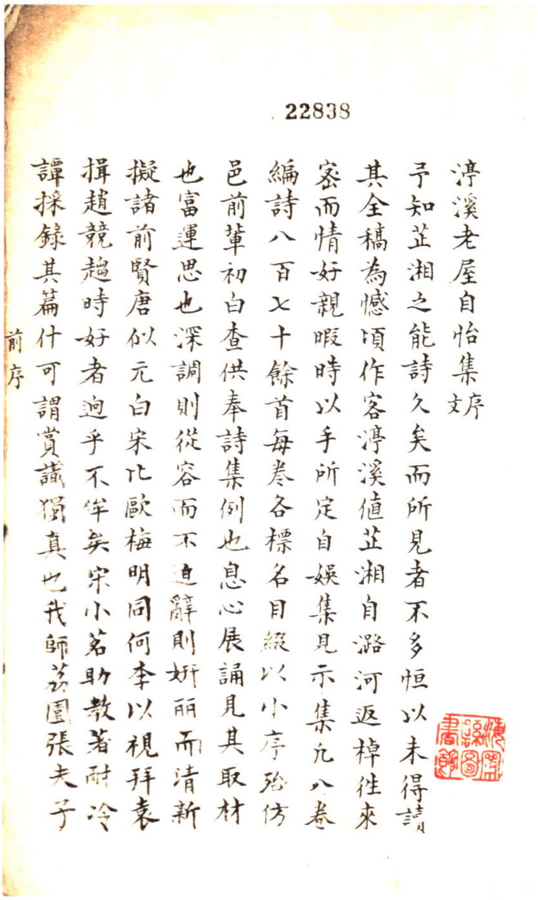
22838

渟溪老屋自怡集序

予知芷湘之能詩久矣而所見者不多恒以未得讀
其全稿為憾頃作客渟溪值芷湘自潞河返棹往來
密而情好親暇時以手所定自娛集見示集凡八卷
編詩八百七十餘首每卷各標名目綴以小序殆仿
邑前輩初白查供奉詩集例也息心展誦見其取材
也富運思也深調則從容而不迫辭則妍麗而清新
擬諸前賢唐似元白宋比歐梅明同何李以視拜袁
揖趙競趨時好者迥乎不侔矣宋小茗助教著耐冷
譚採錄其篇什可謂賞識獨真也我師荔園張夫子

前序

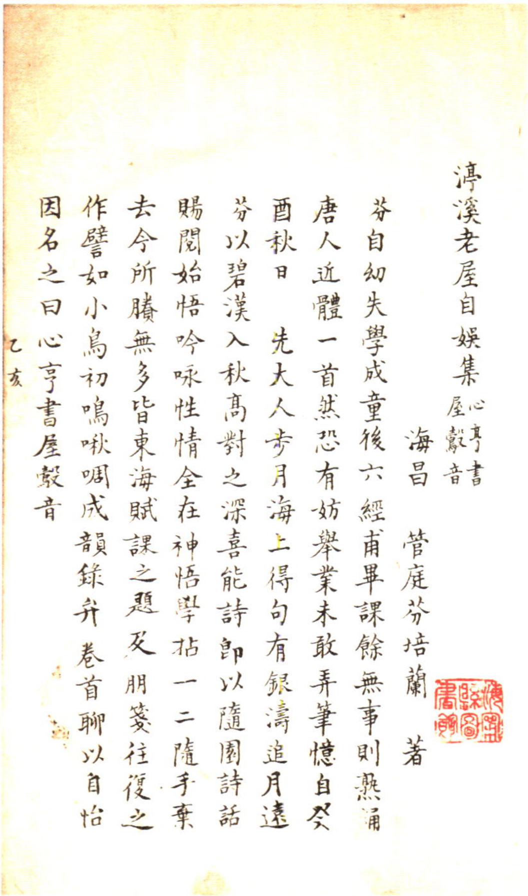
渟溪老屋自娛集 心亭書屋𣫭音

海昌 管庭芬培蘭 著

芬自幼失學成童後六經甫畢課餘無事則熟誦
唐人近體一首然恐有妨舉業未敢弄筆憶自癸
酉秋日 先大人步月海上得句有銀濤追月遠
芬以碧漢入秋高對之深喜能詩即以隨園詩話
賜閱始悟吟咏性情全在神悟學拈一二隨手棄
去今所賸無多皆東海賦課之題及 朋簽往復之
作譬如小鳥初鳴啾啁成韻錄弁卷首聊以自怡
因名之曰心亭書屋𣫭音

乙亥

〇〇九 渟溪老屋自娛集二卷補遺七卷芷湘吟稿不分卷

（清）管庭芬撰 稿本（補遺配管偉之抄本） 管元耀跋 五册 海寧市圖書館藏

第一批《浙江省珍貴古籍名録》，名録編號00173

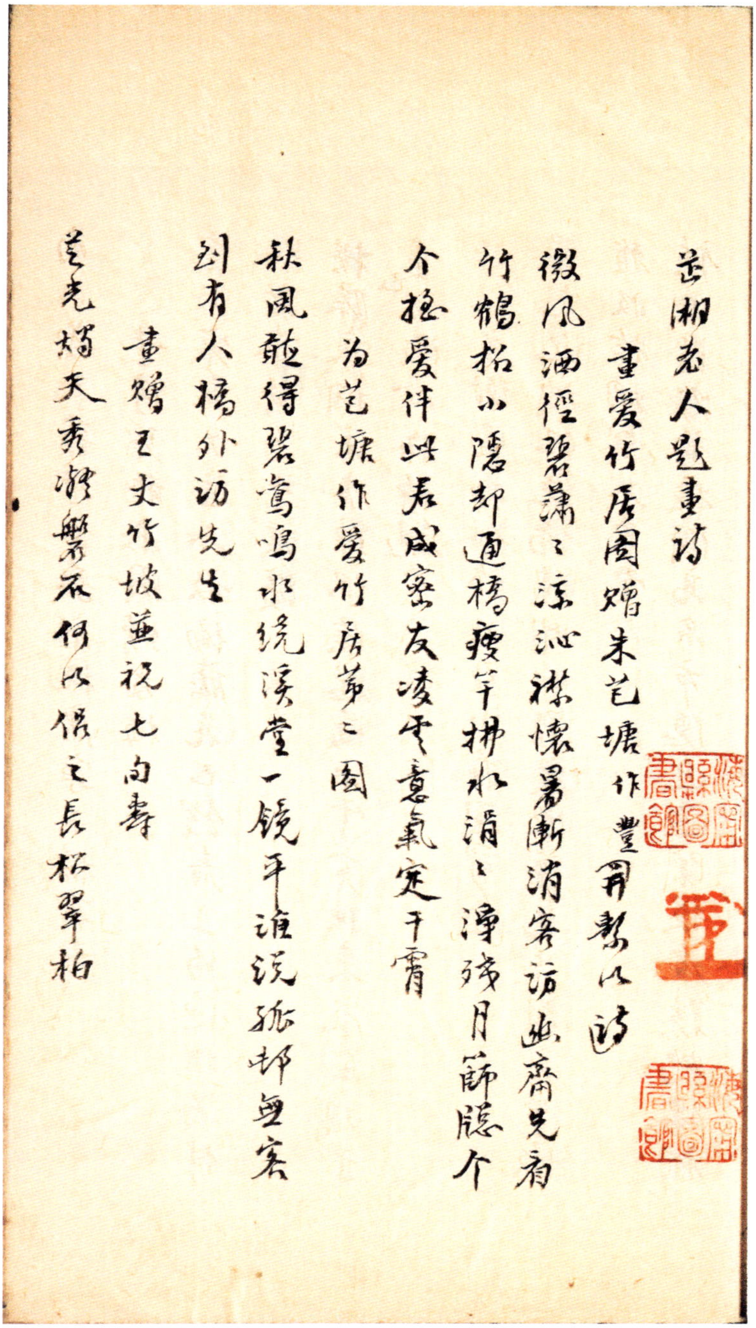
芷湘老人題畫詩

畫愛竹居圖贈朱芑塘作疊用韵以謝

微風洒徑碧蕭蕭涼沁襟懷暑漸消客訪幽齋先有
竹鶴栖小隱却通橋瘦竿拂水涓涓淨殘月篩聽个
个極愛伴此君成密友凌雲意氣定干霄

為芑塘作愛竹居第二圖

秋風吹得碧鶯鳴水繞溪堂一鏡平誰説孤邨無客
到有人橋外訪先生

畫贈王丈竹坡並祝七旬壽

芝光燭天秀澂繁衍何以假之長松翠柏

〇一〇　芷湘老人題畫詩不分卷　（清）管庭芬撰　管偉之輯録

稿本　一册　海寧市圖書館藏

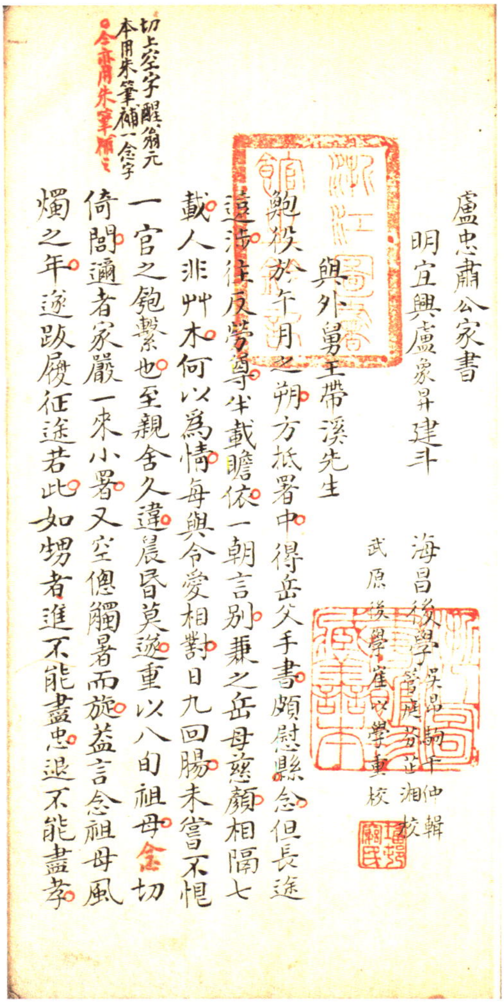
盧忠肅公家書
明宜興盧象昇建斗
海昌後學吳昂駒千仲輯
管庭芬芷湘校
武原後學崔以學重校
與外舅王帶溪先生
匏繫於午月之朔方抵署中得岳父手書頗慰懸念但長途
跋涉往反勞尊半載瞻依一朝言別兼之岳母慈顏相隔七
載人非艸木何以爲情每與令愛相對日九回腸未嘗不悒
一官之匏繫也至親舍久違晨昏莫遂重以八旬祖母念切
倚閭適者家嚴一來小署又空偬彌暑而旋益言念祖母風
燭之年遂跋履征途若此如甥者進不能盡忠退不能盡孝
切上空字醒翁有元本用朱筆補入念字
今亦用朱筆補之

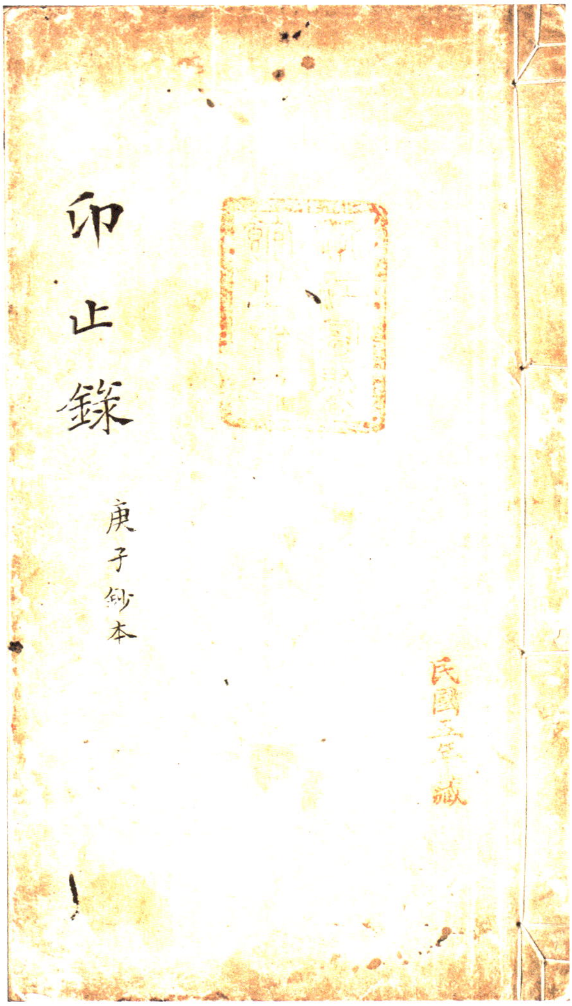
印止錄
庚子鈔本

〇一一　印止録不分卷　（清）吴昂駒輯　（清）管庭芬校　（清）崔以學重校　清光緒二十六年（1900）抄本　一册　浙江圖書館藏

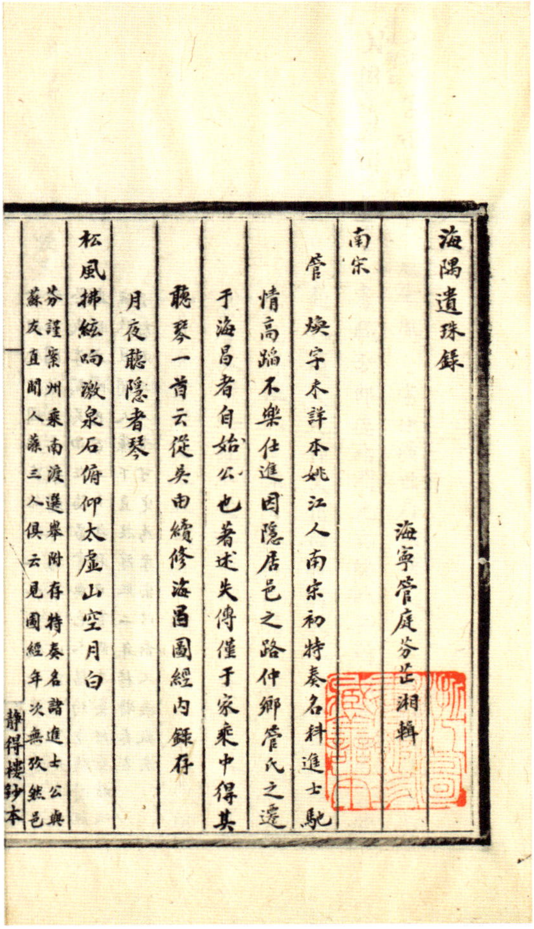

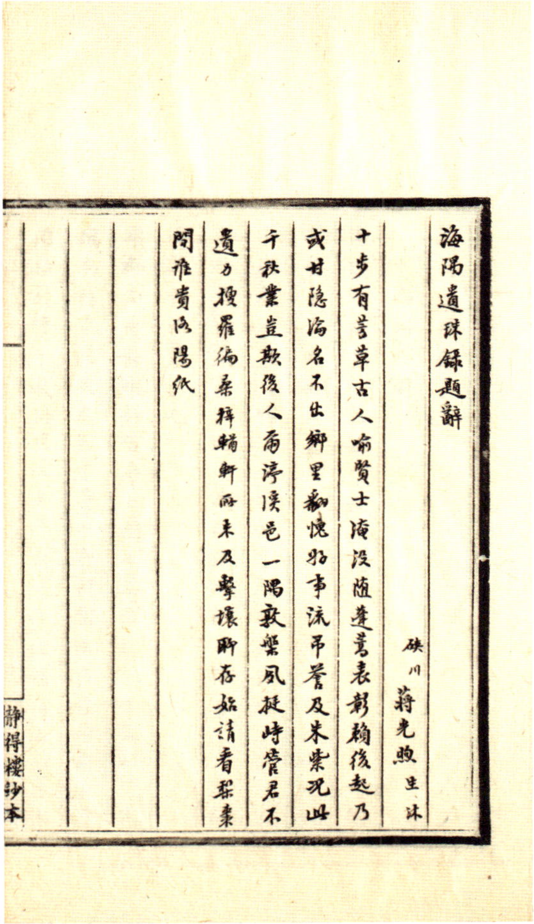

〇一二 海隅遺珠録五卷 （清）管庭芬輯 渟溪雜詩一卷 （清）管庭芬撰 補遺一卷 管氏静得樓抄本 五册 浙江圖書館藏

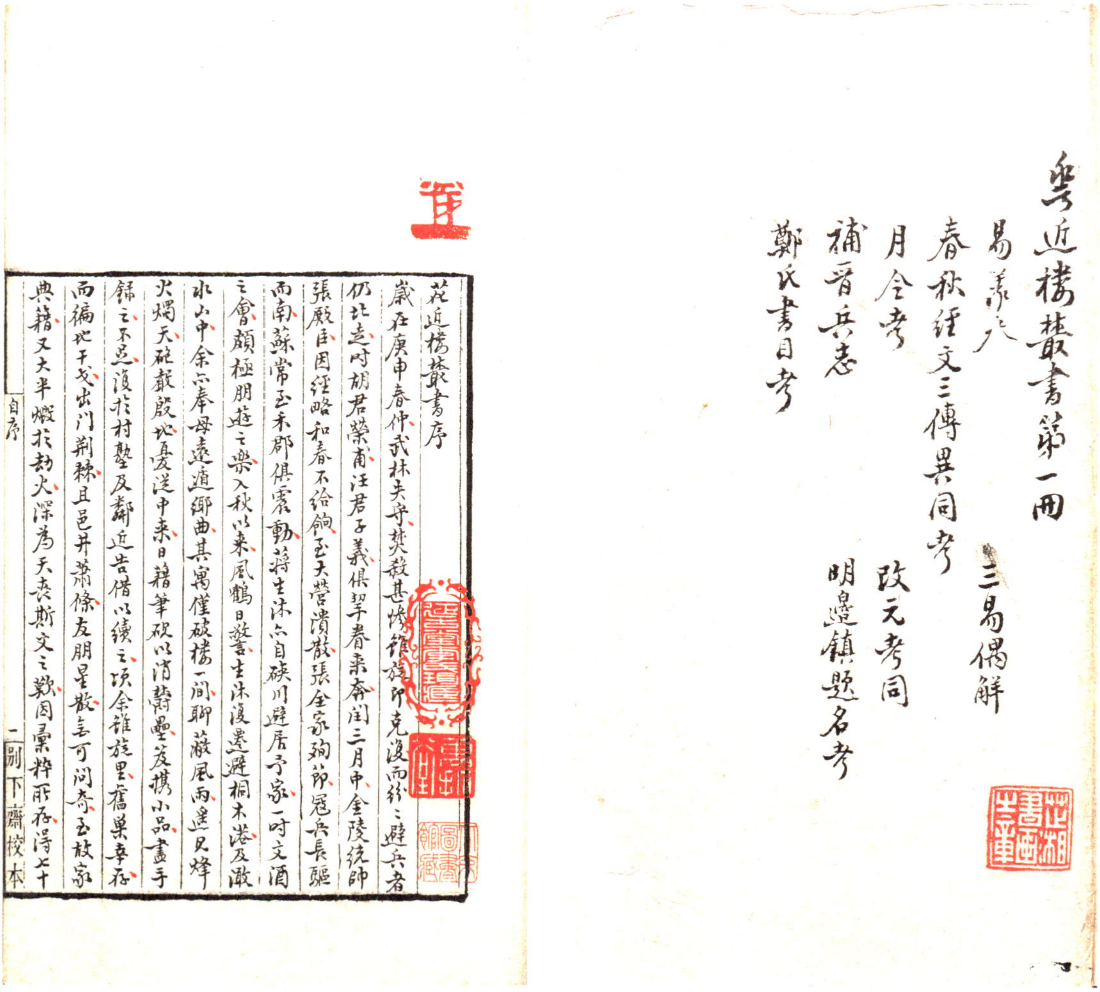

花近樓叢書第一冊
易叢八
三易偶解
春秋經文三傳異同考
月令考
改元考同
補晉兵志
明邊鎮題名考
鄭氏書目考

花近樓叢書序
歲在庚申春仲武林失守焚殺甚慘錢塘節克復而從之避兵者
仍比走時胡君榮甫汪君子義俱挈眷來奔閏三月中金陵統師
張殿臣因經略和春不給餉致大營潰散張全家殉節寇兵長驅
而南蘇常至禾郡俱震動蔣生沐亦自硤川避居予家一時文酒
之會頗極朋遊之樂入秋以來風鶴日警生沐復遷避桐木港及澉
水山中余亦奉母遠遁鄉曲其寓僅破樓一間聊蔽風雨遂見烽
火燭天碎殺殷地憂從中來日藉筆硯以消磊壘友携小品畫手
錄之不足復於村塾及鄰近告借以續之頃余雖旋里舊巢幸存
而徧地干戈出門荊棘且邑井蕭條友朋星散无可問奇至故家
典籍又大半燬於劫火深為天喪斯文之歎因彙粹所存得七十
自序
一
別下齋校本

〇一三 花近樓叢書七十四種九十卷補遺十九種二十二卷附存八種九卷 （清）管庭芬輯 稿本 十四冊 國家圖書館藏

姚燮專集

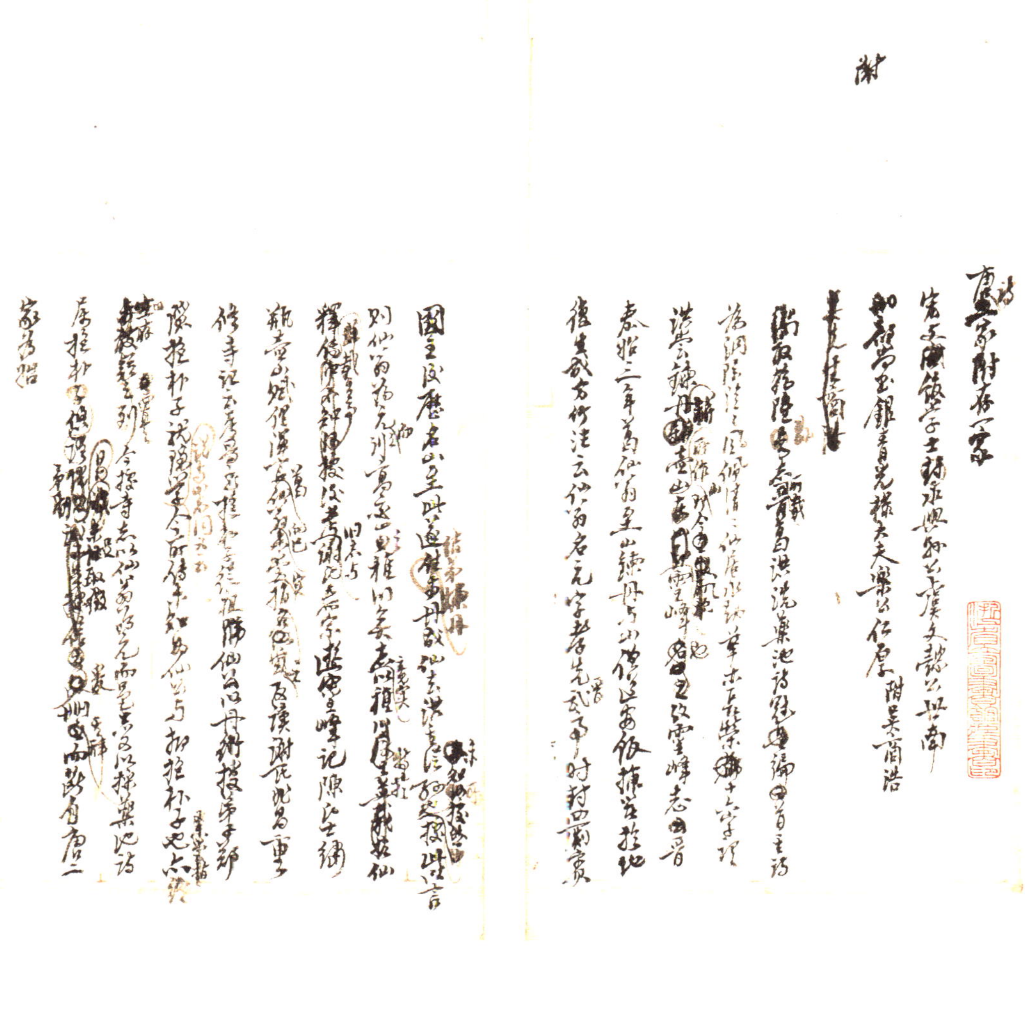

〇〇一　蛟川耆舊傳不分卷　（清）姚燮纂輯　稿本　四冊　浙江圖書館藏

第五批《國家珍貴古籍名録》，名録編號 11640

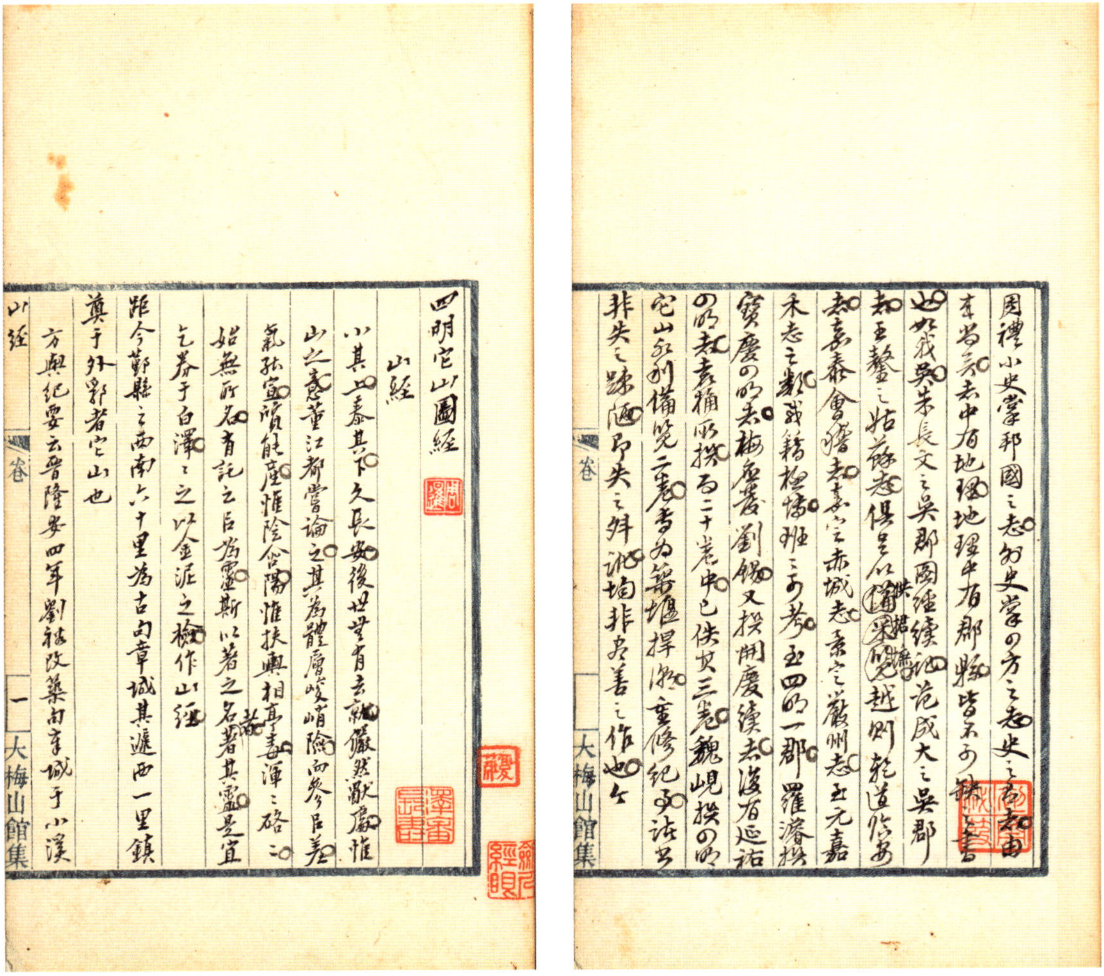

〇〇二 四明它山圖經十一卷 （清）姚燮撰 稿本 清許𡿖題簽并觀款 清李恭渭 清蔣敦復校并跋 清伊樂堯 清董醇 清王復跋 沈德壽觀款 四册 國家圖書館藏

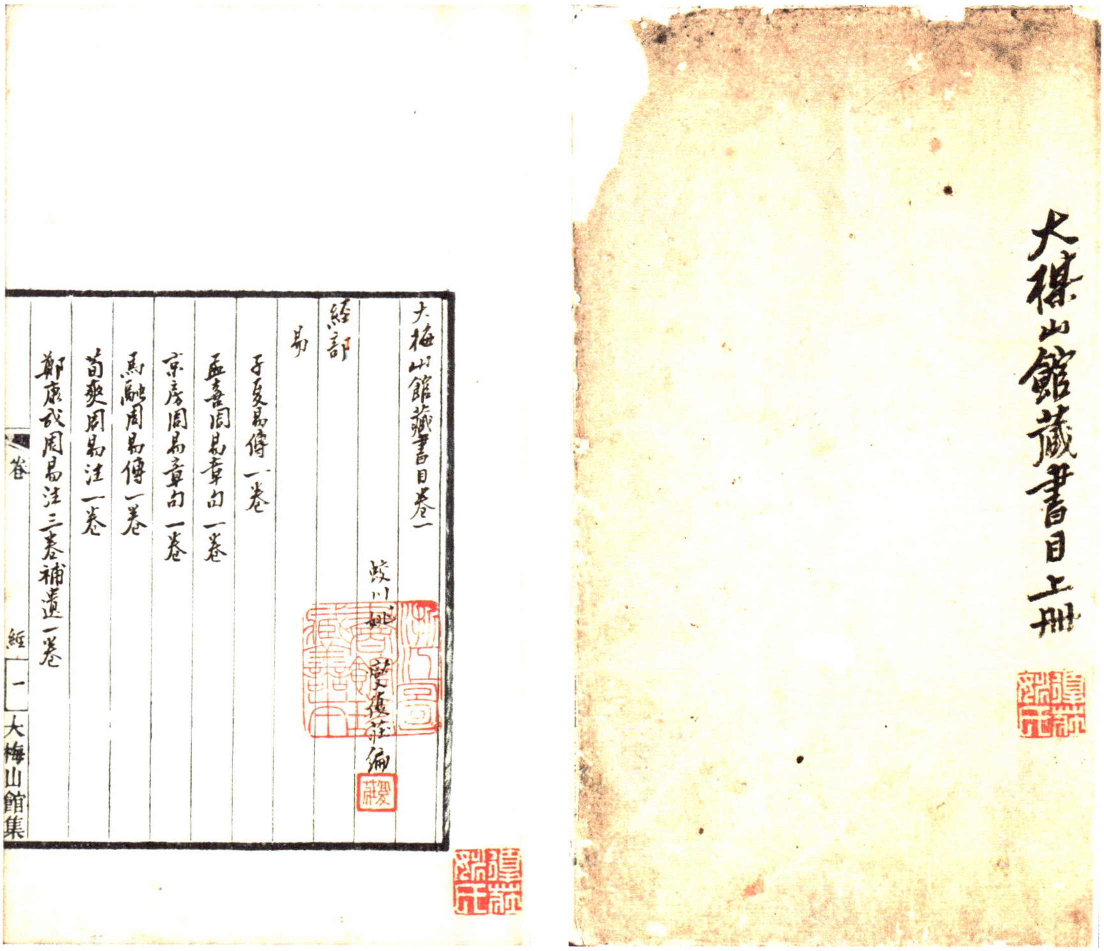
大楳山館藏書目上册

大梅山館藏書目卷一
峽川姚燮復莊編
經部
易
子夏易傳一卷
孟喜周易章句一卷
京房周易章句一卷
馬融周易傳一卷
荀爽周易注一卷
鄭康成周易注三卷補遺一卷

卷一　經　一　大梅山館集

〇〇三　大梅山馆藏書目十六卷　（清）姚燮藏并撰　稿本　二册　浙江圖書館藏

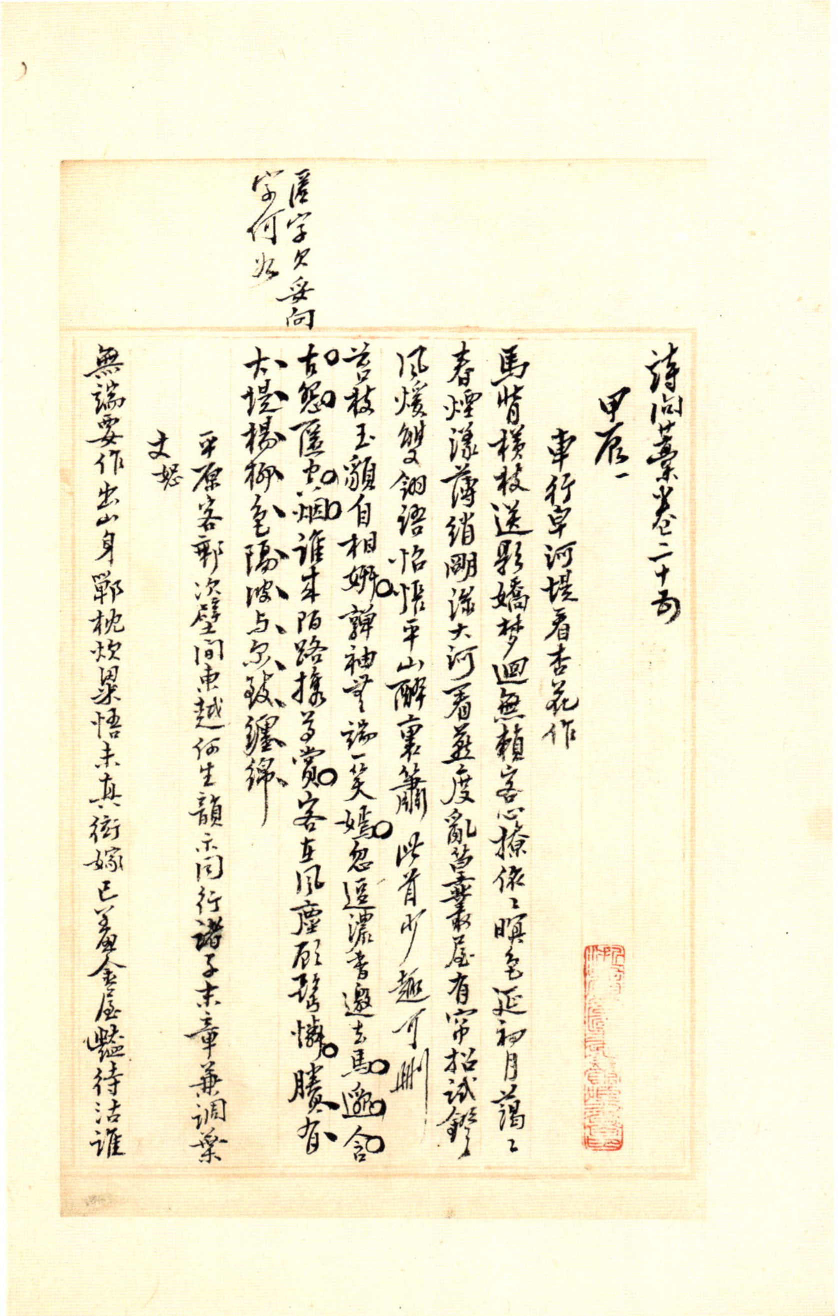
屋字欠妥向字何如

詩問稿卷二十五

甲辰

車行阜河堤看杏花作

馬背横枝送影嬌夢迴無賴客心撩依依暝色延初月藹藹

春煙漾薄綃隔岸大河看盈度亂山叢處有帘招試鞭

風燧雙鐙恰恨平山醉裏簫 此首少趣可删

芸枝玉額自相嬌譁袖當端一笑嫣忽逗濃香邀去馬邀留

古驛隱虹烟誰本陌路撩人賞客在風塵爲擕憐勝賞有

大堤楊柳色陽陂與家被纏綿

平原客邸次壁間東越何生韻示同行諸子末章兼調業

丈姬

無端要作出山身鄲枕炊粱悟未真術嫁已成金屋豔待沽誰

○○四　詩問稿□□卷　（清）姚燮撰　稿本　清傅溓批點　清葉廷枚跋　一册　浙江圖書館藏

存一卷（卷二十五）

第五批《國家珍貴古籍名録》，名録編號 12023

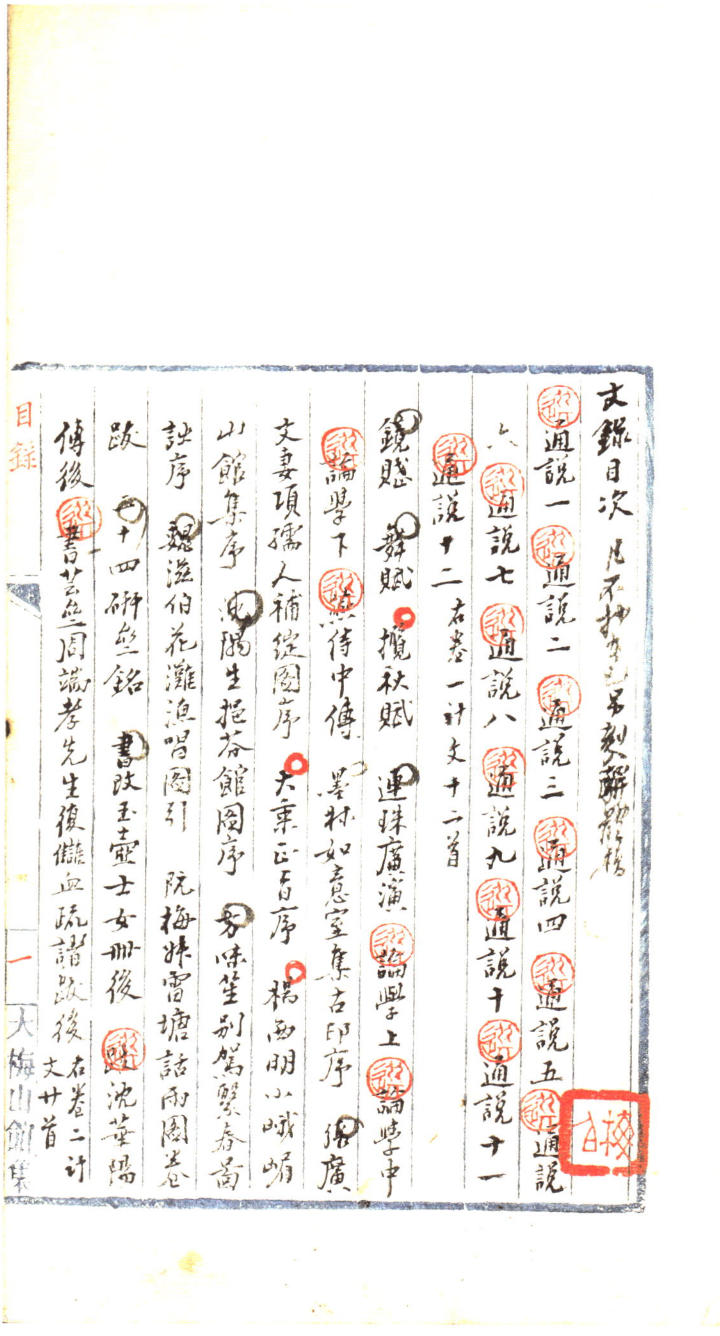

文録目次
通說一 通說二 通說三 通說四 通說五 通說
六 通說七 通說八 通說九 通說十 通說十一
通說十二 右卷一計文十二首
鏡賦 舞賦 攬秋賦 連珠廣演 論學上 論學中
論學下 燕侍中傳 墨林如意室集古印序 張廣
文妻項孺人補從圖序 大東正音序 楊西明小峨嵋
山館集序 周髯生捃蒼館圖序 芳味堂別駕繫春舫
詩序 魏滋伯花灘漁唱圖引 阮梅叔雷塘話雨圖卷
跋 十四研銘 書跋玉壺士女册後 跋沈葦陽
傳後 書黃忠端孝先生復儺血疏譜跋後 右卷二計文廿首

○○五 復莊文録六卷 （清）姚燮撰 稿本 清曹晌批點 清高學沅觀款 六册 杭州博物館藏

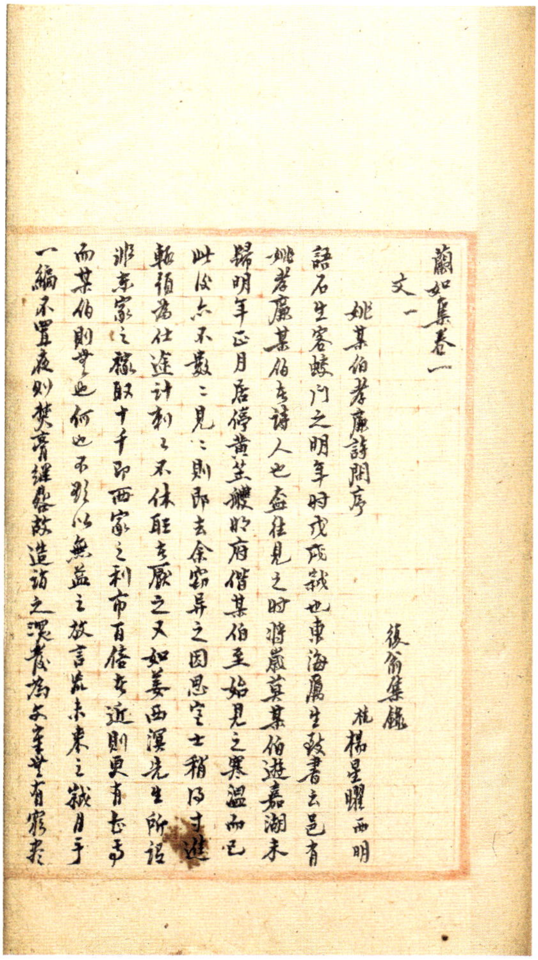
蘭如集卷一

文一

姚某伯孝廉詩關序

復翁集録

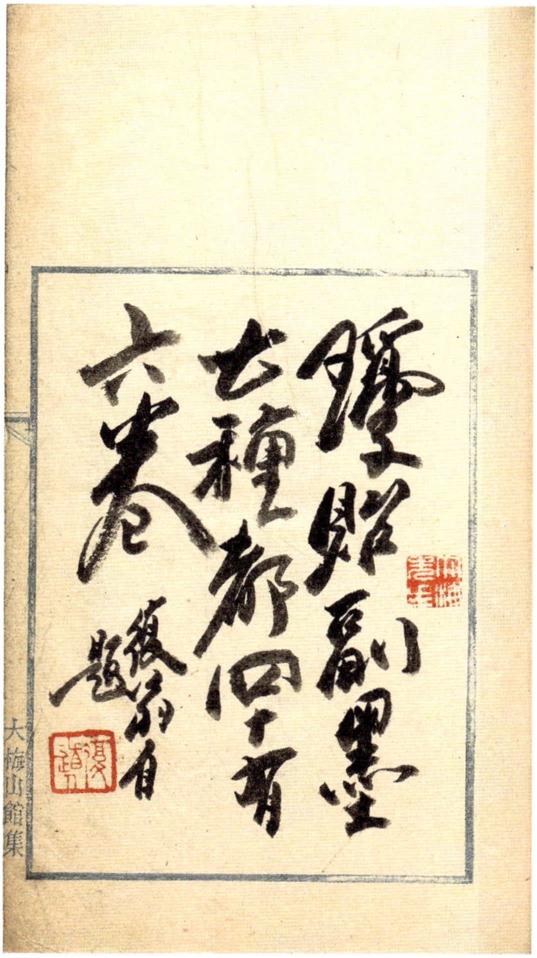
瓊貽副墨七種都四十有六卷

復翁自題

大梅山館集

〇〇六　瓊貽副墨七種四十六卷　（清）姚燮輯　稿本　清葉同春校并跋　八册　國家圖書館藏

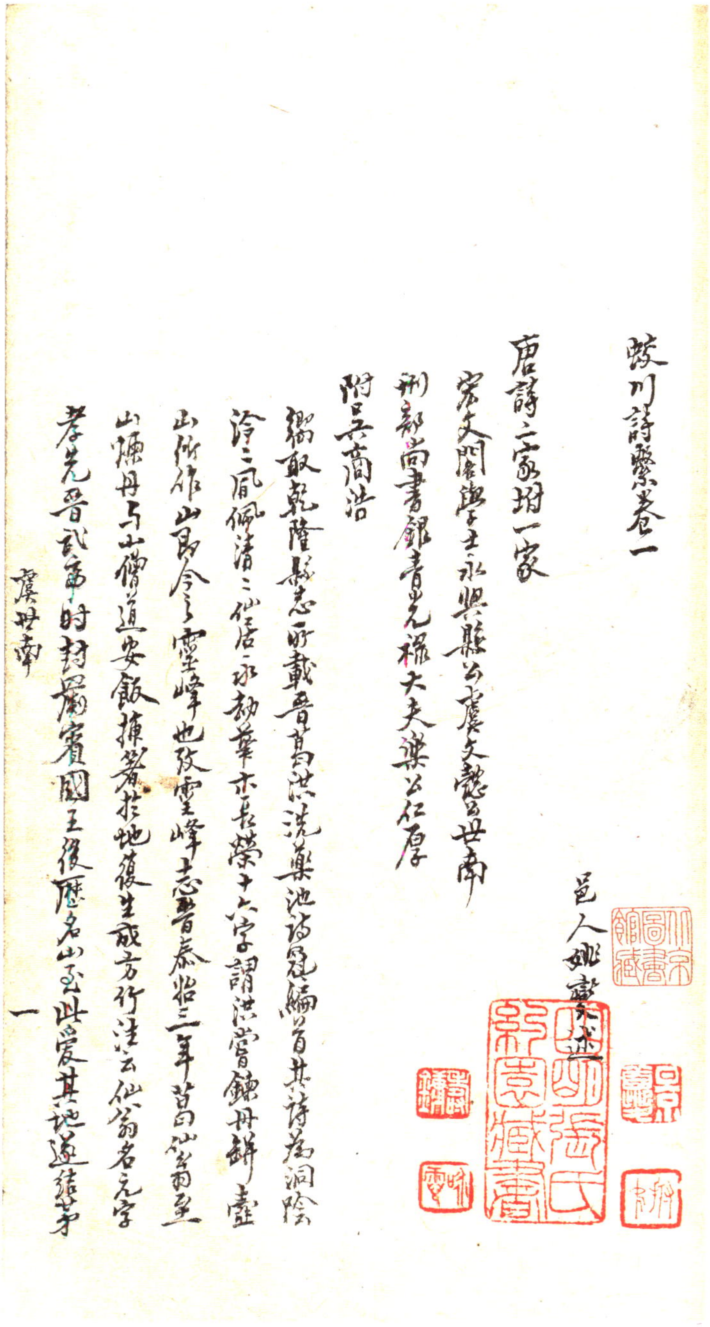

蛟川詩繫卷一

邑人姚燮述

唐詩二家增一家

宏文閣學士永興縣公虞文懿公世南

刑部尚書銀青光祿大夫樂公仁厚

附吳商浩

獨敢乾隆縣志所載晉葛洪洗藥池詩冠編首其詩爲洞陰泠泠風佩清清仙居永劫華木長榮十六字謂洪嘗鍊丹靈山所作山即今之靈峰也攷靈峰志晉泰始三年葛仙翁至山煉丹與山僧道安飯擲箸於地復生成方竹注云仙翁名元字孝先晉武帝時封罽賓國王後歷名山至此愛其地遂結茅

虞世南

一

〇〇七 蛟川詩繫三十一卷 （清）姚燮輯 稿本 八册 國家圖書館藏

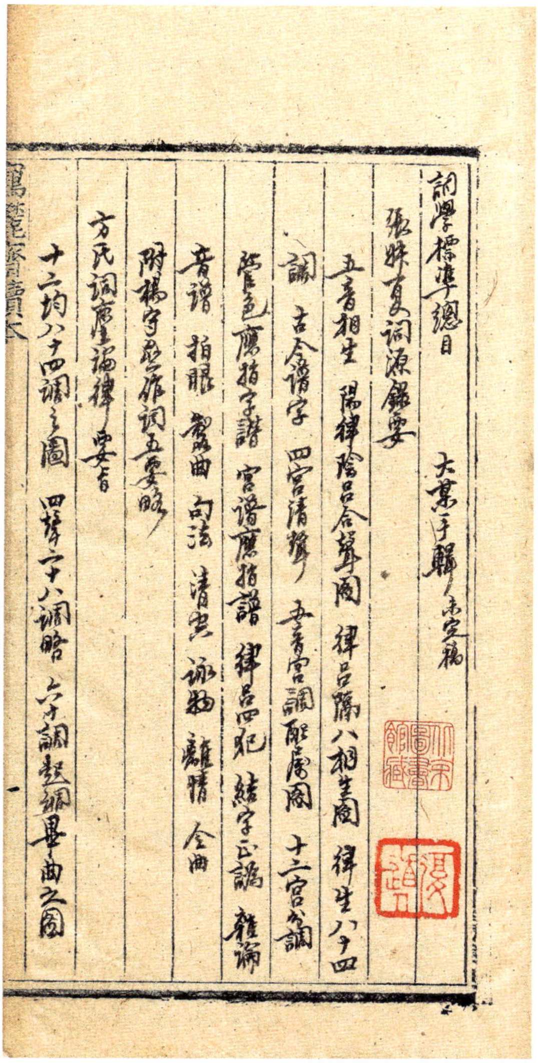
詞學標準總目　大某子輯　□安稿
張叔夏詞源錄要
五音相生　陽律陰呂合聲圖　律呂隔八相生圖　律生八十四調
古今譜字　四宮清聲　五音宮調配屬圖　十二宮所住字
管色應指字譜　宮譜應指譜　律呂四犯　結聲正訛　雜論
音譜　拍眼　製曲　句法　清空　詠物　離情　令曲
附楊守齋作詞五要略
方氏詞塵論律要旨
十二均八十四調之圖　四聲二十八調略　六十調起調畢曲之圖

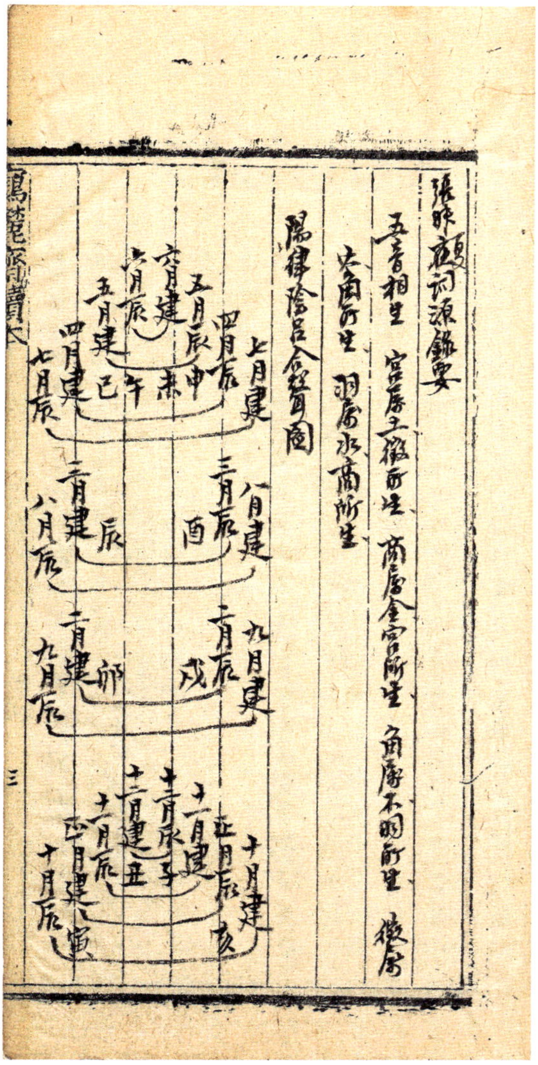
張叔夏詞源錄要
五音相生　宮屬土徵所生　商屬金宮所生　角屬木羽所生　徵屬火角所生　羽屬水商所生
陽律陰呂合聲圖

○○八　詞學標準不分卷　（清）姚燮輯　稿本　一册　國家圖書館藏

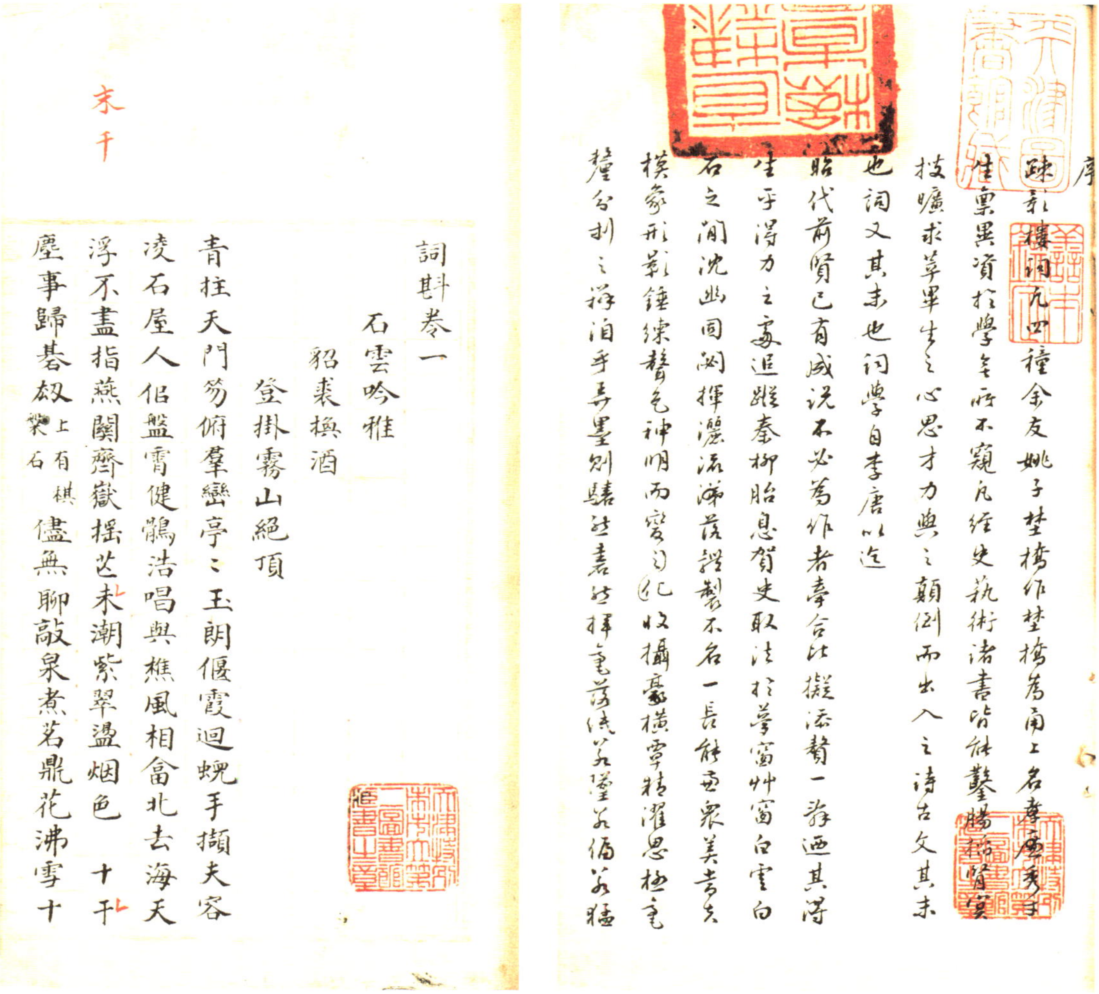

〇〇九 詞斟四種七卷 （清）姚燮撰 清同治抄本 清□培之跋
二册 天津圖書館藏

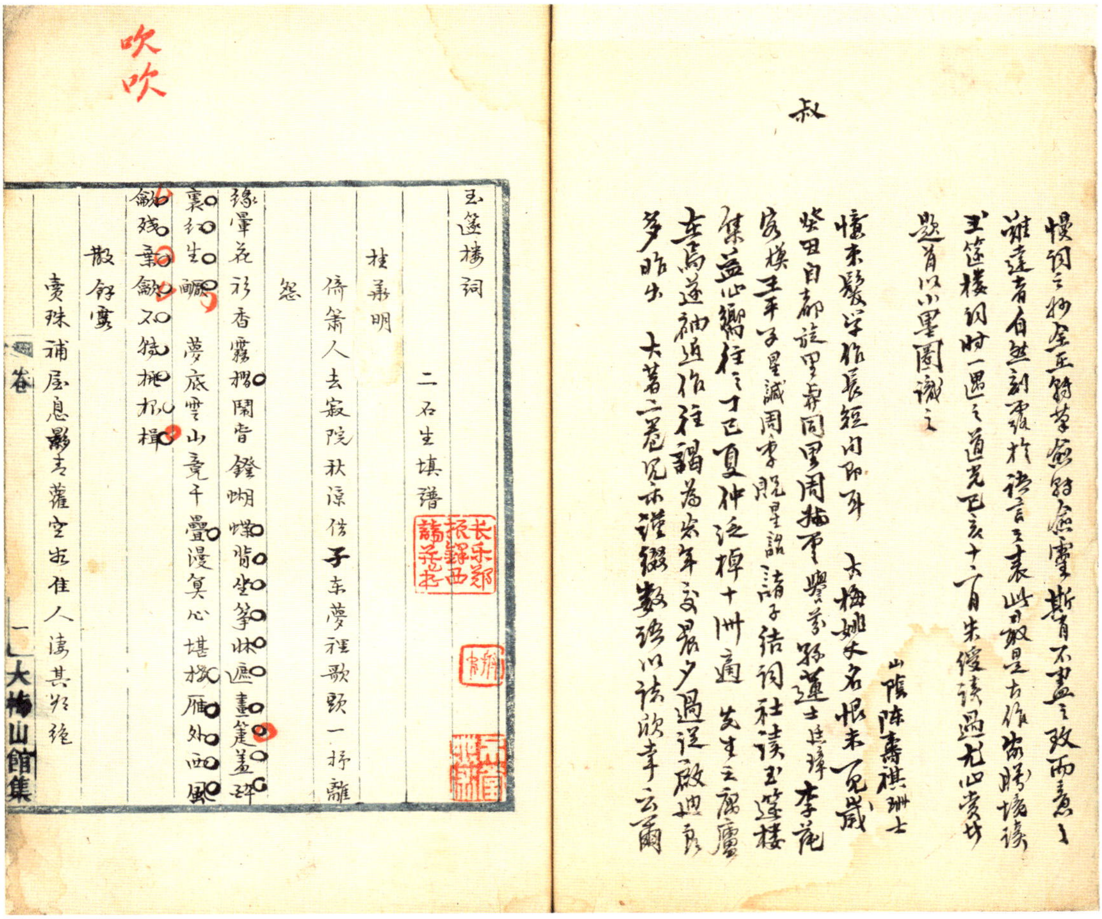

〇一〇 玉篴樓詞一卷 （清）姚燮撰 稿本 清姚景夔校點并跋
一册 國家圖書館藏

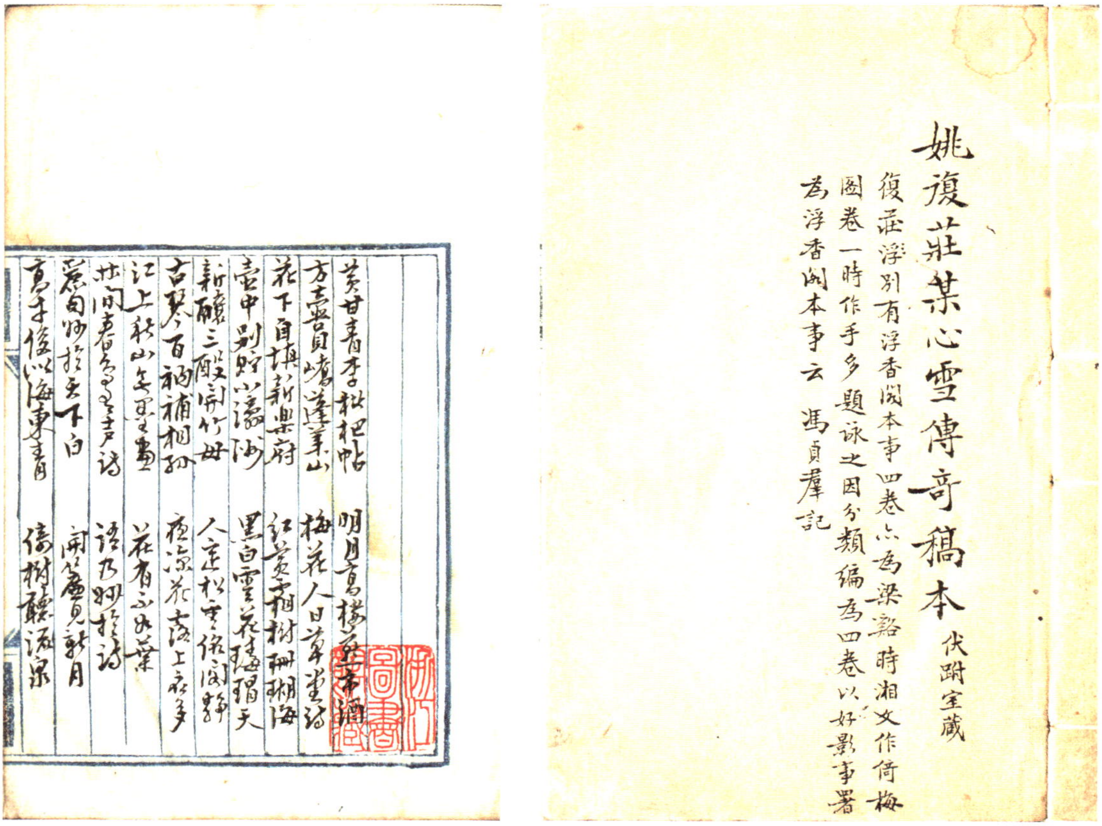

姚復莊某心雪傳奇稿本 伏跗室藏

復莊浮别有浮香閣本事四卷亦為梁谿時湘文作倚梅圖卷一時作手多題詠之因分類編為四卷以好影事署為浮香閣本事云 馮貞羣記

〇一一 某心雪傳奇不分卷 (清)姚燮撰 稿本 一册 浙江圖書館藏

平步青專集

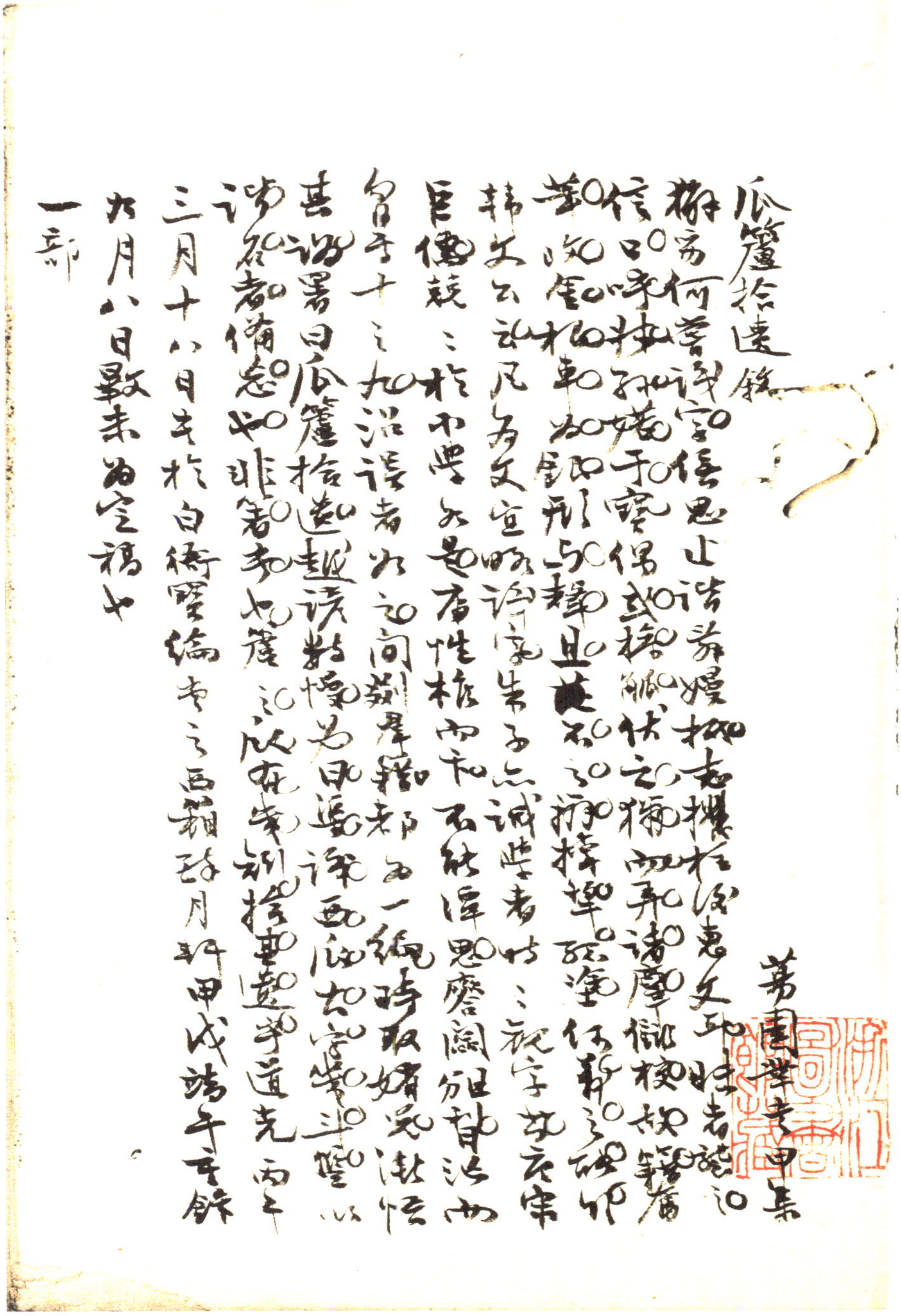

〇〇一 瓜籚拾遺一卷 （清）平步青撰 稿本 清平宜生題簽 一冊 浙江圖書館藏

館藏單位原題：古字發微不分卷

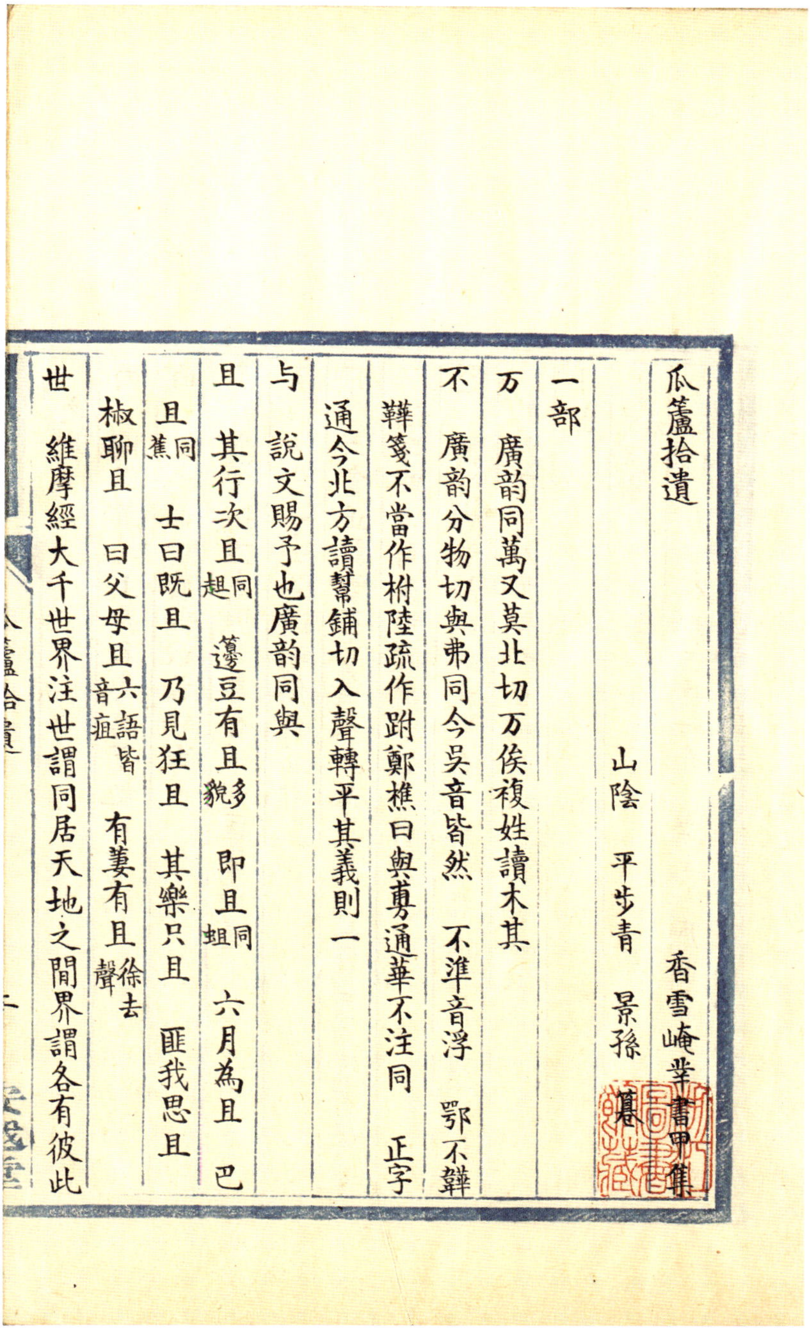
瓜蘆拾遺　　香雪崦叢書甲集

山陰　平步青　景孫　纂

一部

万　廣韵同萬又莫北切万俟複姓讀木其

不　廣韵分物切與弗同今吳音皆然　不準音浮　鄂不韡

韡箋不當作柎陸疏作跗鄭樵曰與萼通華不注同　正字

通今北方讀幫鋪切入聲轉平其義則一

与　說文賜予也廣韵同與

且　其行次且同趄　籩豆有且多貌　即且同蛆　六月為且　巴

且同蕉　士曰既且　乃見狂且　其樂只且　匪我思且

椒聊且　曰父母且六語皆音疽　有萋有且徐去聲

世　維摩經大千世界注世謂同居天地之間界謂各有彼此

〇〇二　瓜簏拾遺一卷　（清）平步青撰　抄本　一册　浙江圖書館藏

館藏單位原題：香雪崦叢書：瓜簏拾遺一卷　稿本　香雪崦叢書册二十九

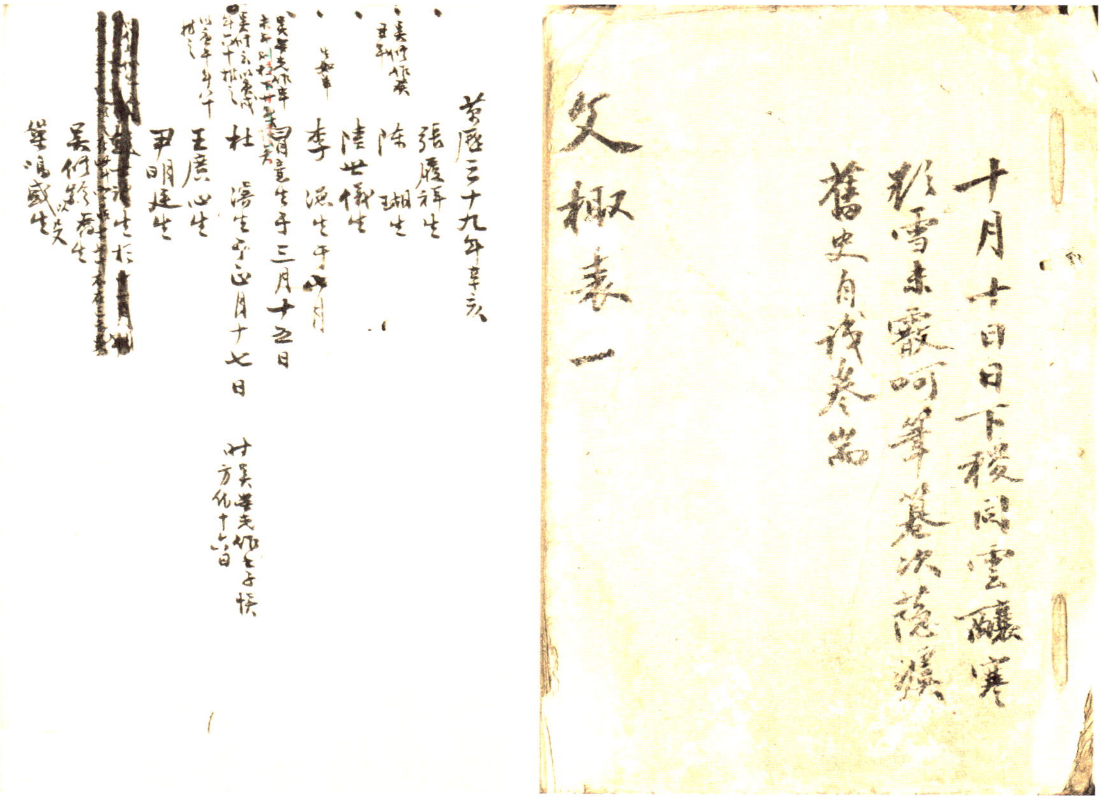

〇〇三 文椒表不分卷 （清）平步青撰 稿本 三册 浙江圖書館藏

館藏單位原題：文椒表不分卷 稿本 四册（注：其中四册實爲國朝文椒總目）

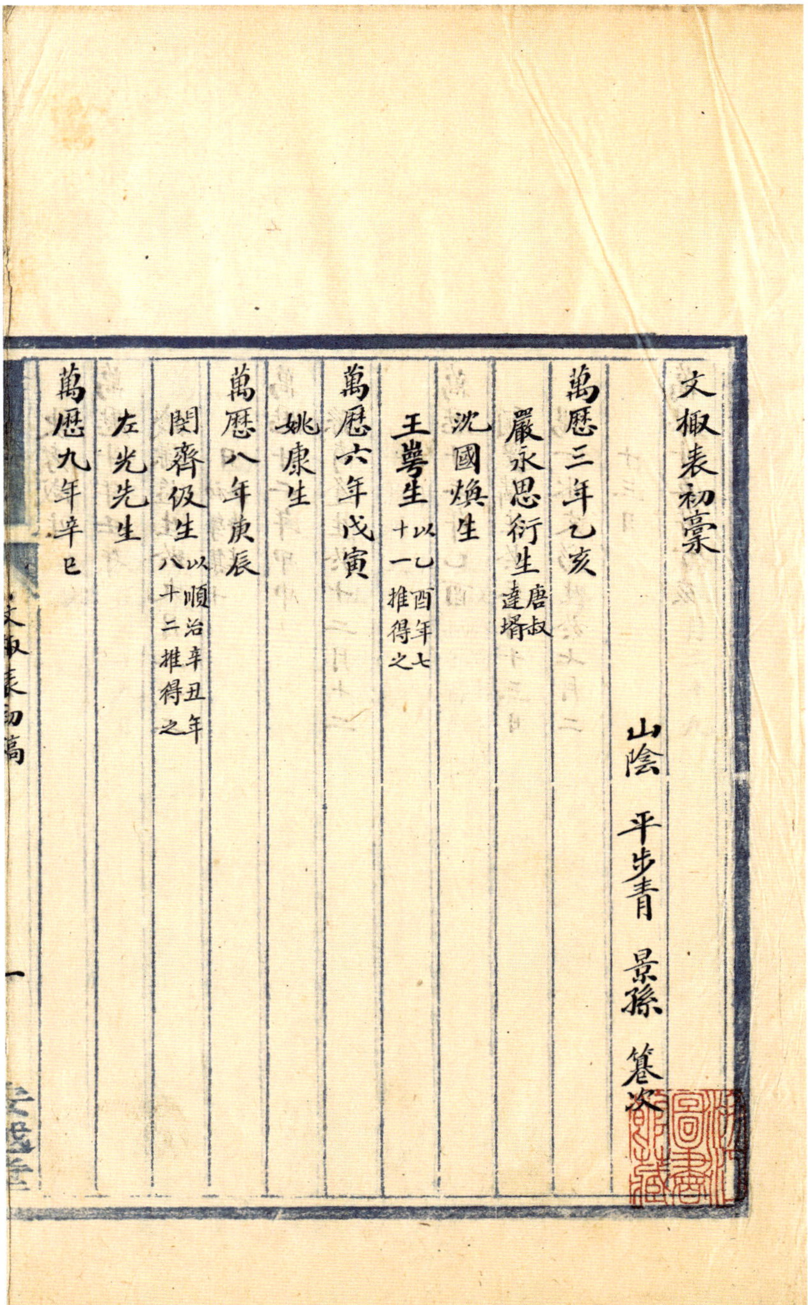
文椒表初稾

山陰　平步青　景孫　纂次

萬歷三年乙亥

嚴永思衍生唐故達壻

沈國煥生

王嚳生以酉年七十一推得之

萬歷六年戊寅

姚康生

萬歷八年庚辰

閔齊伋生以順治辛丑年八十二推得之

左光先生

萬歷九年辛巳

〇〇四　文椒表初稾不分卷　（清）平步青撰　抄本　二册　浙江圖書館藏

館藏單位原題：香雪崦叢書：文椒表初稾不分卷　稿本　香雪崦叢書册三至四

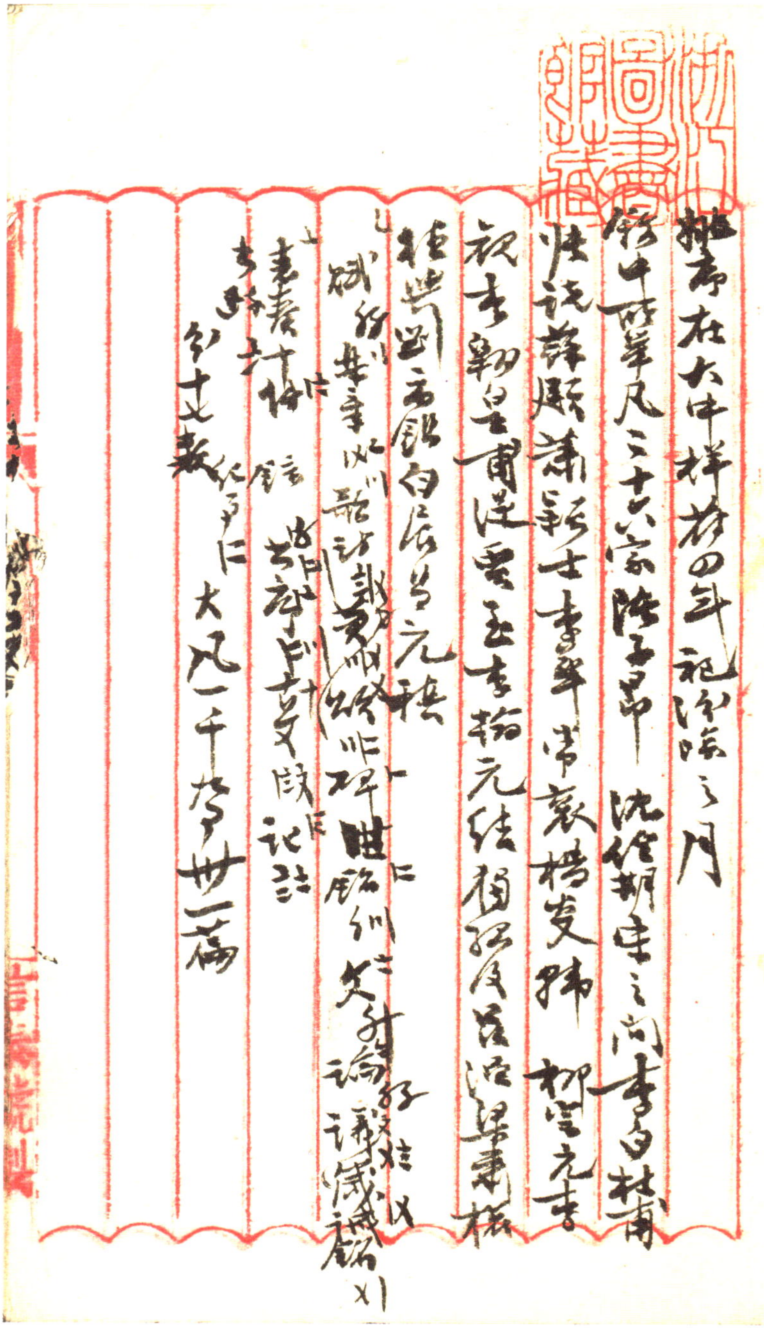

〇〇五 唐文粹補小傳一卷補遺一卷靈芬館藏珍藏重校正唐文粹評話一卷 （清）平步青撰 稿本 一册 浙江圖書館藏

館藏單位原題：唐文粹補小傳一卷 稿本

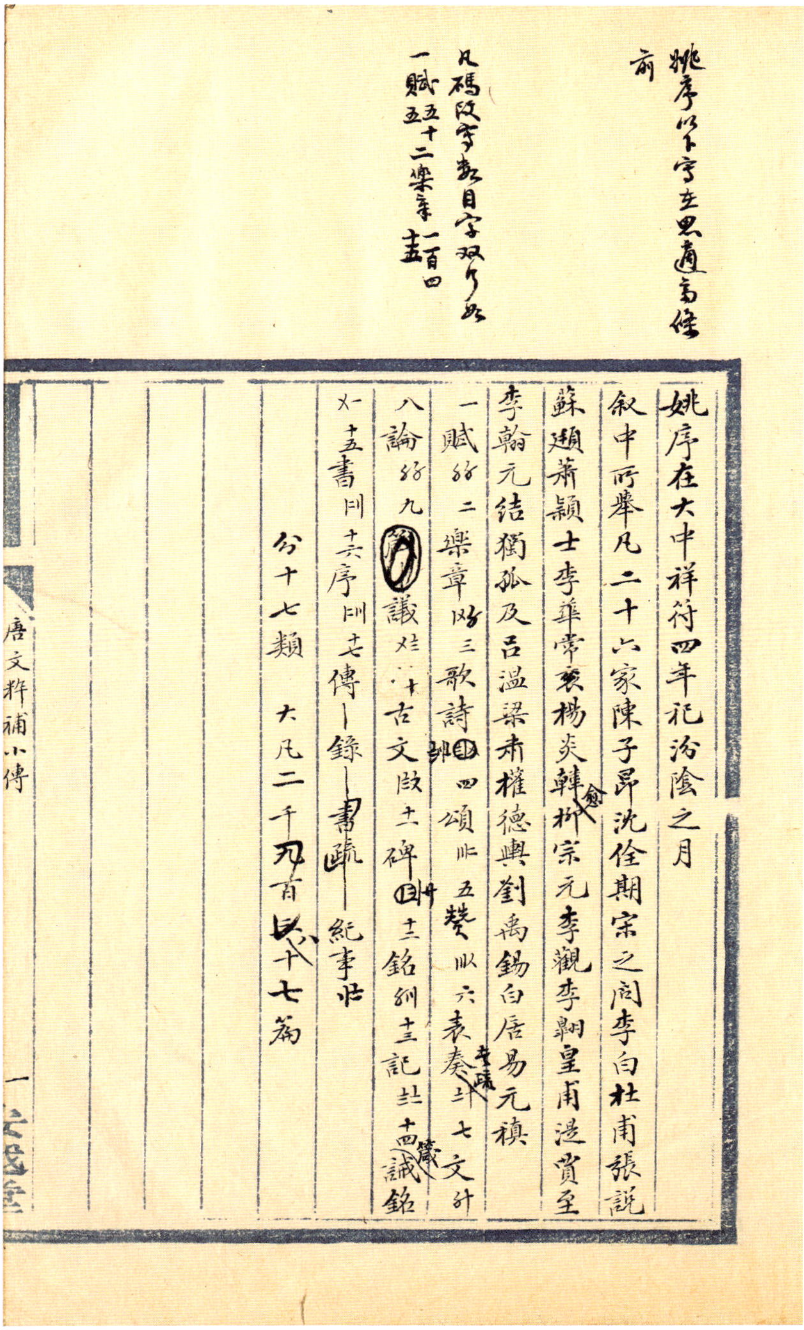
姚序在大中祥符四年祀汾陰之月
敘中所舉凡二十六家陳子昂沈佺期宋之問李白杜甫張説
蘇頲蕭穎士李華常袞楊炎韓愈柳宗元李觀李翺皇甫湜賈至
李翰元結獨孤及呂溫梁肅權德輿劉禹錫白居易元稹
一賦 二樂章 三歌詩 四頌 五贊 六表奏 七文
八論 九議 十古文 十一碑 十二銘 十三記 十四箴誡銘
十五書 十六序 十七傳錄書疏紀事
分十七類 大凡二千九百十七篇
唐文粹補小傳 一

〇〇六 唐文粹補小傳一卷補遺一卷靈芬館藏珍藏重校正唐文粹評話一卷 （清）平步青撰 稿本 一册 浙江圖書館藏

館藏單位原題：香雪崦叢書：唐文粹補小傳一卷補遺一卷靈芬館藏珍藏重校正唐文粹評話一卷 香雪崦叢書册五

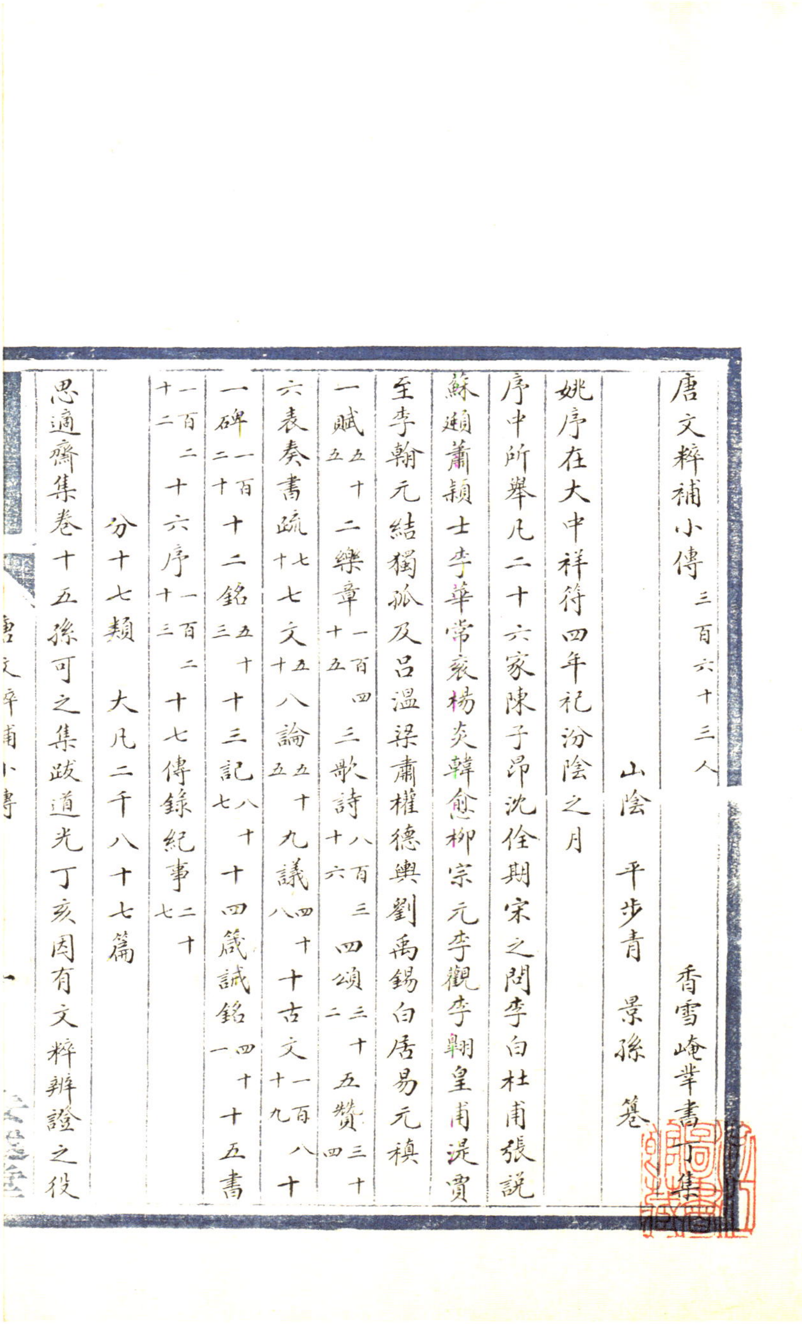

唐文粹補小傳　三百六十三人　　　　香雪崦叢書丁集

山陰　平步青　景孫　纂

姚序在大中祥符四年祀汾陰之月

序中所舉凡二十六家陳子昂沈佺期宋之問李白杜甫張說

蘇頲蕭穎士李華常袞楊炎韓愈柳宗元李觀李翺皇甫湜賈

至李翰元結獨孤及呂溫梁肅權德輿劉禹錫白居易元稹

一賦五十五　二樂章一百四十五　三歌詩八百三十六　四頌三十二　五贊三十四

六表奏書疏七十　七文五十　八論五十五　九議四十八　十古文一百八十九

十一碑一百二十　十二銘五十三　十三記八十七　十四箴誡銘四十一　十五書一百二十二

十六序一百二十三　十七傳錄紀事二十七

分十七類　大凡二千八十七篇

思適齋集卷十五孫可之集跋道光丁亥因有文粹辨證之役

唐文粹補小傳　一

〇〇七　唐文粹補小傳一卷補遺一卷靈芬館藏珍藏重校正唐文粹評話一卷　（清）平步青撰　抄本　一册　浙江圖書館藏

館藏單位原題：香雪崦叢書：唐文粹補小傳一卷補遺一卷靈芬館藏珍藏重校正唐文粹評話一卷　香雪崦叢書册六

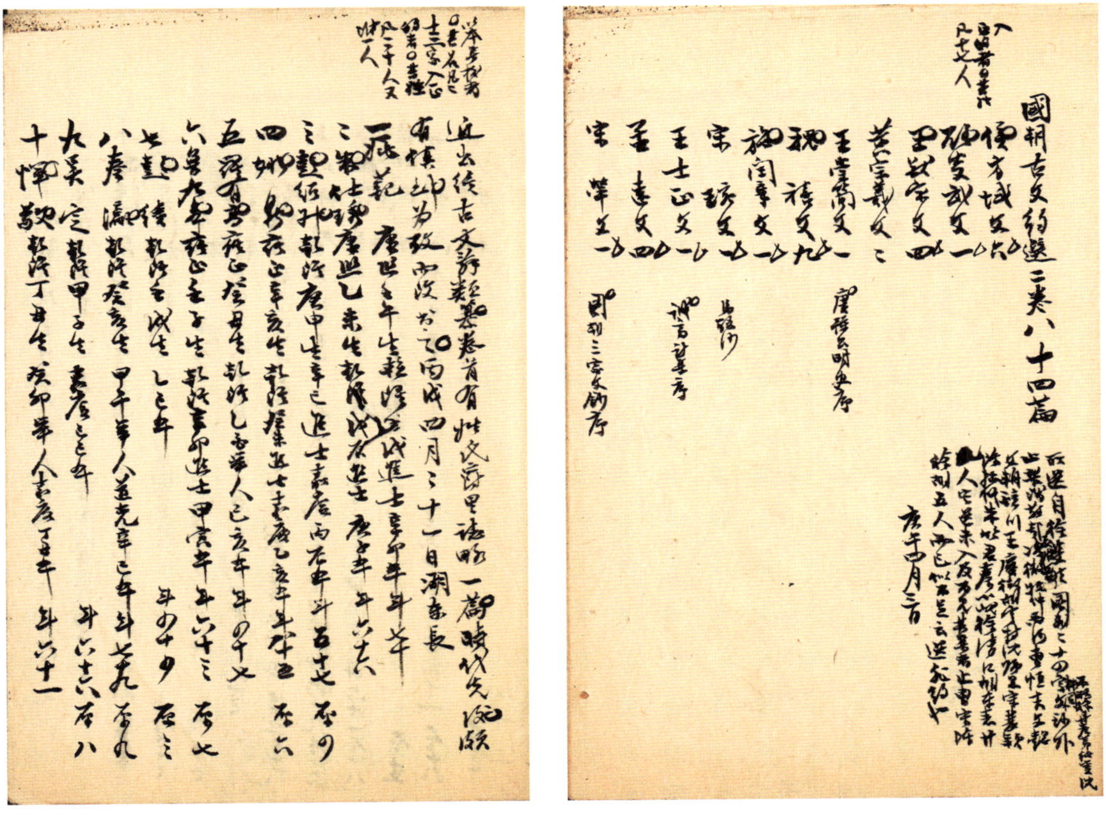

〇〇八　國朝文録小傳一卷國朝古文約選一卷國朝古文所見集一卷附續古文辭類纂一卷　（清）平步青撰　稿本　一册

浙江圖書館藏

館藏單位原題：國朝文録小傳一卷　稿本

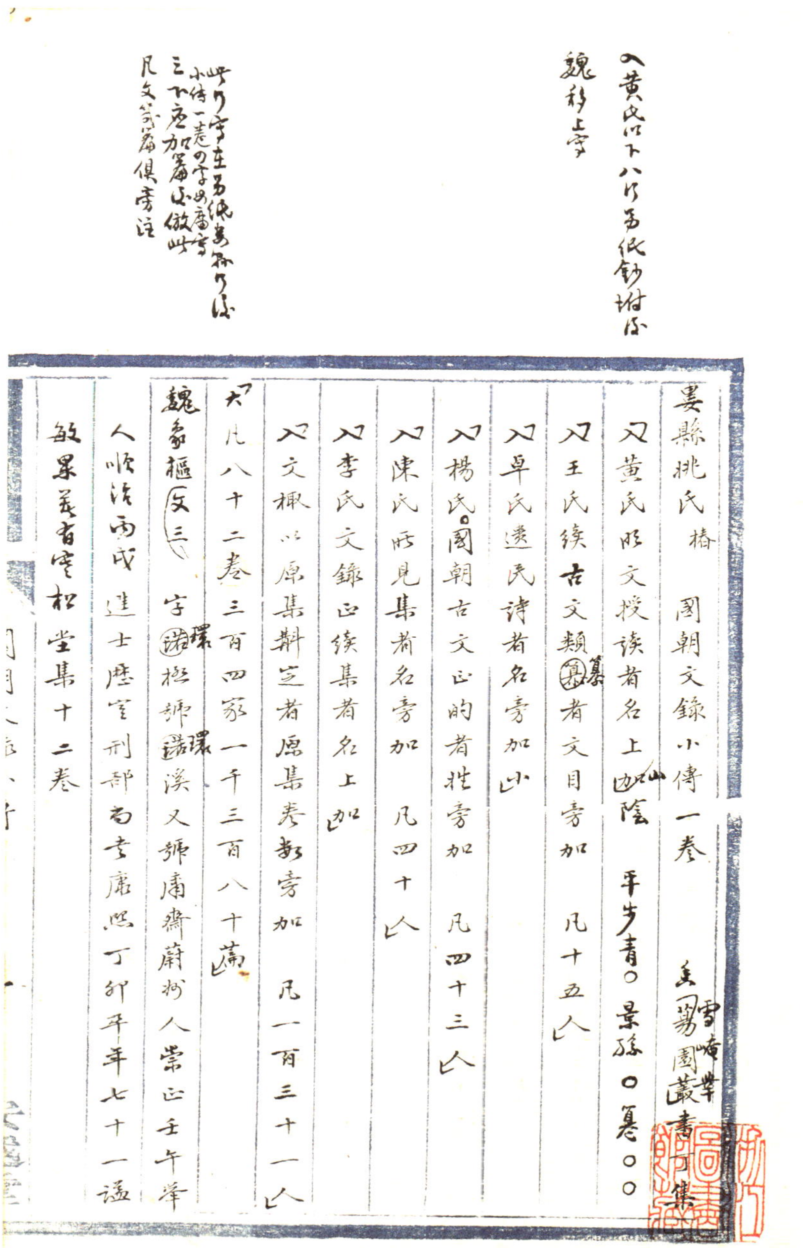
婁縣姚氏椿　國朝文錄小傳一卷
又黃氏所文授讀者名上加山陰　平步青〇景孫〇悉〇〇
又王氏續古文類纂者文目旁加　凡十五人
又卓氏遺民詩者名旁加小
又楊氏國朝古文正的者姓旁加　凡四十三人
又陳氏所見集者名旁加　凡四十人
又李氏文錄正續集者名上加
又文概以原集斠定者原集卷數旁加　凡一百三十一人
大凡八十二卷三百四家一千三百八十篇
魏象樞（文三）　字環極　號庸齋又號寒松人崇正壬午舉
人順治丙戌進士歷官刑部尚書康熙丁卯卒年七十一謚
敏果　著有寒松堂集十二卷

〇〇九　國朝文録小傳一卷國朝古文約選一卷國朝古文所見集一卷附續古文辭類纂一卷　（清）平步青撰　稿本　一册
浙江圖書館藏

館藏單位原題：香雪崦叢書：國朝文録小傳一卷國朝古文約選一卷國朝古文所見集一卷附續古文辭類纂一卷　香雪崦叢書册四十

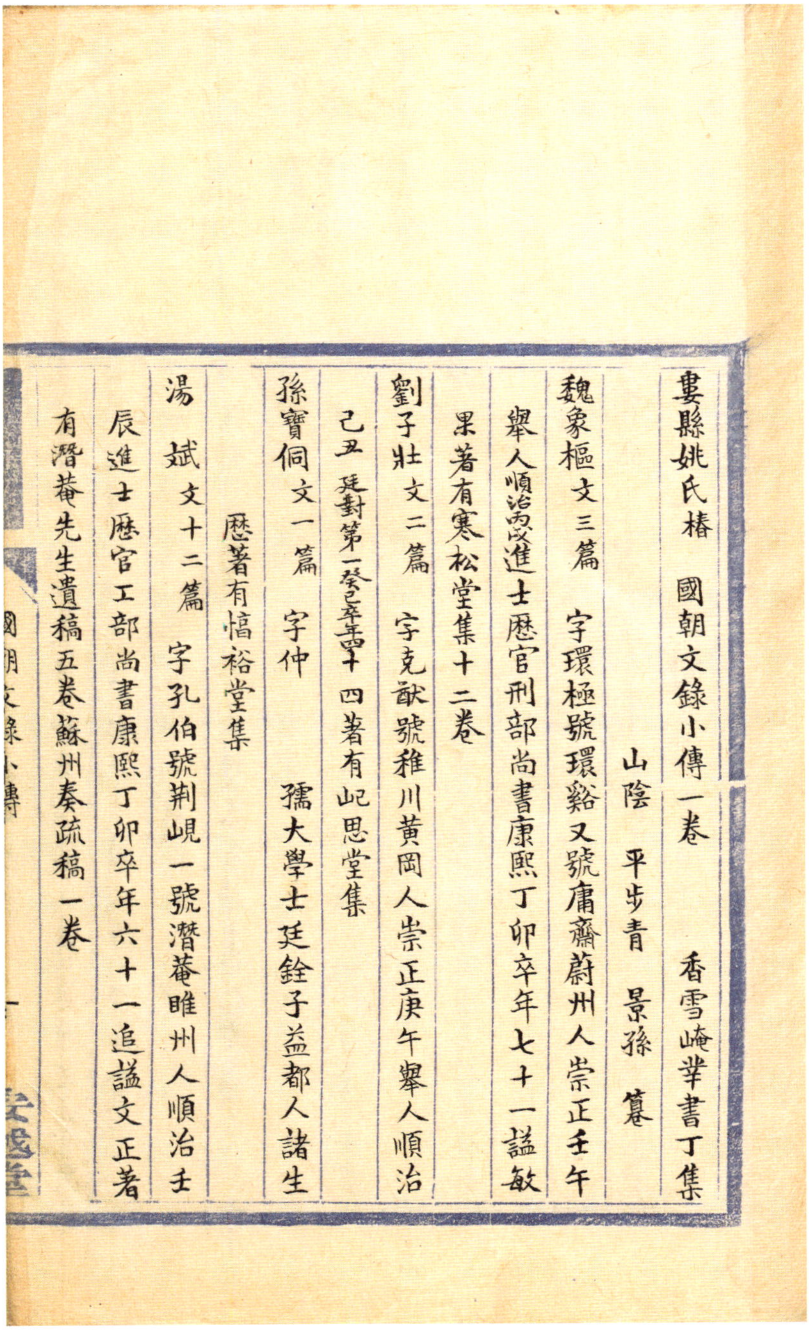
婁縣姚氏椿　國朝文錄小傳一卷　香雪崦丵書丁集
山陰　平步青　景孫　纂
魏象樞　文三篇　字環極號環谿又號庸齋蔚州人崇正壬午舉人順治丙戌進士歷官刑部尚書康熙丁卯卒年七十一謚敏果著有寒松堂集十二卷
劉子壯　文二篇　字克猷號稚川黃岡人崇正庚午舉人順治己丑　廷對第一癸巳卒年四十四著有屺思堂集
孫寶侗　文一篇　字仲孺大學士廷銓子益都人諸生歷著有惇裕堂集
湯斌　文十二篇　字孔伯號荊峴一號潛菴睢州人順治壬辰進士歷官工部尚書康熙丁卯卒年六十一追謚文正著有潛菴先生遺稿五卷蘇州奏疏稿一卷

〇一〇　國朝文録小傳一卷國朝古文約選一卷國朝古文所見集一卷附續古文辭類纂一卷　（清）平步青撰　抄本　一册

國家圖書館藏

館藏單位原題：安越堂殘稿：國朝文録小傳一卷　稿本　安越堂殘稿册三十四

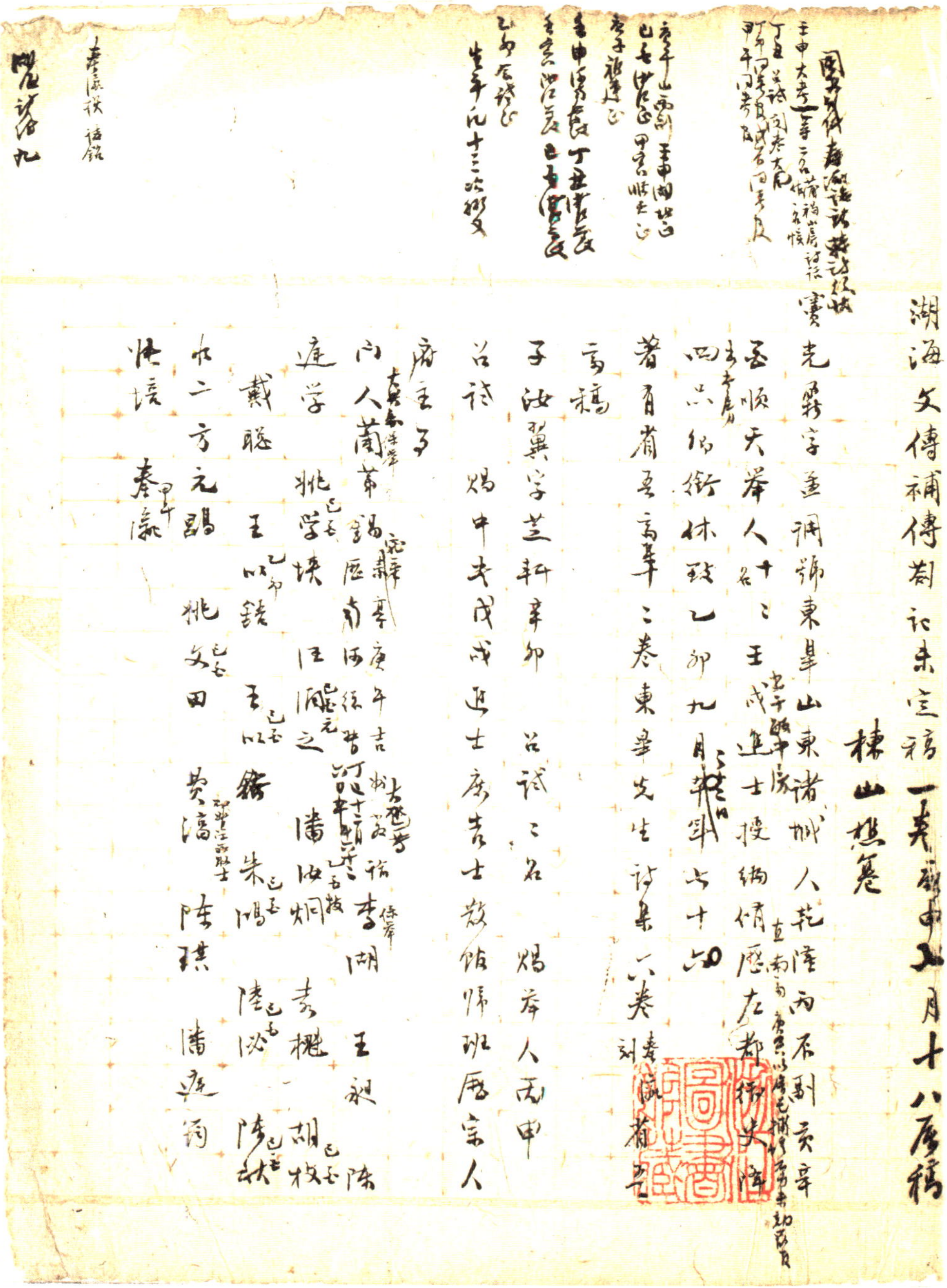

〇一一　湖海文傳補小傳劄記未定稿一卷　（清）平步青撰　稿本　一册　浙江圖書館藏

館藏單位原題：湖海文傳補傳劄記一卷

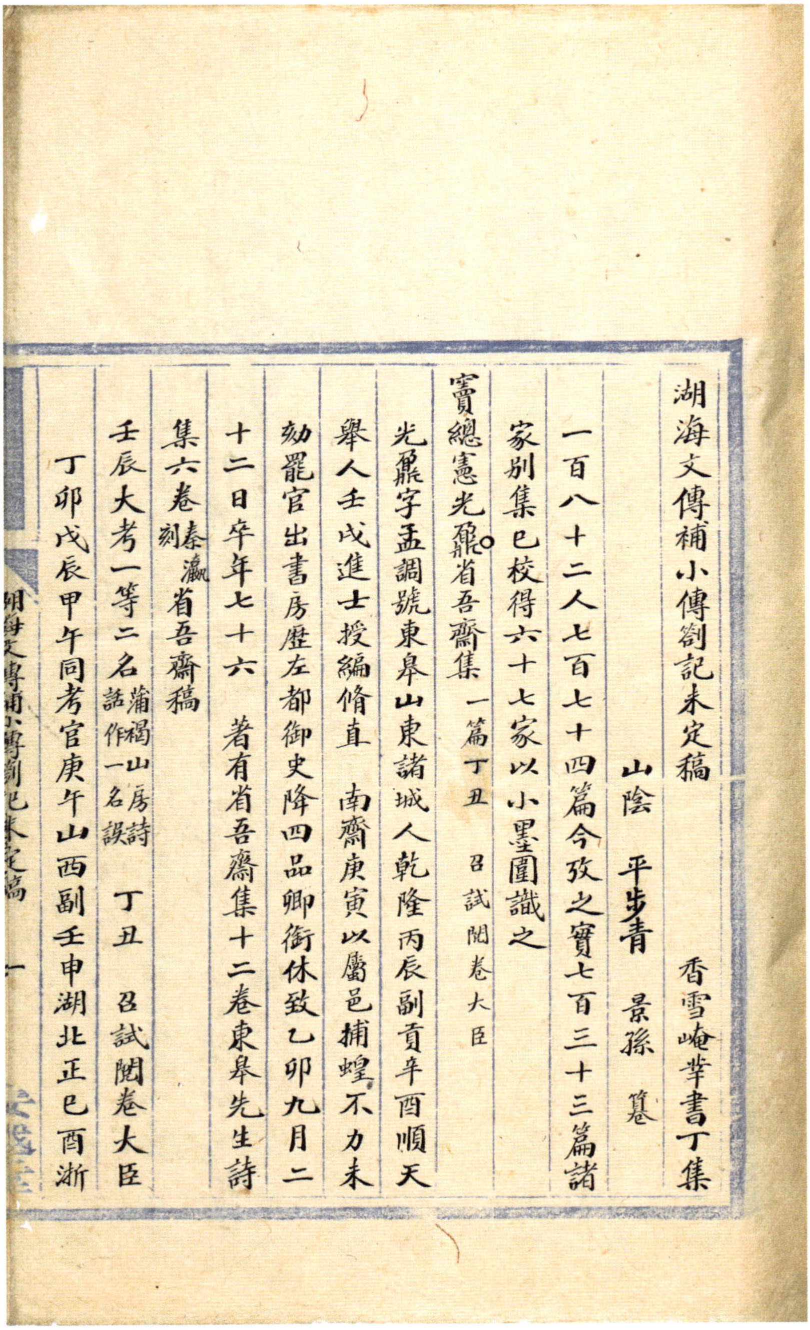
湖海文傳補小傳劄記未定稿　香雪崦丵書丁集

山陰　平步青　景孫　篹

一百八十二人七百七十四篇今攷之實七百三十三篇諸

家别集已校得六十七家以小墨圍識之

竇總憲光鼐。省吾齋集　一篇丁丑　召試閱卷大臣

光鼐字孟調號東皋山東諸城人乾隆丙辰副貢辛酉順天

舉人壬戌進士授編脩直　南齋庚寅以屬邑捕蝗不力未

劾罷官出書房歷左都御史降四品卿銜休致乙卯九月二

十二日卒年七十六　著有省吾齋集十二卷東皋先生詩

集六卷刻秦瀛省吾齋稿

壬辰大考一等二名蒲褐山房詩話作一名誤　丁丑　召試閱卷大臣

丁卯戊辰甲午同考官庚午山西副壬申湖北正己酉浙

〇一二　湖海文傳補小傳劄記未定稿一卷　（清）平步青撰　抄本　一册　國家圖書館藏

館藏單位原題：安越堂殘稿：湖海文傳補小傳劄記未定稾一卷　安越堂殘稿册三十三

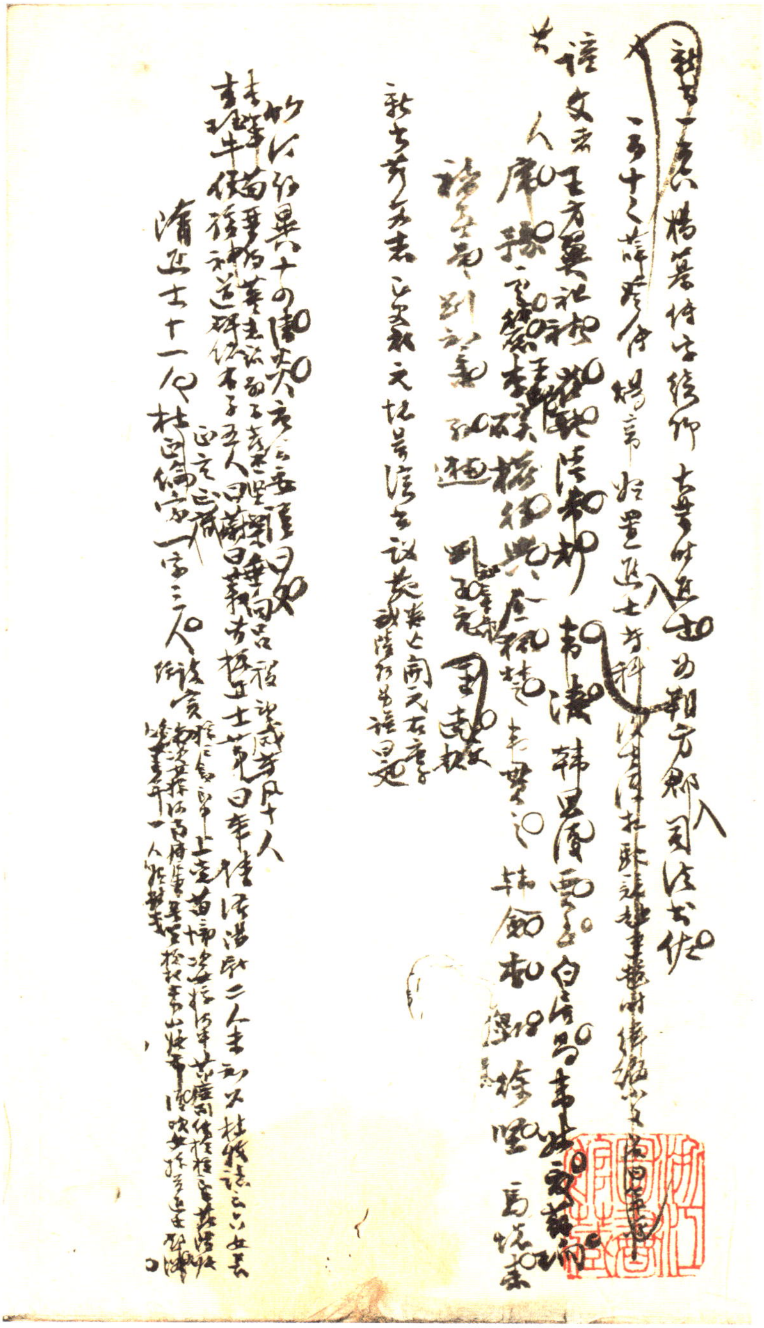

〇一三 唐科目攷不分卷 （清）平步青撰 稿本 一册 浙江圖書館藏

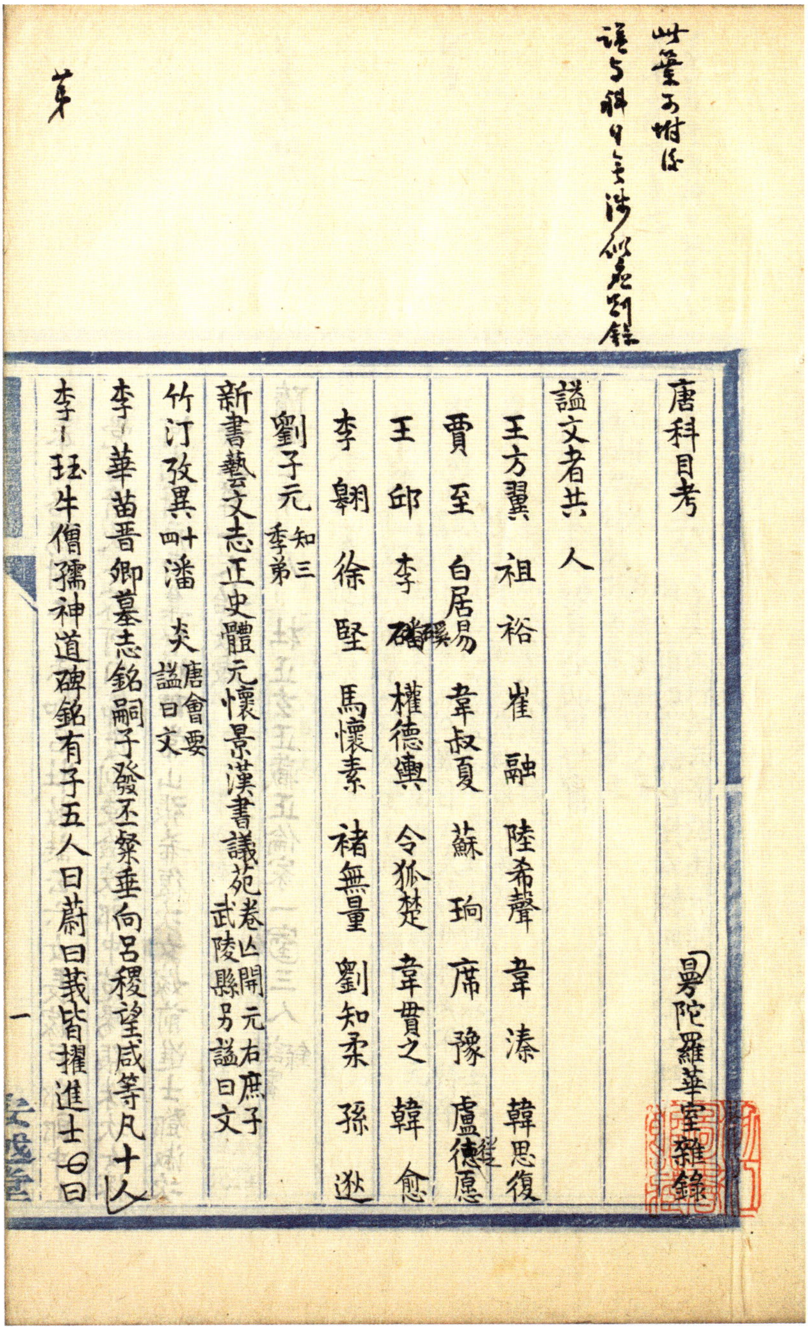

唐科目考　　曼陀羅華室雜錄

謚文者共　人

王方翼　祖裕　崔融　陸希聲　韋溱　韓思復

賈至　白居易　韋叔夏　蘇珦　席豫　盧從愿

王邱　李磎　權德輿　令狐楚　韋貫之　韓愈

李翺　徐堅　馬懷素　褚無量　劉知柔　孫逖

劉子元知三季弟

新書藝文志正史體元懷景漢書議苑卷亡開元右庶子武陵縣男謚曰文

竹汀攷異四十潘炎唐會要謚曰文

李華　苗晉卿墓志銘嗣子發丕粲垂向呂稷望咸等凡十人

李玨　牛僧孺神道碑銘有子五人曰蔚曰蕘皆擢進士七曰

〇一四　唐科目考不分卷　（清）平步青撰　稿本　一册　浙江圖書館藏

館藏單位原題：香雪崦叢書：唐科目攷一卷　香雪崦叢書册三十五

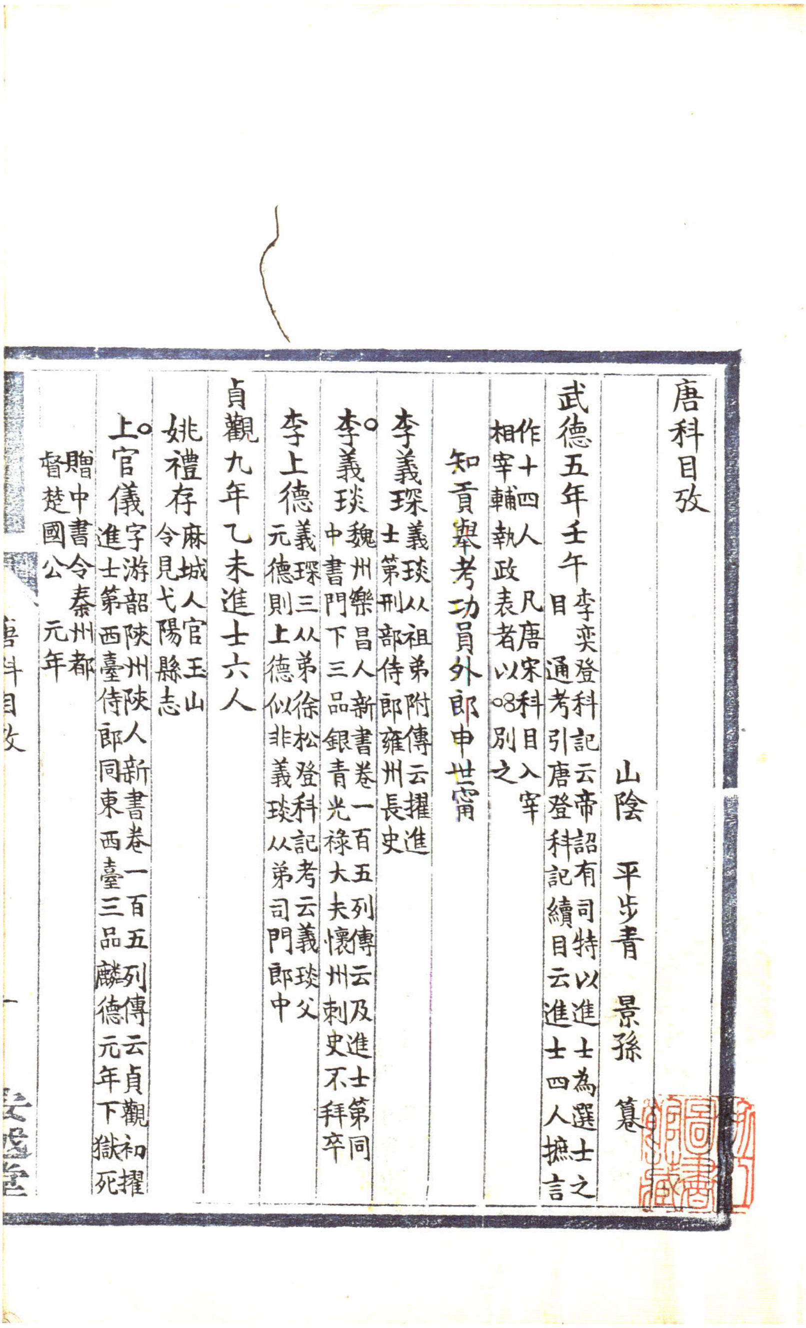
唐科目攷

山陰　平步青　景孫　纂

武德五年壬午李奕登科記云帝詔有司特以進士為選士之目通考引唐登科記續目云進士四人摭言作十四人　凡唐宋科目入宰相宰輔執政表者以○○別之

知貢舉考功員外郎申世甯

李義琛義琰从祖弟附傳云擢進士第刑部侍郎雍州長史

○李義琰魏州樂昌人新書卷一百五列傳云及進士第同中書門下三品銀青光祿大夫懷州刺史不拜卒

李上德義琛三从弟徐松登科記考云義琰父元德則上德似非義琰从弟司門郎中

貞觀九年乙未進士六人

姚禮存麻城人官玉山令見弋陽縣志

○上官儀字游韶陝州陝人新書卷一百五列傳云貞觀初擢進士第西臺侍郎同東西臺三品麟德元年下獄死贈中書令秦州都督楚國公　元年

唐科目攷　一

〇一五　唐科目攷不分卷　（清）平步青撰　抄本　一册　浙江圖書館藏

館藏單位原題：香雪崦叢書：唐科目攷一卷　稿本　香雪崦叢書册三十四

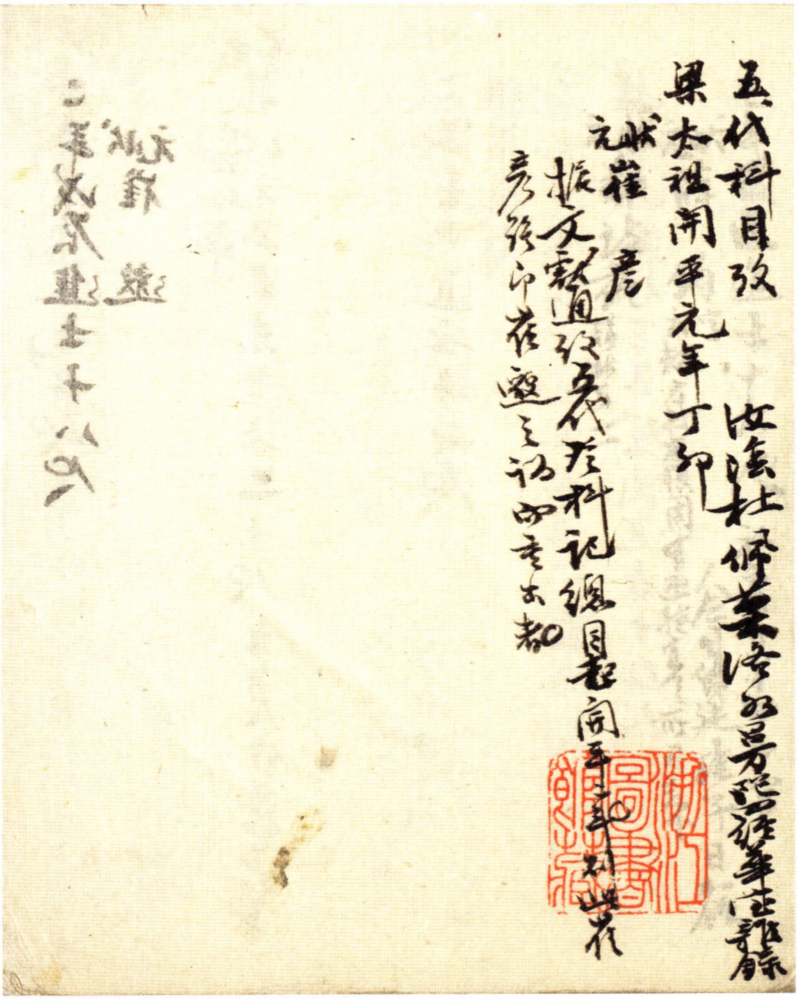

〇一六　五代宋元科目攷二卷　（清）平步青撰　稿本　二册

浙江圖書館藏

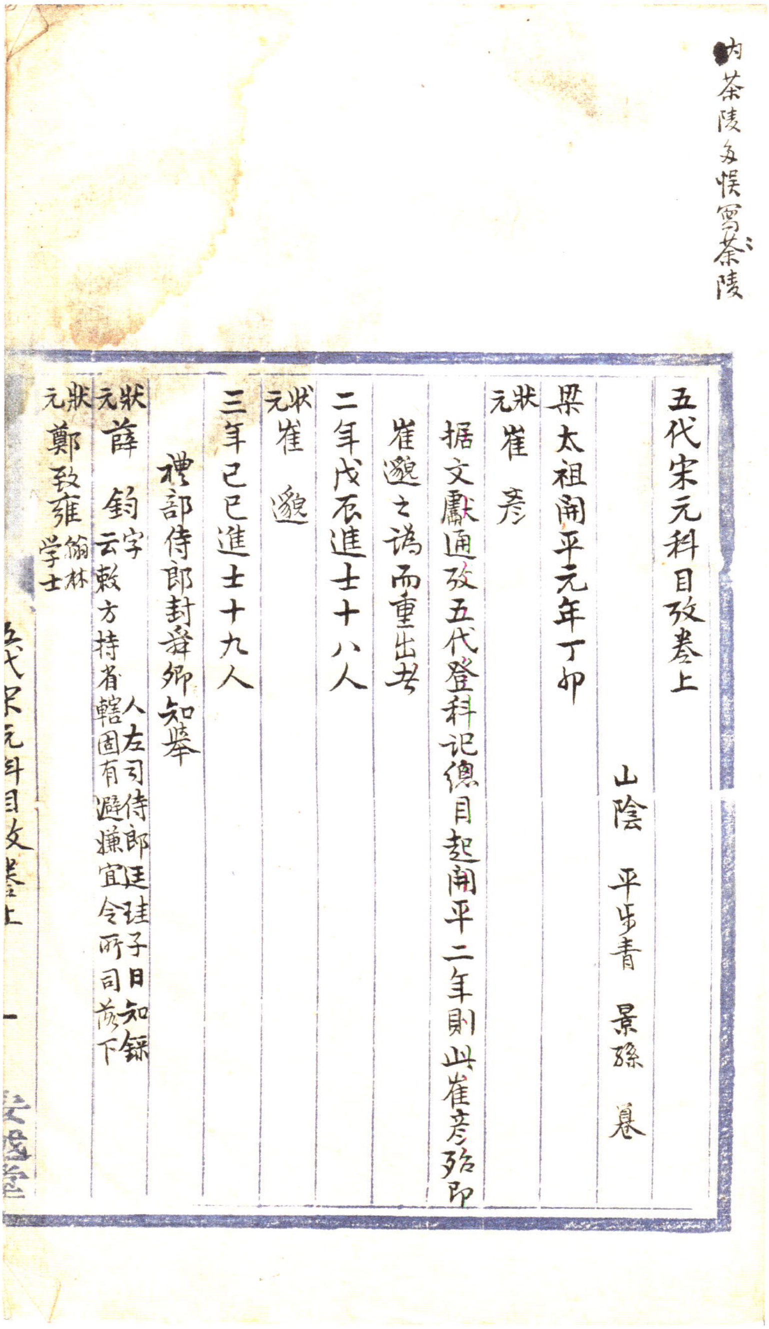
内茶陵多誤寫茶陵

五代宋元科目攷卷上

山陰　平步青　景孫　纂

梁太祖開平元年丁卯

狀元崔彥

据文獻通攷五代登科記自起開平二年則此崔彥殆即崔邈之譌而重出者

二年戊辰進士十八人

狀元崔邈

三年己巳進士十九人

禮部侍郎封舜卿知舉

狀元薛鈞 字　人左司侍郎廷珪子日知錄云穀方持省轄固有避嫌宜令所司放下

狀元鄭致雍 翰林学士

五代宋元科目攷卷上　一　安越堂

〇一七　五代宋元科目攷二卷　（清）平步青撰　抄本　二册

國家圖書館藏卷上（册一）　館藏單位原題：安越堂殘稿：五代宋元科目攷殘稾一卷　稿本　一册　安越堂殘稿册七　浙江圖書館藏卷下（册二）　館藏單位原題：香雪崦叢書：五代宋元科目考二卷　存卷二　稿本　一册　香雪崦叢書册二十四

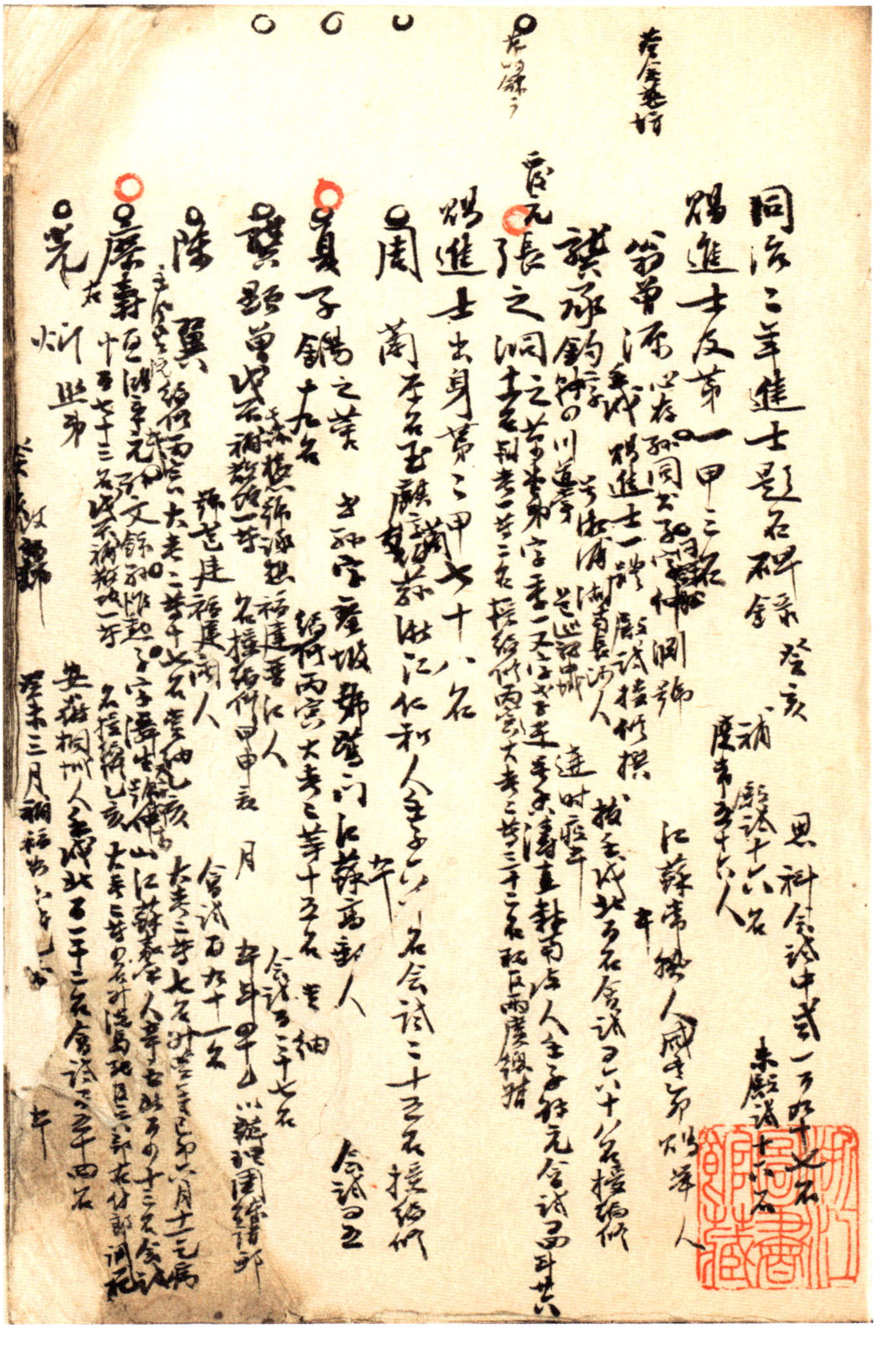
同治二年進士題名碑録 癸亥

〇一八 國子監進士題名碑録九卷 （清）平步青撰 稿本 一册 浙江圖書館藏

存一卷（卷八）

館藏單位原題：國子監進士題名碑録□□卷 存一卷

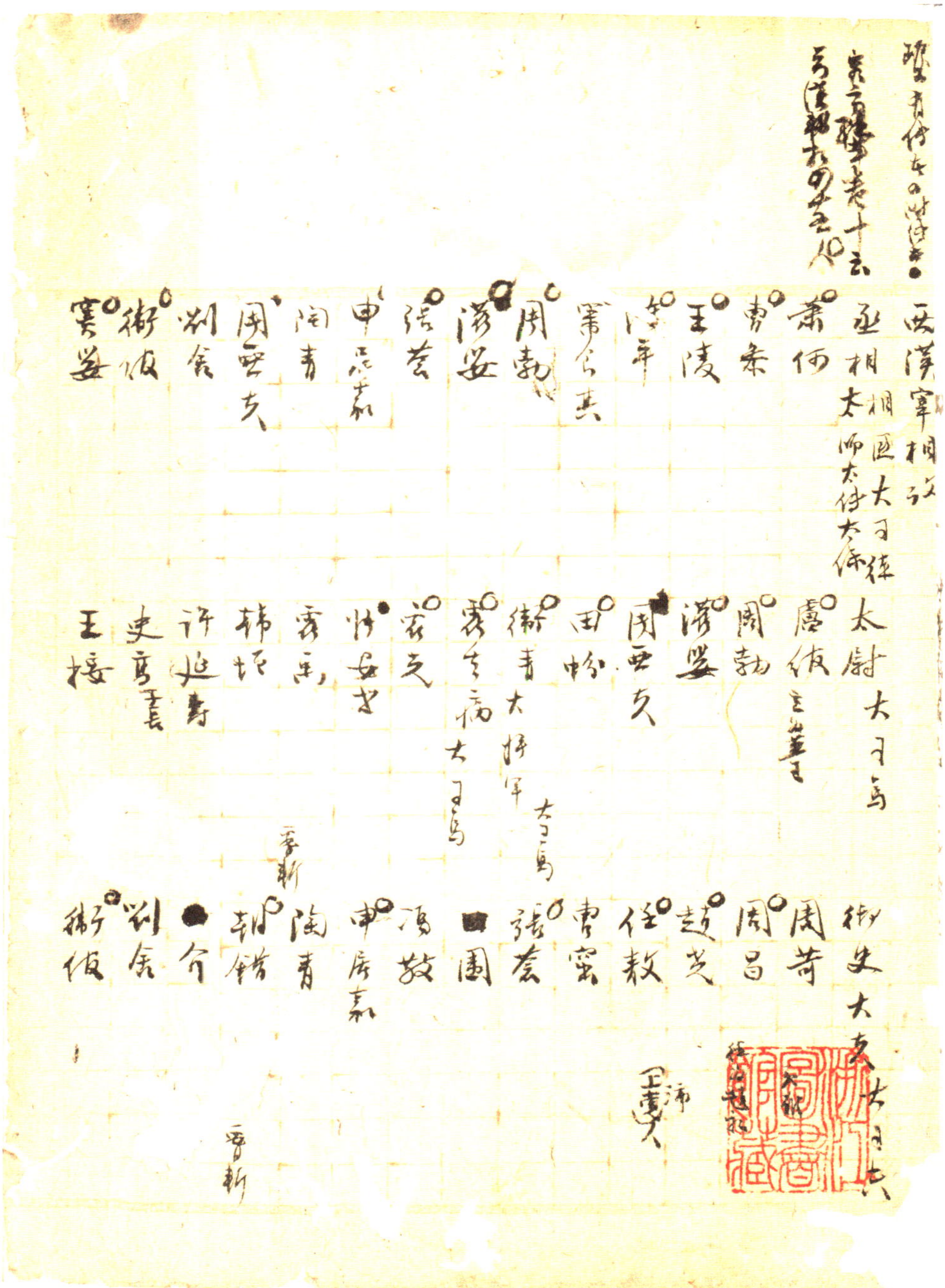
西漢宰相攷
丞相 相國 大司徒
太尉 大司馬
御史大夫

〇一九 西漢宰相攷一卷東漢宰相攷一卷五代宰相攷一卷宋宰輔攷一卷明宰輔攷一卷明列輔起家攷一卷復社姓氏録一卷 （清）平步青撰 稿本 一册 浙江圖書館藏

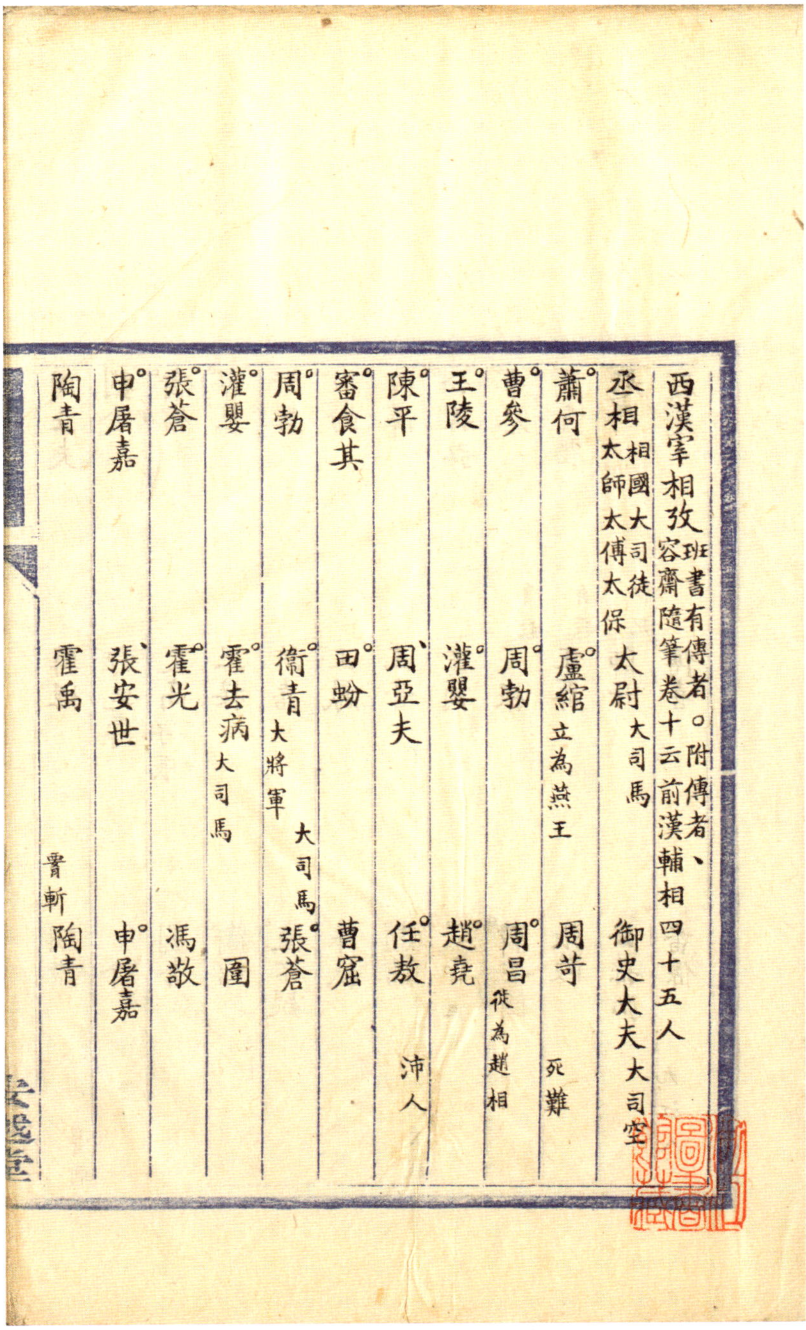

西漢宰相攷 班書有傳者○附傳者、容齋隨筆卷十云前漢輔相四十五人

丞相 相國大司徒 太師太傅太保　太尉 大司馬　御史大夫 大司空

蕭何　盧綰 立為燕王　周苛 死難

曹參　周勃　周昌 徙為趙相

王陵　灌嬰　趙堯

陳平　周亞夫　任敖 沛人

審食其　田蚡　曹窋

周勃　衛青 大將軍 大司馬　張蒼

灌嬰　霍去病 大司馬　圍

張蒼　霍光　馮敬

申屠嘉　張安世　申屠嘉

陶青　霍禹　胥靳 陶青

○二○　西漢宰相攷一卷東漢宰相攷一卷五代宰相攷一卷宋宰輔攷一卷明宰輔攷一卷明列輔起家攷一卷南都防亂公揭一卷復社姓氏録一卷大將軍禖號將軍一卷　（清）平步青撰　抄本　一册　浙江圖書館藏

館藏單位原題：香雪崦叢書：西漢宰相考一卷東漢宰相考一卷五代宰相考一卷宋宰輔考一卷明宰輔考一卷明列輔起家考一卷復社姓氏考一卷　稿本　香雪崦叢書册二十一

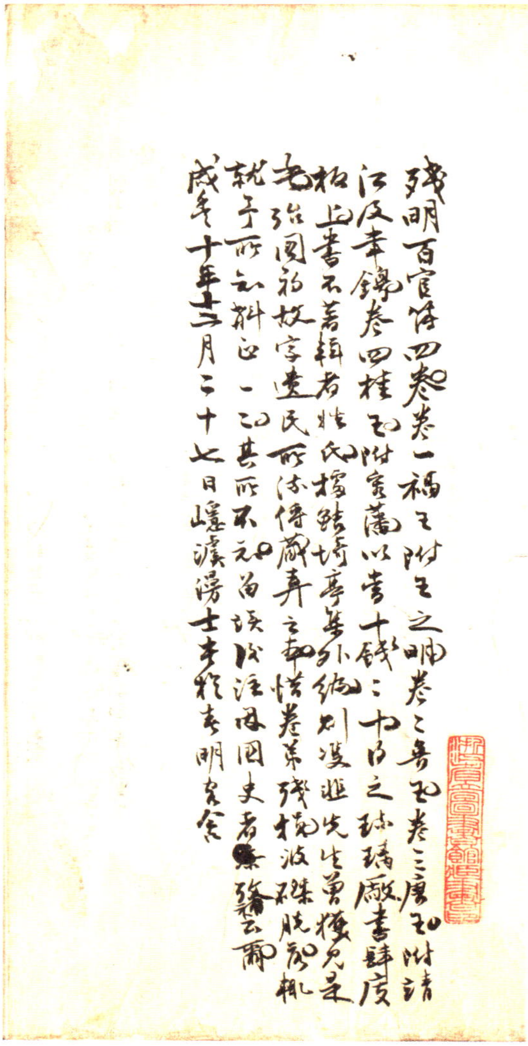

〇二一　殘明百官簿四卷　（清）平步青輯　稿本　清平宜生題簽　一册　浙江圖書館藏

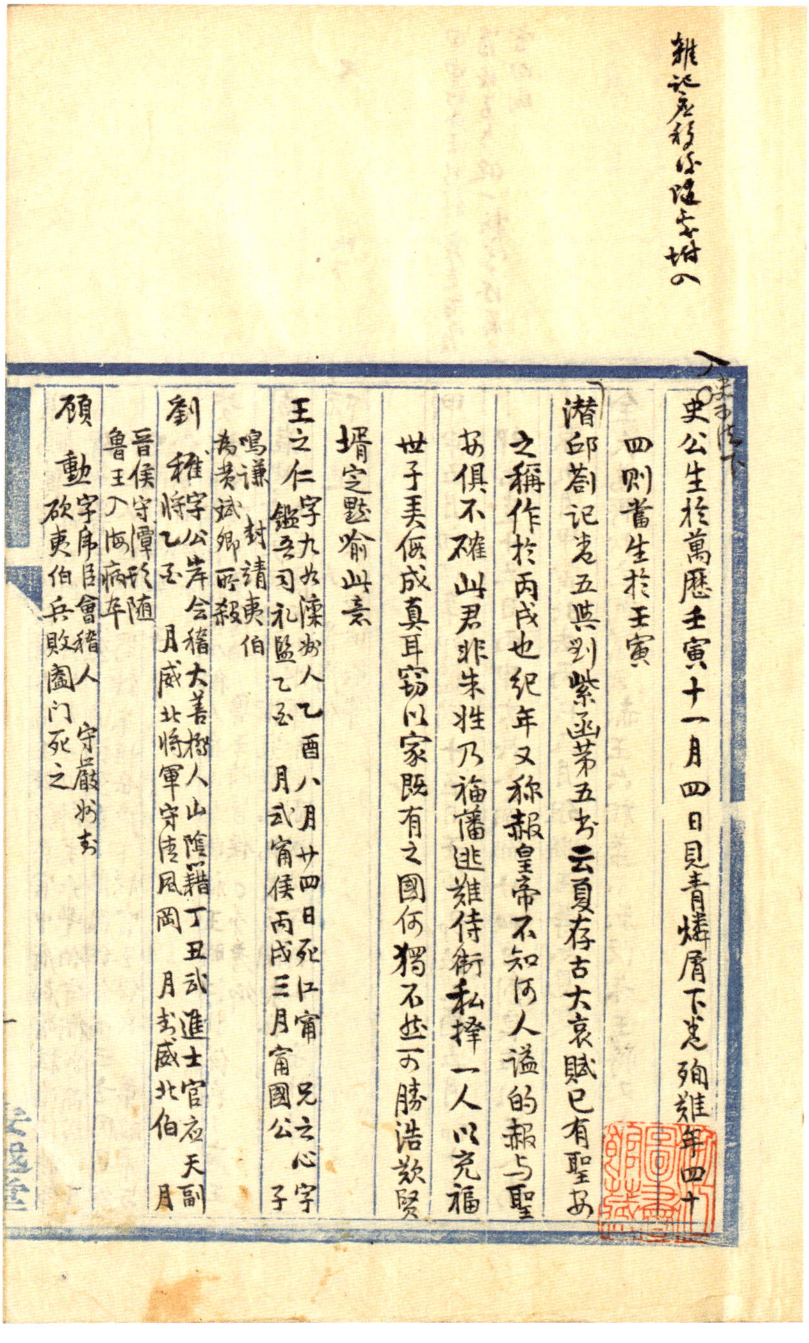

史公生於萬歷壬寅十一月四日見青燐屑下先殉難年四十

四則當生於壬寅

潛邱劄記卷五與劉紫函第五書云夏存古大哀賦已有聖安

之稱作於丙戌也紀年又稱赧皇帝不知何人謚的赧與聖

安俱不確山君非朱姓乃福藩逃難侍衛私擇一人以充福

世子耳假成真耳竊以家既有之國何獨不然可勝浩歎賢

增定點喻此云

王之仁字九如滦州人乙酉八月廿四日死江甯 兄之心字

鑑云司禮監乙酉 月武甯侯丙戌三月甯國公 子

劉穆字公岸會稽大善坊人山陰籍丁丑武進士官應天副

將乙酉 月威北將軍守嚴風岡 月封威北伯 月

晉侯守潭隨

魯王入海病卒

顧勳字序臣會稽人 守嚴州 封

欣夷伯兵敗園門死之

〇二二　殘明百官簿四卷　（清）平步青輯　稿本　一册　浙江圖書館藏

館藏單位原題：香雪崦叢書：殘明百官簿四卷　稿本　香雪崦叢書册三十二

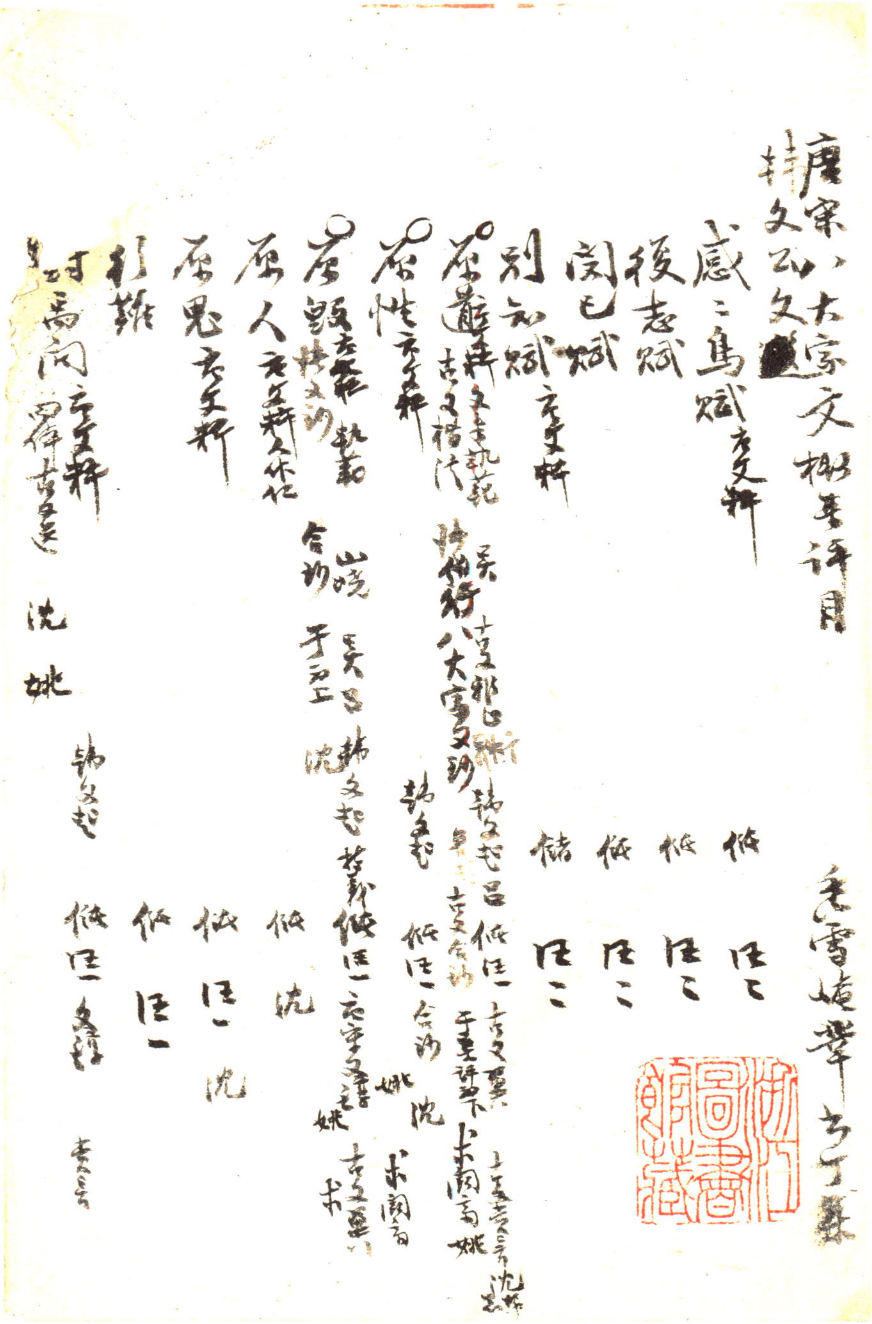
唐宋八大家文椒書評目

〇二三　唐宋八大家文椒書評目一卷　（清）平步青撰　稿本　一册　浙江圖書館藏

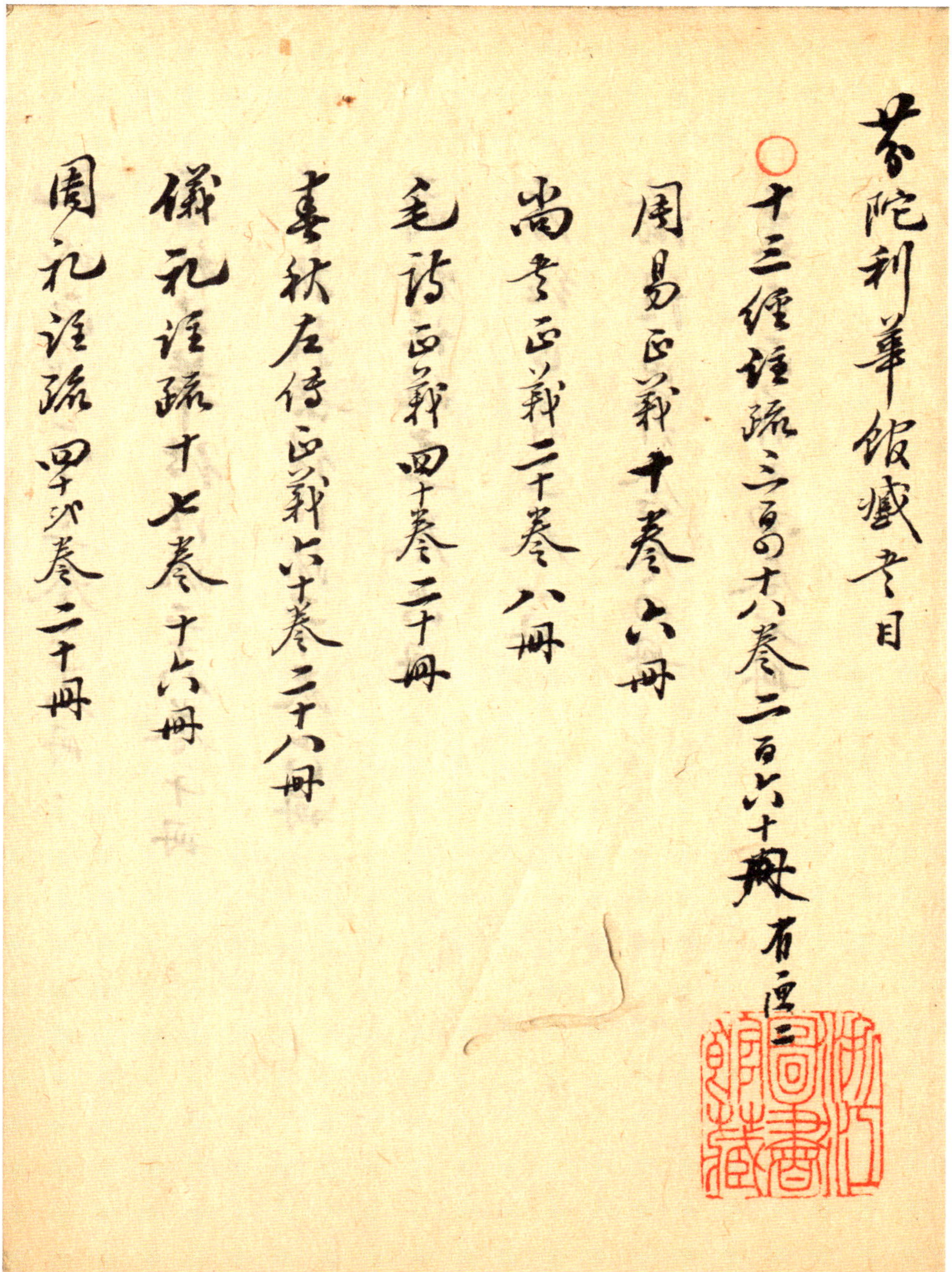

芬陀利華館藏書目

〇十三經注疏三百四十八卷二百六十冊 有匣二

周易正義十卷六冊

尚書正義二十卷八冊

毛詩正義四十卷二十冊

春秋左傳正義六十卷二十八冊

儀礼注疏十七卷十六冊

周礼注疏四十二卷二十冊

〇二四 芬陀利華館藏書目一卷 （清）平步青撰 稿本 一冊 浙江圖書館藏

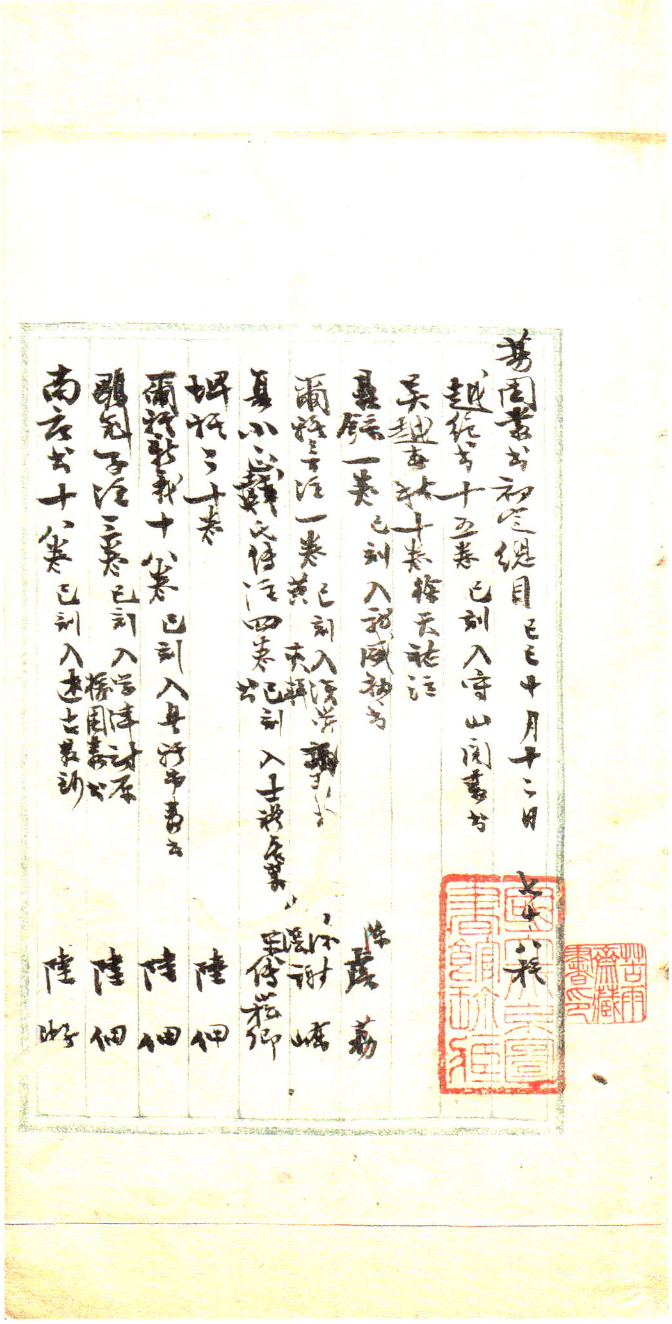
葛園叢書初定總目 乙巳十月十二日 七十八歲
越絕書十五卷 已刻入守山閣叢書
吳越春秋十卷 徐天祐注
[illegible]錄一卷 已刻入說郛[illegible] 陳張[illegible]
爾雅古注一卷 黃奭[illegible]輯 已刻入漢學[illegible] 陳謝嶠
夏小正戴氏傳注四卷 已刻入士禮居叢書 宋傅崧卿
埤雅二十卷 陸佃
爾雅新義十八卷 已刻入粤雅堂叢書 陸佃
鶡冠子注三卷 已刻入學津討原 榕園叢書 陸佃
南唐書十八卷 已刻入述古叢鈔 陸游

〇二五 葛園叢書初定總目一卷 （清）平步青編 稿本 一册 國家圖書館藏

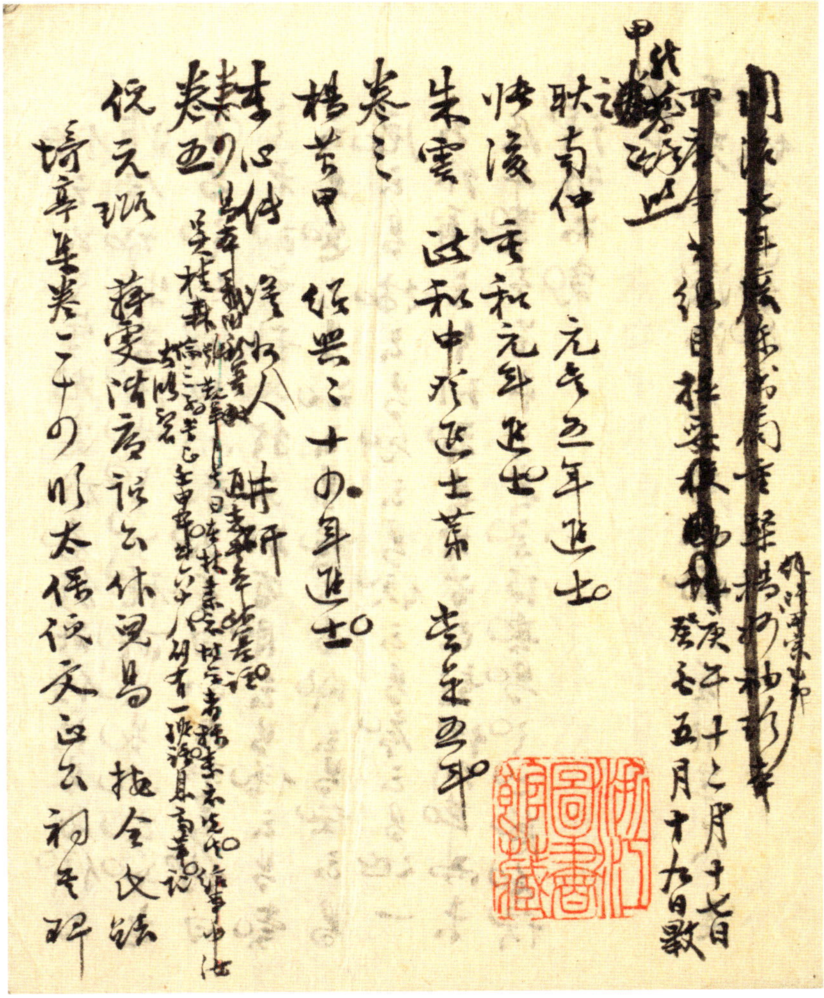

〇二六 燃藜餘照一卷補遺一卷 （清）平步青撰 稿本 一册 浙江圖書館藏

館藏單位原題：燃藜餘照一卷

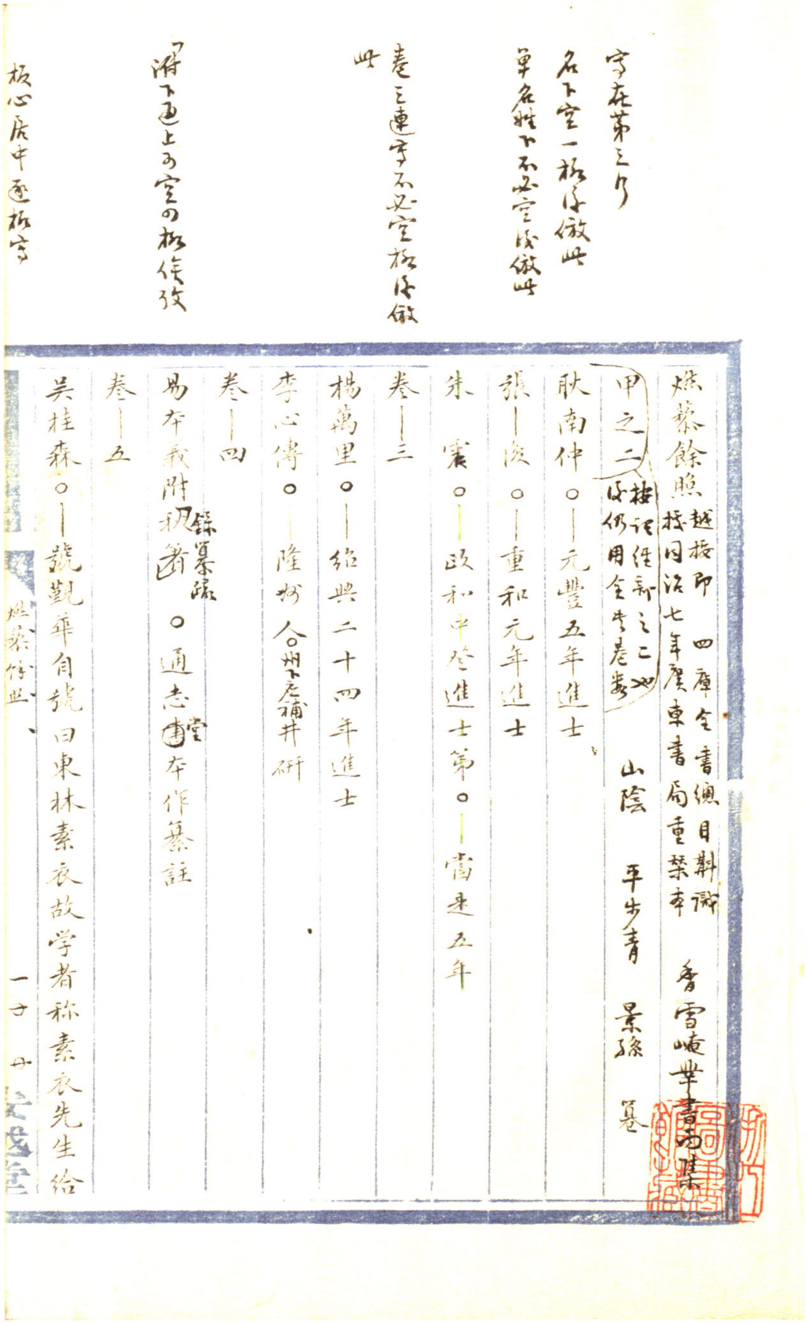
燃藜餘照　越校印　四庫全書總目闕　香雪崦叢書丙集
按同治七年廣東書局重梨本
甲之二
山陰　平步青　景孫　纂
耿南仲 ○ — 元豐五年進士
張 — 浚 ○ — 重和元年進士
朱　震 ○ — 政和中登進士第 ○ — 當丞五年
卷 — 三
楊萬里 ○ — 紹興二十四年進士
李心傳 ○ — 隆州
卷 — 四
易本義附錄纂疏 ○ 通志堂本作纂註
卷 — 五
吳桂森 ○ — 號覲華自號曰東林素衣故學者稱素衣先生給

〇二七　燃藜餘照一卷補遺一卷　（清）平步青撰　抄本　楊越批校　一册　浙江圖書館藏

館藏單位原題：香雪崦叢書：燃藜餘照一卷補遺一卷　稿本　香雪崦叢書册二十二

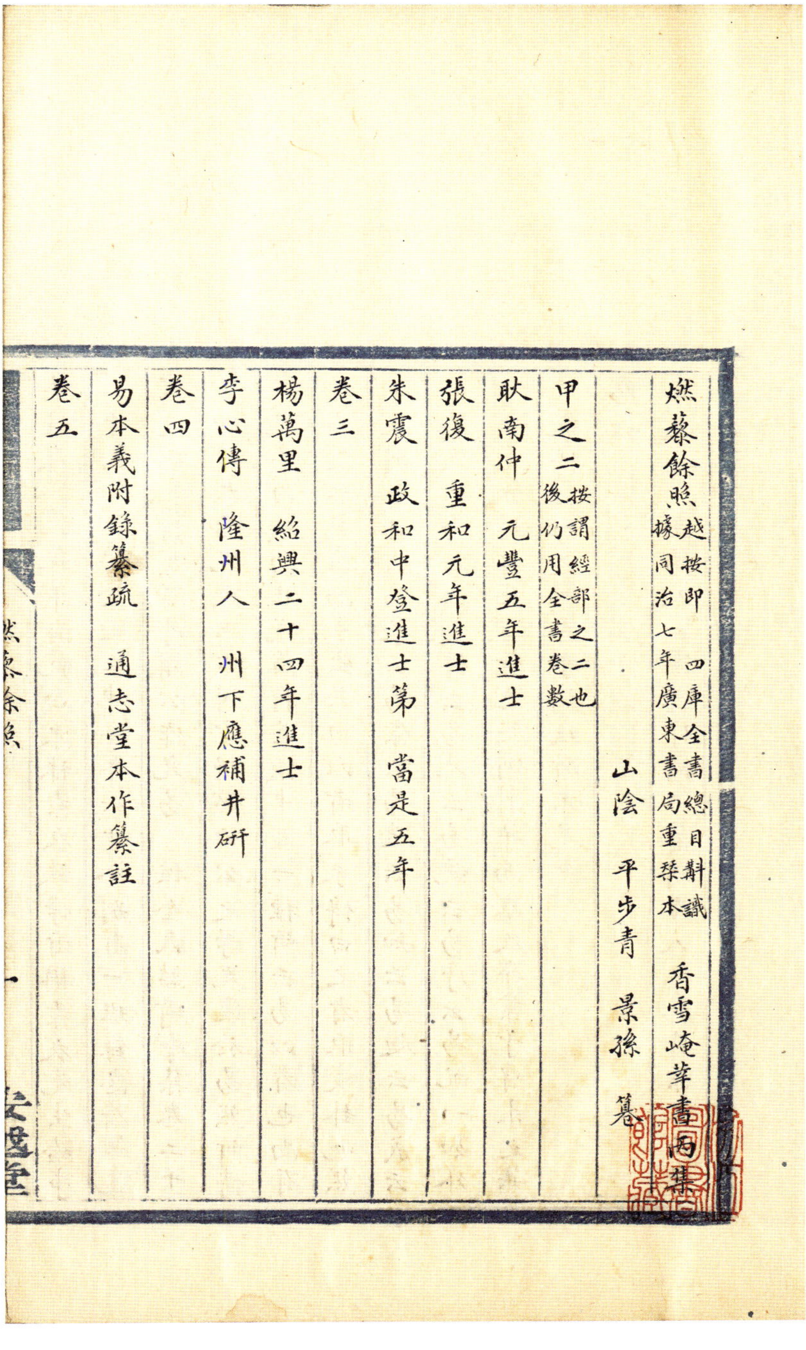

燃藜餘照越按即四庫全書總目斠識據同治七年廣東書局重栞本　香雪崦叢書丙集

山陰　平步青　景孫　纂

甲之二按謂經部之二也後仍用全書卷數

耿南仲　元豐五年進士

張復　重和元年進士

朱震　政和中登進士第　當是五年

卷三

楊萬里　紹興二十四年進士

李心傳　隆州人　州下應補井研

卷四

易本義附錄纂疏　通志堂本作纂註

卷五

〇二八　燃藜餘照一卷補遺一卷　（清）平步青撰　抄本　一册　浙江圖書館藏

館藏單位原題：香雪崦叢書：燃藜餘照一卷補遺一卷　稿本　香雪崦叢書册二十三

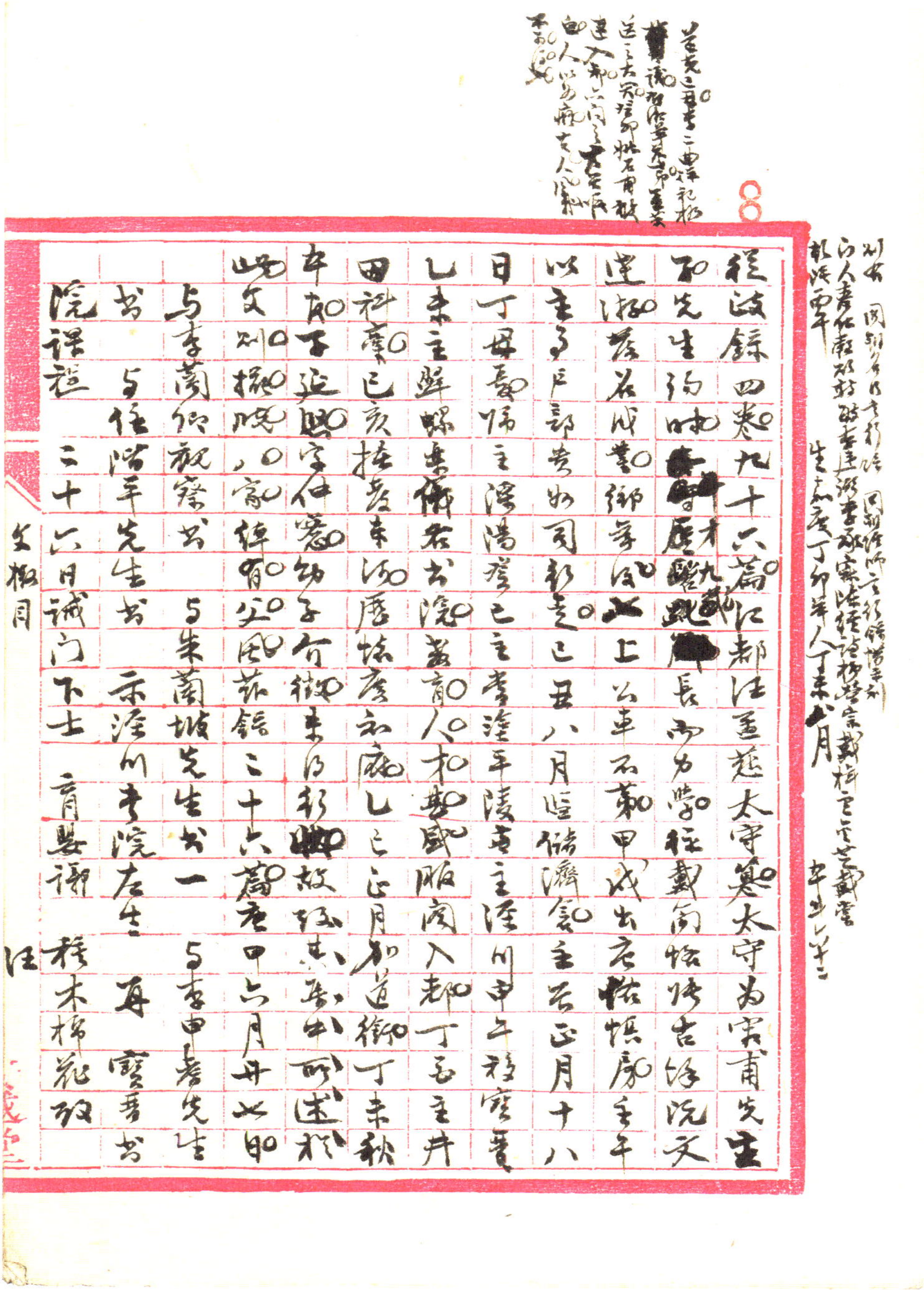

〇二九　文樞目不分卷　（清）平步青撰　稿本　四册　國家圖書館藏

館藏單位原題：安越堂殘稿：文樞目不分卷　安越堂殘稿册三十五至三十八

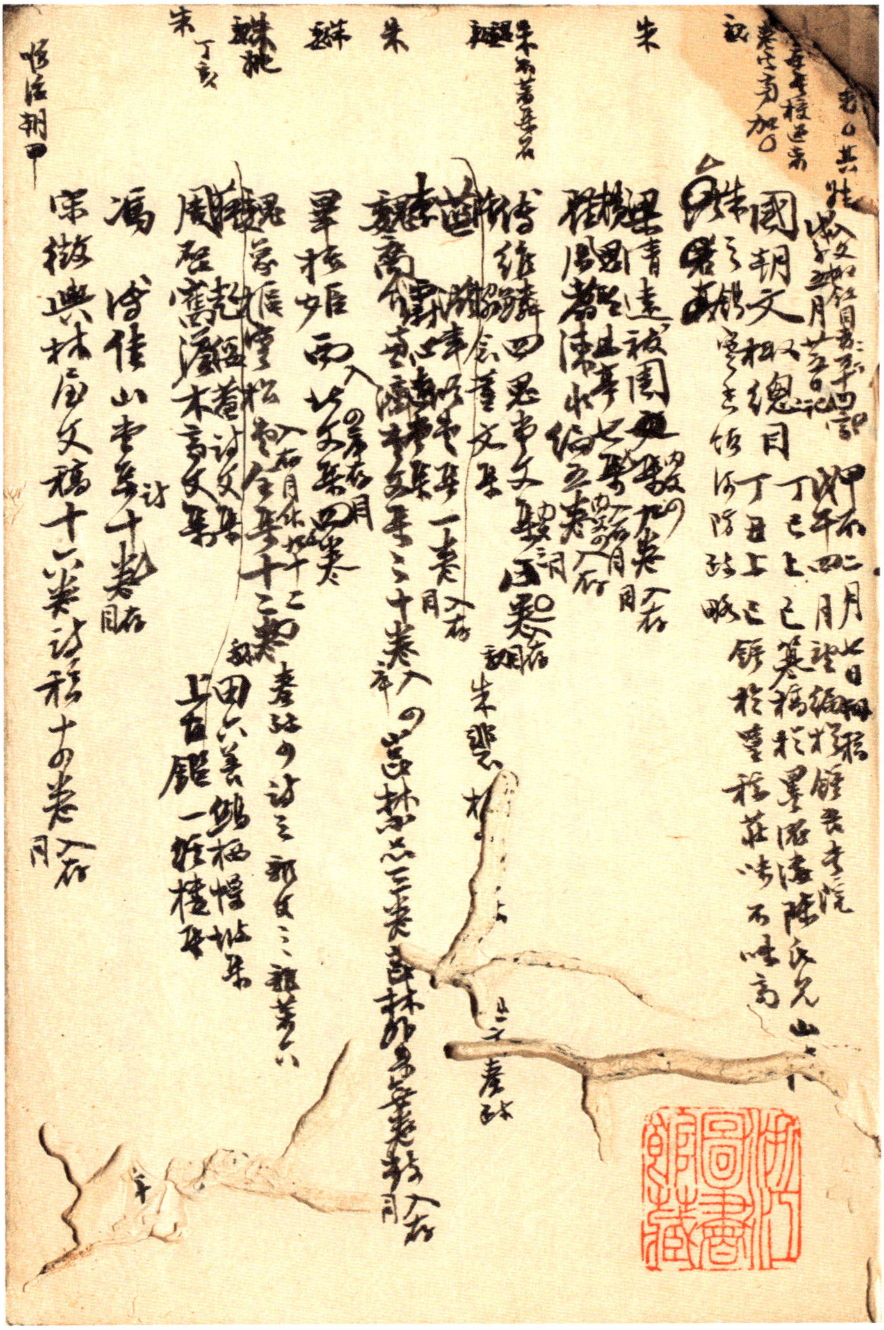

〇三〇　國朝文椒總目一卷　（清）平步青撰　稿本　一册　浙江圖書館藏

館藏單位原題：文椒表不分卷　稿本　册四

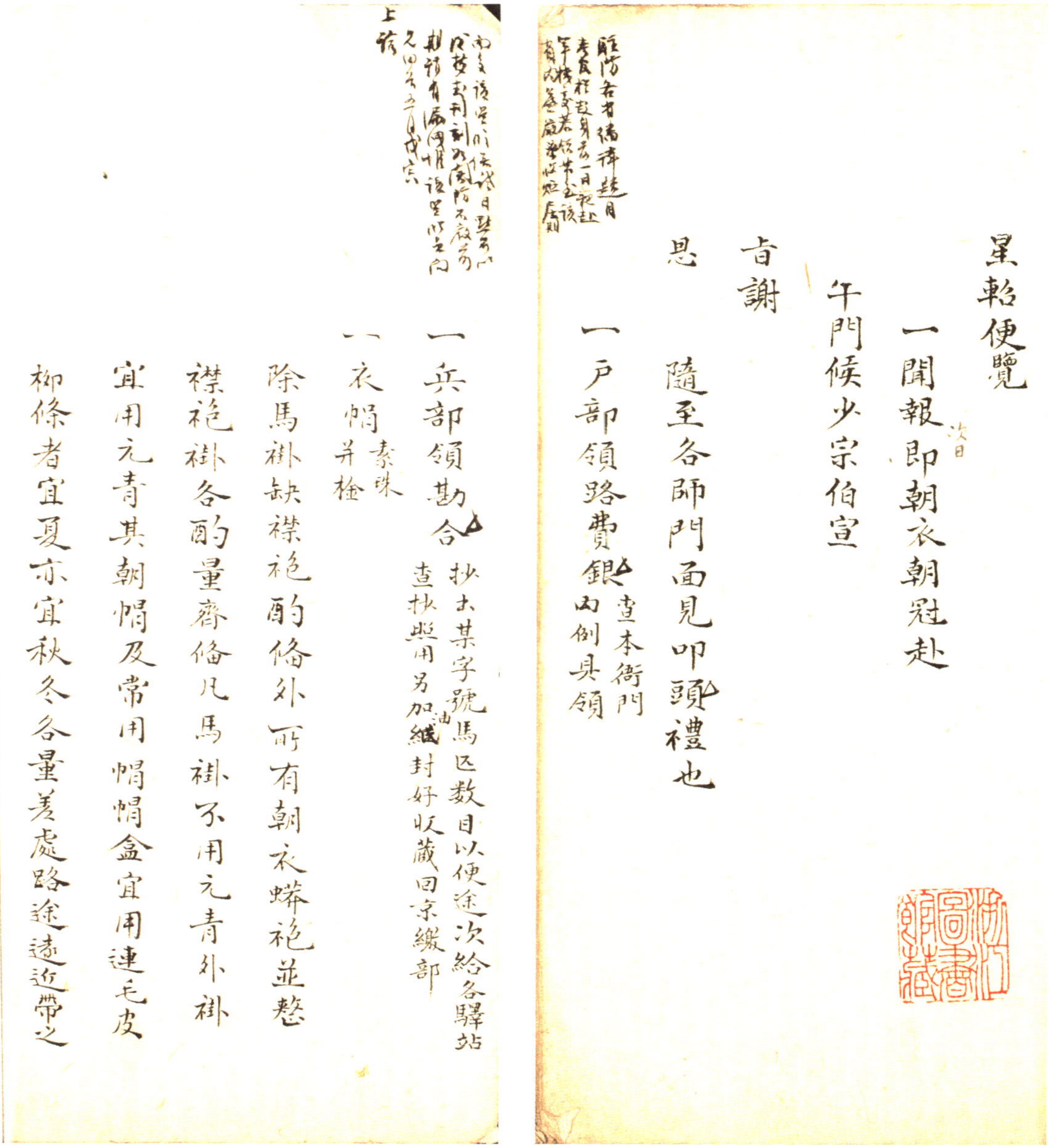
星軺便覽
一聞報次日即朝衣朝冠赴
午門候少宗伯宣
旨謝
恩
隨至各部門面見叩頭禮也
一户部領路費銀 查本衙門內例具領
一兵部領勘合 抄出某字號馬匹數目以便途次給各驛站查收照用另加油紙封好收藏回京繳部
一衣帽并檢 素珠
除馬褂缺襟袍酌備外所有朝衣蟒袍並整襟袍褂各酌量齊備凡馬褂不用元青外褂宜用元青其朝帽及常用帽帽盒宜用連毛皮柳條者宜夏亦宜秋冬各量差處路途遠近帶之

〇三一 星軺便覽一卷 （清）平步青撰 抄本 一册 浙江圖書館藏

館藏單位原題：星軺便覽一卷 清平步青撰 稿本

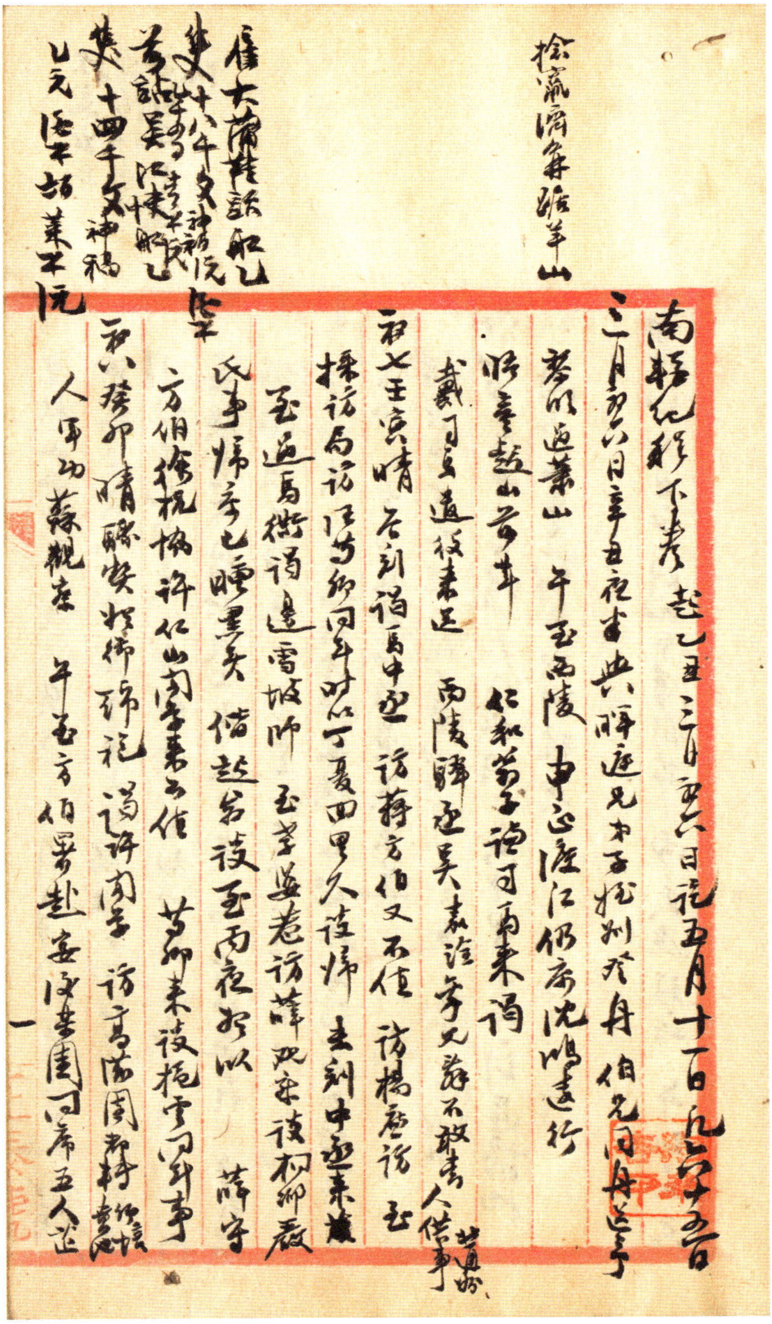

〇三二　南輶紀程二卷附一卷　（清）平步青撰　稿本　一册
浙江圖書館藏

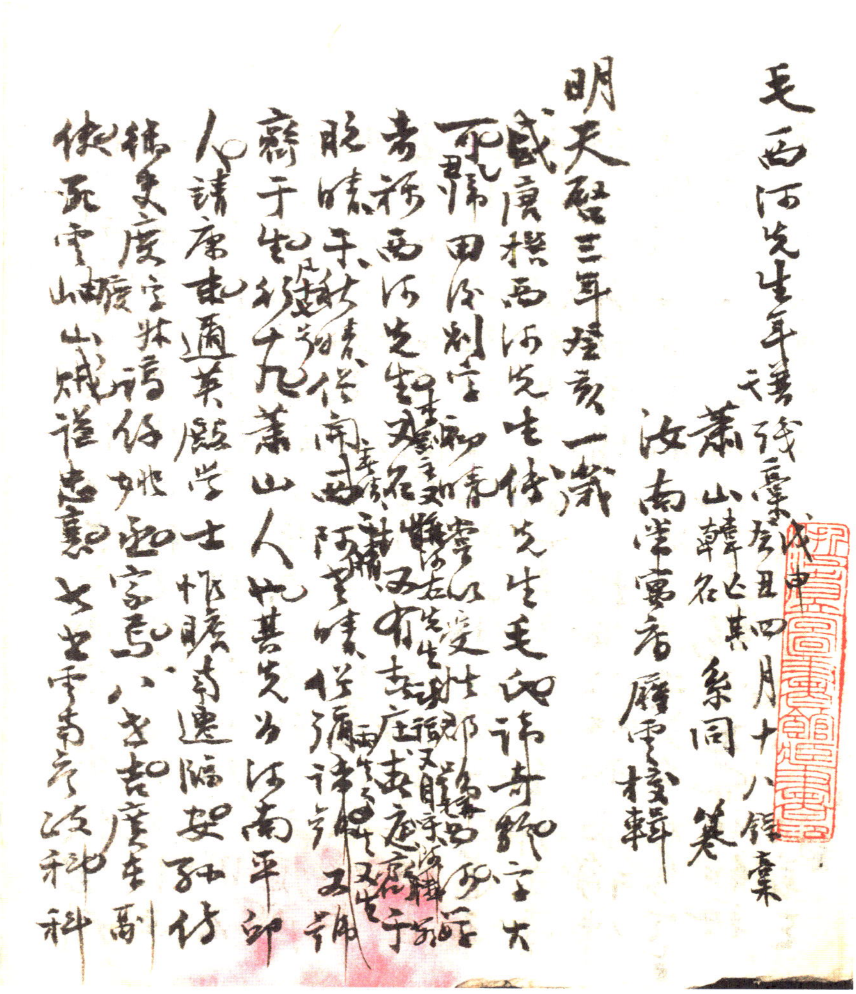
毛西河先生年譜殘稾

汝南平步青校輯

明天啓三年癸亥一歲

〇三三 毛西河先生年譜殘稾一卷 （清）平步青校輯 稿本 一册 浙江圖書館藏

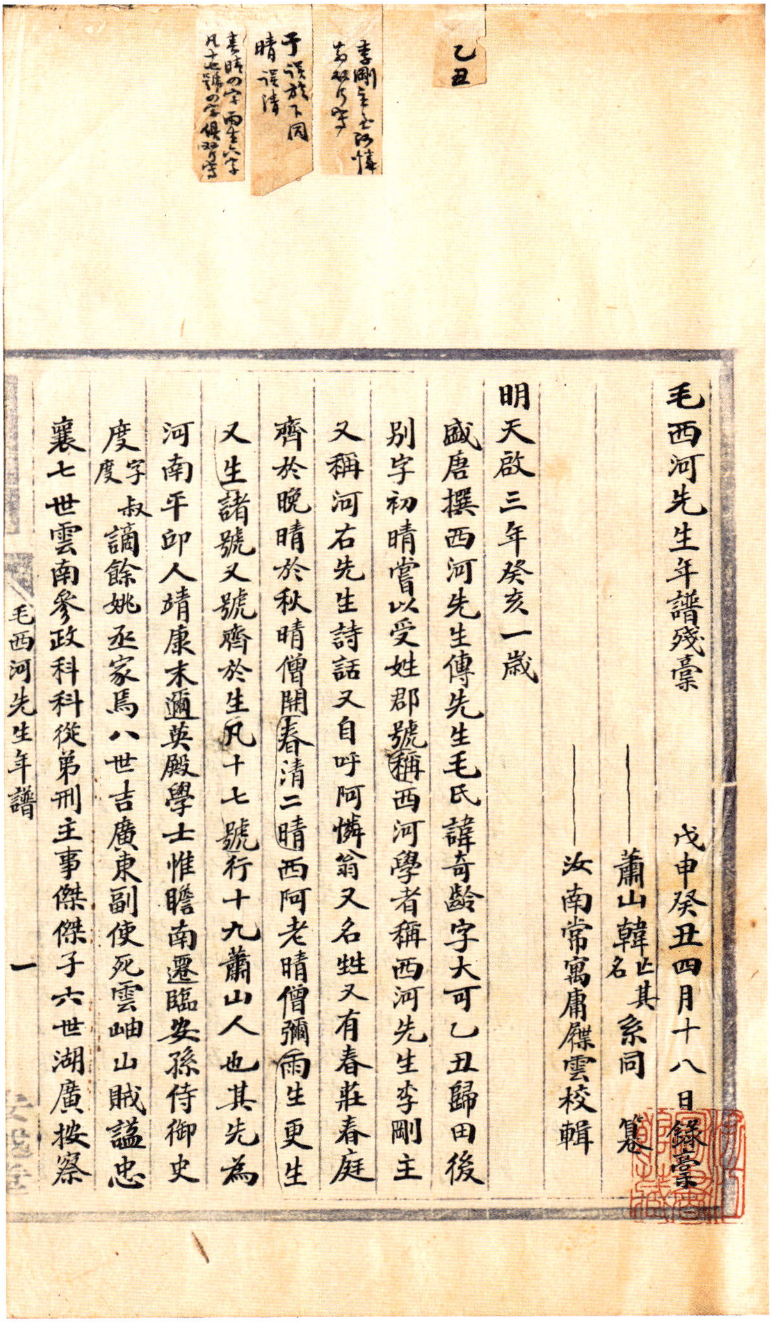

〇三四　毛西河先生年譜殘稾一卷　（清）平步青校輯　稿本　一冊　浙江圖書館藏

館藏單位原題：香雪崦叢書：毛西河先生年譜殘稾一卷　稿本　香雪崦叢書冊三十一

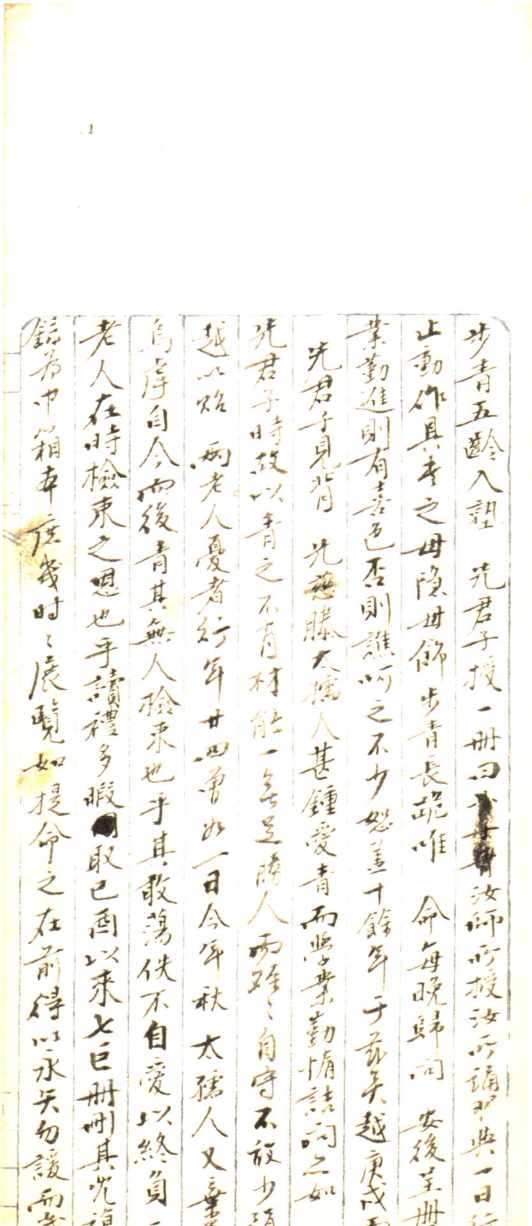

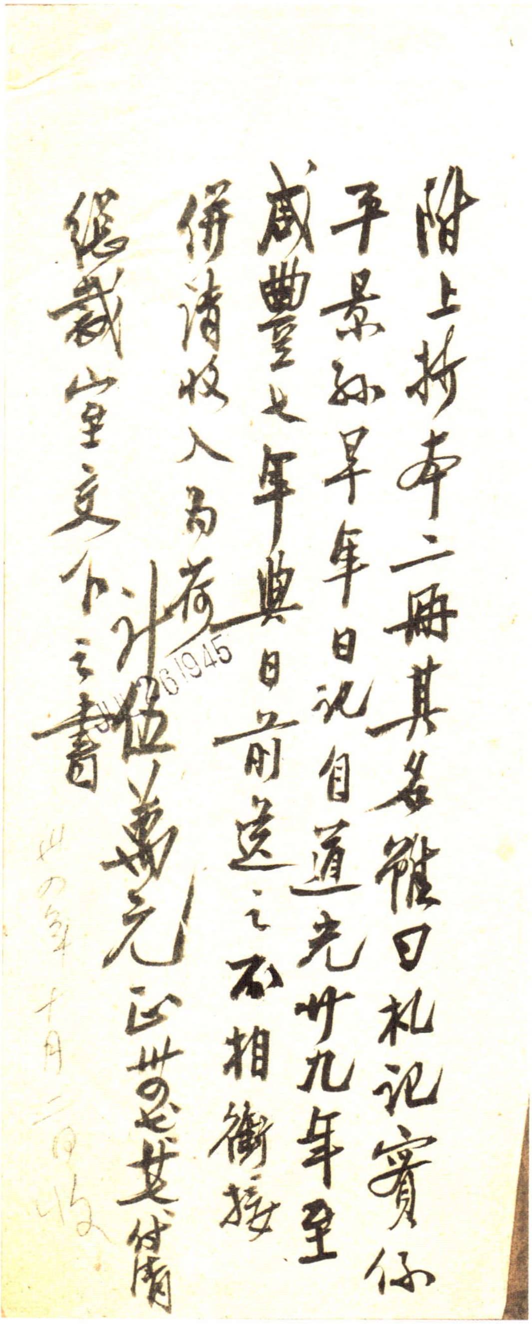

〇三五　兩負堂札記不分卷　（清）平步青撰　稿本　二册　國家圖書館藏

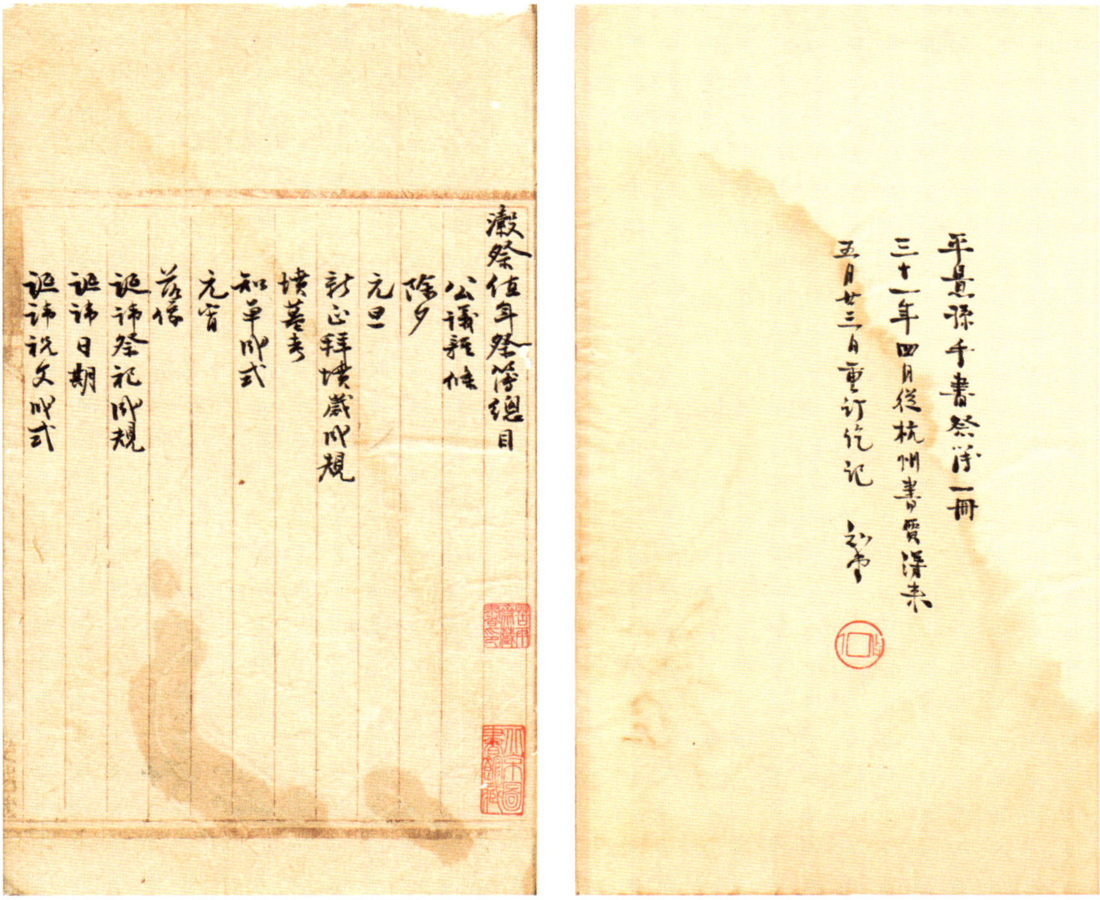

〇三六　澉祭值年祭簿總目一卷　（清）平步青撰　稿本　周作人題記　一册　國家圖書館藏

館藏單位原題：澉祭值年祭簿總目　抄本

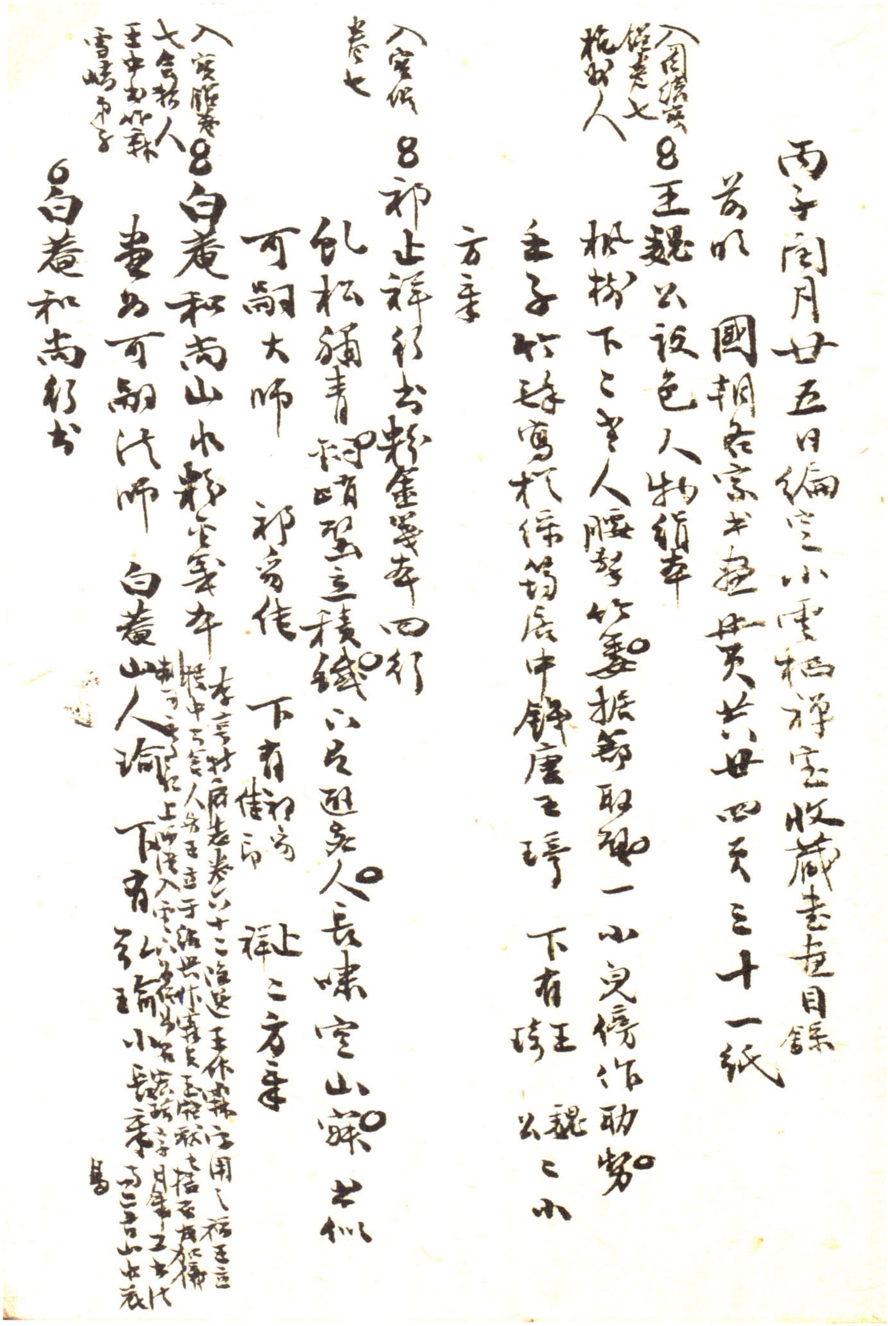

〇三七 書畫見聞録不分卷 （清）平步青撰 稿本 清平宜生題簽 一册 浙江圖書館藏

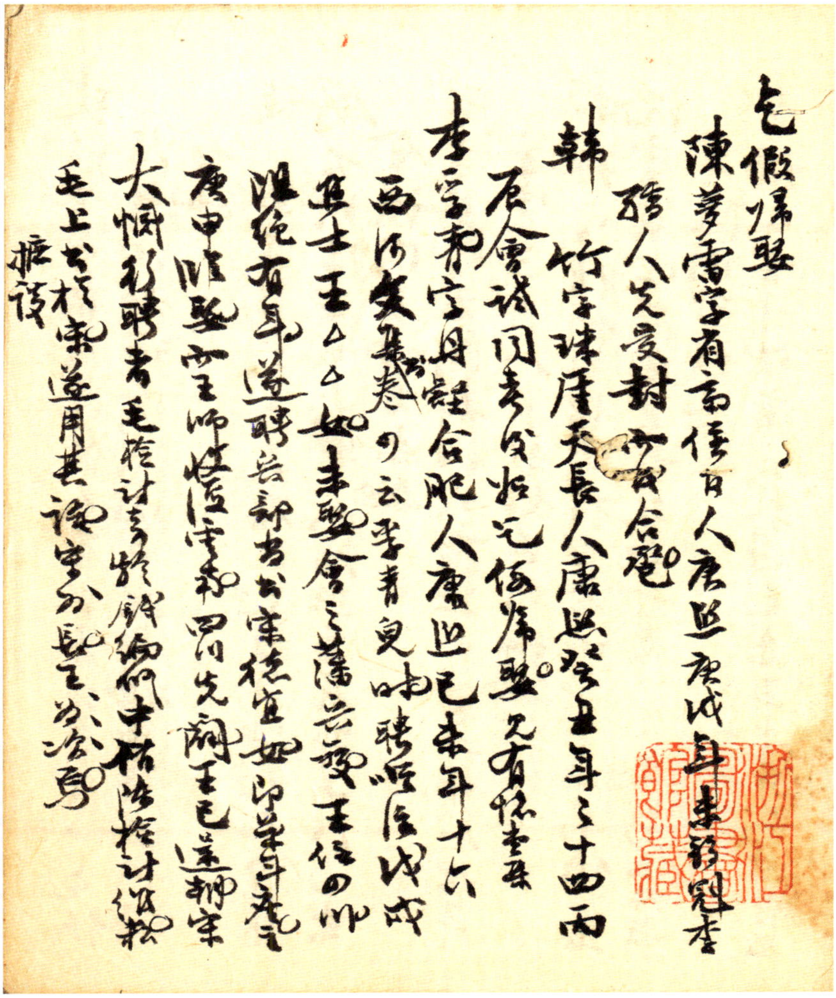

〇三八 三十六宜華隝摭談一卷 （清）平步青撰 稿本 一册 浙江圖書館藏

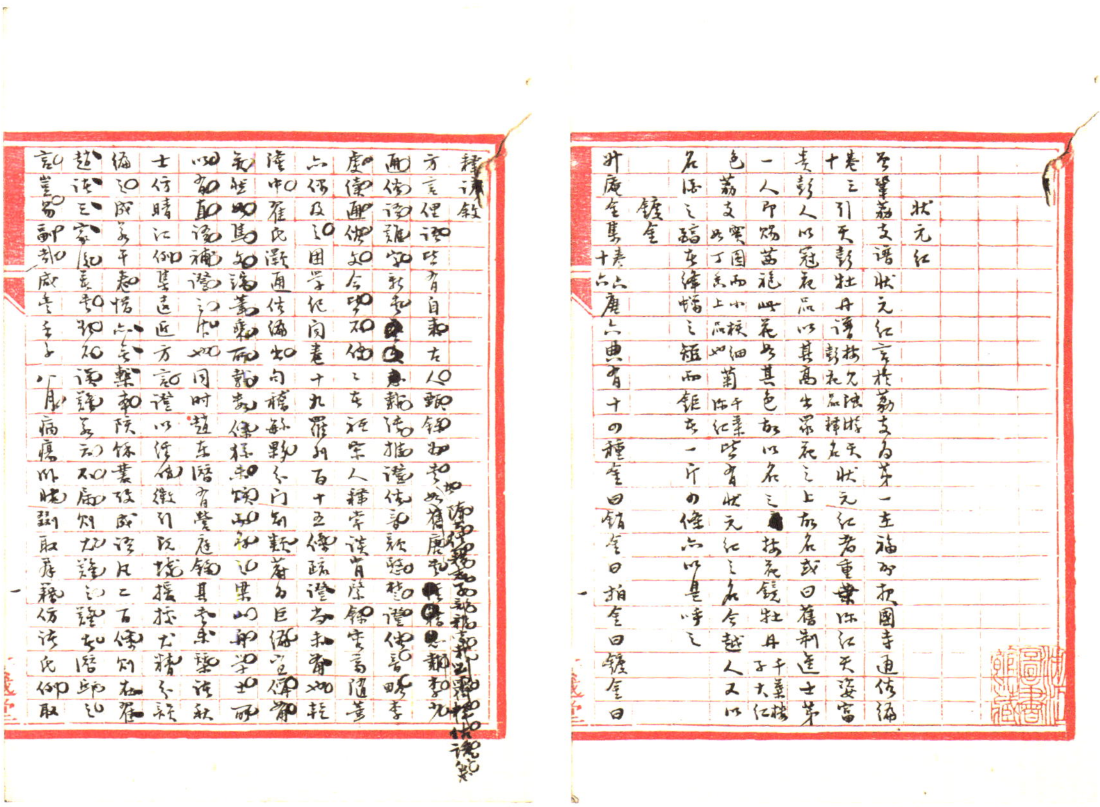

〇三九　釋諺一卷　（清）平步青撰　稿本　一册　浙江圖書館藏

館藏單位原題：釋諺一卷　香雪崦叢書册二十

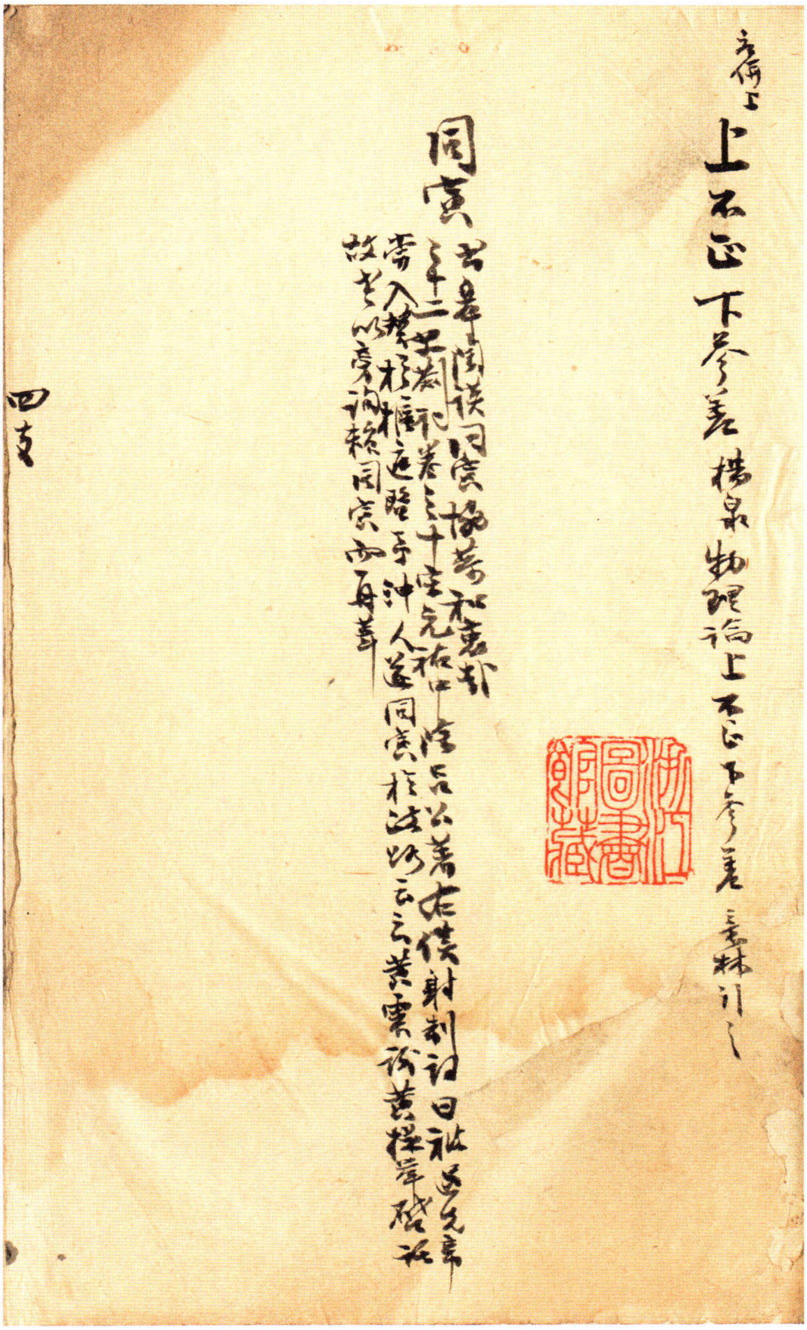

〇四〇　嘈雜一卷　（清）平步青撰　稿本　一册　浙江圖書館藏

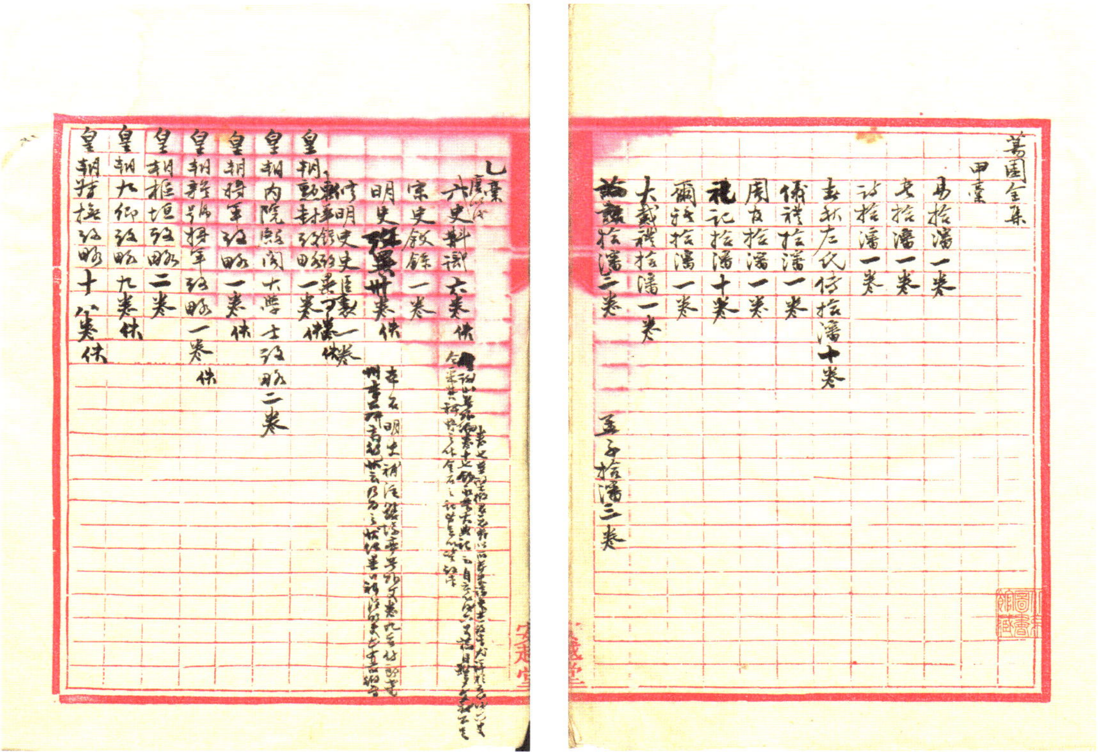

〇四一　文稿不分卷　（清）平步青撰　稿本　二册　國家圖書館藏

館藏單位原題：安越堂殘稿：文稿不分卷　安越堂殘稿册一至二

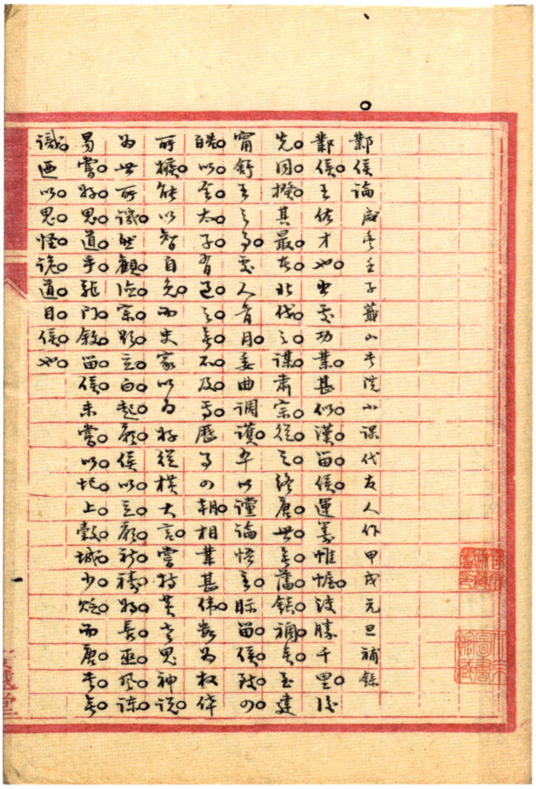

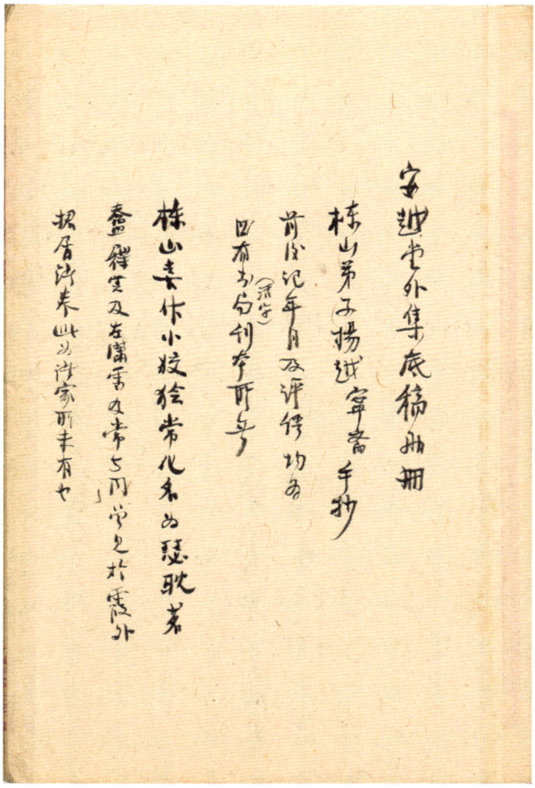

○四二 安越堂外集不分卷 （清）平步青撰 楊越抄本 周作人題記 二册 國家圖書館藏

館藏單位原題：安越堂殘稿：安越堂外集十卷 抄本 安越堂殘稿册五至六

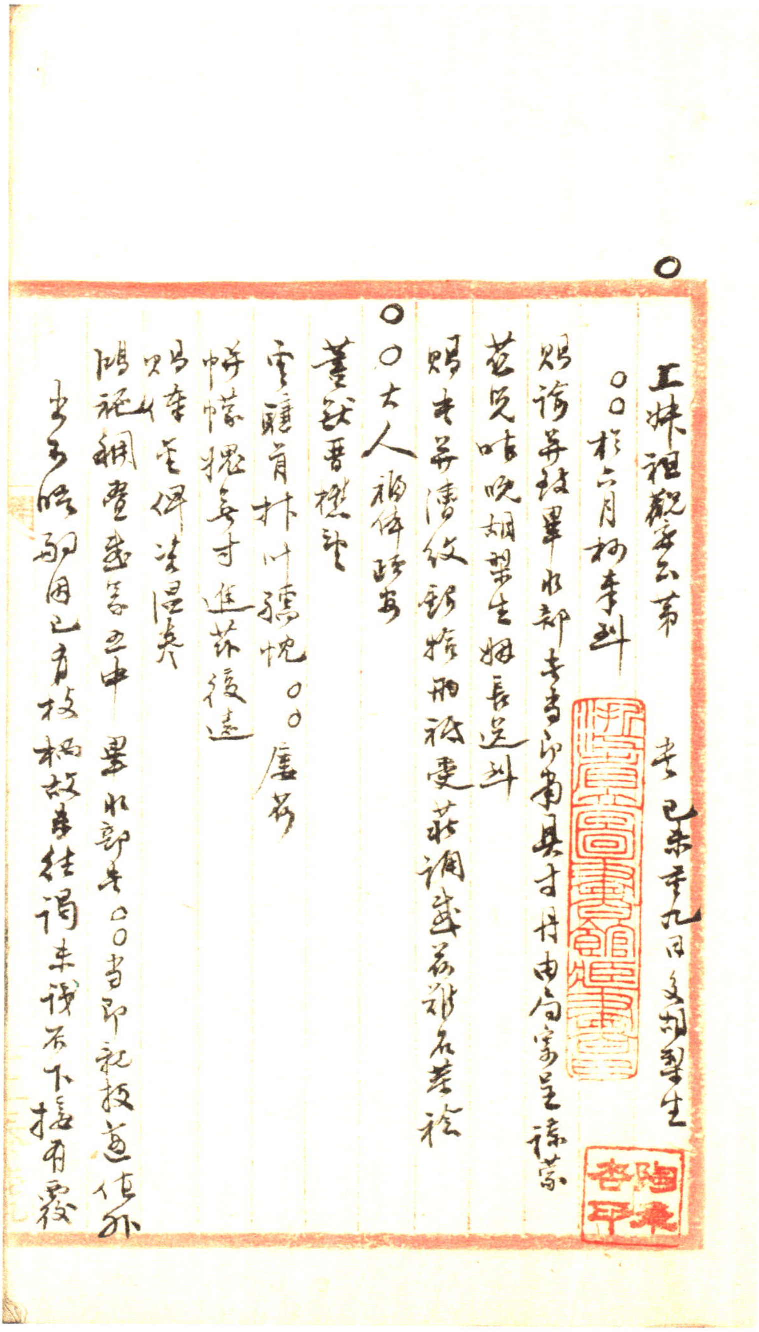

〇四三　郵筒存檢一卷　（清）平步青撰　稿本　一册　浙江圖書館藏

館藏單位原題：霞外山人書翰一卷郵筒存檢一卷　存郵筒存檢一卷

第二批《浙江省珍貴古籍名録》，名録編號 00391

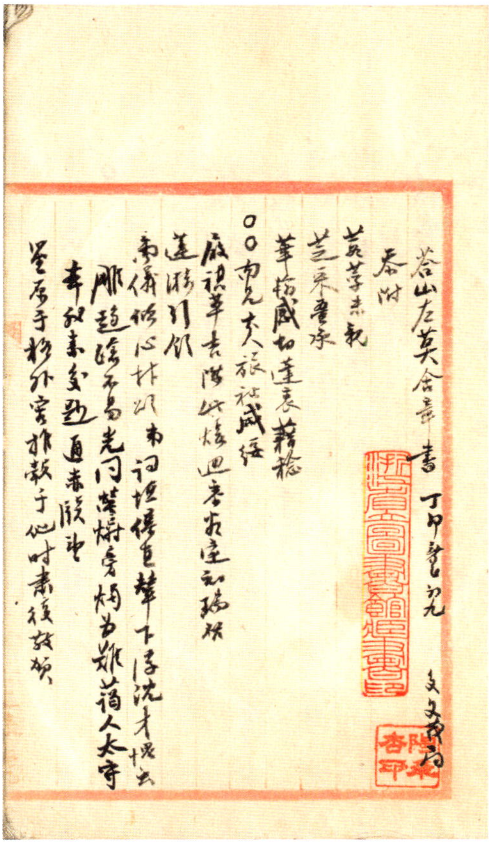

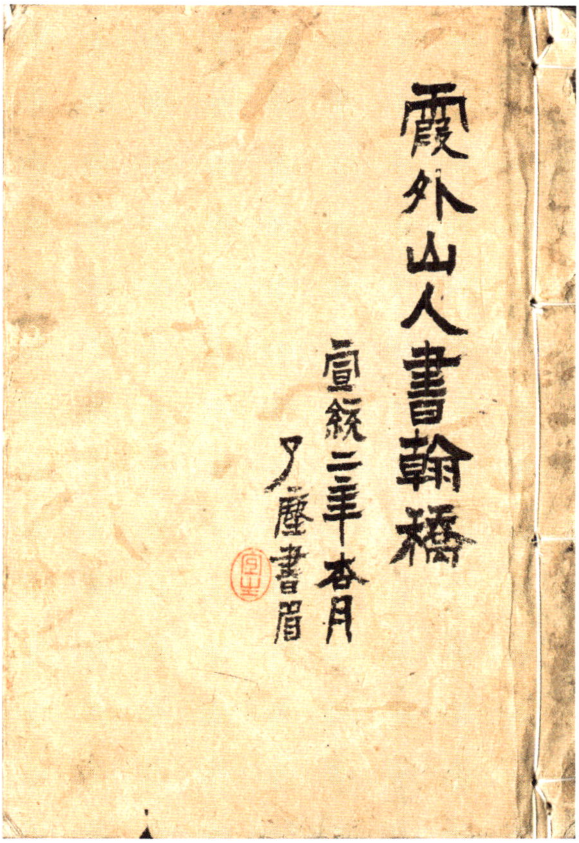

〇四四　霞外山人書翰不分卷　（清）平步青撰　稿本　一册
浙江圖書館藏

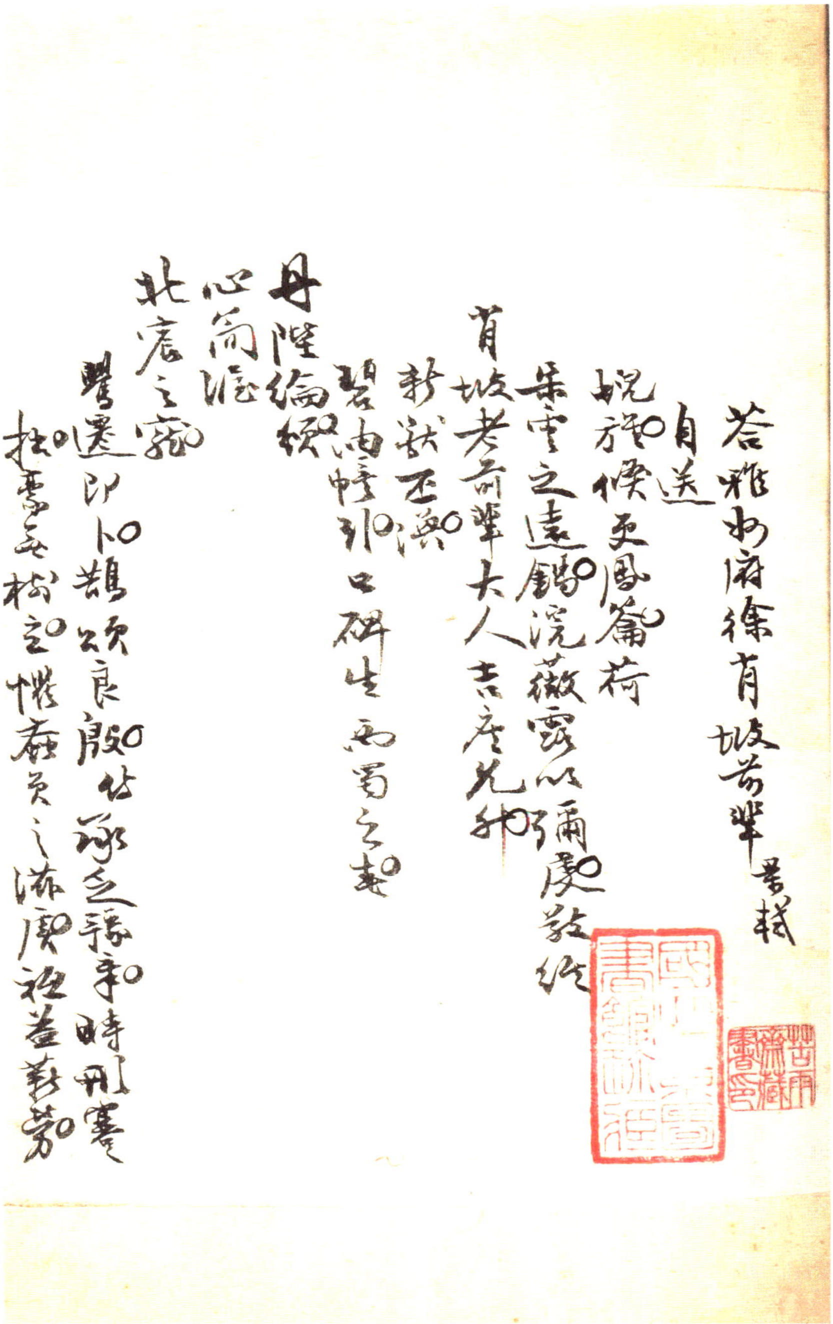

〇四五 楝山牘存不分卷 （清）平步青撰 稿本 六册 國家圖書館藏

館藏單位原題：楝山牘存 抄本

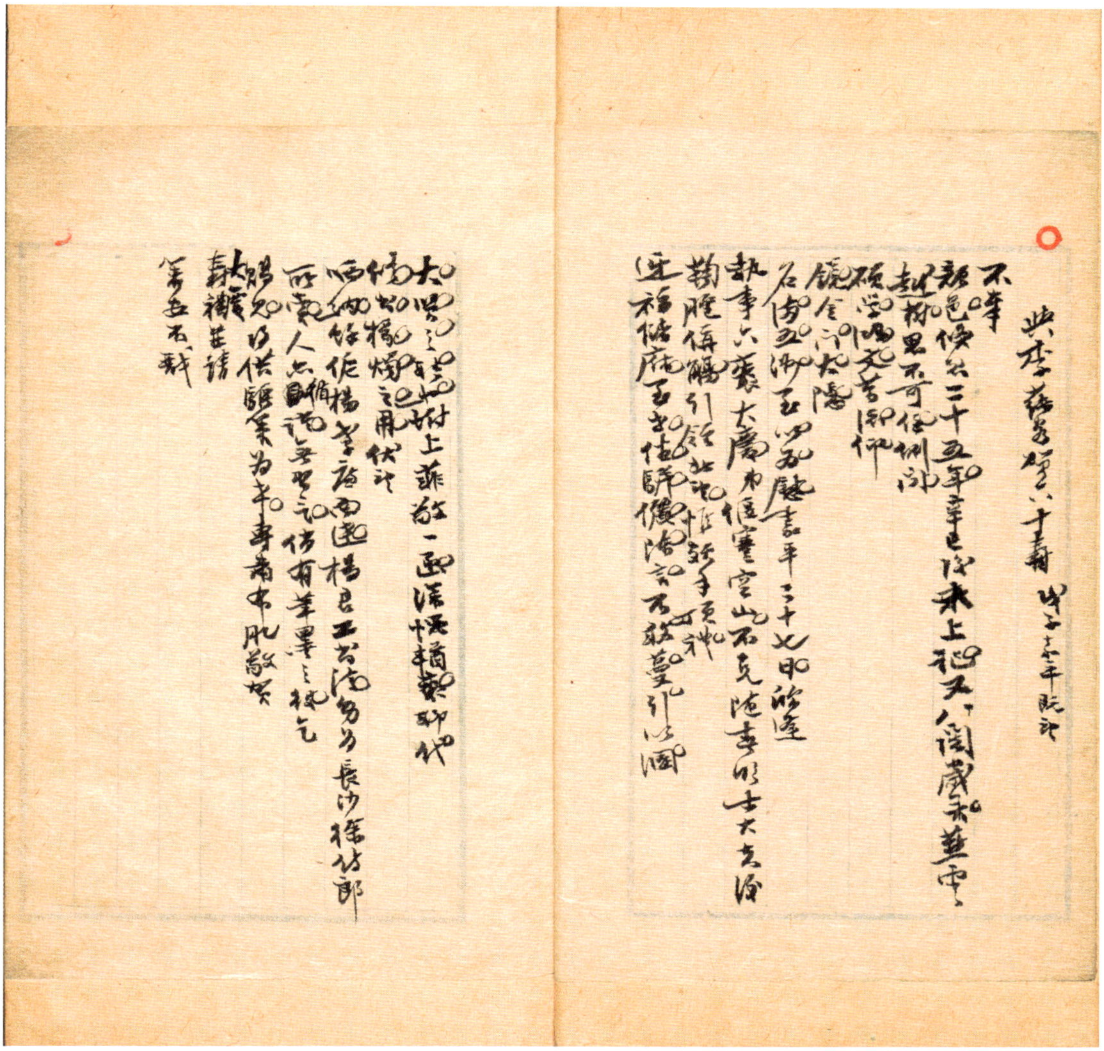

〇四六　棟山存牘不分卷　（清）平步青撰　稿本　四册　國家圖書館藏

館藏單位原題：棟山存牘　抄本

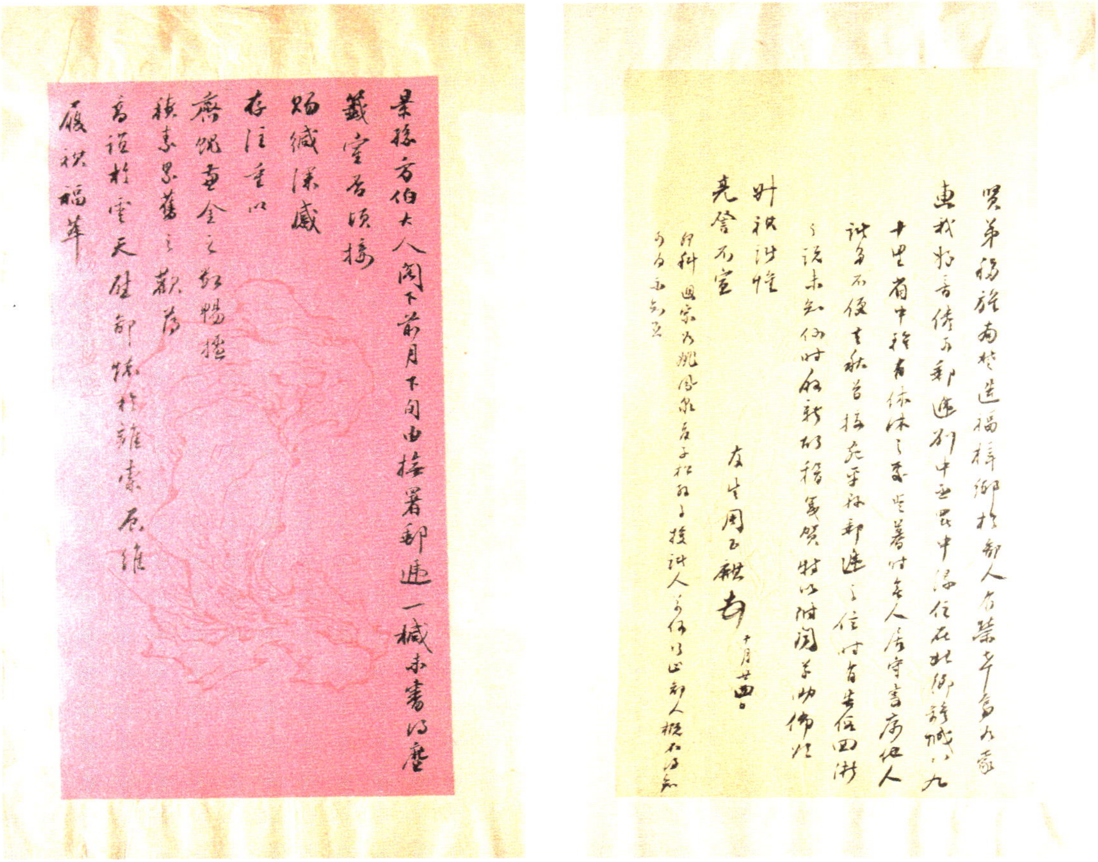

〇四七　致平步青信札　（清）萬青藜等撰　稿本　清平宜生題簽　一册　杭州圖書館藏

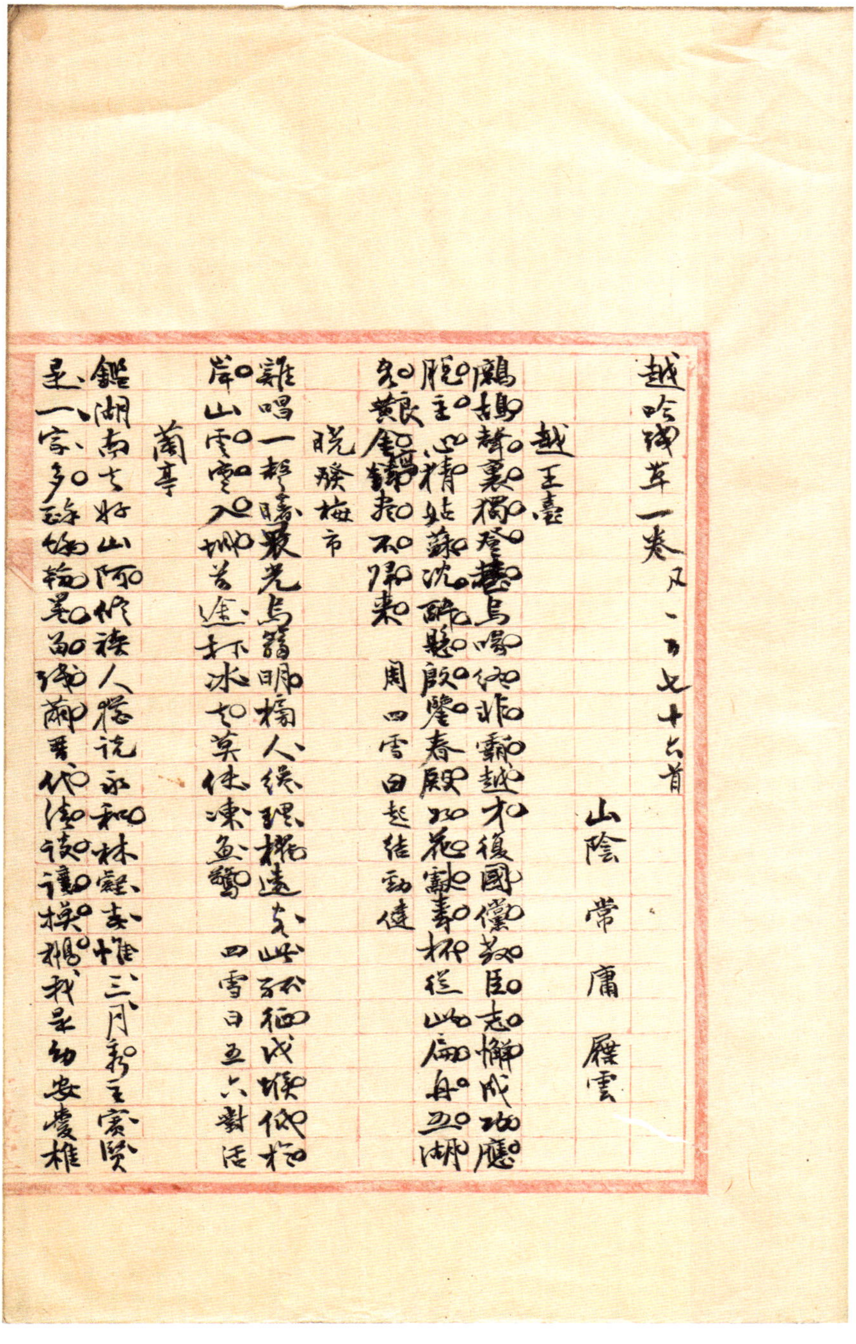

〇四八 越吟殘草一卷 （清）平步青撰 稿本 一册 國家圖書館藏

館藏單位原題：安越堂殘稿：越吟殘草一卷 安越堂殘稿册四十

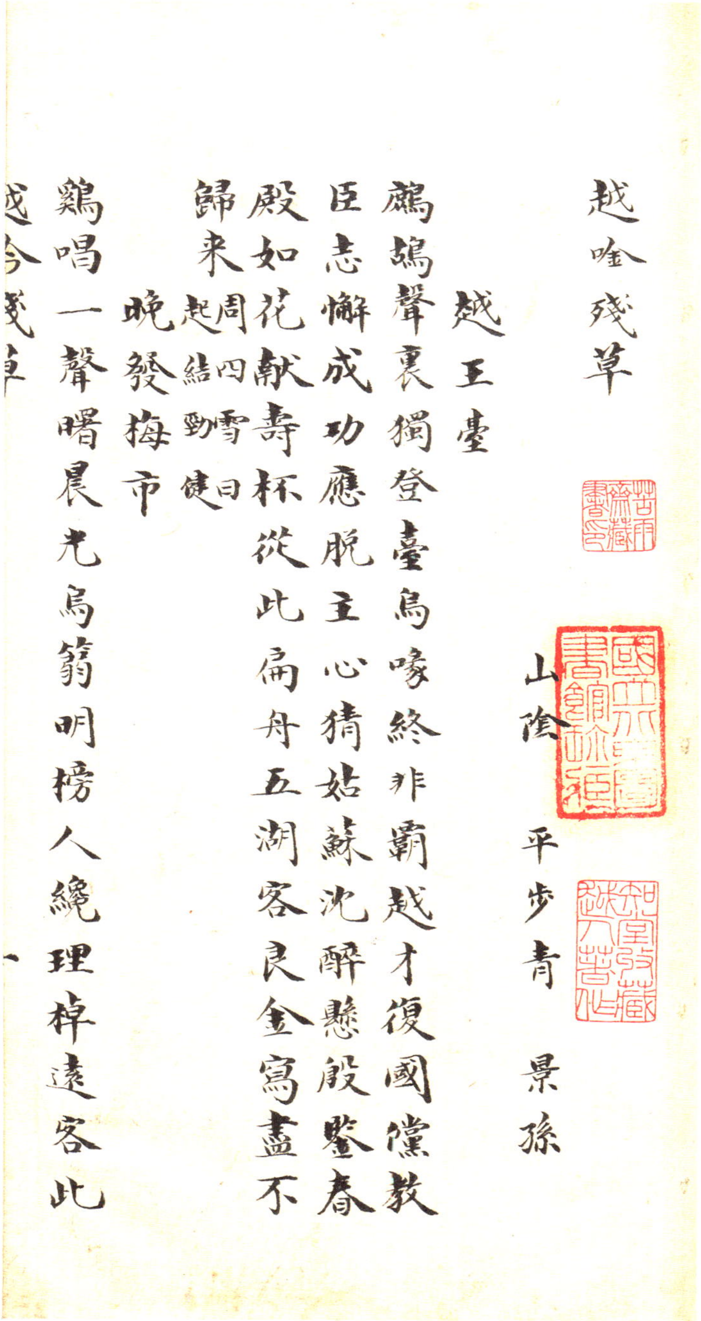
越唫殘草
山陰 平步青 景孫
越王臺
鷓鴣聲裏獨登臺，烏喙終非霸越才。復國儻教臣志懈，成功應脫主心猜。姑蘇沈醉懸殷鑒，春殿如花獻壽杯。從此扁舟五湖客，良金寫盡不歸來。
周四雪日：起結勁健。
晚發梅市
鷄唱一聲曙，晨光烏篛明。榜人繩理棹，遠客此

〇四九　越吟殘草一卷　（清）平步青撰　抄本　一册　國家圖書館藏

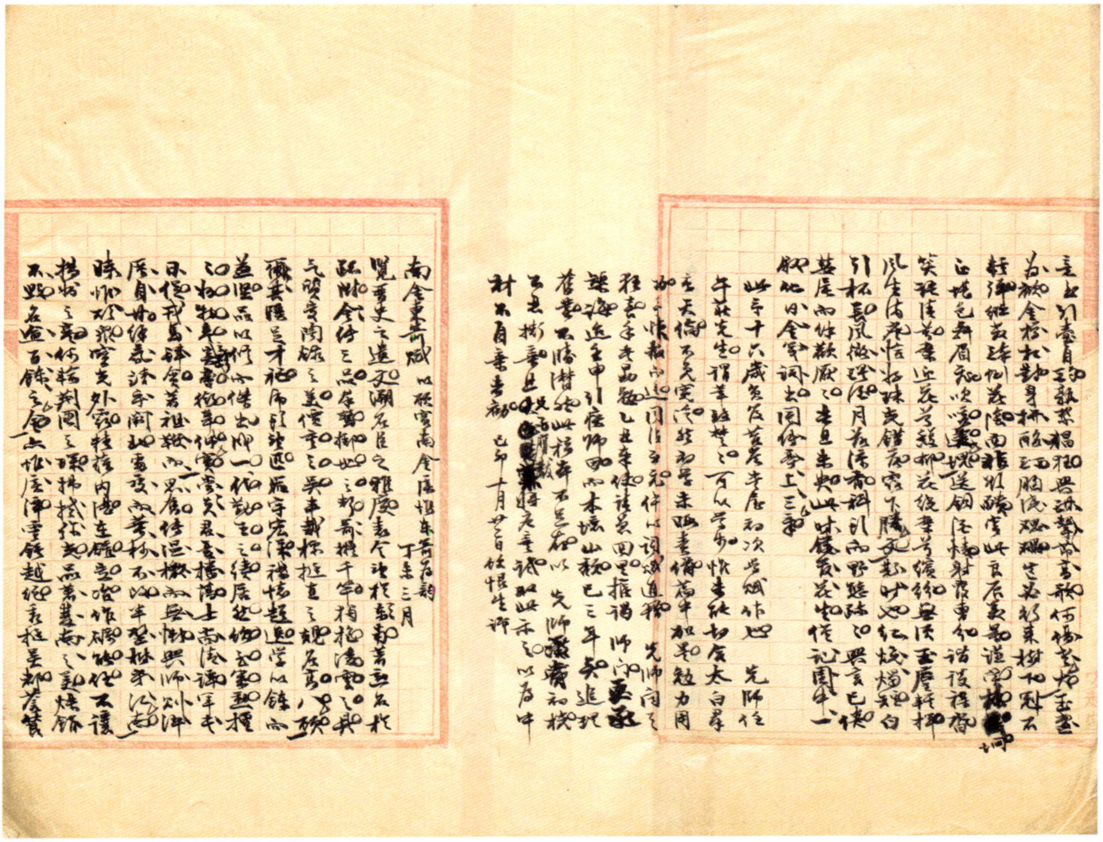

〇五〇　賦論不分卷　（清）平步青撰　稿本　一册　國家圖書館藏

館藏單位原題：賦論　安越堂殘稿册四

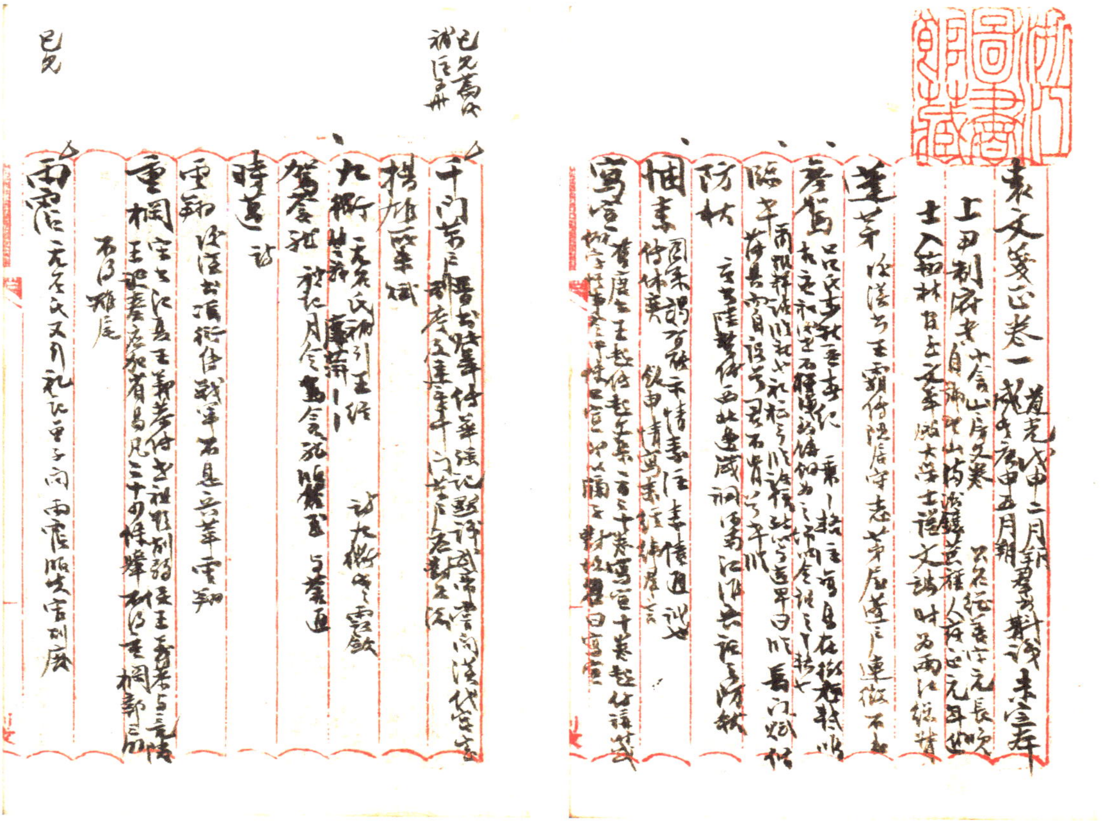

〇五一　袁文箋正斠識□□卷　（清）平步青撰　稿本　一册

浙江圖書館藏

存一卷（卷一）

館藏單位原題：袁文箋正□□卷　存一卷

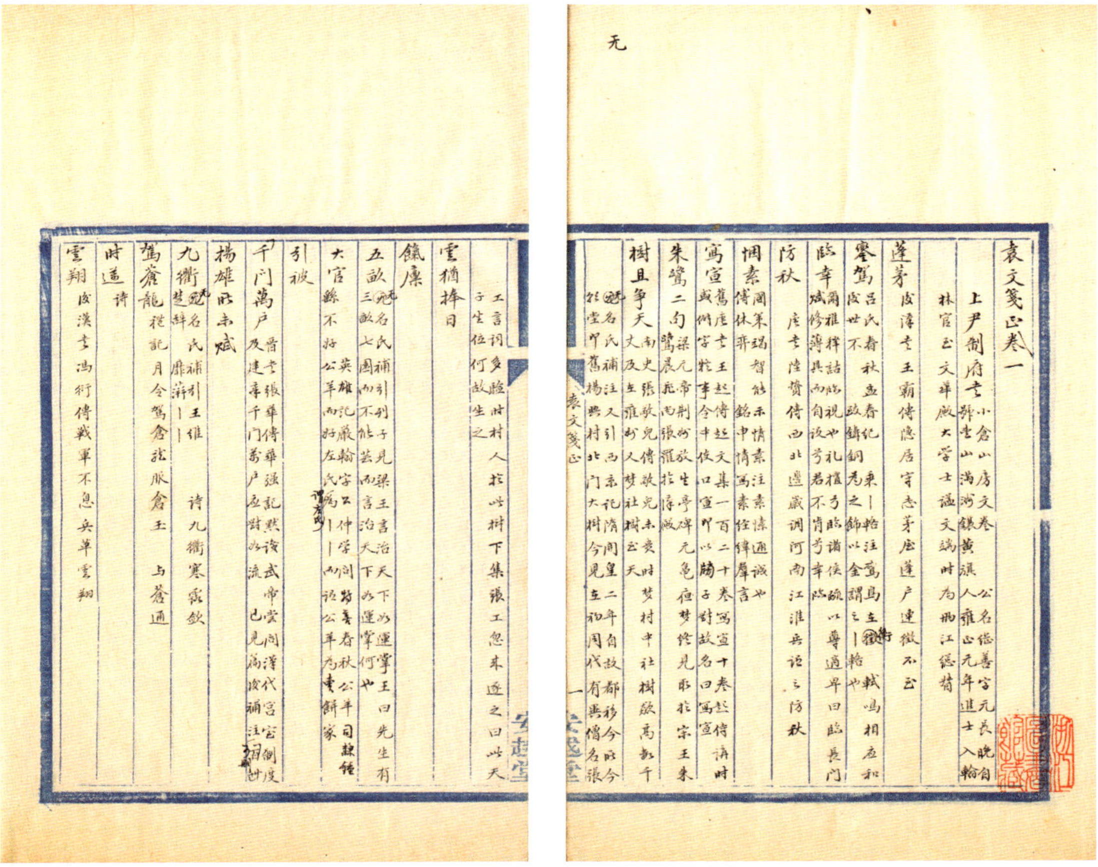
元

袁文箋正卷一

上尹制府書 小倉山房文卷 公名繼善字元長晚自號望山滿洲鑲黃旗人雍正元年進士入翰林官至文華殿大學士謚文端時為兩江總督

蓬茅 后漢書王霸傳隱居守志茅屋蓬戶連徵不至

鑾駕 呂氏春秋孟春紀乘鸞輅注鸞鳥在衡和在軾鳴相應和 后世不致鑄銅為之飾以金謂之鸞輅也

臨幸 爾雅釋詁臨視也 禮檀弓臨諸侯畛以尊適卑曰臨 長門賦修薄具而自設兮君不肯乎幸臨

防秋 唐書陸贄傳西北邊歲調河南江淮兵謂之防秋

悃素 聞某瑞智能示情素注素情通誠也 傅休弈銘中情寫素往律摩言

寫宣 舊唐書王起傳起文集一百二十卷寫宣十卷起侍講時或問字於起事令中使口宣即以所對故名曰寫宣

朱鷺二句 梁元帝荊州放生亭碑元龜夜夢終見取於宋王朱鷺晨飛尚張羅於漢缺

樹且爭天 南史張敬兒傳敬兒未貴時夢村中社樹殿高數千丈及在雍州人夢社樹至天

名氏補注又引西京記隋開皇二年自故都移今所今於堂即舊楊興村北門大樹今見在初周代有異僧名張

袁文箋正 一 安越堂

工言詞多驗時村人於此樹下集張工忽來逆之曰此天子坐位何故坐之

雲梢捧日

鐮凜

五畝 名氏補引列子見梁王言治天下如運掌王曰先生有三畝之園而不能芸而言治天下如運掌何也

大官 縣不好公羊而好左氏為｜｜ 英雄記嚴翰字公仲學問特善春秋公羊司隸鍾｜｜而謂公羊為賣餅家

引被

千門萬戶 晉書張華傳華強記默識武帝嘗問漢代宮室制度及建章千門萬戶華應對如流 已見前補注

楊雄所未賦

九衢 名氏補引王維詩九衢寒露斂 楚辭蘼蕪｜｜

駕蒼龍 禮記月令駕倉龍服倉玉 與蒼通

時遙 詩

雲翔 后漢書馮衍傳戰軍不息兵革雲翔

安越堂

〇五二 袁文箋正斠識□□卷 （清）平步青撰 稿本 一册

浙江圖書館藏

存一卷（卷一）

館藏單位原題：香雪崦叢書：袁文箋正一卷 香雪崦叢書册三十

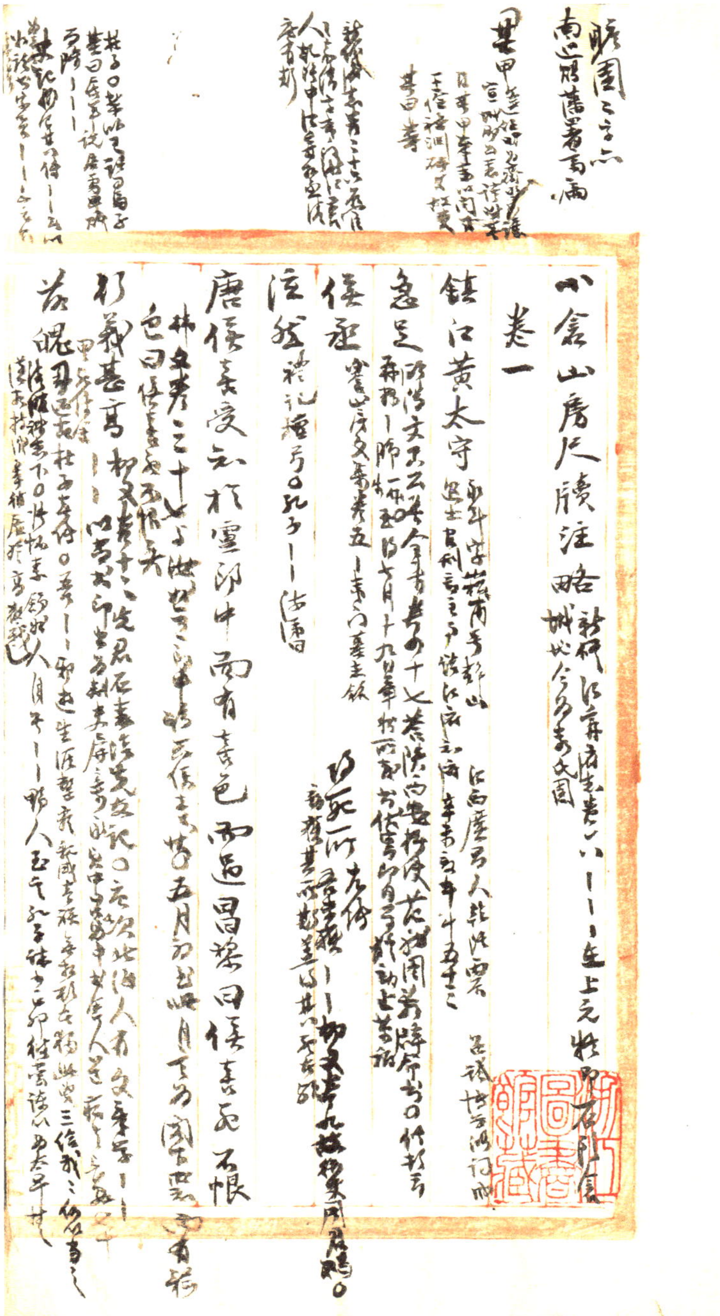
小倉山房尺牘注略
卷一
鎮江黃太守

〇五三 小倉山房尺牘注略不分卷 （清）平步青撰 稿本 一册 浙江圖書館藏

館藏單位原題：小倉山房尺牘注略八卷

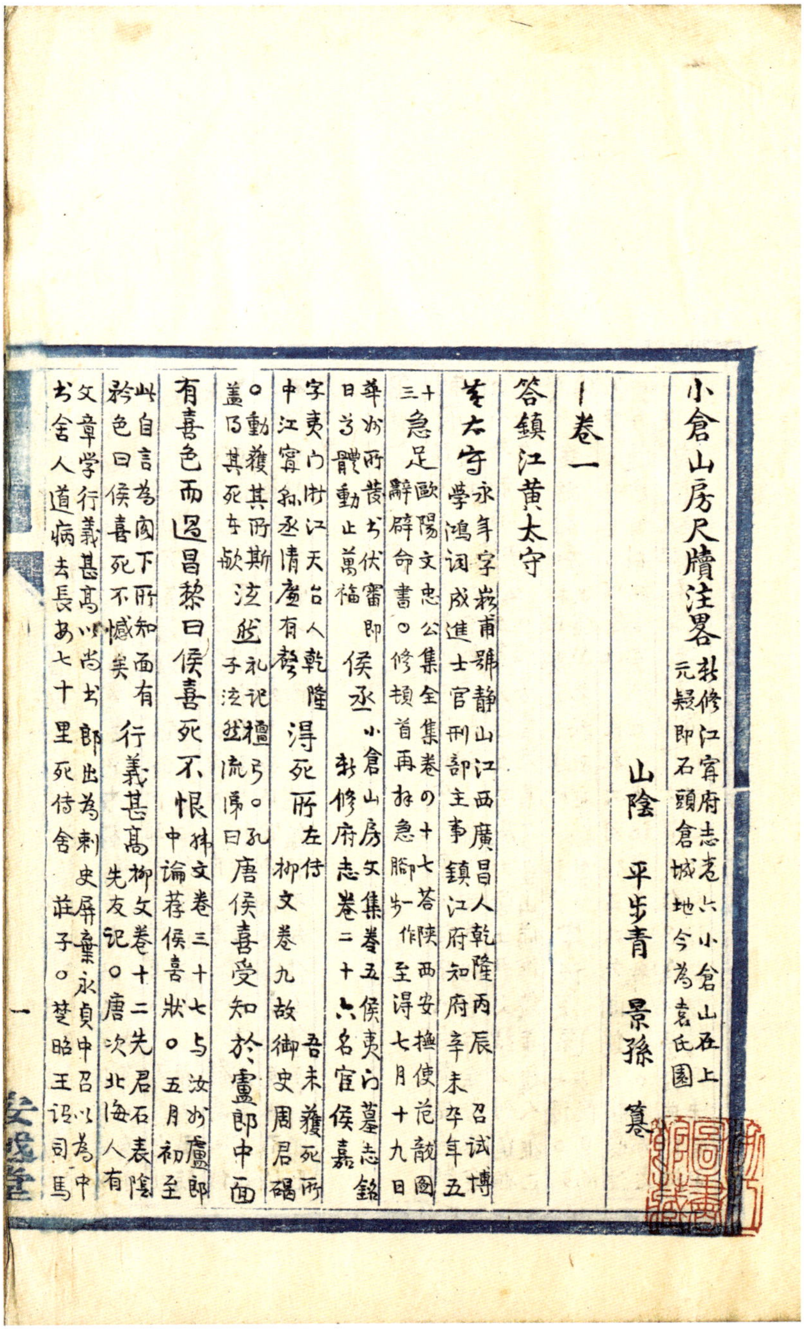

小倉山房尺牘注畧 新修江寗府志卷六小倉山在上元縣即石頭倉城地今為袁氏園

山陰 平步青 景孫 纂

卷一

答鎮江黃太守

黃太守 永年字嵩甫號靜山江西廣昌人乾隆丙辰召試博學鴻詞成進士官刑部主事鎮江府知府辛未卒年五十三

急足 歐陽文忠公集全集卷の十七荅陝西安撫使范龍圖辭辟命書○修頓首再拜急腳步一作至得七月十九日華州所黃书伏審即日尚體動止萬福

侯丞 小倉山房文集卷五侯夷门墓志銘 新修府志卷二十六名宦侯嘉字夷门浙江天台人乾隆中江寗和丞清廉有聲

淂死所 左傳 吾未獲死所 柳文卷九故御史周君碣○動獲其所斯蓋乃其死之歟

泫然 禮記檀弓○孔子泫然流涕曰

唐侯喜受知於盧郎中面有喜色而退 昌黎曰侯喜死不恨 韩文卷三十七与汝州盧郎中論荐侯喜狀○五月初至此自言為閣下所知而有於色曰侯喜死不憾矣

行義甚高 柳文卷十二先君石表陰先友記○唐次北海人有文章学行義甚高以尚书郎出為刺史屏棄永貞中召以為中书舍人道病去長安七十里死傳舍

莊子○楚昭王謂司馬

〇五四 小倉山房尺牘注畧不分卷 （清）平步青撰 稿本 一冊 浙江圖書館藏

館藏單位原題：香雪崦叢書：小倉山房尺牘注畧十卷 香雪崦叢書冊二十八

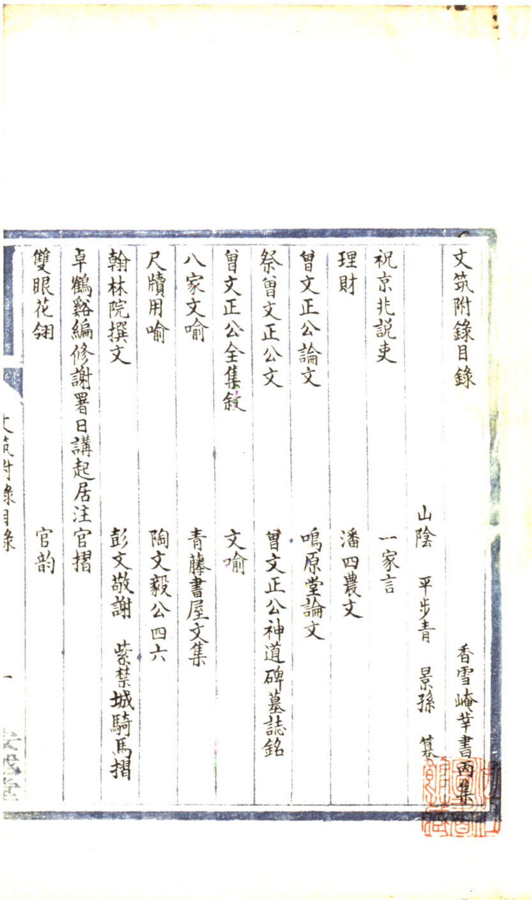

香雪崦莘書丙集

文筑附錄目錄

山陰 平步青 景孫 箸

祝京兆說吏　一家言

理財　潘四農文

曾文正公論文　鳴原堂論文

祭曾文正公文　曾文正公神道碑墓誌銘

曾文正公全集敍　文喻

八家文喻　青藤書屋文集

尺牘用喻　陶文毅公四六

翰林院撰文　彭文敬謝　紫禁城騎馬摺

卓鶴谿編修謝署日講起居注官摺

雙眼花翎　官韵

文筑附錄目錄　一

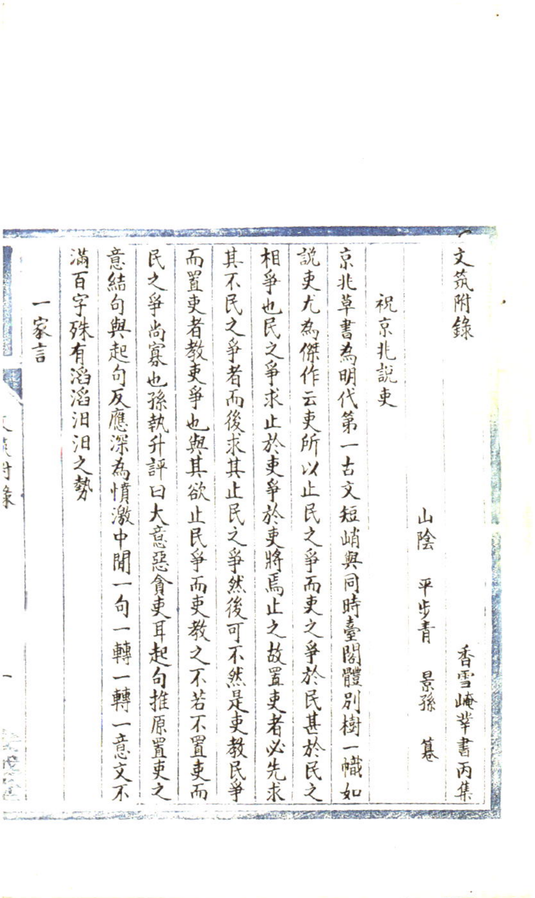

香雪崦莘書丙集

文筑附錄

山陰 平步青 景孫 箸

祝京兆說吏

京兆草書為明代第一古文短峭與同時臺閣體別樹一幟如說吏尤為傑作云吏所以止民之爭而吏之爭於民甚於民之相爭也民之爭求止於吏爭於吏將焉止之故置吏者必先求其不民之爭者而後求其止民之爭然後可不然是吏教民爭而置吏者教吏爭也與其欲止民爭而吏教之不若不置吏而民之爭尚寡也孫執升評曰大意惡貪吏耳起句推原置吏之意結句與起句反應深為憤激中間一句一轉一轉一意文不滿百字殊有滔滔汩汩之勢

一家言

文筑附錄　一

〇五五　文筑附録不分卷　（清）平步青撰　抄本　一册　浙江圖書館藏

館藏單位原題：香雪崦叢書：霞外攟屑十卷文筑附録一卷　稿本　香雪崦叢書册七

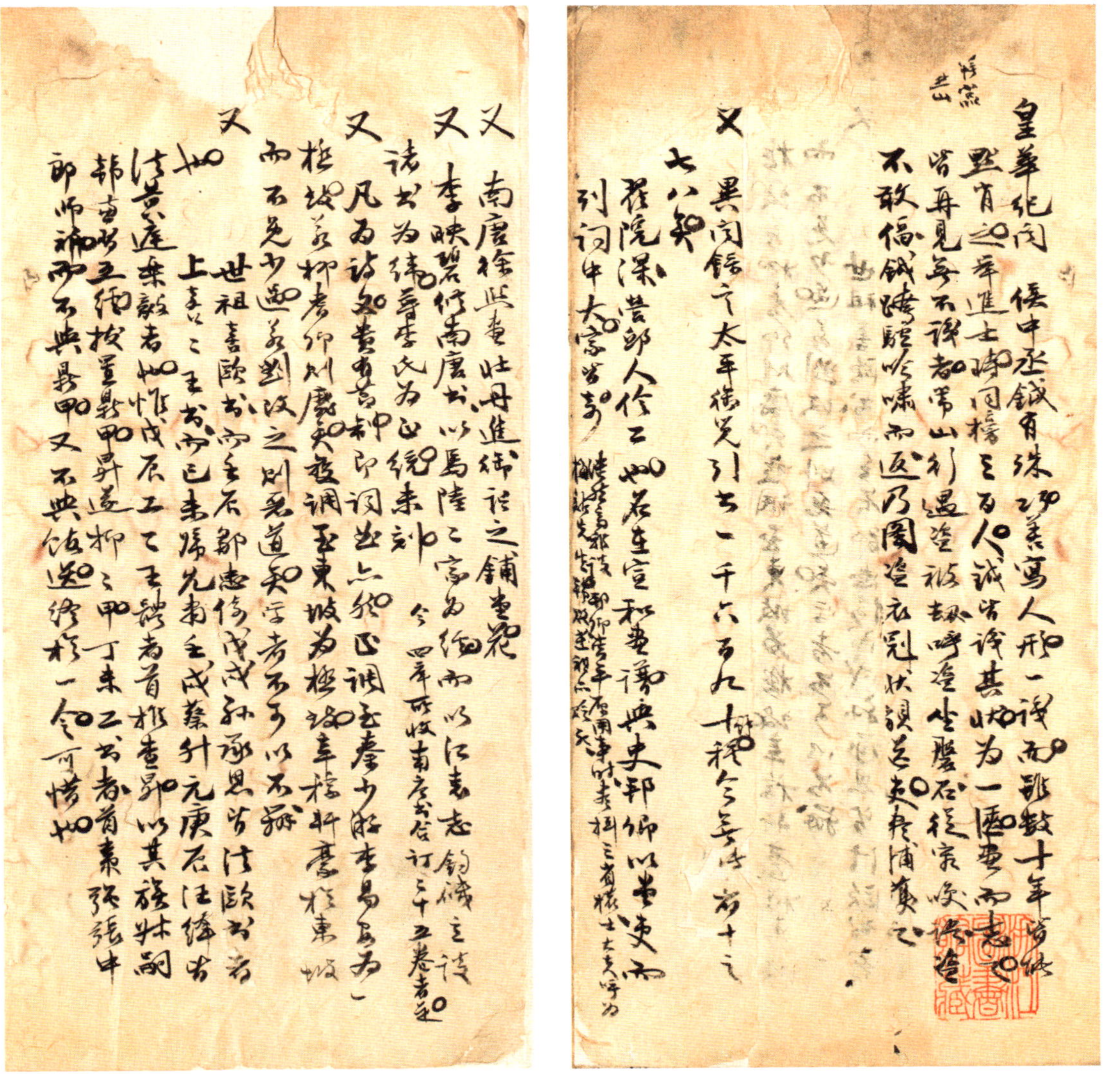

〇五六　最勝録一卷　（清）平步青撰　稿本　一册　浙江圖書館藏

館藏單位原題：棟山劄記一卷　稿本

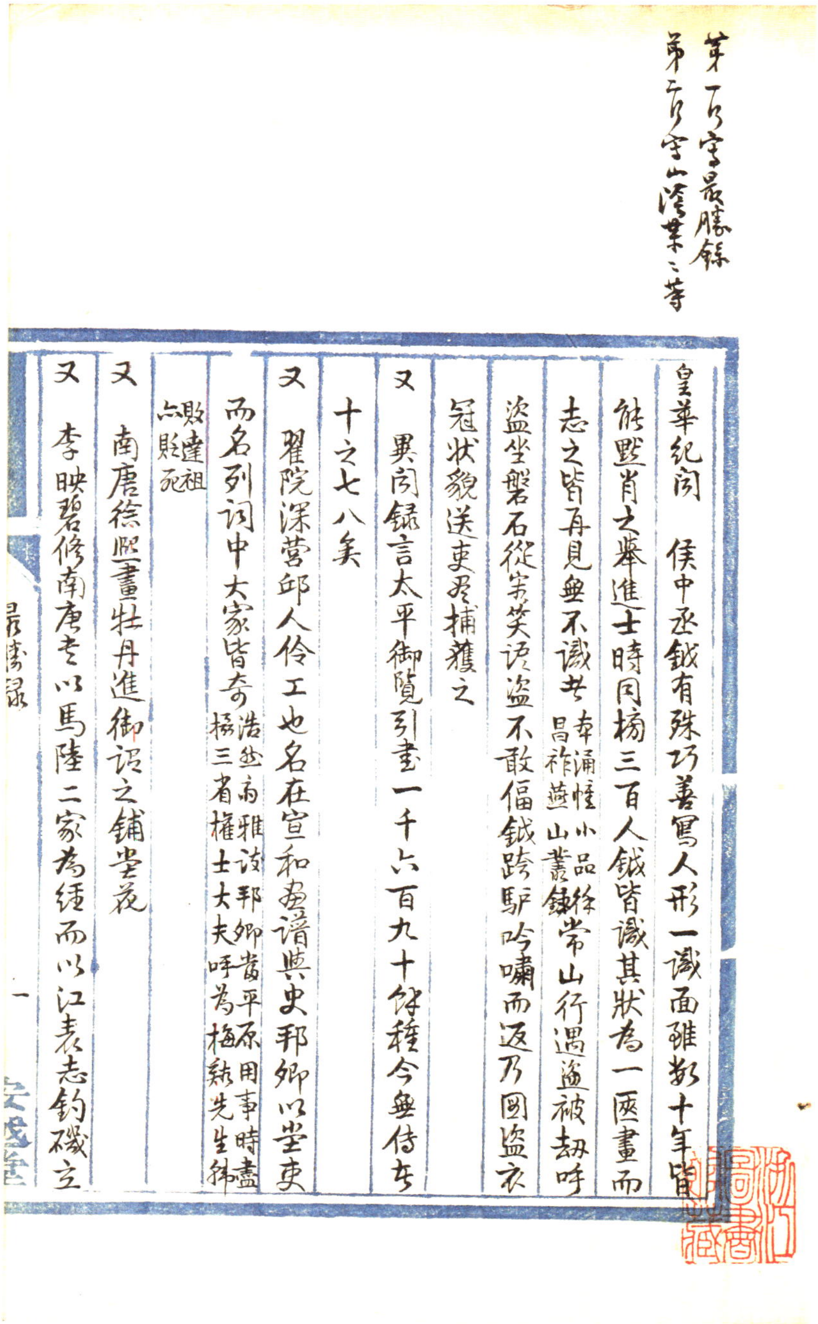
第一百字最勝錄
第二百字山陰某之等

皇華紀聞　侯中丞鉞有殊巧善寫人形一識面雖數十年皆
能黙肖之舉進士時同榜三百人鉞皆識其狀為一匣畫而
志之皆再見無不識者韋誦惺小品徐昌祚燕山叢錄常山行遇盜被劫呼
盜坐磐石從容笑語盜不敢偪鉞跨驢吟嘯而返乃圖盜衣
冠狀貌送吏悉捕獲之
又　異聞錄言太平御覽引畫一千六百九十餘種今無傳者
十之七八矣
又　翟院深營邱人伶工也名在宣和畫譜與史邦卿以堂吏
而名列詞中大家皆奇浩然南雅謂邦卿嘗平原用事時盡援三省權士大夫呼為梅溪先生師
敗達祖貶死
又　南唐徐熙畫牡丹進御謂之鋪堂花
又　李映碧修南唐書以馬陸二家為經而以江表志釣磯立

最勝錄　一　安越堂

〇五七　最勝録一卷　（清）平步青撰　稿本　一册　浙江圖書館藏
館藏單位原題：香雪崦叢書：最勝録一卷　香雪崦叢書册二十七

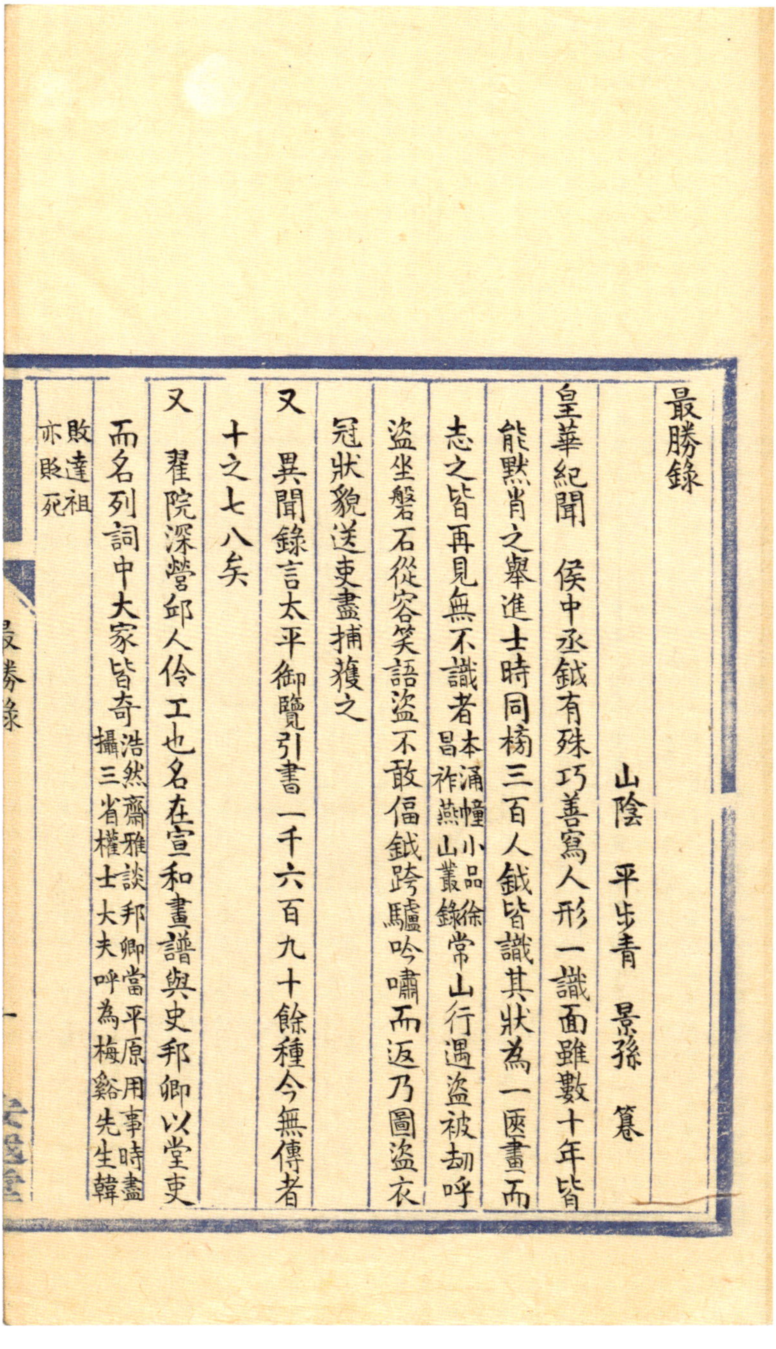

最勝錄

山陰 平步青 景孫 纂

皇華紀聞 侯中丞鉞有殊巧善寫人形一識面雖數十年皆能默肖之舉進士時同榜三百人鉞皆識其狀為一匣畫而志之皆再見無不識者本涌幢小品徐昌祚燕山叢錄常山行遇盜被劫呼盜坐磐石從容笑語盜不敢偪鉞跨驢吟嘯而返乃圖盜衣冠狀貌送吏盡捕獲之

又 異聞錄言太平御覽引書一千六百九十餘種今無傳者十之七八矣

又 翟院深營邱人伶工也名在宣和畫譜與史邦卿以堂吏而名列詞中大家皆奇浩然齋雅談邦卿當平原用事時盡攝三省權士大夫呼為梅谿先生韓敗達祖亦貶死

○五八 最勝録一卷 （清）平步青撰 抄本 一册 國家圖書館藏

館藏單位原題：安越堂殘稿：最勝録一卷 安越堂殘稿册十三

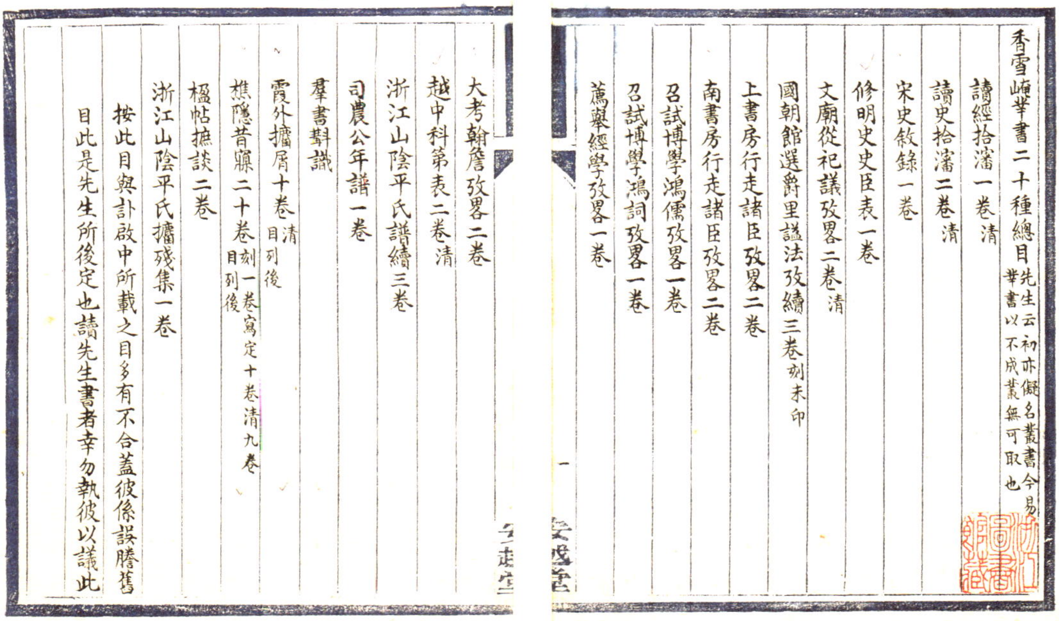
香雪崦苹書二十種總目 先生云初亦擬名叢書今易苹書以不成叢無可取也
讀經拾瀋一卷清
讀史拾瀋二卷清
宋史敘錄一卷
修明史史臣表一卷
文廟從祀議攷畧二卷清
國朝館選爵里謚法攷續三卷刻未印
上書房行走諸臣攷畧二卷
南書房行走諸臣攷畧二卷
召試博學鴻儒攷畧一卷
召試博學鴻詞攷畧一卷
薦舉經學攷畧一卷
大考翰詹攷畧二卷
越中科第表二卷清
浙江山陰平氏譜續三卷
司農公年譜一卷
羣書斠識
霞外攟屑十卷清 目列後
樵隱昔寱二十卷刻一卷寫定十卷清九卷 目列後
楹帖摭談二卷
浙江山陰平氏攟殘集一卷
按此目與訃啟中所載之目多有不合蓋彼係誤謄舊目此是先生所後定也讀先生書者幸勿執彼以議此

○五九 香雪崦苹書二十種（存十四種）：香雪崦苹書二十種總目 楊越抄本 楊越題跋 一册 浙江圖書館藏

館藏單位原題：香雪崦叢書册一

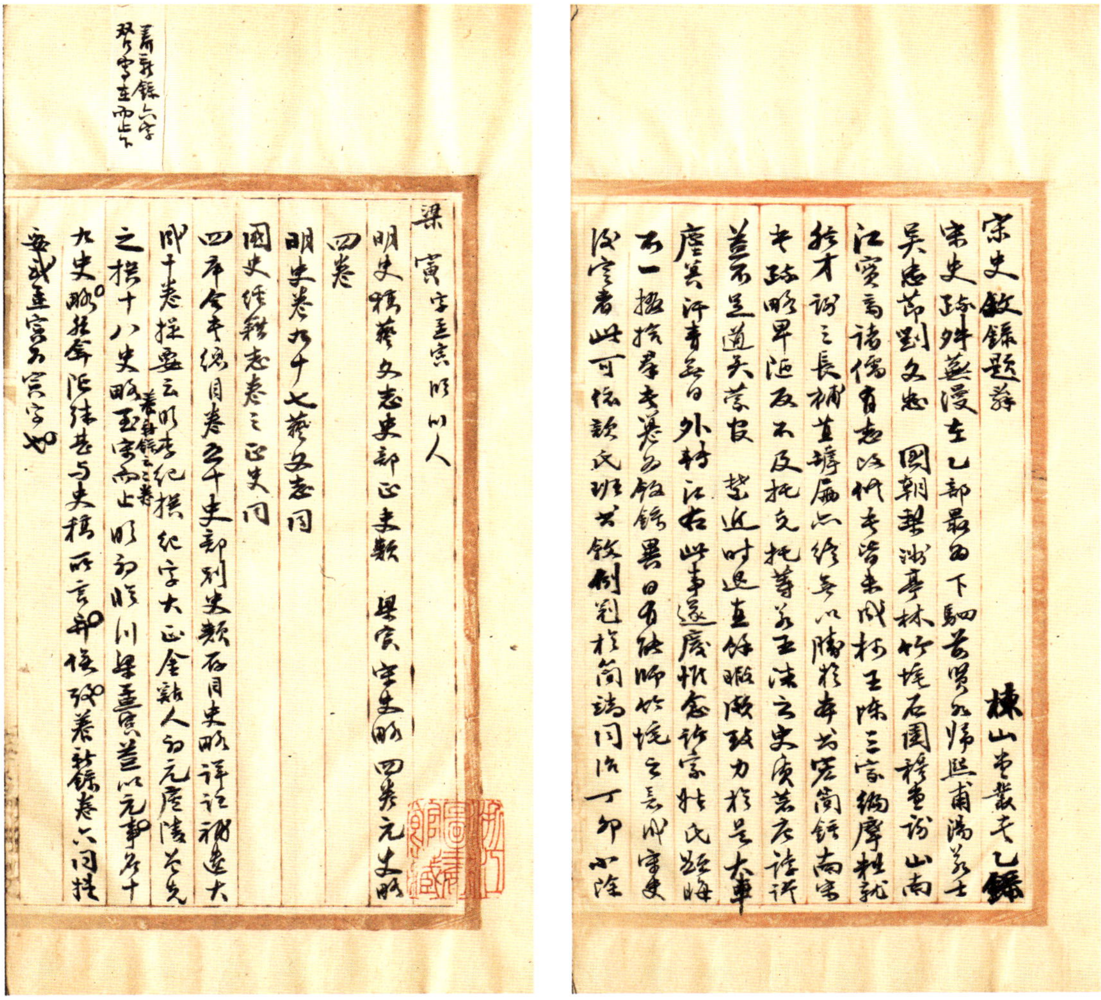

○五九　香雪崦丛書二十種（存十四種）：宋史叙録一卷

（清）平步青撰　稿本　一册　浙江圖書館藏

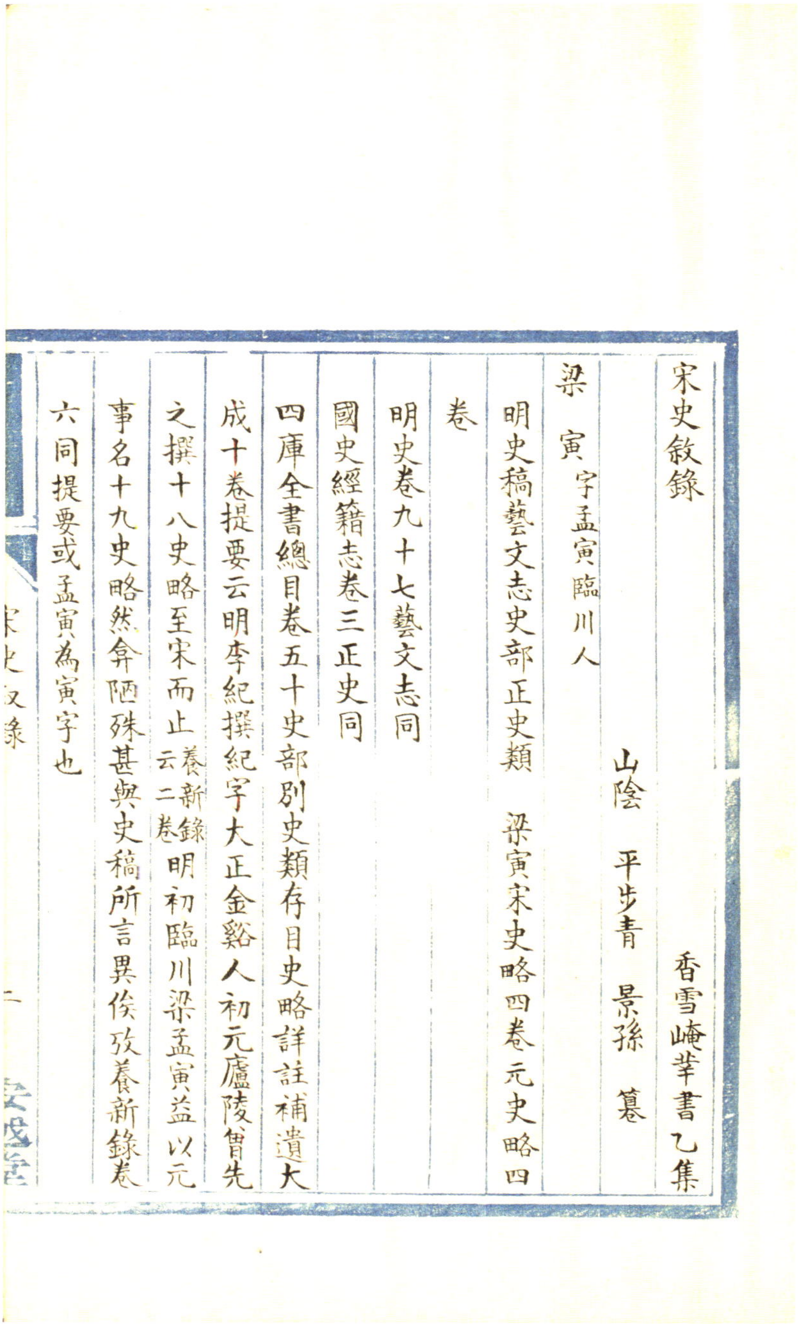

宋史敍錄　香雪崦丵書乙集

山陰　平步青　景孫　纂

梁寅　字孟寅臨川人

明史稿藝文志史部正史類　梁寅宋史略四卷元史略四卷

明史卷九十七藝文志同

國史經籍志卷三正史同

四庫全書總目卷五十史部別史類存目史略詳註補遺大成十卷提要云明李紀撰紀字大正金谿人初元廬陵曾先之撰十八史略至宋而止（養新錄云二卷）明初臨川梁孟寅益以元事名十九史略然舛陋殊甚與史稿所言異俟攷養新錄卷六同提要或孟寅爲寅字也

〇五九　香雪崦丵書二十種（存十四種）：宋史叙録一卷　修明史史臣表一卷　（清）平步青撰　抄本　一册　浙江圖書館藏

館藏單位原題：香雪崦叢書：宋史叙録一卷　稿本　修明史史臣表一卷　稿本　香雪崦叢書册三十三

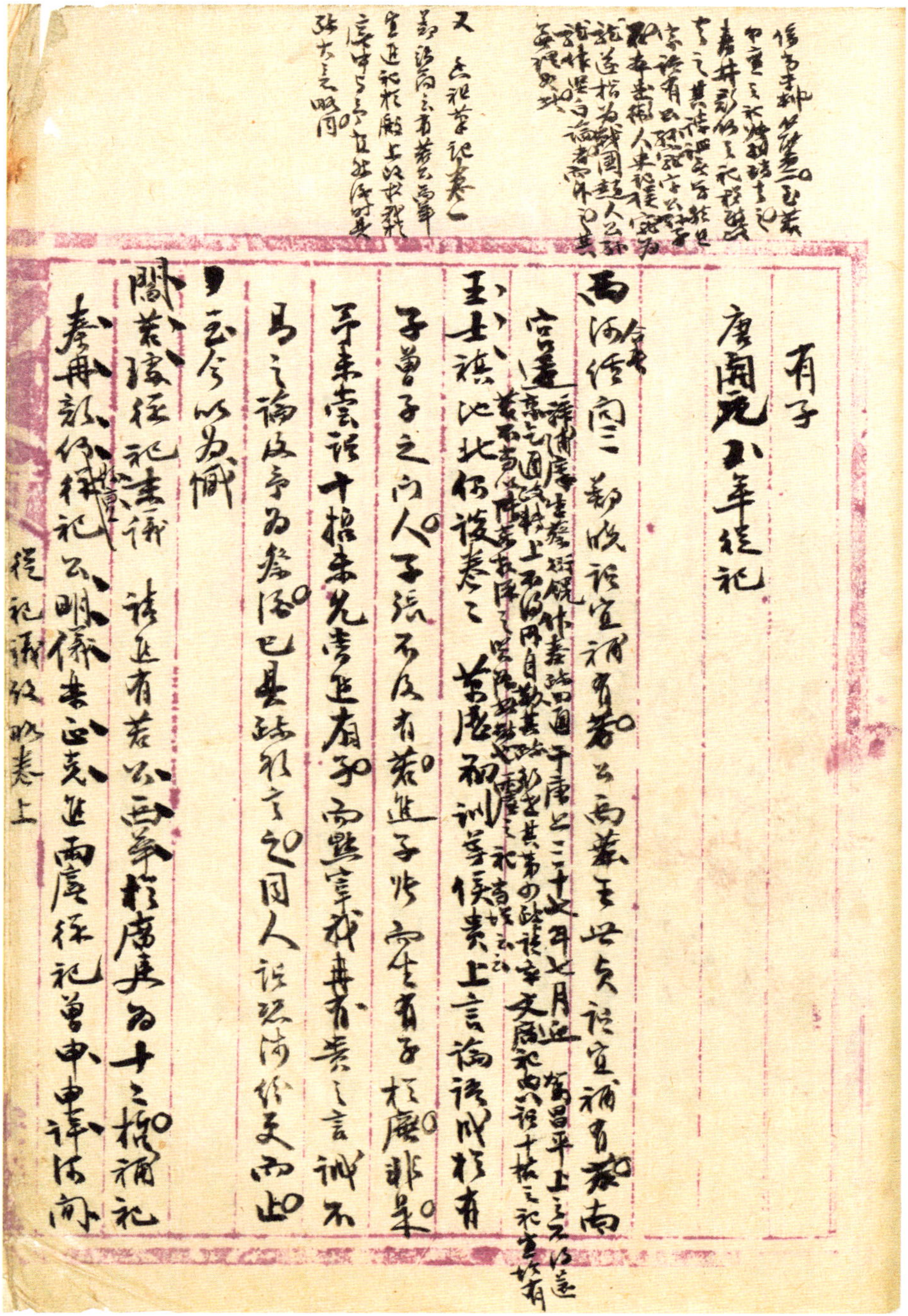
有子
唐開元八年從祀
從祀議攷略卷上

〇五九　香雪崦茟書二十種（存十四種）：文廟從祀議攷略二卷　（清）平步青撰　稿本　一册　國家圖書館藏

館藏單位原題：安越堂殘稿：安越堂殘稿册三

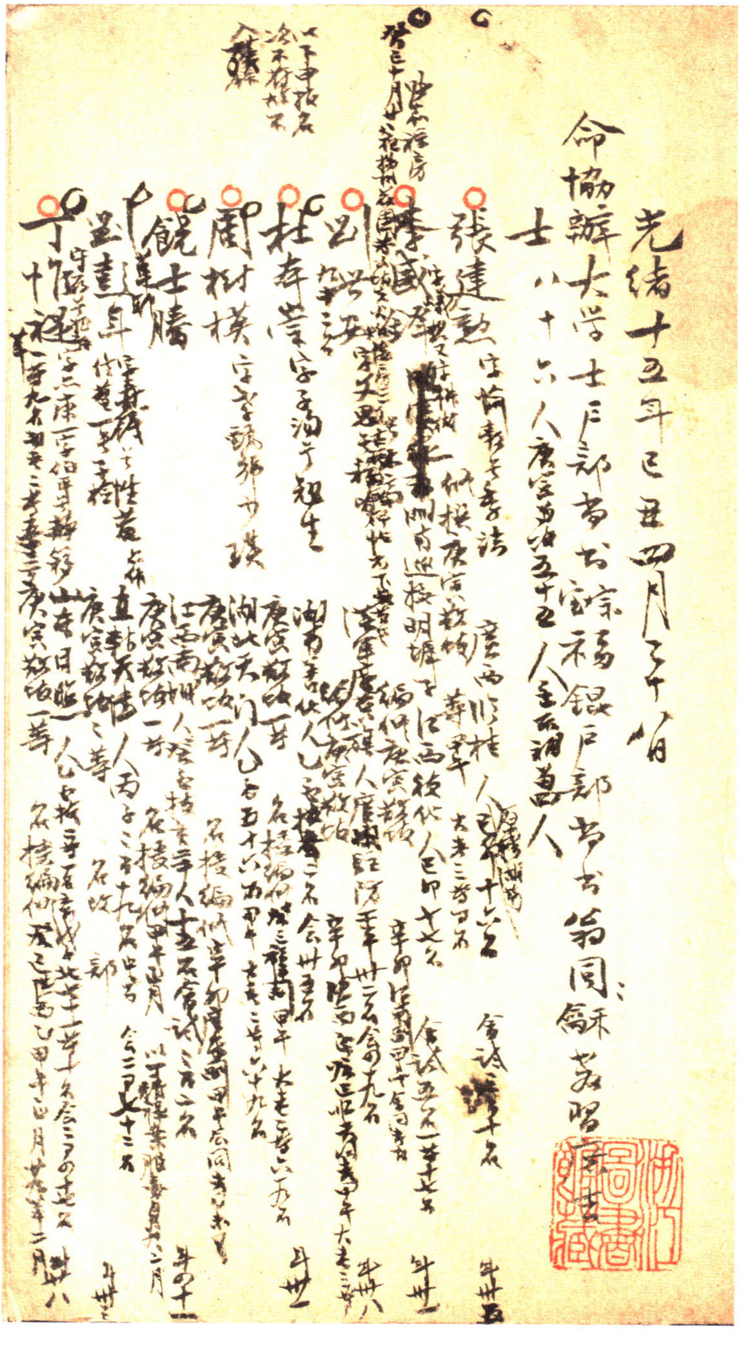
光緒十五年己丑四月二十四日

〇五九　香雪崦掌書二十種（存十四種）：國朝館藏選爵里謚法考續三卷　（清）平步青撰　稿本　一册　浙江圖書館藏

存一卷（續卷九）

館藏單位原題：國朝館藏選爵里謚法考九卷存三卷　國朝館藏選爵里謚法考　册二

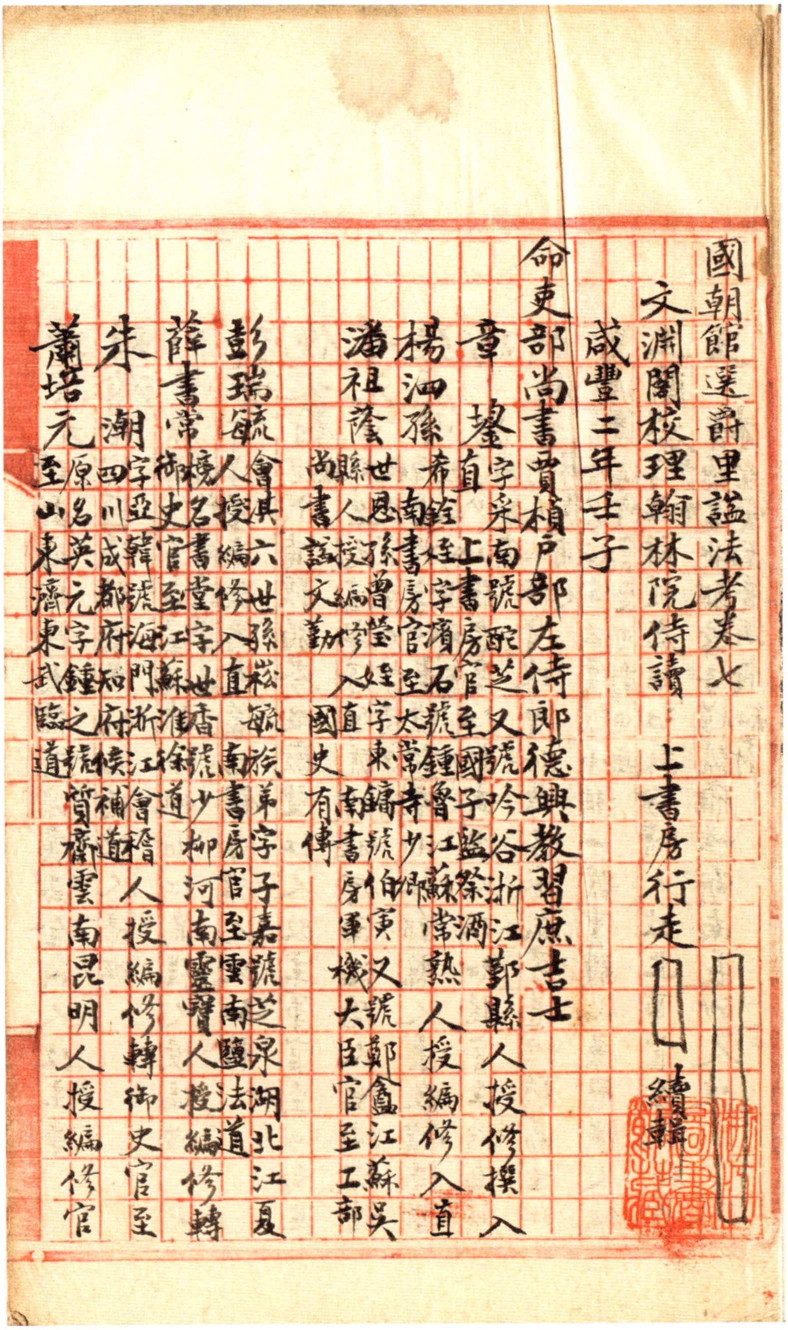

〇五九　香雪崦丵書二十種（存十四種）：國朝館藏選爵里謚法考續三卷　（清）平步青撰　稿本　一冊　浙江圖書館藏

館藏單位原題：國朝館藏選爵里謚法考九卷存三卷　國朝館藏選爵里謚法考　冊一

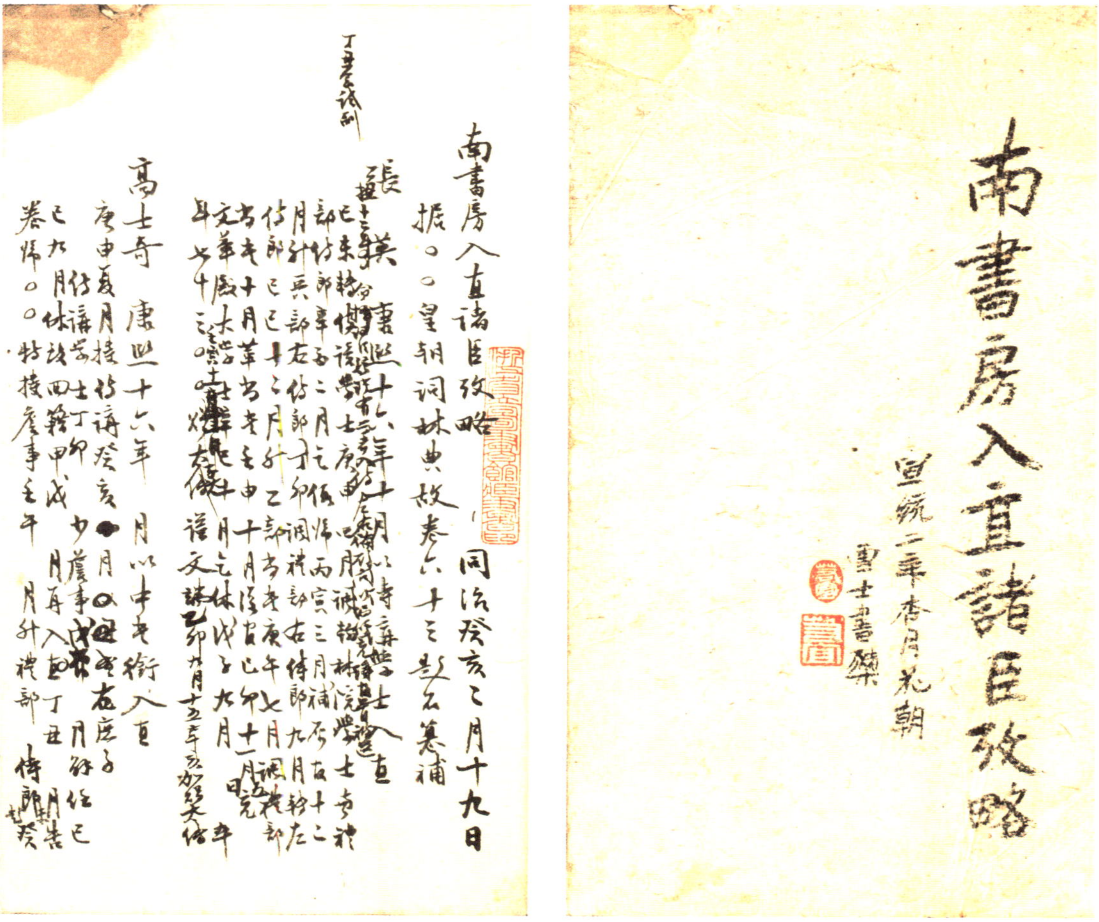

〇五九　香雪崦叢書二十種（存十四種）：南書房入直諸臣攷略一卷尚書房入直諸臣攷略一卷　（清）平步青撰　稿本　清平宜生題簽　一册　浙江圖書館藏

館藏單位原題：南書房入直诸臣攷略不分卷

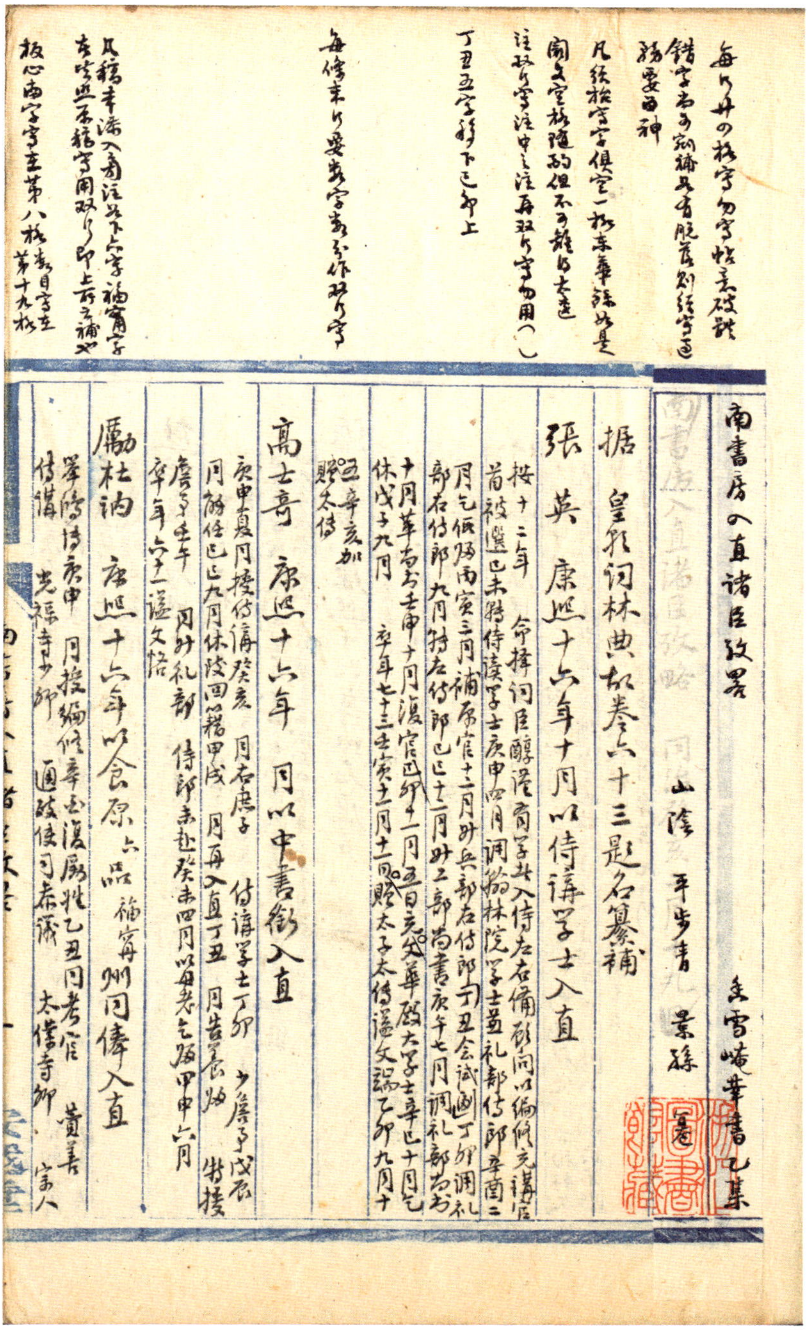

〇五九　香雪崦丵書二十種（存十四種）：南書房入直諸臣考畧一卷尚書房入直諸臣考畧一卷　（清）平步青撰　稿本　一册　浙江圖書館藏

館藏單位原題：香雪崦叢書：南書房入直諸臣考畧一卷尚書房入直諸臣考畧一卷　香雪崦叢書册三十八

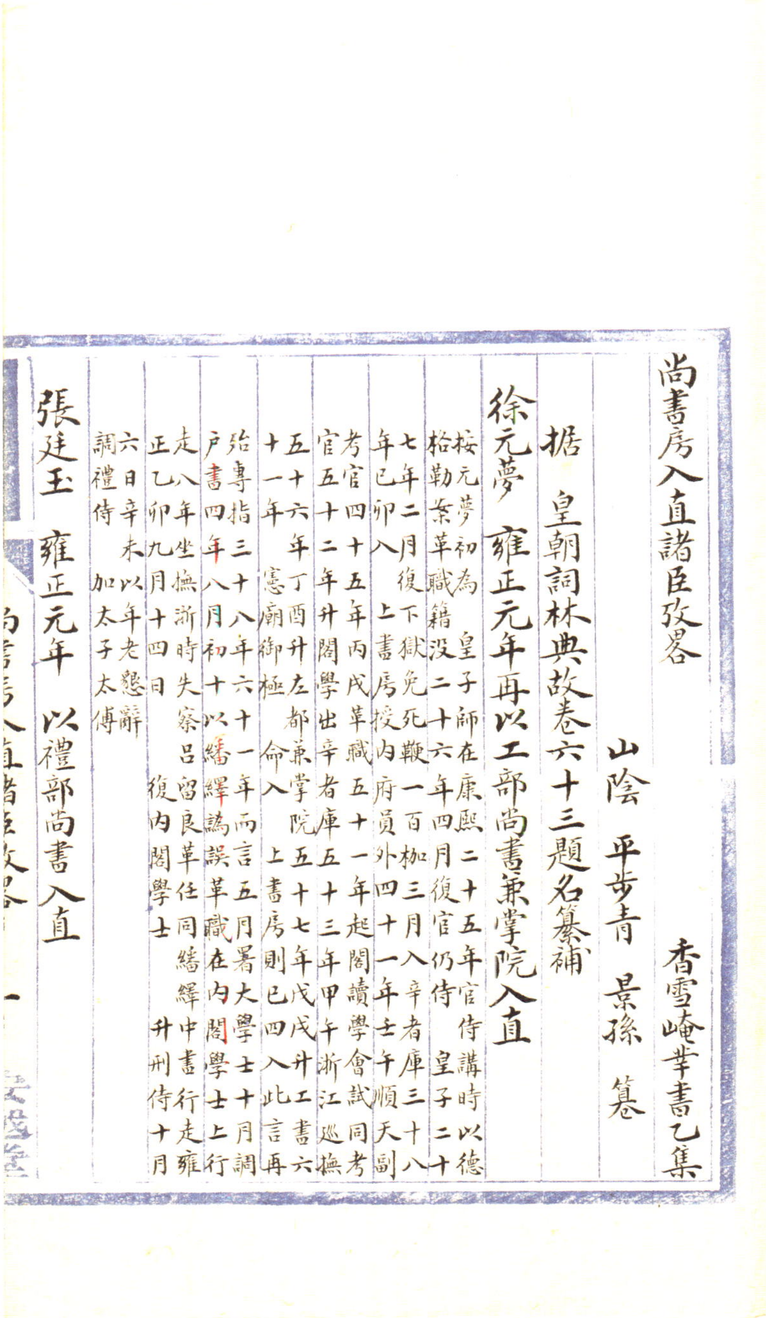

尚書房入直諸臣攷畧　　香雪崦丵書乙集
山陰　平步青　景孫　纂
据　皇朝詞林典故卷六十三題名纂補
徐元夢　雍正元年再以工部尚書兼掌院入直
按元夢初為　皇子師在康熙二十五年官侍講時以德
格勒案革職籍沒二十六年四月復官仍侍　皇子二十
七年二月復下獄免死鞭一百枷三月入辛者庫三十八
年己卯八　上書房授內府員外四十一年壬午順天副
考官四十五年丙戌革職五十一年起閣讀學會試同考
官五十二年升閣學出辛者庫五十三年甲午浙江巡撫
五十六年丁酉升左都兼掌院五十七年戊戌升工書六
十一年　憲廟御極　命入　上書房則已四入此言再
殆專指三十八年六十一年兩言五月署大學士十月調
戶書四年八月初十以繙繹訛誤革職在內閣學士上行
走八年坐撫浙時失察呂留良革任同繙繹中書行走雍
正乙卯九月十四日　復內閣學士　升刑侍十月
六日辛未以年老懇辭
調禮侍　加太子太傅
張廷玉　雍正元年　以禮部尚書入直

尚書房入直諸臣攷畧　一　安越堂

〇五九　香雪崦丵書二十種（存十四種）：尚書房入直諸臣考畧一卷南書房入直諸臣考畧一卷　（清）平步青撰　稿本　一册　國家圖書館藏

館藏單位原題：安越堂殘稿：尚書房入直諸臣考略二卷　安越堂殘稿册八

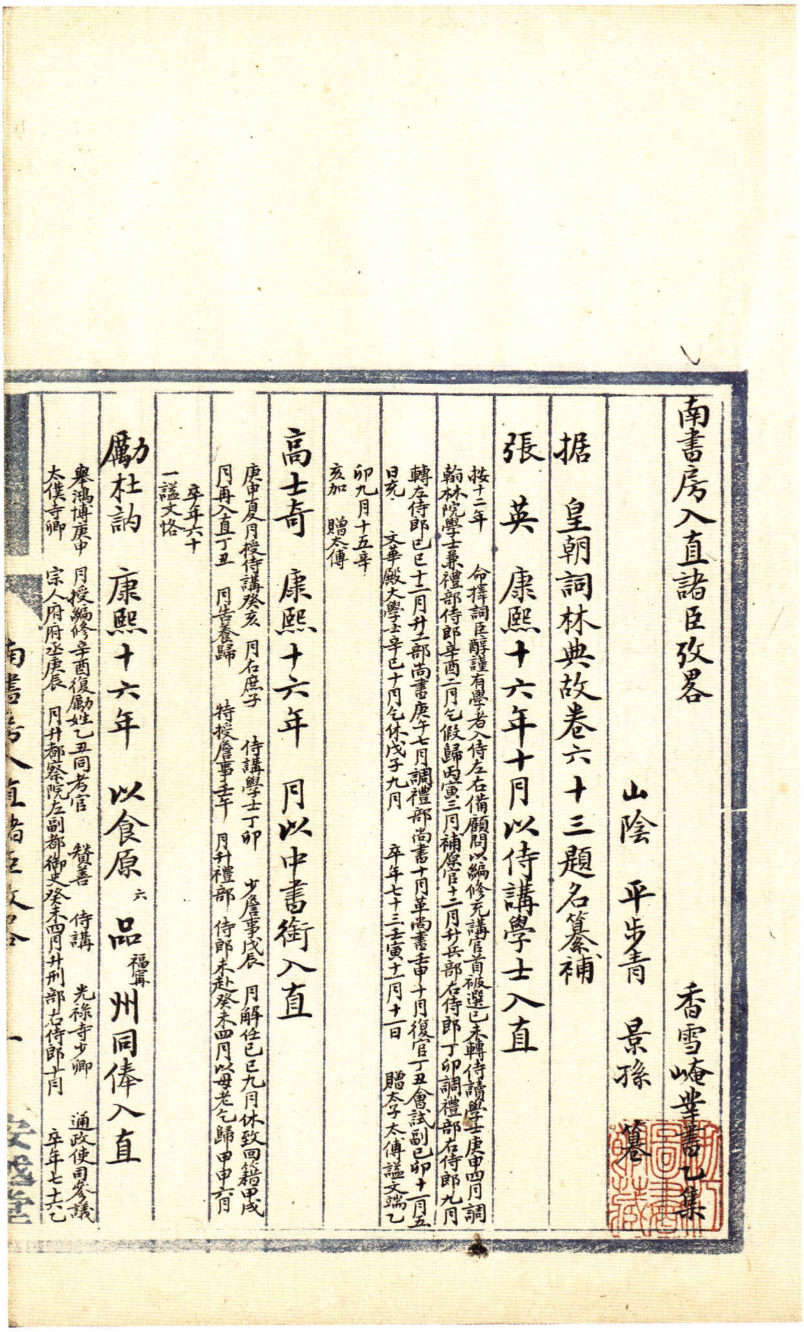
南書房入直諸臣攷畧

山陰 平步青 景孫 纂　香雪崦叢書乙集

據 皇朝詞林典故卷六十三題名纂補

張英 康熙十六年十月以侍講學士入直

按十二年 命擇詞臣醇謹有學者入侍左右備顧問以編修充講官首被選己未轉侍讀學士庚申四月調翰林院學士兼禮部侍郎辛酉二月乞假歸丙寅三月補原官十二月升兵部右侍郎丁卯調禮部右侍郎九月轉左侍郎己巳十二月升工部尚書庚午七月調禮部尚書十月革尚書壬申十月復官丁丑會試副己卯十一月五日充 文華殿大學士辛巳十月乞休戊子九月 卒年七十三壬寅十二月十一日 贈太子太傅謚文端乙卯九月十五年亥加 贈太傅

高士奇 康熙十六年 月以中書銜入直

庚申夏 月授侍講癸亥 月右庶子 侍講學士丁卯 少詹事戊辰 月解任己巳九月休致回籍甲戌 月再入直丁丑 月告養歸 特授詹事壬午 月升禮部 侍郎未赴癸未四月以母老乞歸甲申六月 卒年六十一謚文恪

勵杜訥 康熙十六年 以食原六品福寧州同俸入直

舉鴻博庚申 月授編修辛酉復勵姓乙丑同考官 贊善 侍講 光祿寺少卿 通政使司參議 太僕寺卿 宗人府府丞庚辰 月升都察院左副都御史癸未四月升刑部右侍郎十月 卒年七十六乙

〇五九　香雪崦丛書二十種（存十四種）：南書房入直諸臣考畧一卷尚書房入直諸臣考畧一卷　（清）平步青撰　稿本　一册　浙江圖書館藏

館藏單位原題：香雪崦叢書：南書房入直諸臣考畧一卷尚書房入直諸臣考畧一卷　香雪崦叢書册三十九

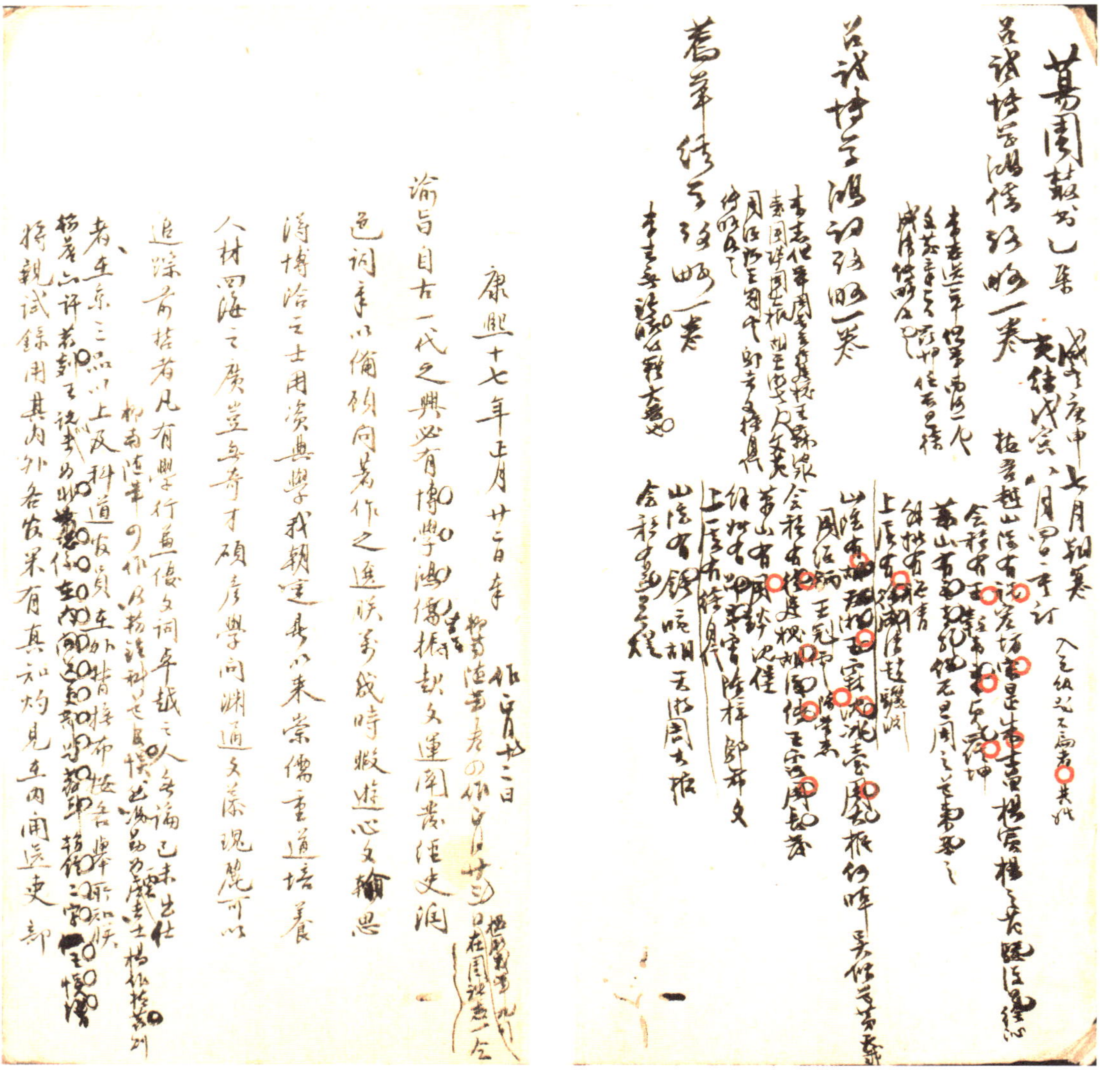
葛園叢書乙集

召試博學鴻儒攷略一卷

召試博學鴻詞攷略一卷

薦舉經學攷略一卷

康熙十七年正月廿三日奉

諭旨自古一代之興必有博學鴻儒振起文運闡發經史潤色詞章以備顧問著作之選朕萬幾時暇遊心文翰思得博洽之士用資典學我朝定鼎以來崇儒重道培養人材四海之廣豈無奇才碩彥學問淵通文藻瑰麗可以追蹤前哲者凡有學行兼優文詞卓越之人不論已未出仕著在京三品以上及科道官員在外督撫布按各舉所知朕將親試録用其内外各官果有真知灼見在内開送吏部

〇五九　香雪崦叢書二十種（存十四種）：召試博學鴻儒攷略一卷召試博學鴻詞攷略一卷薦舉經學攷略一卷　（清）平步青撰　稿本　一册　浙江圖書館藏

館藏單位原題：葛園叢書（存三種）

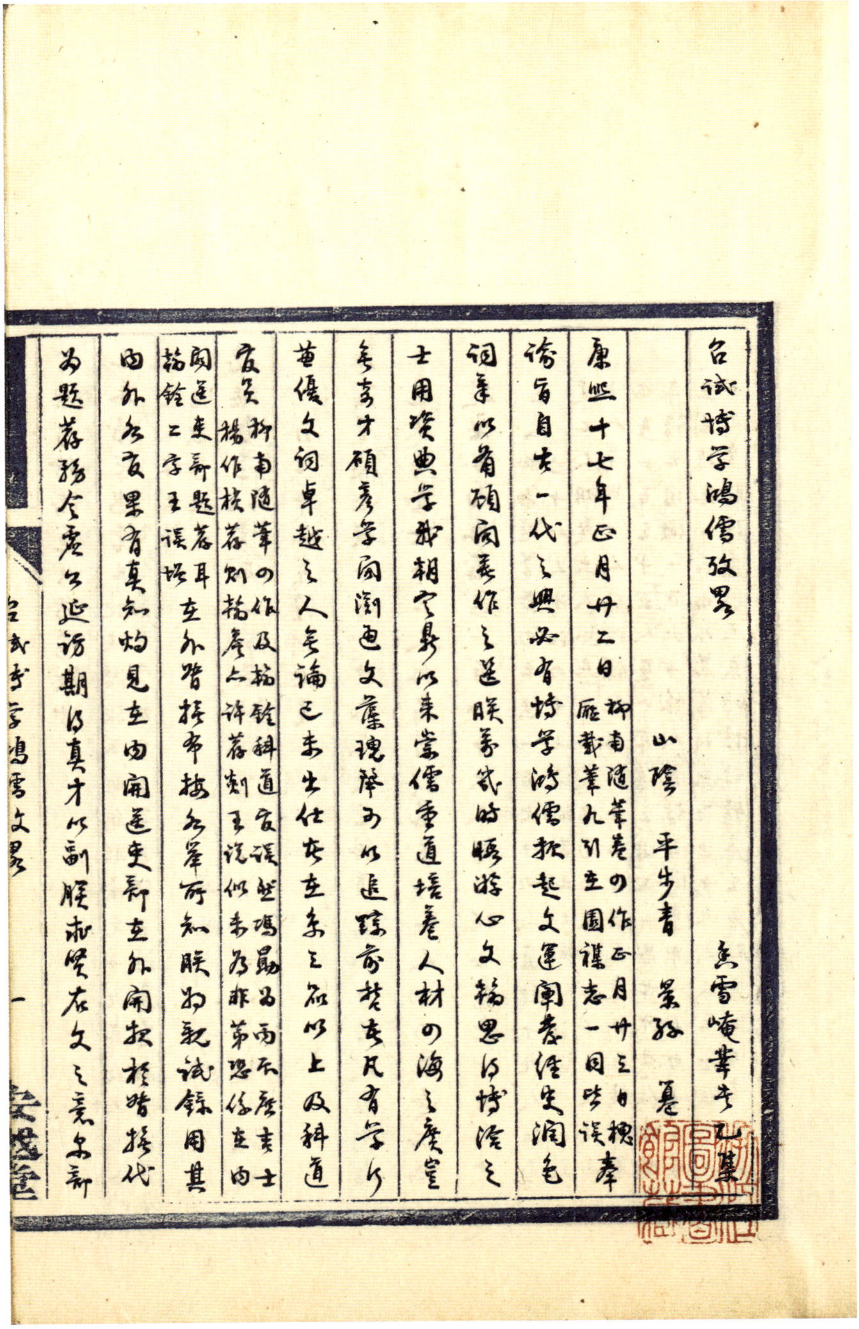

召試博學鴻儒攷畧　　香雪崦叢書之九

山陰　平步青　景孫　纂

康熙十七年正月廿二日（柳南隨筆卷四作正月廿三日揔奉 歷載叢九引在園雜志一同此誤）

諭旨自古一代之興必有博學鴻儒振起文運闡發經史潤色詞章以備顧問著作之選朕萬幾時暇游心文翰思得博通之士用資典學我朝定鼎以來崇儒重道培養人材四海之廣豈無奇才碩彥學問淵通文藻瑰麗可以追蹤前哲者凡有學行兼優文詞卓越之人不論已未出仕著在京三品以上及科道官員（柳南隨筆四作及翰詹科道官員 蓋鴻勗為兩衙堂士 翰作核薦則翰詹亦許薦則王說似未為非第恐係在內翰詹二字王誤也）開送吏部題薦其在外督撫布按各舉所知朕將親試錄用其內外各官果有真知灼見在內開送吏部在外開報督撫代為題薦務令虛公延訪期得真才以副朕求賢右文之意吏部

召試博學鴻儒攷畧　一

安越堂

○五九　香雪崦叢書二十種（存十四種）：召試博學鴻儒攷畧一卷召試博學鴻詞攷畧一卷薦舉經學攷畧一卷　（清）平步青撰　稿本　一册　浙江圖書館藏

館藏單位原題：香雪崦叢書：召試博學鴻儒考略一卷召試博學鴻詞考略一卷薦舉經學考略一卷　香雪崦叢書册二

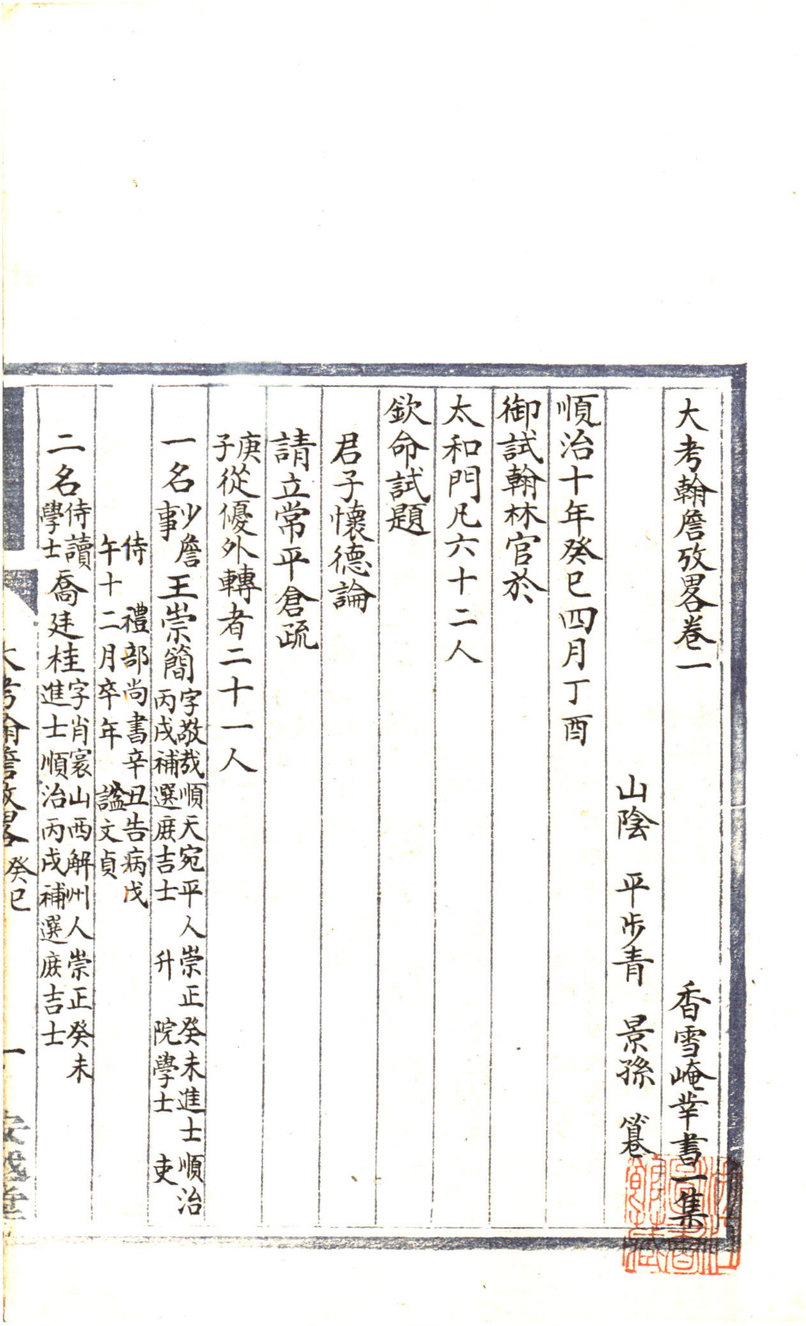
大考翰詹攷畧卷一　　香雪崦䓕書一集
山陰　平步青　景孫　纂
順治十年癸巳四月丁酉
御試翰林官於
太和門凡六十二人
欽命試題
君子懷德論
請立常平倉疏
庚子從優外轉者二十一人
一名少詹事王崇簡字敬哉順天宛平人崇正癸未進士順治丙戌補選庶吉士　升　院學士　吏
侍　禮部尚書辛丑告病戊午十二月卒年　謚文貞
二名侍讀學士喬廷桂字肖宸山西解州人崇正癸未進士順治丙戌補選庶吉士
大考翰詹攷畧　癸巳　一　安越堂

〇五九　香雪崦䓕書二十種（存十四種）：大考翰詹攷畧二卷　（清）平步青撰　稿本　一册　浙江圖書館藏

館藏單位原題：香雪崦叢書：大考翰詹考略一卷　香雪崦叢書册二十五

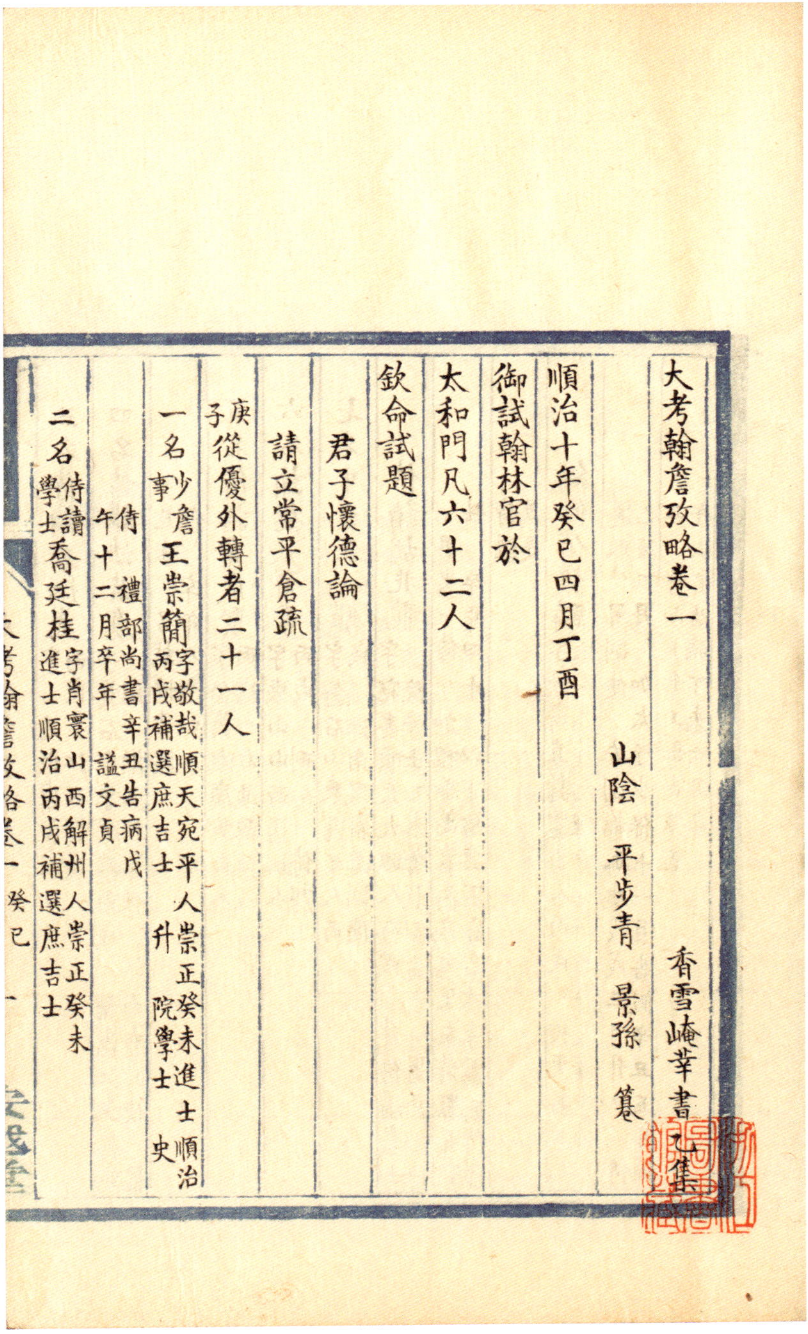

大考翰詹攷略卷一　　香雪崦茟書

山陰　平步青　景孫　篹

順治十年癸巳四月丁酉

御試翰林官於

太和門凡六十二人

欽命試題

君子懷德論

請立常平倉疏

庚子從優外轉者二十一人

一名少詹事王崇簡字敬哉順天宛平人崇正癸未進士順治丙戌補選庶吉士升　院學士　史侍禮部尚書辛丑告病戊午十二月卒年　謚文貞

二名侍讀學士喬廷桂字肖寰山西解州人崇正癸未進士順治丙戌補選庶吉士

大考翰詹攷略卷一　癸巳　一　安越堂

〇五九　香雪崦茟書二十種（存十四種）：大考翰詹攷略二卷　（清）平步青撰　抄本　二册　浙江圖書館藏卷一（册一）　館藏單位原題：香雪崦叢書：大考翰詹考略一卷　香雪崦叢書册二十六　國家圖書館藏卷二（册二）　館藏單位原題：安越堂殘稿：大考翰詹考略一卷　安越堂殘稿册九

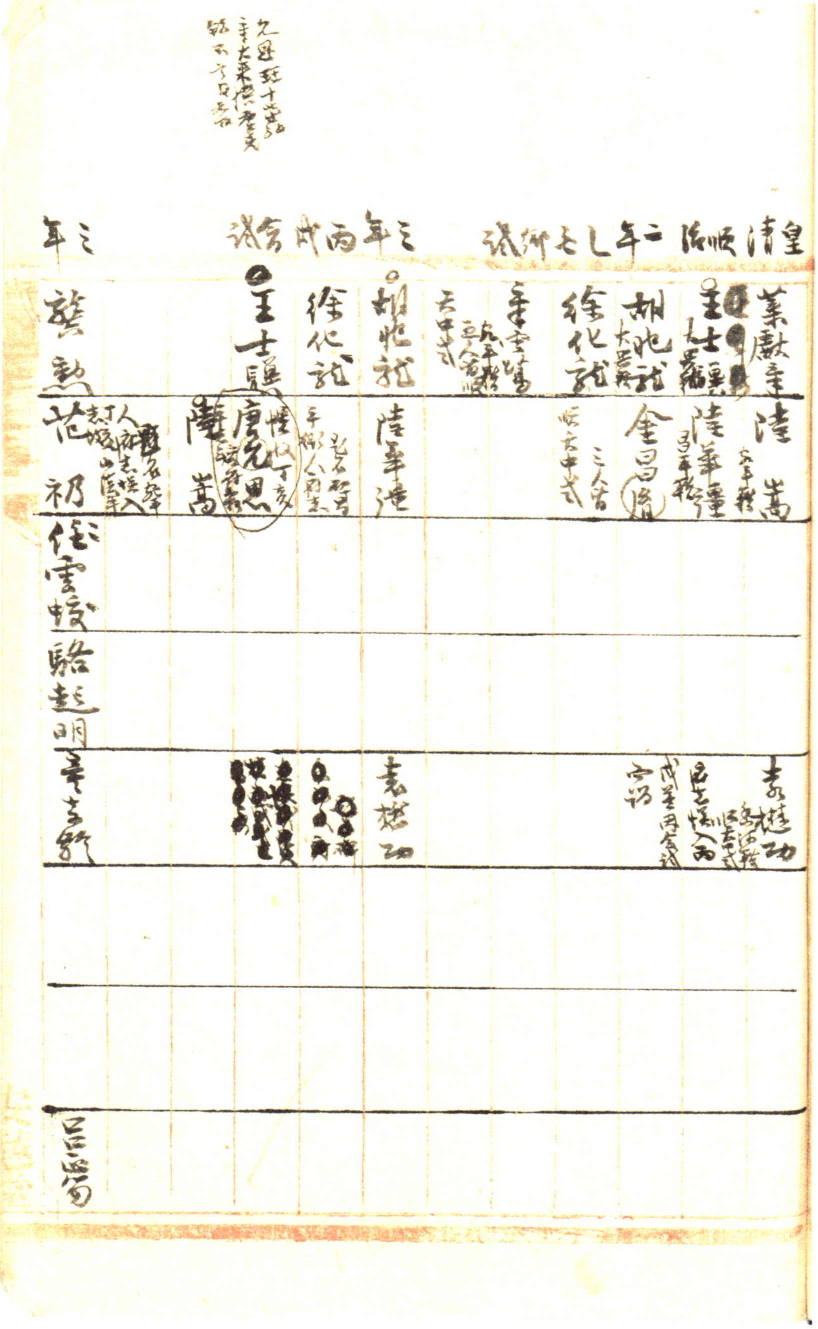

皇清順治二年乙酉浙江鄉試 三年丙戌會試 三年

〇五九　香雪崦丛書二十種（存十四種）：越中科第表二卷

（清）平步青撰　稿本　一册　國家圖書館藏

存一卷（卷二）

館藏單位原題：安越堂殘稿：越中科第表二卷又一卷　安越堂殘稿册十二）

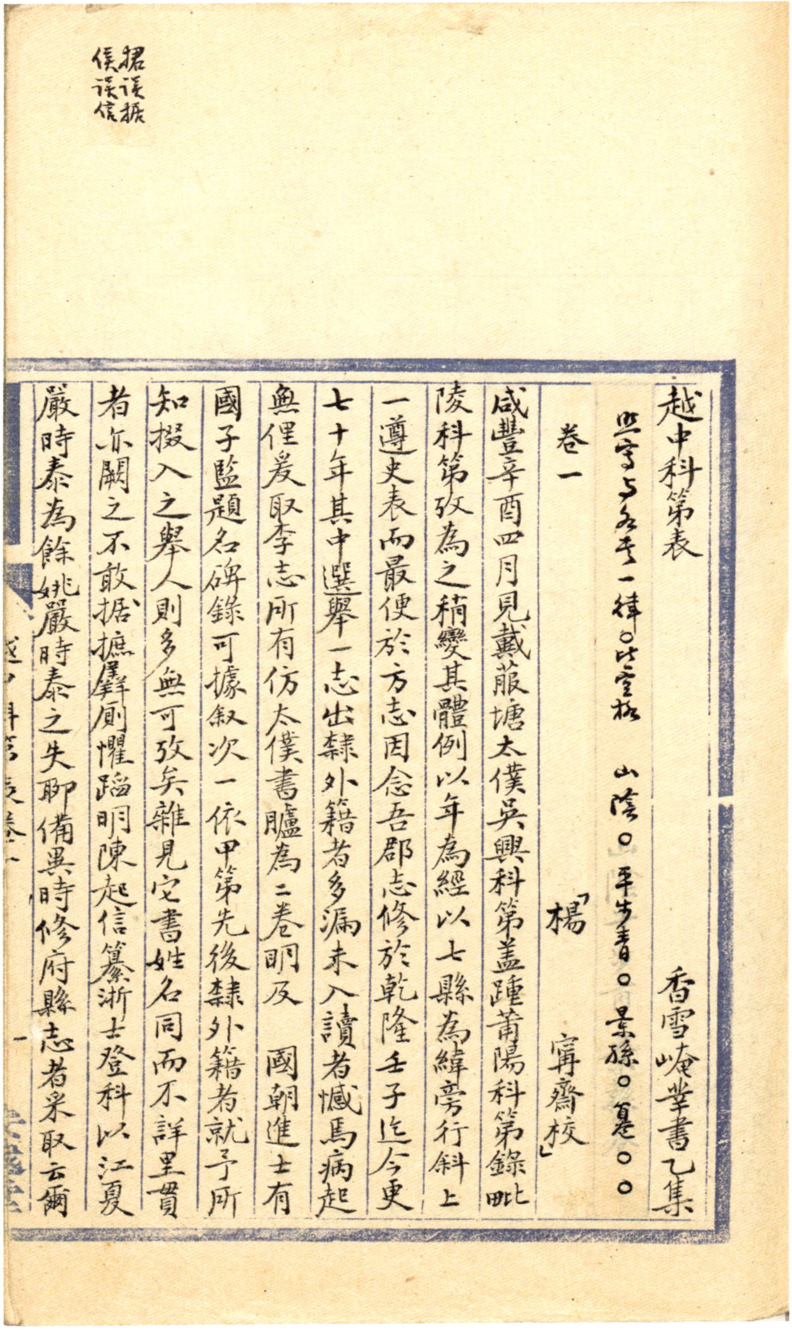

据誤摭
候誤信

越中科第表　　香雪崦丵書乙集

此字與各本一律○比字空格　山陰○平步青○景孫○甚○○

卷一　　「楊　寗齋校」

咸豐辛酉四月見戴蔽塘太僕吳興科第盖踵莆陽科第錄毗陵科第攷爲之稍變其體例以年爲經以七縣爲緯旁行斜上一遵史表而最便於方志因念吾郡志修於乾隆壬子迄今更七十年其中選舉一志出隷外籍者多漏未入讀者憾焉病起無俚爰取李志所有仿太僕書臚爲二卷明及　國朝進士有國子監題名碑錄可據叙次一依甲第先後隷外籍者就予所知援入之舉人則多無可攷矣雖見它書姓名同而不詳里貫者亦闕之不敢据摭孱厠慎蹈明陳起信纂浙士登科以江夏嚴時泰爲餘姚嚴時泰之失聊備異時修府縣志者采取云爾

越中科第表卷一　一

〇五九　香雪崦丵書二十種（存十四種）：越中科第表二卷　（清）平步青撰　抄本　楊越校　二册　國家圖書館藏卷一（册一）　館藏單位原題：安越堂殘稿：越中科第表二卷又一卷　稿本　安越堂殘稿册十　浙江圖書館藏卷二（册二）　館藏單位原題：香雪崦叢書：越中科第表二卷　稿本　香雪崦叢書册三十七

越中科第表　香雪崦掌書乙集

山陰　平步青　景孫　篹

卷一

咸豐辛酉四月見戴菔塘太僕吳興科第蓋踵莆陽科第錄毗陵科第攷為之稍變其體例以年為經以七縣為緯旁行斜上一遵史表而最便於方志因念吾郡志修於乾隆壬子迄今更七十年其中選舉一志出隸外籍者多漏未入讀者憾焉病起無俚爰取李志所有仿太僕書臚為二卷明及　國朝進士有　國子監題名碑錄可據敘次一依甲第先後隸外籍者就予所知掇入之舉人則多無可攷矣雜見它書姓名同而不詳里貫者亦闕之不敢据摭羼廁懼蹈明陳起侯纂浙士登科以江夏嚴時泰為餘姚嚴時泰之失聊備異時修府縣志者采取云爾

越中科第表卷一　一

〇五九　香雪崦掌書二十種（存十四種）：越中科第表二卷　（清）平步青撰　抄本　二册　浙江圖書館藏卷一（册一）　館藏單位原題：香雪崦叢書：越中科第表　香雪崦叢書册三十六　國家圖書館藏卷二（册二）　館藏單位原題：安越堂殘稿：越中科第表二卷又一卷　稿本　安越堂殘稿册十一

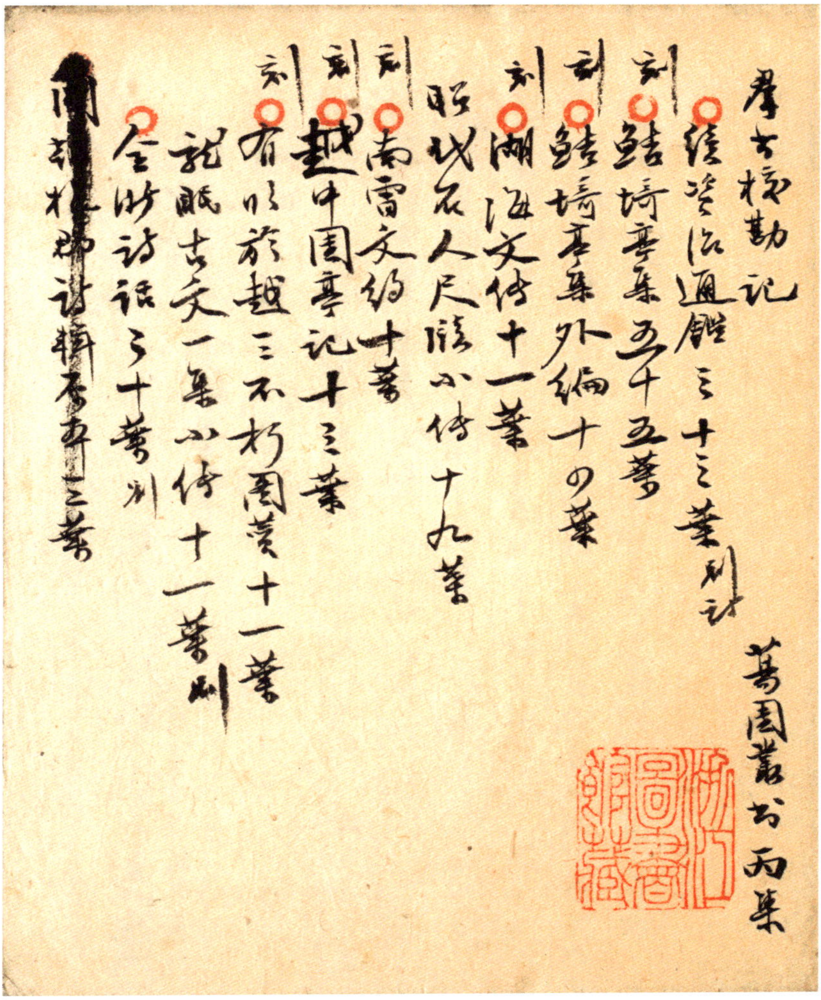

○五九 香雪崦堂書二十種（存十四種）：羣書斠識初稾不分卷 （清）平步青撰 稿本 雪扶題記 五册 浙江圖書館藏

第三批《浙江省珍貴古籍名録》，名録編號 00496

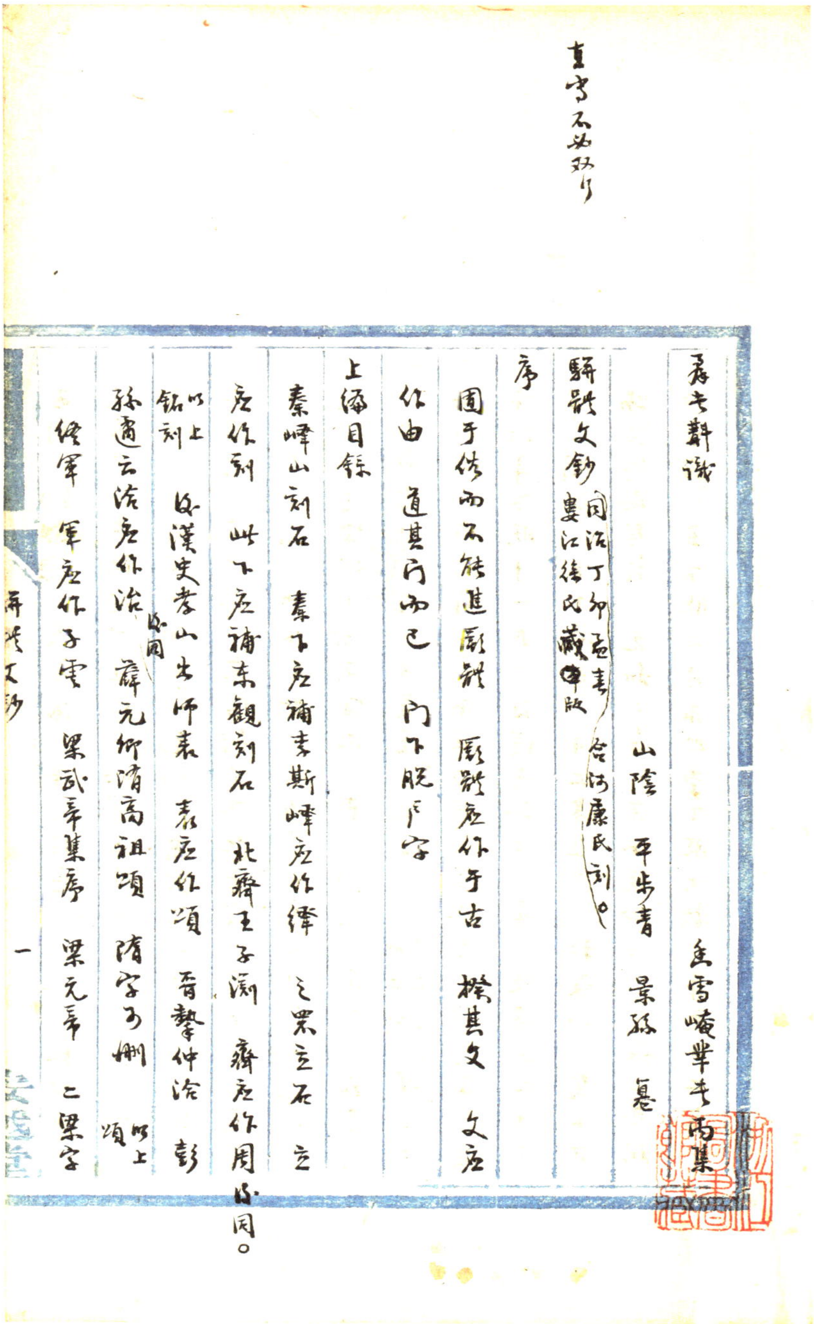

〇五九　香雪崦叢書二十種（存十四種）：羣書斠識　（清）平步青撰　稿本　四册　浙江圖書館藏

館藏單位原題：香雪崦叢書：羣書斠識□□卷　香雪崦叢書册九至十二

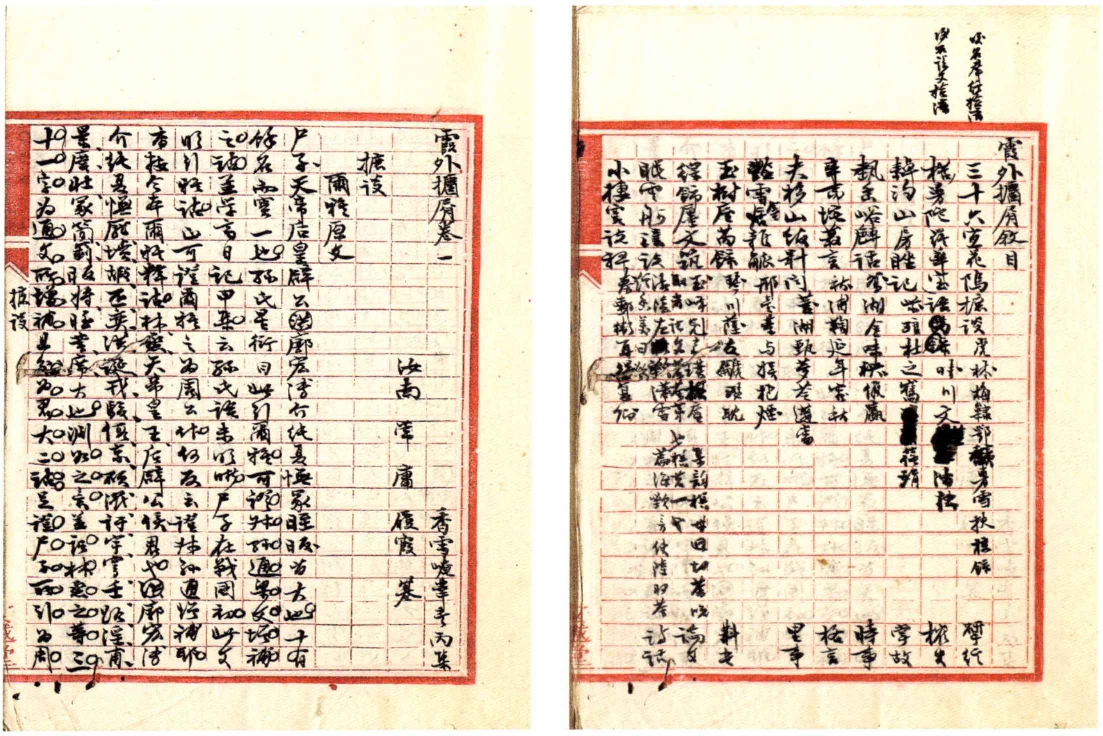

〇五九　香雪崦業書二十種（存十四種）：霞外攟屑十二卷附一卷　（清）平步青撰　稿本　十册　浙江圖書館藏卷一（册一）、卷七和卷十一（册六）　館藏單位原題：香雪崦叢書：霞外攟屑十二卷　存卷一、七、十一至十二　香雪崦叢書册十八、十九　國家圖書館藏卷二至四（册二至四）、卷五至六（册五）、卷九至十（册七至八）、卷十二和附一卷（册九至十）　館藏單位原題：安越堂殘稿：霞外攟屑三卷　安越堂殘稿册十四至十七、二十二至二十五

共存十二卷（卷一至七、九至十二、附一卷）

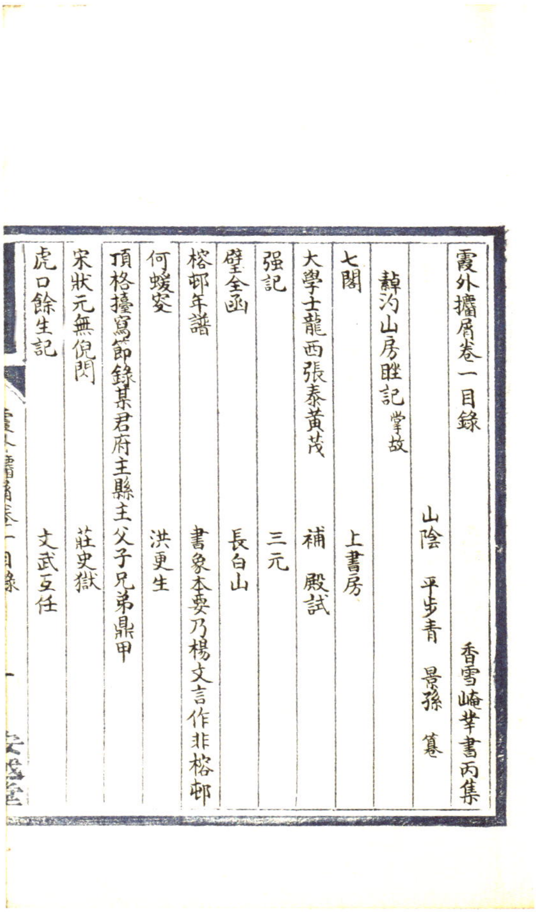
霞外攟屑卷一目錄　　香雪崦芉書丙集
山陰　平步青　景孫　纂
韡汮山房脞記 掌故
七閣　上書房
大學士龍西張泰黄茂　補　殿試
强記　三元
璧全函　長白山
榕邨年譜　書象本要乃楊文言作非榕邨
何蝬叜　洪更生
項格擡寫節錄某君府主縣主父子兄弟鼎甲
宋狀元無倪閔　莊史獄
虎口餘生記　文武互任

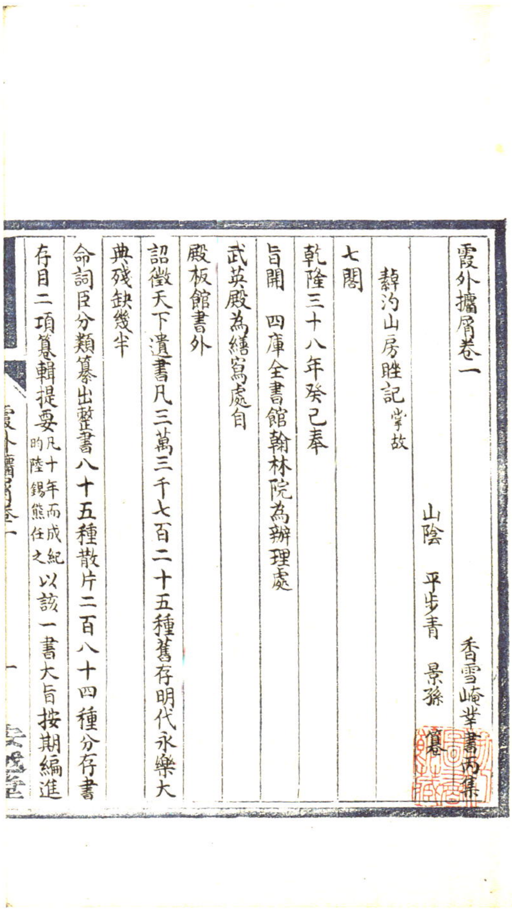
霞外攟屑卷一　香雪崦芉書丙集
山陰　平步青　景孫　纂
韡汮山房脞記 掌故
七閣
乾隆三十八年癸巳奉
旨開　四庫全書館翰林院為辦理處
武英殿為繕寫處自
殿板館書外
詔徵天下遺書凡三萬三千七百二十五種舊存明代永樂大
典殘缺幾半
命詞臣分類纂出璧書八十五種散片二百八十四種分存書
存目二項蒐輯提要凡十年而成紀昀陸錫熊任之以該一書大旨按期編進

〇五九　香雪崦芉書二十種（存十四種）：霞外攟屑十卷　（清）平步青撰　抄本　九册　浙江圖書館藏卷一（册一）、卷二至三（册二）、卷四至五（册三）、卷六上半部（册四）、卷十（册九）　館藏單位原題：香雪崦叢書：霞外攟屑十卷文筑附録一卷　存卷一至六、十、文筑附録　香雪崦叢書册十三至十七　國家圖書館藏卷六下半部（册五）、卷七（册六）、卷八（册七）、卷九（册八）　館藏單位原題：安越堂殘稿：霞外攟屑三卷　安越堂殘稿册十八至二十一

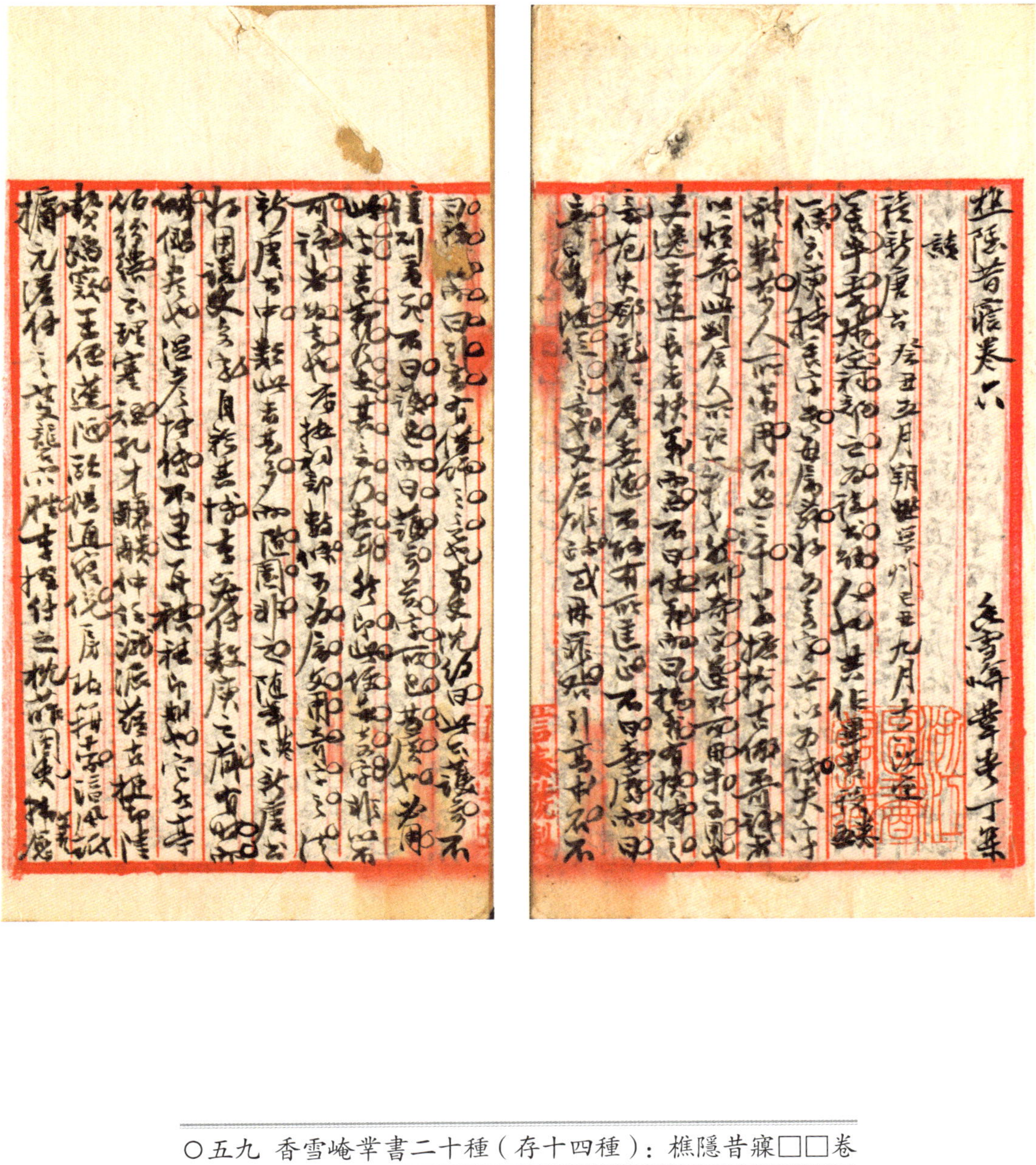

〇五九　香雪崦芉書二十種（存十四種）：樵隱昔寱□□卷

（清）平步青撰　稿本　清平宜生題簽　一册　浙江圖書館藏

存一卷（卷六）

館藏單位原題：樵隱昔寱二十卷存一卷

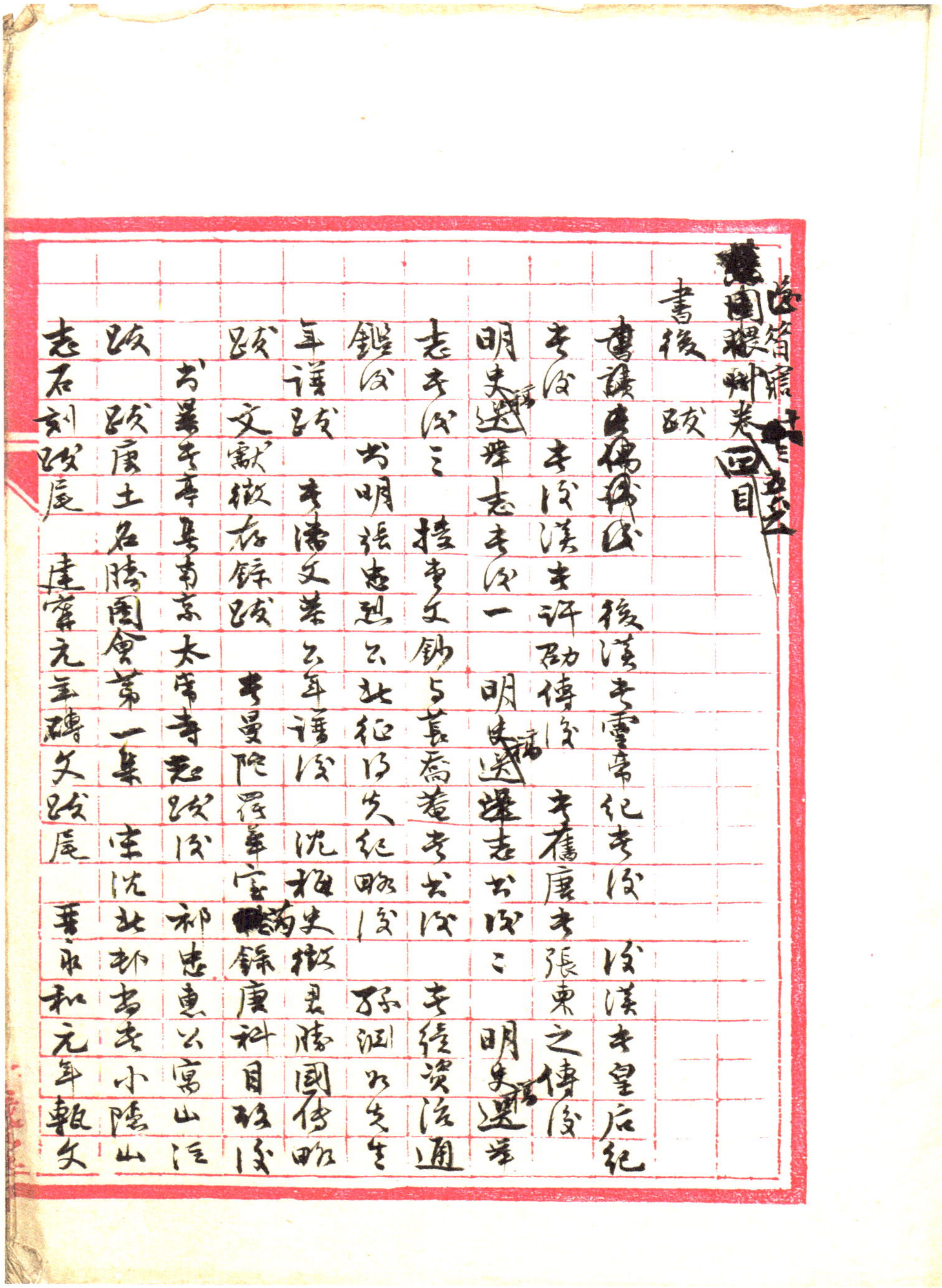

〇五九 香雪崦掌書二十種（存十四種）：樵隱昔寱二十卷

（清）平步青撰 稿本 一册 國家圖書館藏

存四卷（卷十二至卷十五）

館藏單位原題：安越堂殘稿：樵隱昔寱残稿四卷 安越堂殘稿册二十九

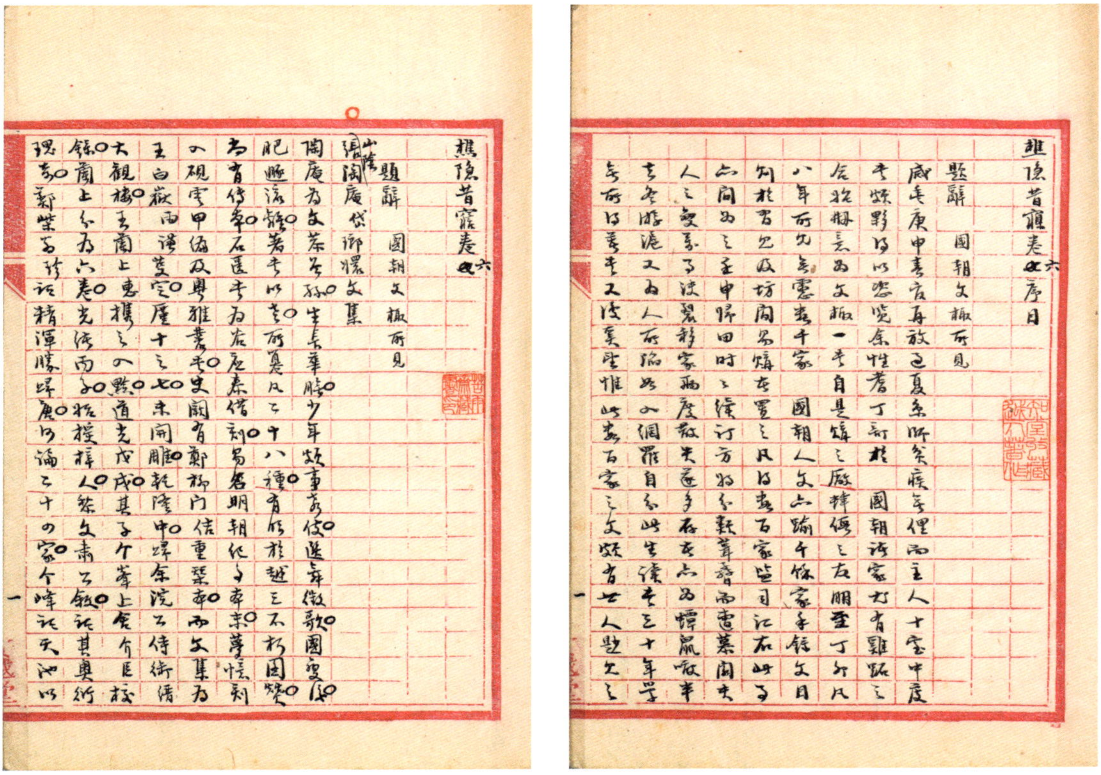

〇五九　香雪崦丵書二十種（存十四種）：樵隱昔寱二十卷

（清）平步青撰　楊越抄本　周作人題記并跋　二册　國家圖書館藏

存十卷（卷六至卷十五）

館藏單位原題：安越堂殘稿：樵隱昔寱残稿四卷　安越堂殘稿册三十至三十一

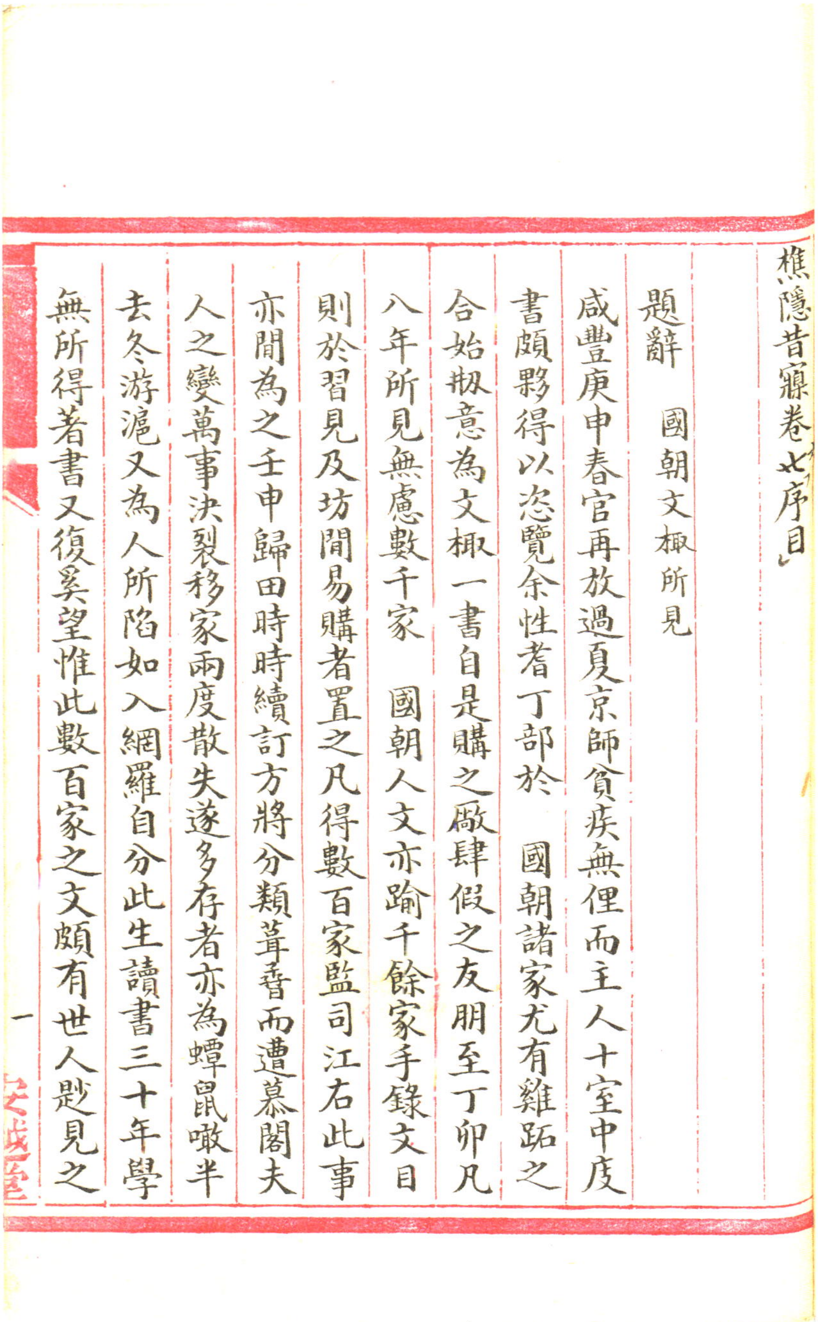
樵隱昔寱卷七序目

題辭　國朝文棷所見

咸豐庚申春官再放過夏京師貧疾無俚而主人十室中庋書頗夥得以恣覽余性耆丁部於　國朝諸家尤有雞跖之合始棷意為文棷一書自是購之廠肆假之友朋至丁卯凡八年所見無慮數千家　國朝人文亦踰千餘家手錄文目則於習見及坊間易購者置之凡得數百家監司江右此事亦間為之壬申歸田時時續訂方將分類葺晉而遭慕閣夫人之變萬事決裂移家兩度散失遂多存者亦為蟫鼠噉半去冬游滬又為人所陷如入網羅自分此生讀書三十年學無所得著書又復奚望惟此數百家之文頗有世人尠見之

一　安越堂

〇五九　香雪崦叢書二十種（存十四種）：樵隱昔寱二十卷　（清）平步青撰　稿本　二册　國家圖書館藏六卷（卷六至十一）　館藏單位原題：安越堂殘稿：樵隱昔寱殘稿四卷　安越堂殘稿册二十七　浙江圖書館藏八卷（卷十二至十九）　館藏單位原題：香雪崦叢書：樵隱昔寱二十卷　香雪崦叢書册八

共存十四卷（卷六至卷十九）

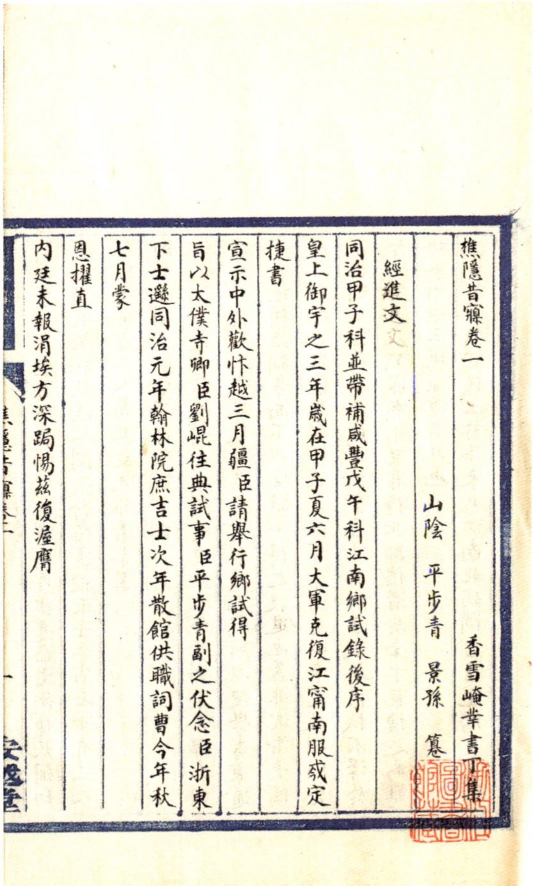

樵隱昔寱卷一　香雪崦茟書丁集

經進文　山陰　平步青　景孫　纂

同治甲子科並帶補咸豐戊午科江南鄉試錄後序

皇上御宇之三年歲在甲子夏六月大軍克復江甯南服戡定

捷書

宣示中外歡忭越三月疆臣請舉行鄉試得

旨以太僕寺卿臣劉崐往典試事臣平步青副之伏念臣浙東

下士遯同治元年翰林院庶吉士次年散館供職詞曹今年秋

七月蒙

恩擢直

內廷未報涓埃方深跼惕茲復渥膺

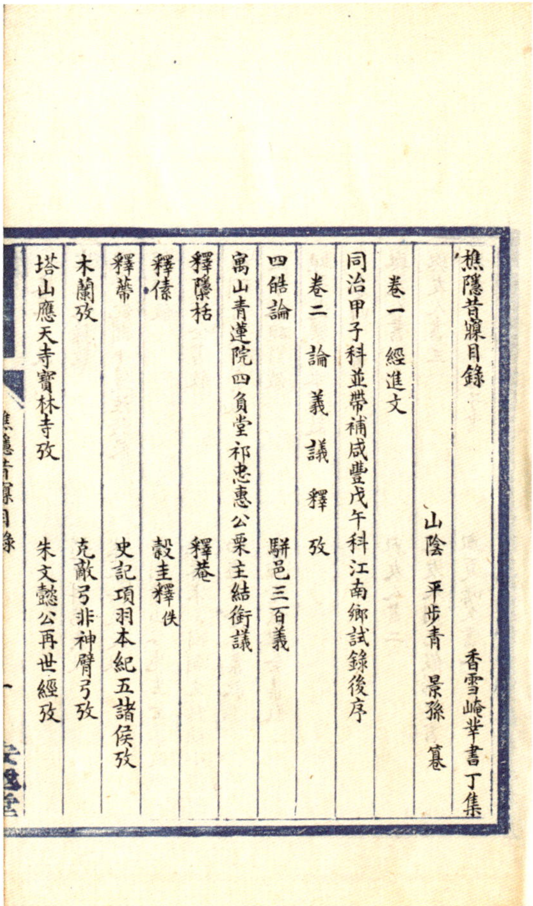

樵隱昔寱目錄　香雪崦茟書丁集

山陰　平步青　景孫　纂

卷一　經進文

同治甲子科並帶補咸豐戊午科江南鄉試錄後序

卷二　論　義　議　釋　攷

四皓論　駢邑三百義

富山青蓮院四負堂祀忠惠公栗主結銜議

釋隱栝　釋巷

釋儫　設圭釋佚

釋蔕　史記項羽本紀五諸侯攷

木蘭攷　克敵弓非神臂弓攷

塔山應天寺寶林寺攷　朱文懿公再世經攷

〇五九　香雪崦茟書二十種（存十四種）：樵隱昔寱二十卷　（清）平步青撰　稿本　四册　浙江圖書館藏十七卷（卷一至十一、卷十五至二十） 館藏單位原題：香雪崦叢書：樵隱昔寱二十卷　香雪崦叢書册四十一册至四十三　**國家圖書館藏三卷（卷十二至十四）** 館藏單位原題：安越堂殘稿：樵隱昔寱殘稿四卷　安越堂殘稿册二十八

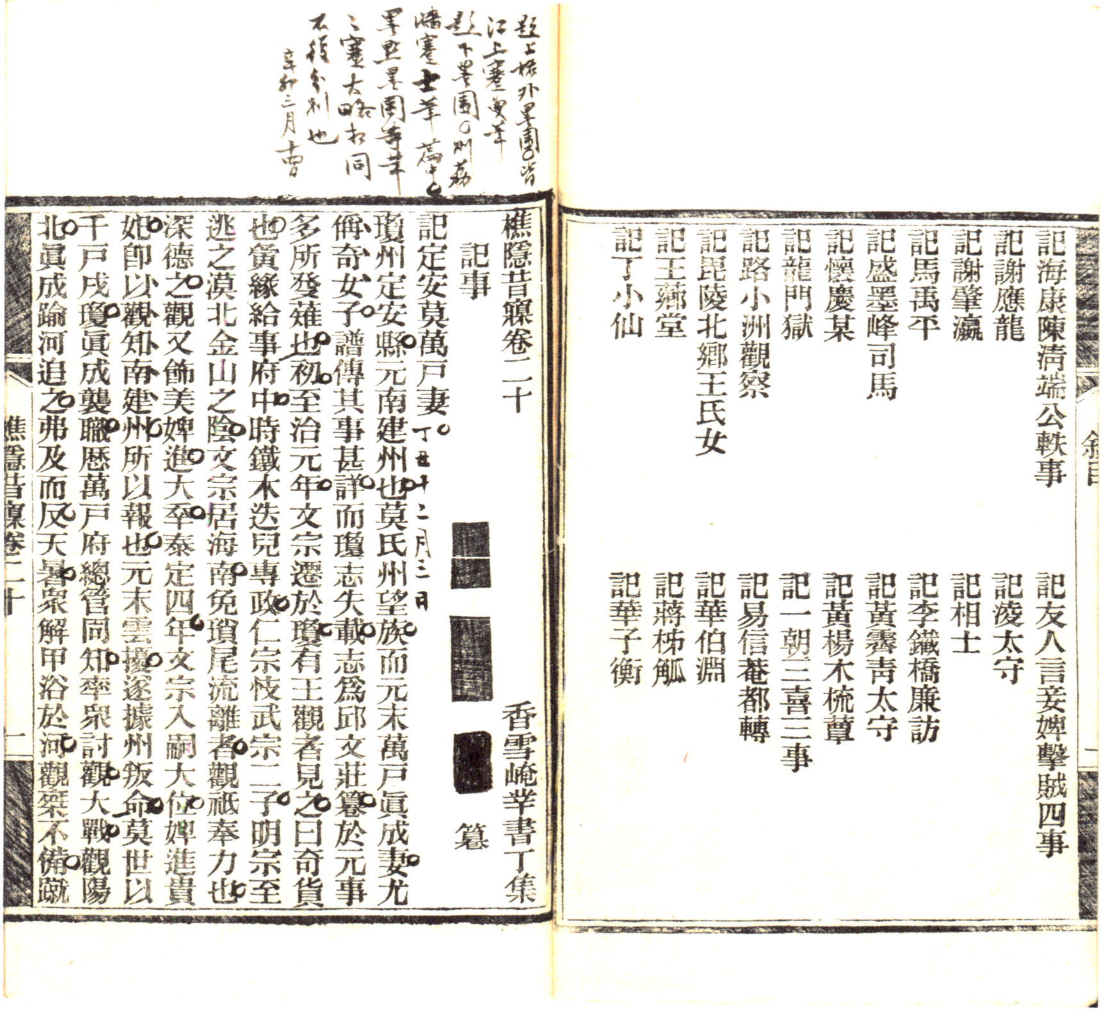
記海康陳清端公軼事
記謝應龍
記謝肇瀛
記馬禹平
記盛墨峰司馬
記懷慶某
記龍門獄
記路小洲觀察
記毘陵北鄉王氏女
記王薌堂
記丁小仙
記友人言妾婢擊賊四事
記淩太守
記相士
記李鐵橋廉訪
記黃霽青太守
記黃楊木梳萆
記一朝三喜三事
記易信菴都轉
記華伯淵
記蔣㭒瓠
記華子衡

樵隱昔寱卷二十　香雪崦芉書丁集

記事　纂

記定安莫萬戶妻

瓊州定安縣元南建州也莫氏州望族而元末萬戶貢成妻尤倜奇女子譜傳其事甚詳而瓊志失載志爲邱文莊纂於元事多所發薙也初至治元年文宗遷於瓊有王觀者見之曰奇貨也質緣給事府中時鐵木迭兒專政仁宗攸武宗二子明宗至逃之漠北金山之陰文宗居海南免瓊尾流離者觀祗奉力也深德之觀又飾美婢進大卒泰定四年文宗入嗣大位婢進貴妃即以觀知南建州所以報也元末雲擾遂據州叛命莫世以千戶戍瓊貢成襲職歷萬戶府總管同知率衆討觀大戰觀陽北貢成踰河追之弗及而反天暑衆解甲浴於河觀槧不備蹴

樵隱昔寱卷二十　一

〇五九　香雪崦芉書二十種（存十四種）：樵隱昔寱二十卷

（清）平步青撰　清刻本　汪曰楨 夏燮圈點并跋　一册　國家圖書館藏

存一卷（卷二十）

館藏單位原題：安越堂殘稿册三十二

陶方琦專集

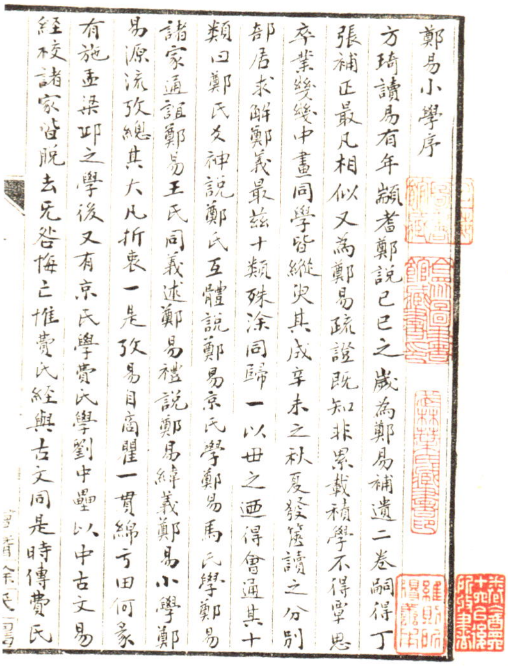
鄭易小學序
方琦讀易有年頗耆鄭說已巳之歲爲鄭易補遺二卷嗣得丁
張補正最凡相似又爲鄭易疏證既知非累載積學不得覃思
卒業紼縩中畫同學皆縱臾其成辛未之秋夏發篋讀之分別
部居求解鄭義最茲十類殊涂同歸一以卅之迺得會通其十
類曰鄭氏爻神說鄭氏互體說鄭易京氏學鄭易馬氏學鄭易
諸家通誼鄭易王氏同義述鄭易禮說鄭易緯義鄭易小學鄭
易源流攷總其大凡析衷一是攷易自商瞿一貫綿亙田何象
有施孟梁邱之學後又有京氏學費氏學劉中壘以中古文易
經校諸家皆脫去无咎悔亡惟費氏經與古文同是時傳費氏

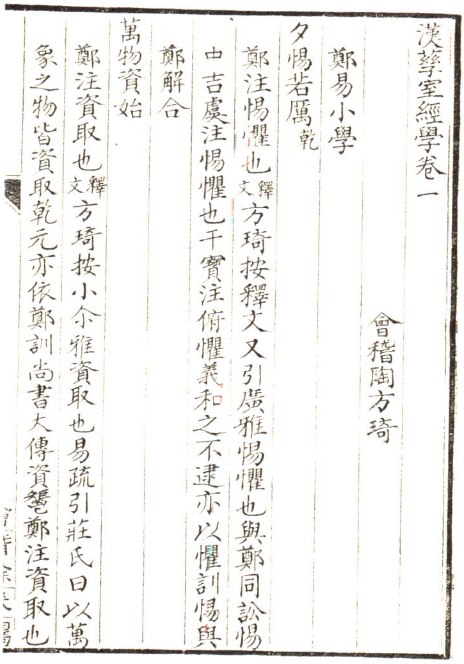
漢孳室經學卷一
會稽陶方琦
鄭易小學
夕愓若厲乾
鄭注愓懼也釋文方琦按釋文又引廣雅愓懼也與鄭同訟愓
中吉虞注愓懼也干寶注俯懼義和之不逮亦以懼訓愓與
鄭解合
萬物資始
鄭注資取也釋文方琦按小尒雅資取也易疏引莊氏曰以萬
象之物皆資取乾元亦依鄭訓尚書大傳資饗鄭注資取也

〇〇一 漢孳室遺著七種七卷 （清）陶方琦撰 （清）姚振宗整理 清光緒會稽徐氏鑄學齋抄本 一册 上海圖書館藏

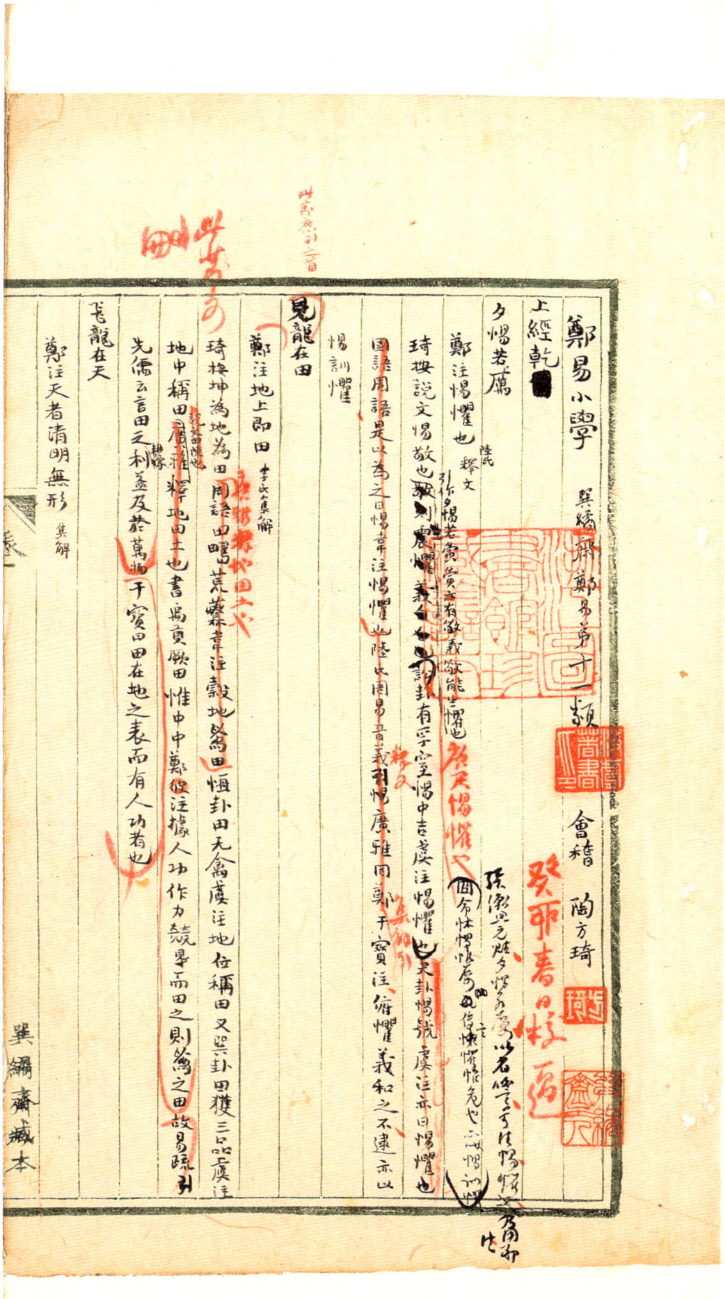
鄭易小學　巽繡齋鄭易第十一類
會稽　陶方琦
上經乾
夕惕若厲
鄭注惕懼也　陸氏釋文
琦按說文惕敬也[illegible]訟卦有孚窒惕中吉虞注惕懼也夬卦惕號虞注亦曰惕懼也
國語周語是以為之日惕韋注惕懼也陸氏周易音義引惕廣雅同鄭干寶注惕懼義和之不逮亦以
惕訓懼
見龍在田
鄭注地上即田　李氏集解
琦按坤為地為田周語田疇荒蕪韋注穀地為田恒卦田无禽虞注地位稱田又巽卦田獲三品虞注
地中稱田廣雅釋地田土也書禹貢厥田惟中中鄭[illegible]注據人功作力競得而田之則為之田故易疏引
先儒云言田之利益及於萬物干寶曰田在地之表而有人功者也
飛龍在天
鄭注天者清明無形　集解
巽繡齋藏本

〇〇二　鄭易小學一卷　（清）陶方琦撰　稿本　一册　浙江圖書館藏

第五批《國家珍貴古籍名録》，名録編號 11486

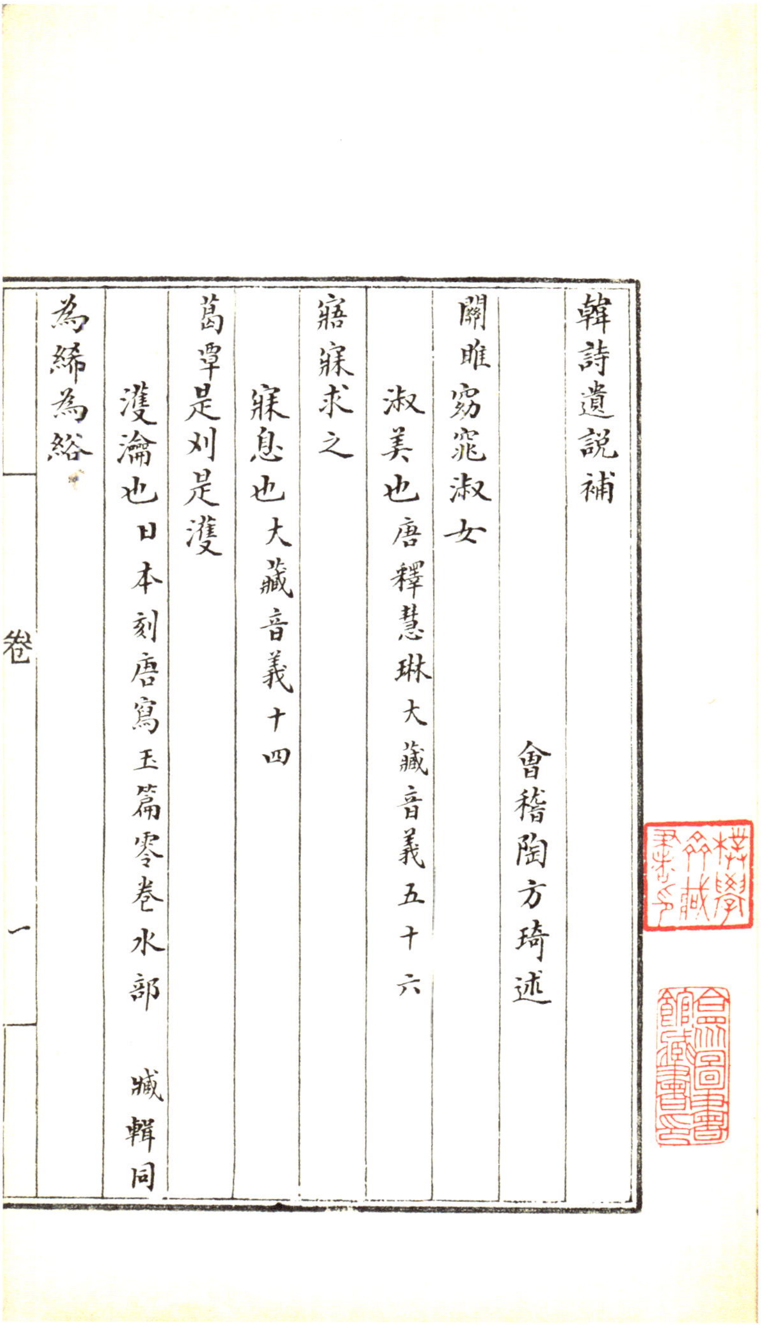

韓詩遺說補

會稽陶方琦述

關雎窈窕淑女

淑美也唐釋慧琳大藏音義五十六

寤寐求之

寐息也大藏音義十四

葛覃是刈是濩

濩瀹也日本刻唐寫玉篇零卷水部　臧輯同

為絺為綌

卷一

〇〇三　韓詩遺說補一卷　（清）陶方琦撰　清抄本　一册　上海圖書館藏

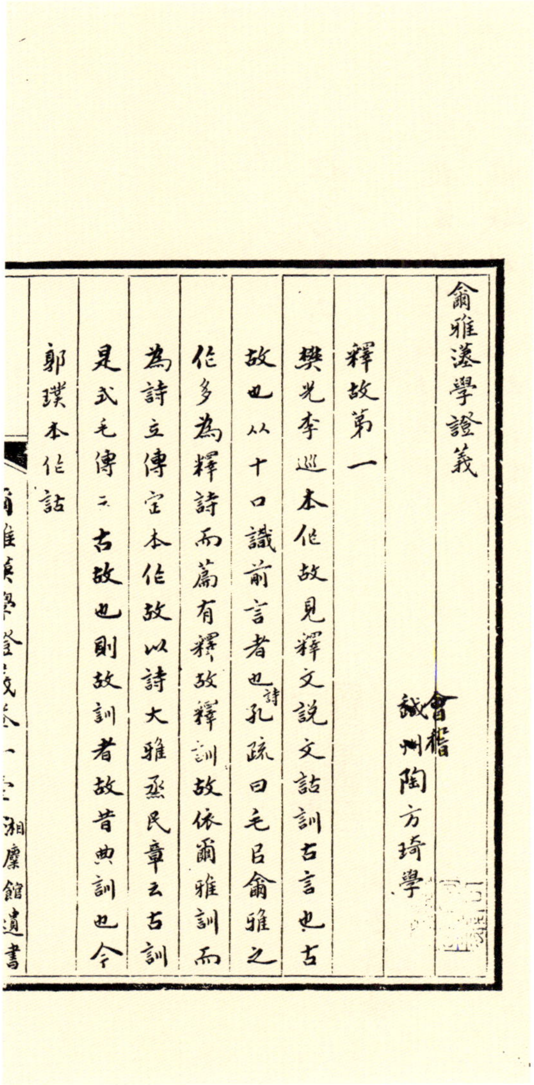
爾雅漢學證義
會稽陶方琦學
釋故第一
樊光李巡本作故見釋文說文詁訓古言也古
故也从十口識前言者也詩孔疏曰毛邑爾雅之
作多為釋詩而篇有釋故釋訓故依爾雅訓而
為詩立傳宜本作故以詩大雅烝民章云古訓
是式毛傳云古故也則故訓者故昔典訓也今
郭璞本作詁
爾雅漢學證義卷一　一　湘麋館遺書

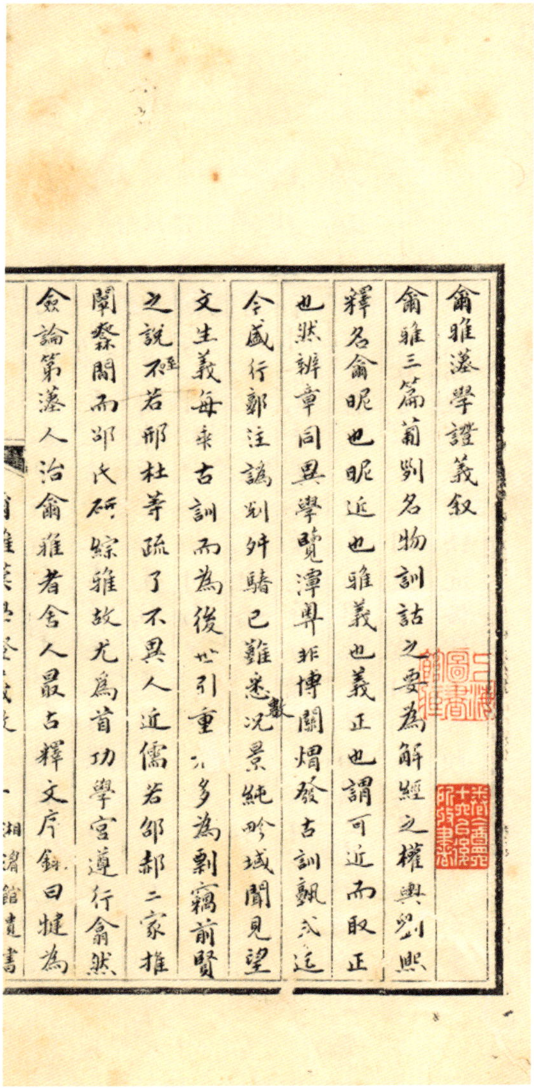
爾雅漢學證義叙
爾雅三篇蒭劉名物訓詁之要為解經之權輿劉熙
釋名爾昵也昵近也雅義也義正也謂可近而取正
也然辨章同異學覽潭奥非博聞熠發古訓飄忒近
今盛行郭注譌劉舛駁已難悉數況景純畛域聞見望
文生義每乖古訓而為後世引重亦多為剽竊前賢
之說不經若邢杜莽疏了不異人近儒若邵郝二家推
闡發闓而邵氏研綜雅故尤為首功學宮遵行爾然
僉論第漢人治爾雅者舍人最古釋文序錄曰犍為
爾雅漢學證義叙　一　湘麋館遺書

〇〇四　爾雅漢學證義二卷　（清）陶方琦撰　（清）姚振宗輯　稿本　清陶濬宣校　孫同康簽校　二册　上海圖書館藏

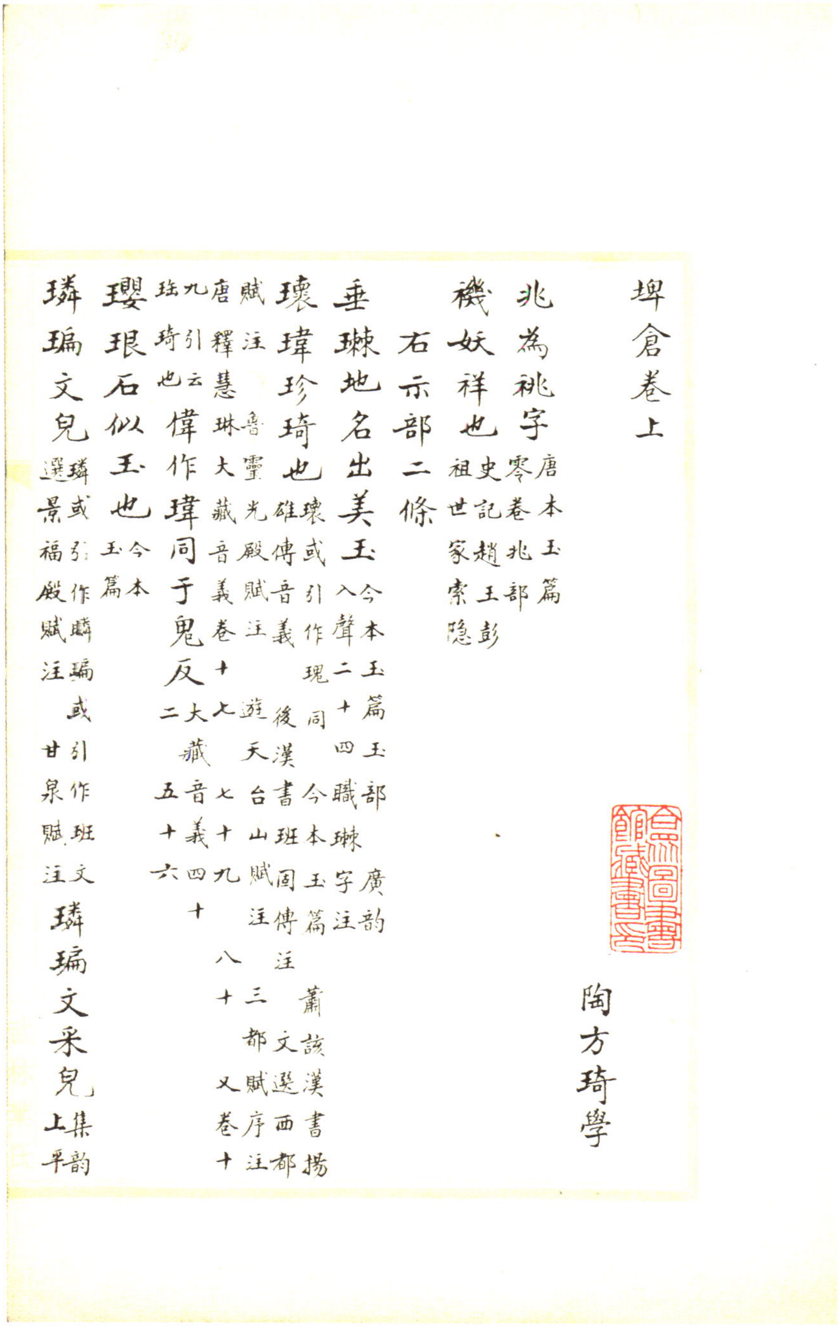

埤倉卷上

兆為祧字唐本玉篇零卷兆部

禨妖祥也史記趙王彭祖世家索隱

右示部二條

垂琳地名出美玉今本玉篇玉部廣韵入聲二十四職琳字注

瓌瑋珍琦也瓌或引作瑰同今本玉篇注蕭該漢書揚雄傳音義後漢書班固傳注文選西都

賦注魯靈光殿賦注遊天台山賦注三都賦序注唐釋慧琳大藏音義卷十七七十九八十又卷十

九引云珐琦也偉作瑋同于鬼反大藏音義四十二五十六

瓔琅石似玉也今本玉篇

璘瑞文皃璘或引作璘瑞或引作班文璘瑞文采皃集韵上平選景福殿賦注甘泉賦注

陶方琦學

（印）

〇〇五　埤倉輯本二卷考異一卷　（三國魏）張揖撰　（清）陶方琦輯　附廣倉輯文一卷考異一卷　（南朝梁）樊恭撰　（清）陶方琦輯　民國二十八年(1939)武林葉氏抄本　一册　上海圖書館藏

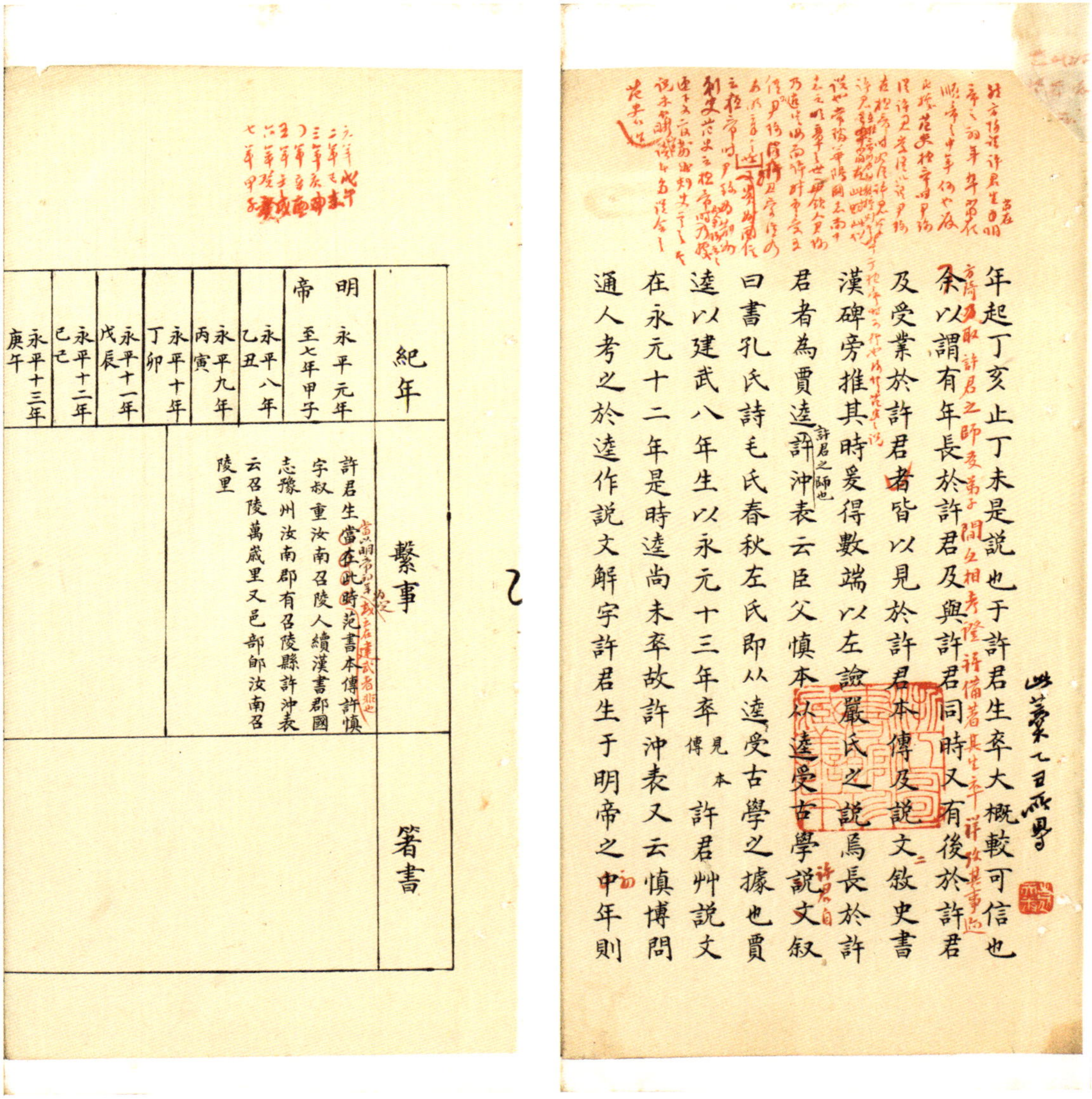

紀年	繫事	箸書
明帝 永平元年 至七年甲子	許君生 字叔重汝南召陵人續漢書郡國志豫州汝南郡有召陵縣許沖表云召陵萬歲里又邑部郎汝南召陵里	
永平八年 乙丑		
永平九年 丙寅		
永平十年 丁卯		
永平十一年 戊辰		
永平十二年 己巳		
永平十三年 庚午		

年起丁亥止丁未是說也于許君生卒大概較可信也余以謂有年長於許君及與許君同時又有後於許君及受業於許君者皆以見於許君本傳及說文敘史書漢碑旁推其時爰得數端以左證嚴氏之說爲長於許君者爲賈逵許沖表云臣父慎本從逵受古學說文敘曰書孔氏詩毛氏春秋左氏即从逵受古學之據也賈逵以建武八年生以永元十三年卒見本傳許君艸說文在永元十二年是時逵尚未卒故許沖表又云慎博問通人考之於逵作說文解字許君生于明帝之中年則

〇〇六 許君年表稾一卷附淮南參正殘草一卷說文古讀攷一卷又一卷　（清）陶方琦撰　（清）姚振宗校補　稿本　一册

浙江圖書館藏

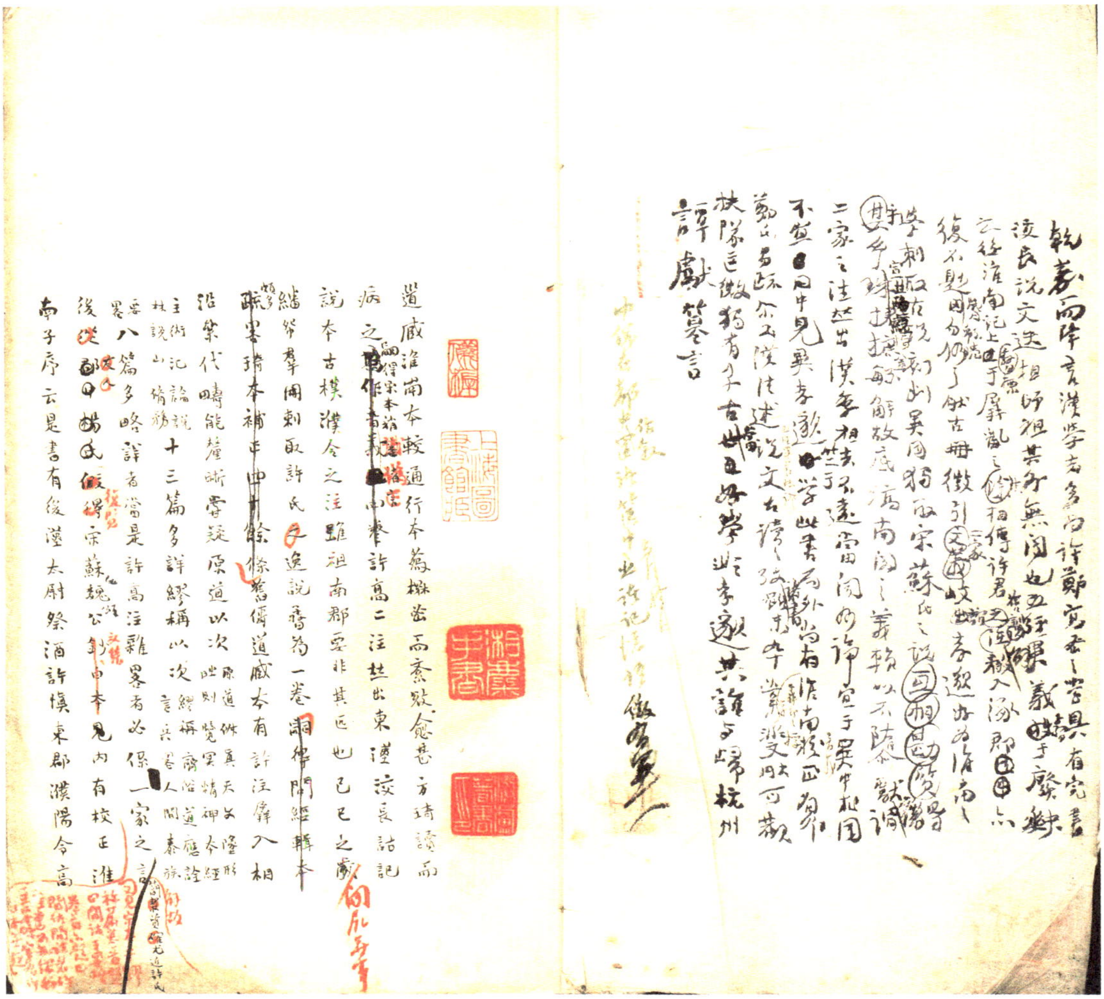
道藏淮南本較通行本爲樸茂而奪譌愈甚方琦讀而病之案許高二注並出東漢談長詁記說本古樸濮令之注雖袒南郡要非其匹也已已之歲緝綴舉刺取許氏之逸說舊爲一卷附傳聞經解本疏略據本補廿四卅餘條舊傳道藏本有許注羼入相沿絫代疇能權晰零疑原道以次原道俶真天文墬形時則覽冥精神本經主術氾論說林說山脩務十三篇多詳繆稱以次繆稱齊俗道應詮言兵略人間泰族要略八篇多略詳者當是許高注雜略者必係一家之言後從郘中楊氏假得宋蘇魏公鈔本見內有校正淮南子序云是書有後漢太尉祭酒許慎東郡濮陽令高

〇〇七　淮南許高注二家異同考二卷　（清）陶方琦撰　（清）譚獻等校勘　稿本　一册　上海圖書館藏

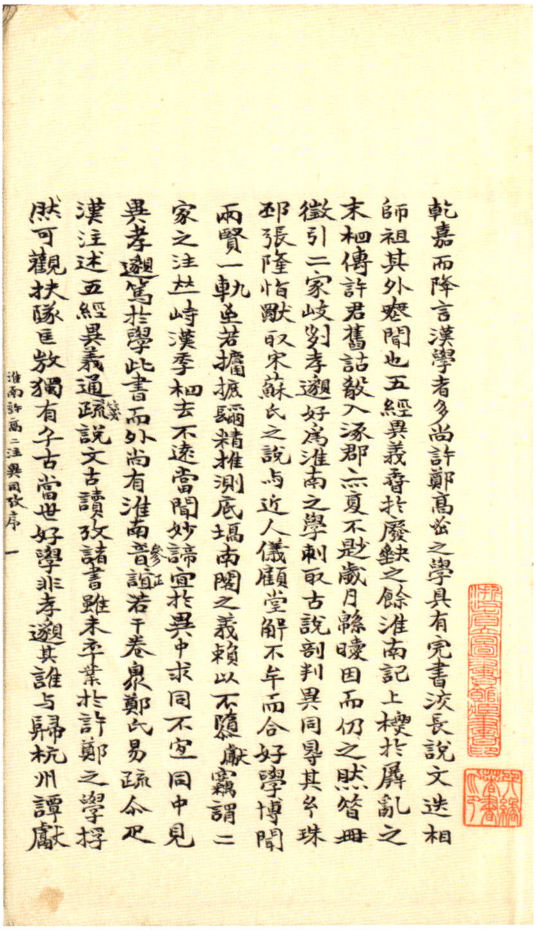
乾嘉而降言漢學者多尚許鄭高誘之學具有完書洨長說文迭相
師祖其外寥闃也五經異義昔於廢缺之餘淮南記上棲於屏亂之
末細傳許君舊詁散入涿郡亦㝵不彪歲月緜曖因而仍之貽皆冊
徵引二家歧別孝邈好為淮南之學刺取古說剖判異同尋其分珠
邳張隆恬默取宋蘇氏之說與近人儀顧堂解不牟而合好學博聞
兩賢一軌九並若擿抉蹈精推測底蘊南閣之義賴以不墜獻竊謂二
家之注並峙漢季相去不遠當闡妙諦宜於異中求同不宜同中見
異孝邈篤於學此書而外尚有淮南許注參證若干卷泉鄭氏易疏命疋
漢注述五經異義通疏箋說文古讀攷諸書雖未卒業於許鄭之學捊
然可觀扶緣臣敚獨有千古當世好學非孝邈其誰與歸杭州譚獻

淮南許高二注異同攷序　一

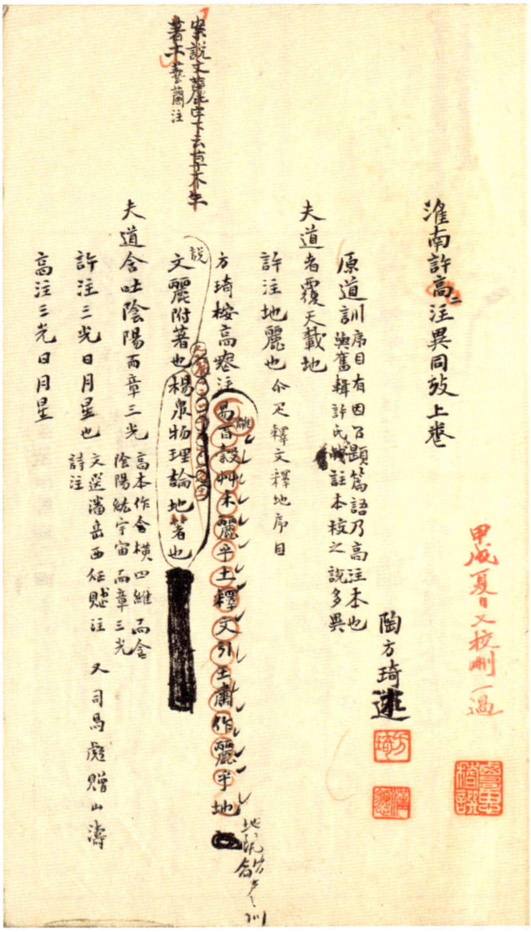
淮南許高二注異同攷上卷

陶方琦述

甲戌夏日又校刪一過

原道訓 序目有因以題篇語乃高注本也 與舊輯許氏注本校之說多異

夫道者覆天載地

許注 地麗也 今足釋文釋地序目

方琦按高本注 易曰百穀草木麗乎土 釋文引王肅作麗乎地

說文麗附著也 楊泉物理論地著也 [redacted]

夫道含吐陰陽而章三光 高本作含嘍四維而含陰陽紘宇宙而章三光

許注 三光日月星也 文選潘岳西征賦注 又司馬彪贈山濤詩注

高注 三光日月星

〇〇八　淮南許高二注異同攷二卷　（清）陶方琦撰　稿本　一冊　浙江圖書館藏

存一卷（卷上）

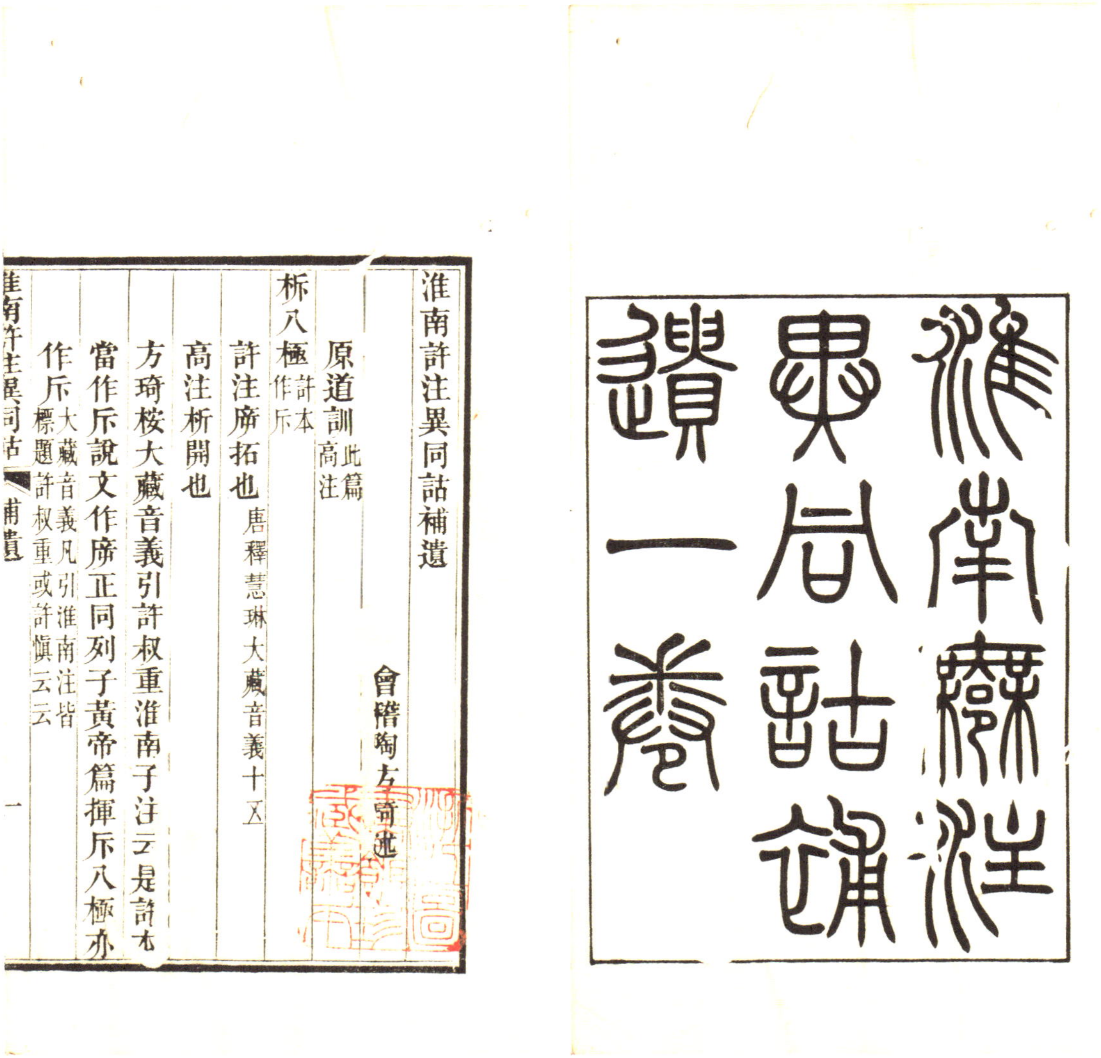
淮南許注異同詁補遺一卷

淮南許注異同詁補遺
會稽陶方琦述
原道訓此篇高注
析八極許本作斥
許注㡿拓也唐釋慧琳大藏音義十五
高注析開也
方琦桉大藏音義引許叔重淮南子注云是許本
當作斥說文作㡿正同列子黃帝篇揮斥八極亦
作斥大藏音義凡引淮南注皆標題許叔重或許愼云云

淮南許注異同詁　補遺　一

〇〇九　淮南許注異同詁補遺一卷續補一卷　（清）陶方琦撰　稿本　一册　浙江圖書館藏

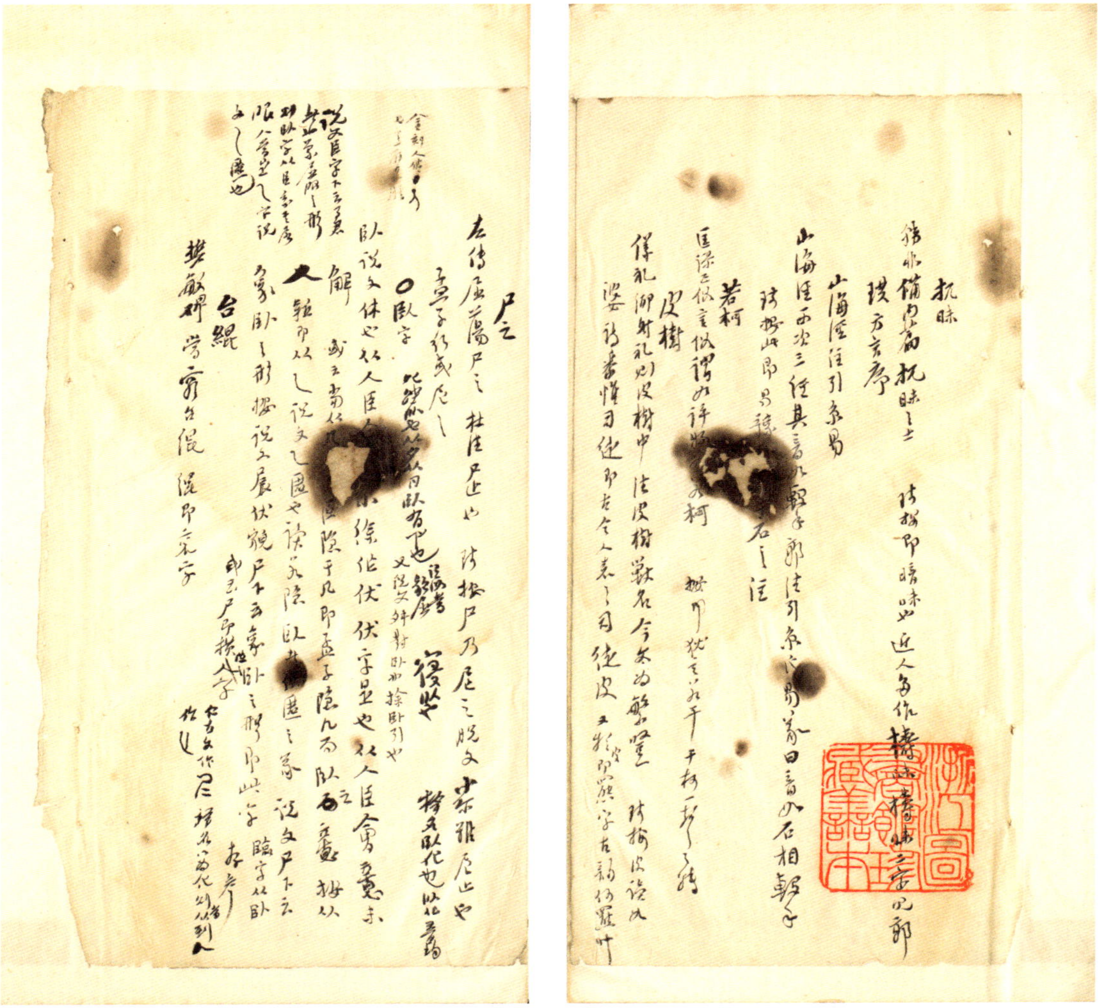

〇一〇 雜抄一卷 （清）陶方琦撰 稿本 一册 浙江圖書館藏

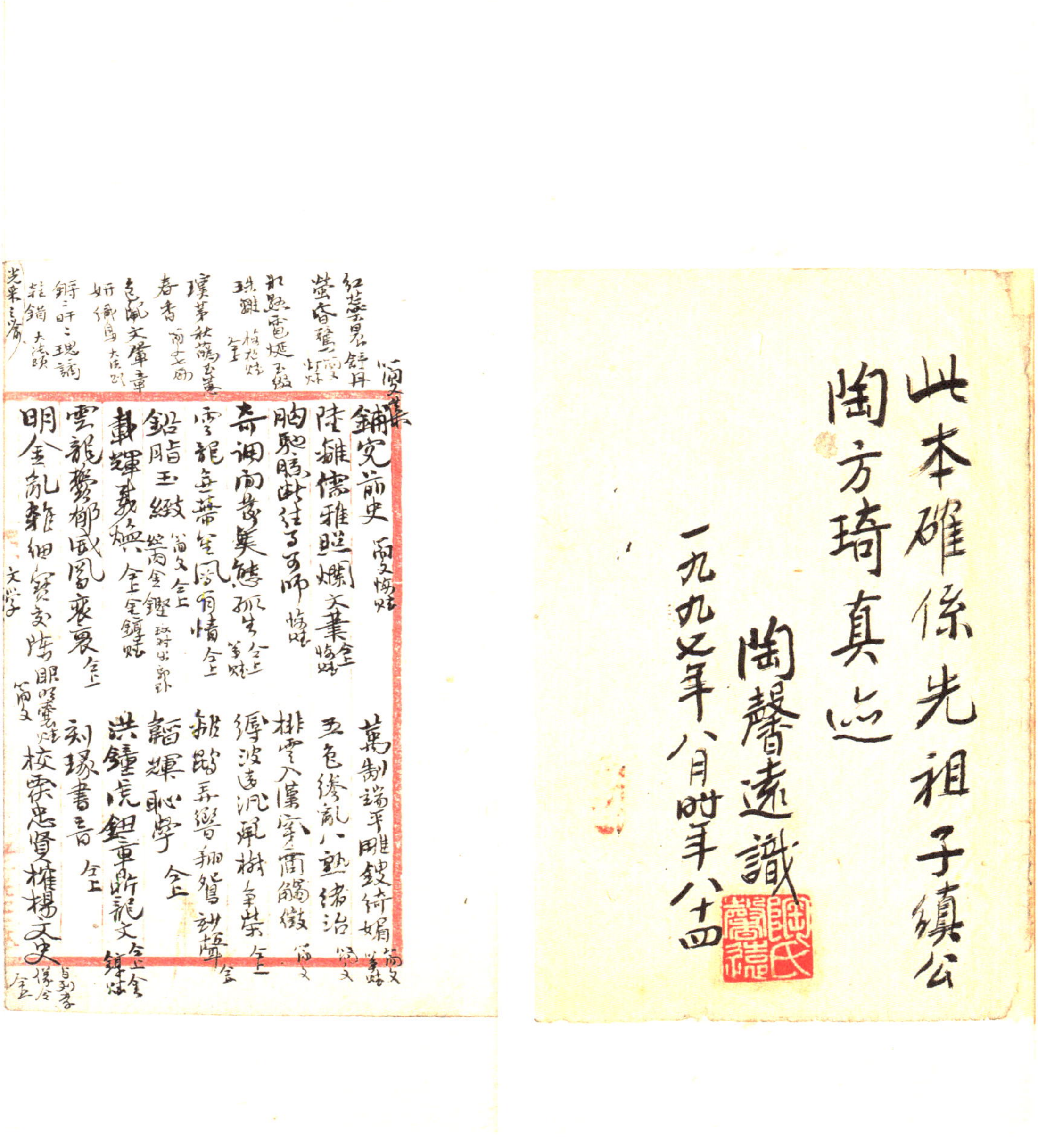
此本確係先祖子縝公陶方琦真迹
陶馨遠識
一九九七年八月時年八十四
陶氏馨遠

〇一一　六朝剩華二卷　（清）陶方琦撰　稿本　陶馨遠題記　一册　紹興市王德軒藏

存一卷（卷上）

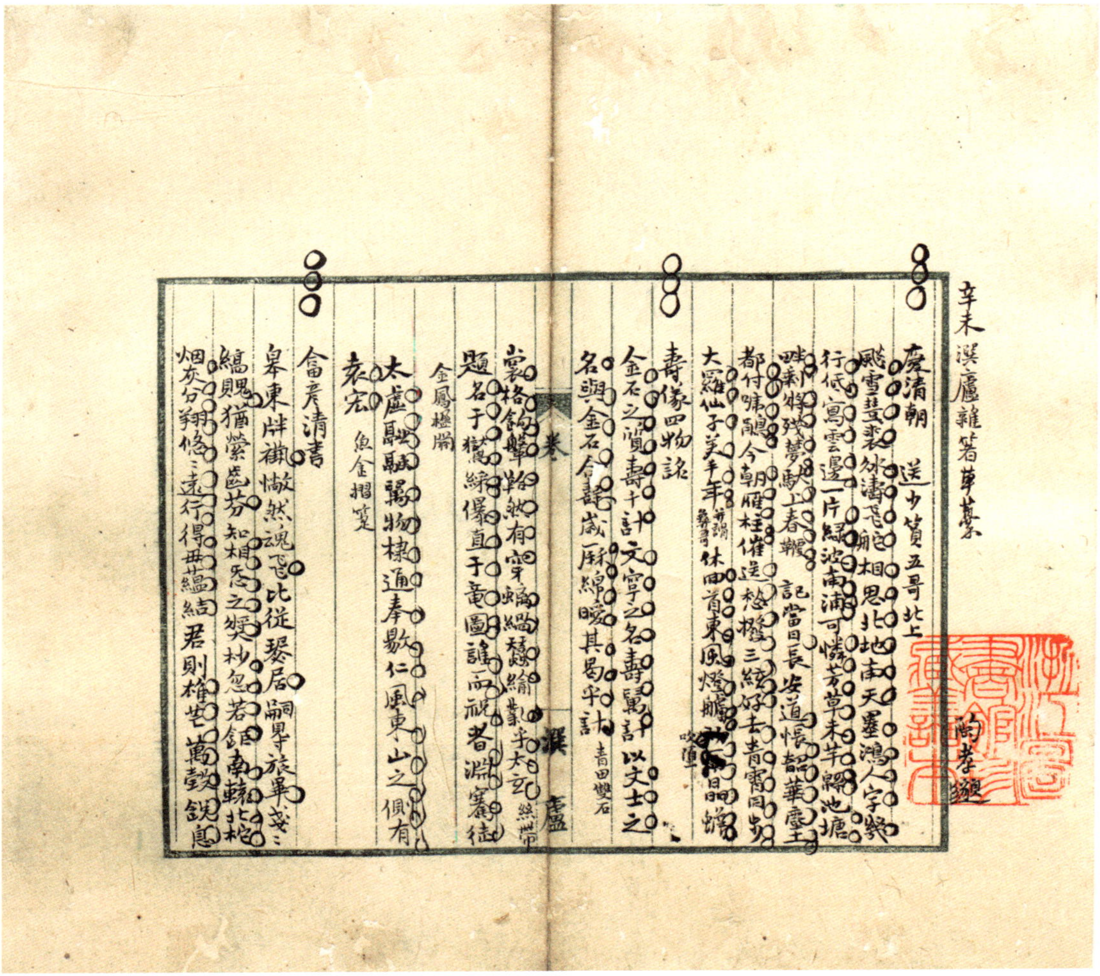
辛未 漢廬雜著草稿

〇一二 陶湘糜學使詩文遺稿不分卷 （清）陶方琦撰 清同治十年（1871）稿本 陳慶均題記 一册 浙江圖書館藏

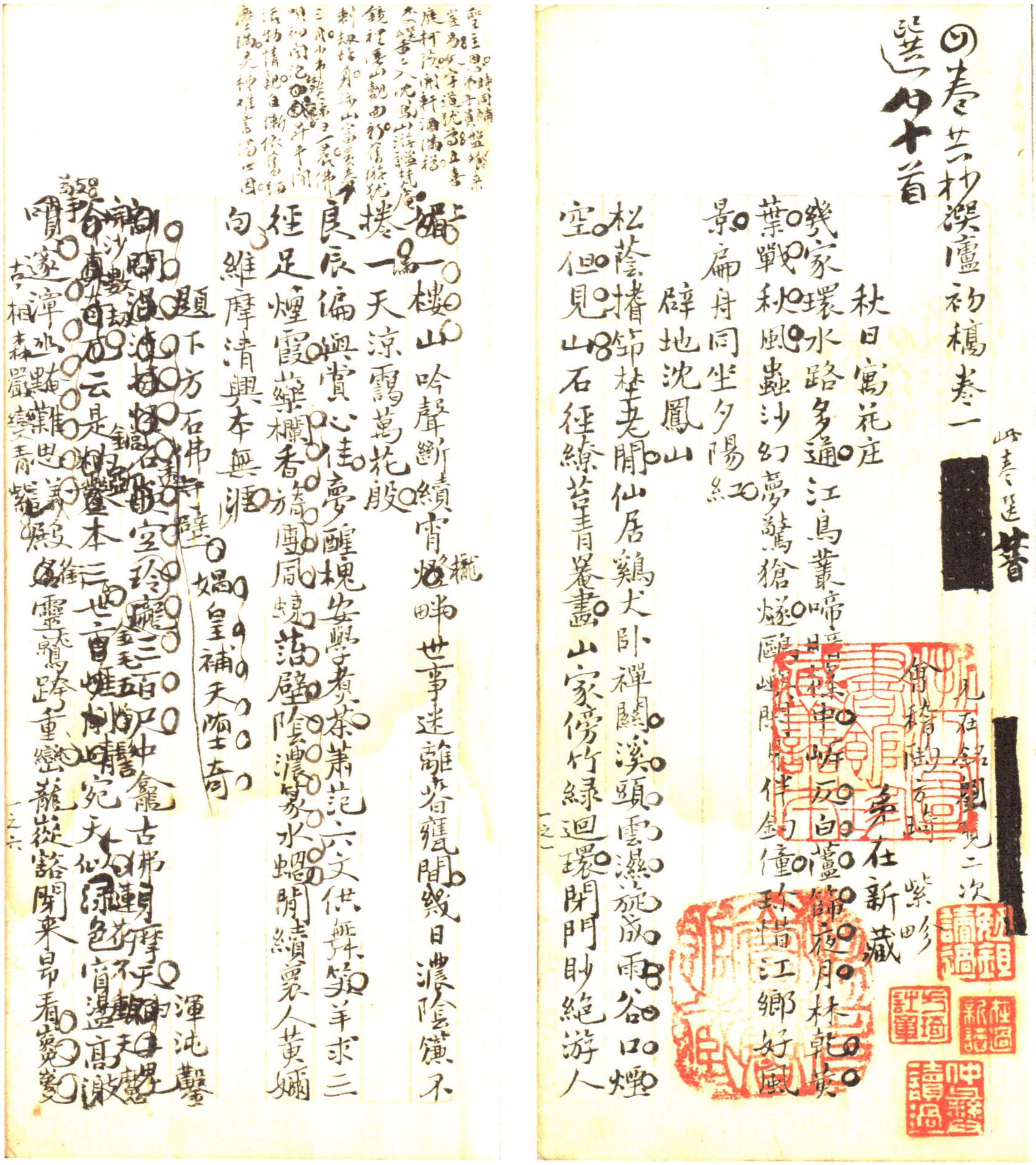

回春艸沙溪廬初稿卷一
選四十首
[redacted]著
[redacted]

秋日寓花庄
幾家環水路多通。江島叢啼暗樹中。斜反白蘆飾夜月。林乾黃葉戰秋風。蟲沙幻夢鷺猶燧。鷗閒伴釣僮。太息江鄉好風景。扁舟同坐夕陽紅。

辟地沈鳳山
松蔭楮節杜老開。仙居鷄犬卧禪關。溪頭雲濕旋成雨。谷口煙空但見山。石徑繞苔青叢畫。山家傍竹綠迴環。閑門眇絶游人

〇一三　湘麋館藏遺墨粹存一卷　（清）陶方琦撰　稿本　清樊增祥點評　一册　浙江圖書館藏
第二批《浙江省珍貴古籍名録》，名録編號 00396

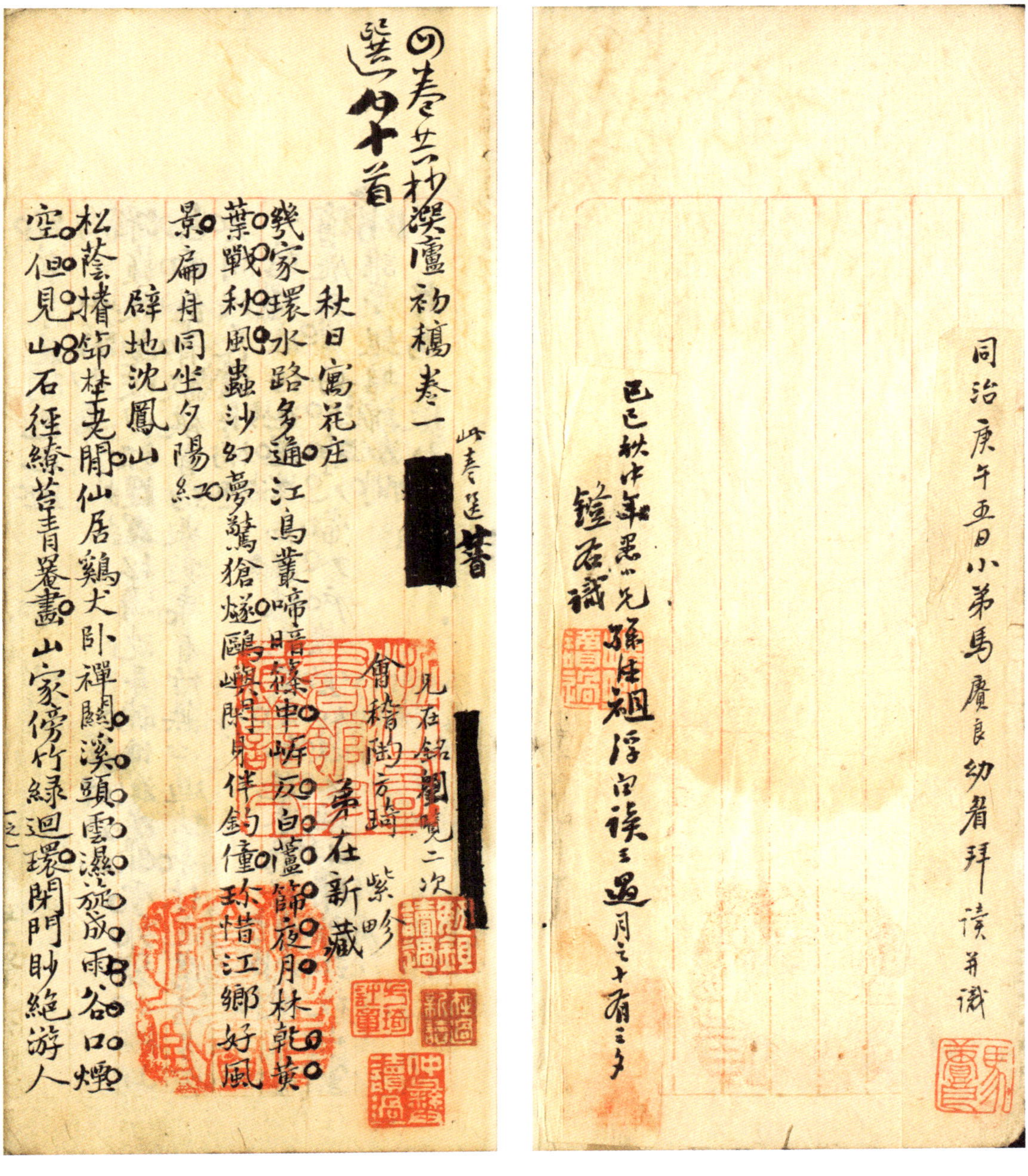

〇一四　漢盧初稿四卷　（清）陶方琦撰　稿本　清陶在新等題記

一册　浙江圖書館藏

第二批《浙江省珍貴古籍名録》，名録編號 00397

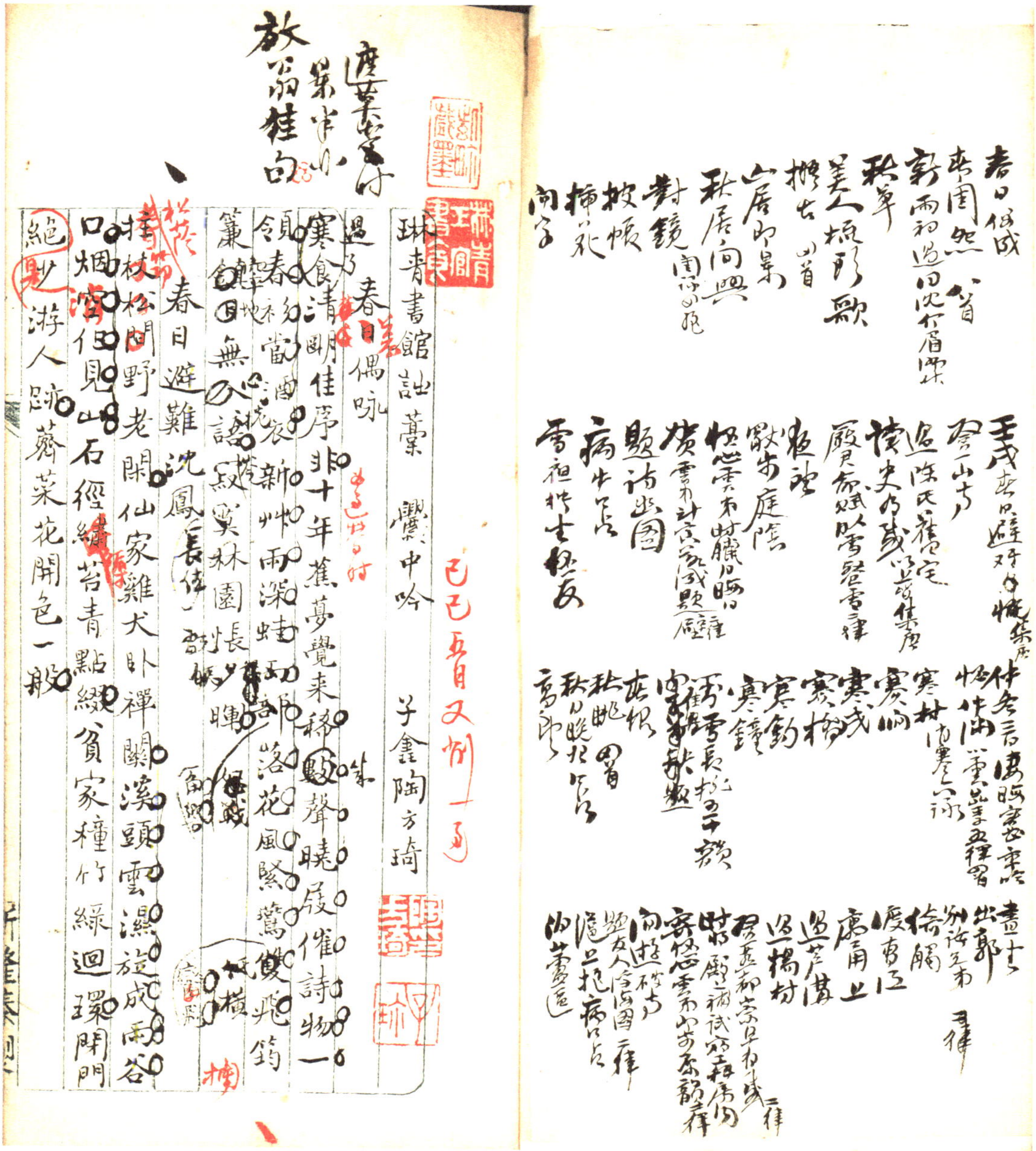

〇一五　琳青書館藏詩藁二卷　（清）陶方琦撰　稿本　清陶濬宣題識　一册　上海圖書館藏

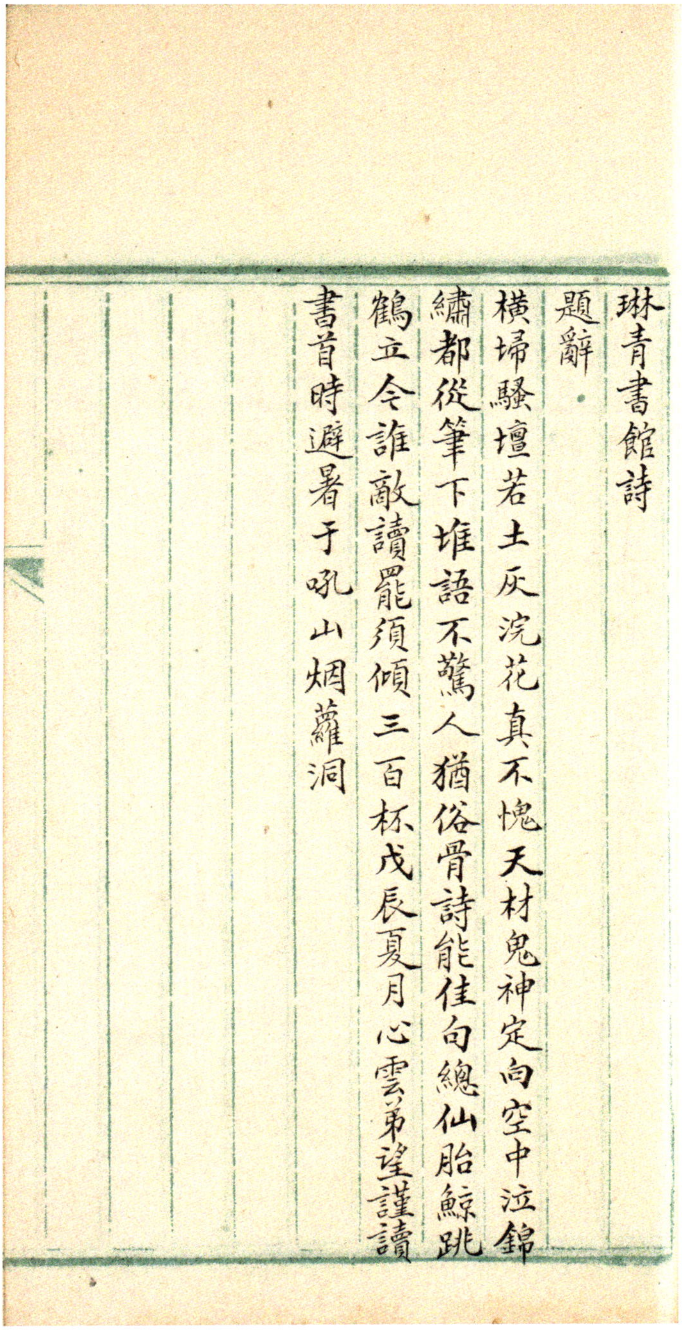
琳青書館詩

題辭

横埽騷壇若土灰浣花真不愧天材鬼神定向空中泣錦繡都從筆下堆語不驚人猶俗骨詩能佳句總仙胎鯨跳鶴立令誰敵讀罷須傾三百杯戊辰夏月心雲弟望謹讀書首時避暑于吼山烟蘿洞

〇一六　琳青書館藏詩藁二卷附道咸同光四朝詩一卷

（清）陶方琦撰　民國抄本　一册　浙江圖書館藏

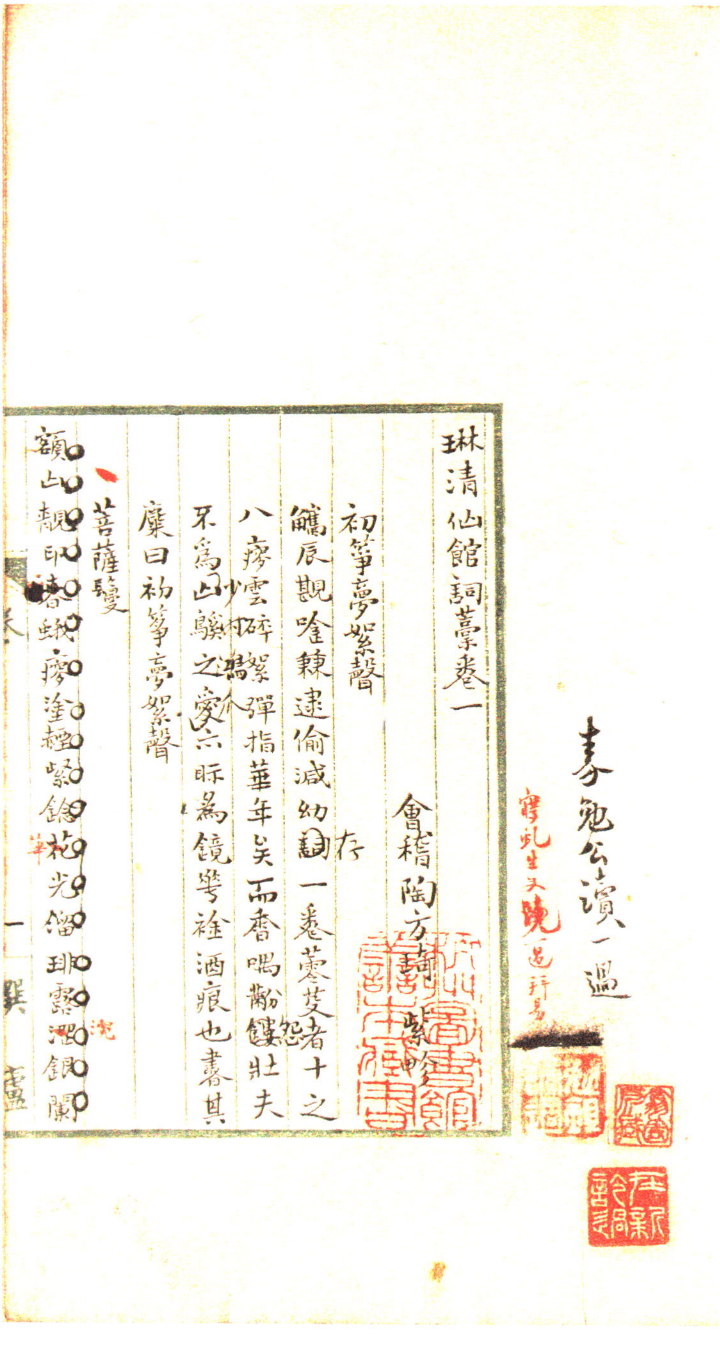

〇一七　琳清仙館藏詞藁二卷　（清）陶方琦撰　稿本　清孫德祖題簽　清秦樹敏等題識　一册　杭州圖書館藏

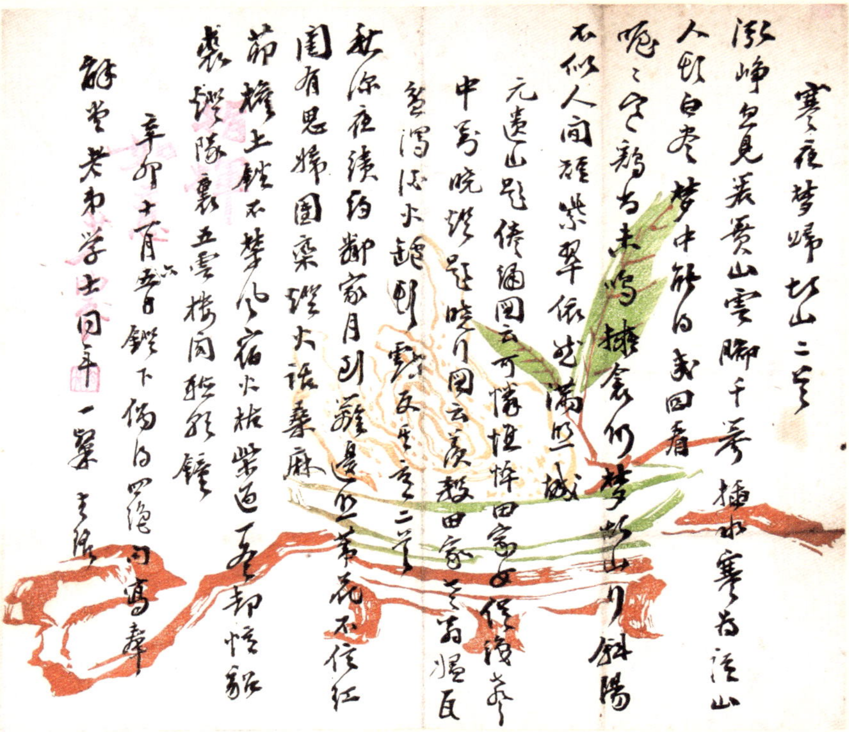

〇一八　咸同閒名人詩箋不分卷　（清）李慈銘　（清）樊增祥　（清）陶方琦等撰　稿本　一册　國家圖書館藏

陶濬宣專集

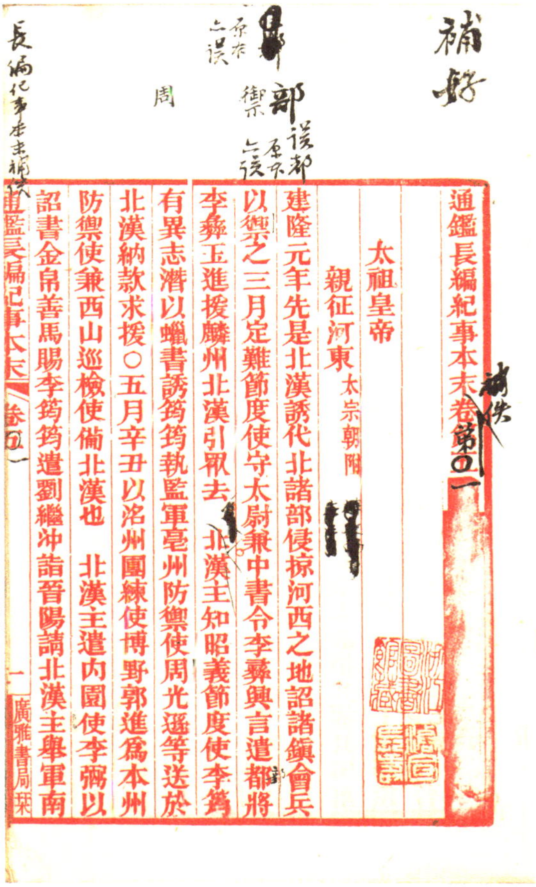

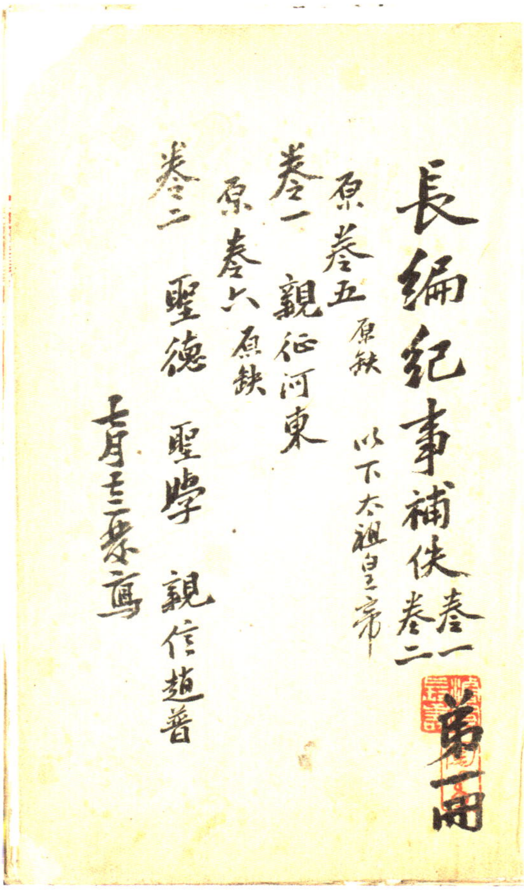

〇〇一 通鑑長編紀事本末補佚十卷 （清）陶濬宣輯補 稿本 四册 浙江圖書館藏

存八卷（卷一至二、五至十）

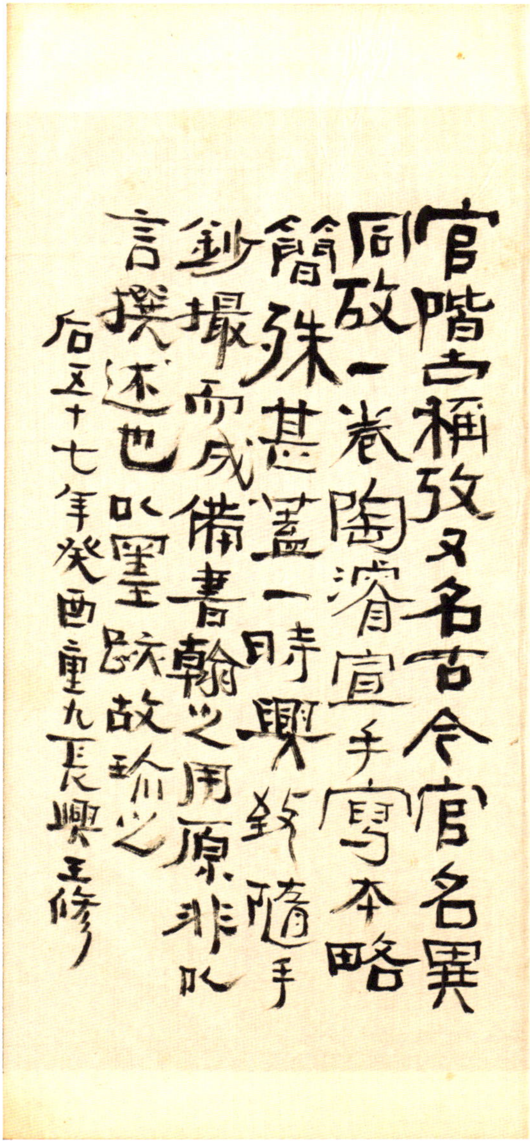
官階古稱攷又名古今官名異
同攷一卷陶濬宣手寫本略
簡殊甚蓋一時興到隨手
鈔撮而成備書翰之用原非以
言撰述也以墨跡故珍之
后又十七年癸酉重九長興王修

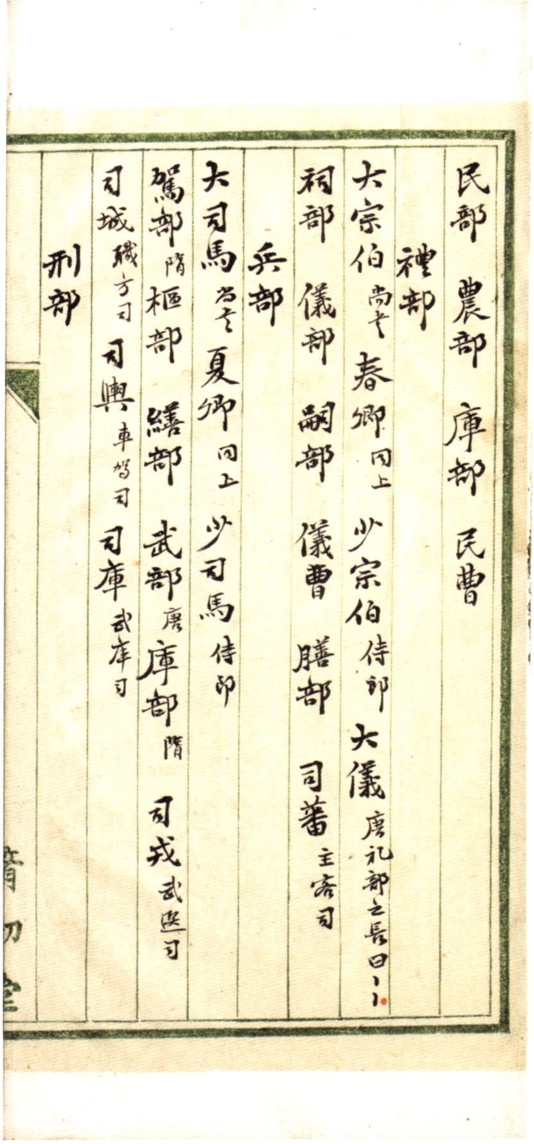
民部 農部 庫部 民曹
禮部
大宗伯 尚書 春卿 同上 少宗伯 侍郎 大儀 唐礼部之長曰〻〻
祠部 儀部 祠部 儀曹 膳部 司蕃 主客司
兵部
大司馬 尚書 夏卿 同上 少司馬 侍郎
駕部 隋 樞部 繕部 武部 唐 庫部 隋 司戎 武選司
司城 職方司 司輿 車駕司 司庫 武庫司
刑部

〇〇二 官階古稱攷不分卷 （清）陶濬宣輯 稿本 一册 浙江圖書館藏

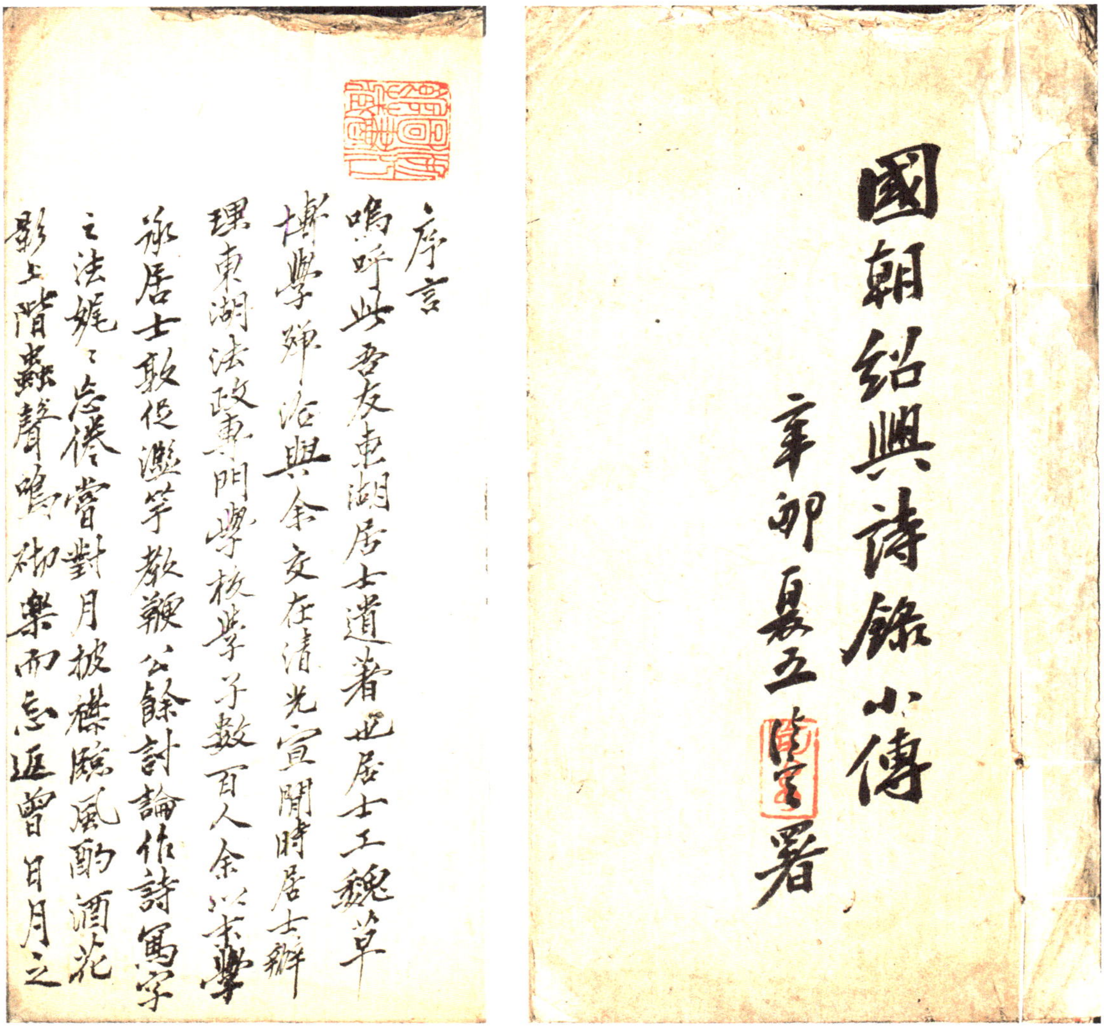

國朝紹興詩録小傳
辛卯夏五 署

序言
嗚呼此吾友東湖居士遺著也居士工魏草
榭學娴治與余交在清光宣間時居士辦
理東湖法政專門學校學子數百人余以求學
旅居士敦促邀筆教鞭公餘討論作詩寫字
之法娓娓忘倦嘗對月披襟臨風酌酒花
影上階蟲聲鳴砌樂而忘返曾日月之

〇〇三 國朝紹興詩録小傳不分卷 （清）陶濬宣輯 稿本 一册
浙江圖書館藏

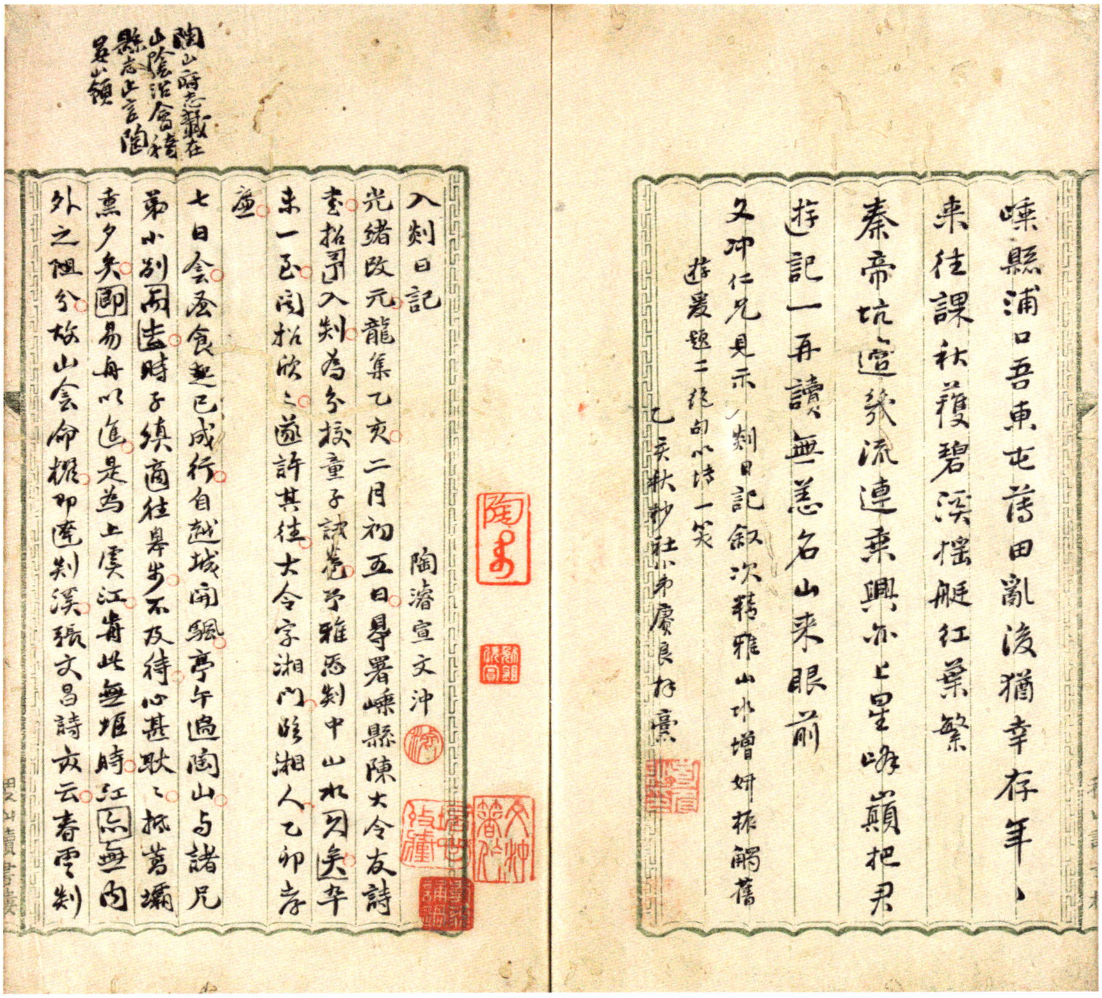

〇〇四　入剡日記不分卷（清光緒元年二月五日至二十九日）

（清）陶濬宣撰　稿本　清方琦題簽　清秦樹敏 清馬賡良 清陶方琦 清孫德祖跋　余紹宋題跋　一册　浙江省博物館藏

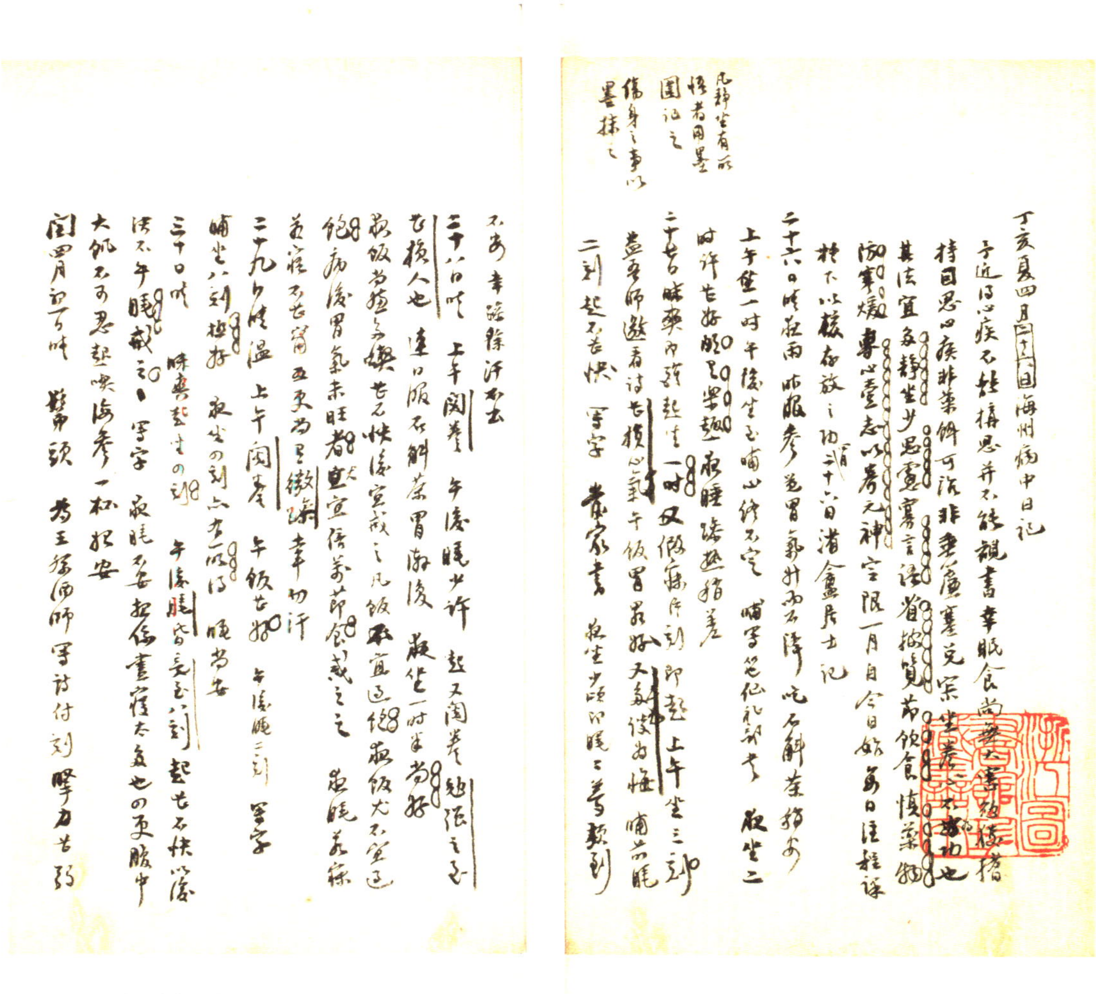

〇〇五　海州病中日記一卷（清光緒十三年四月二十六日至七月二十七日）　（清）陶濬宣輯　稿本　一册　浙江圖書館藏

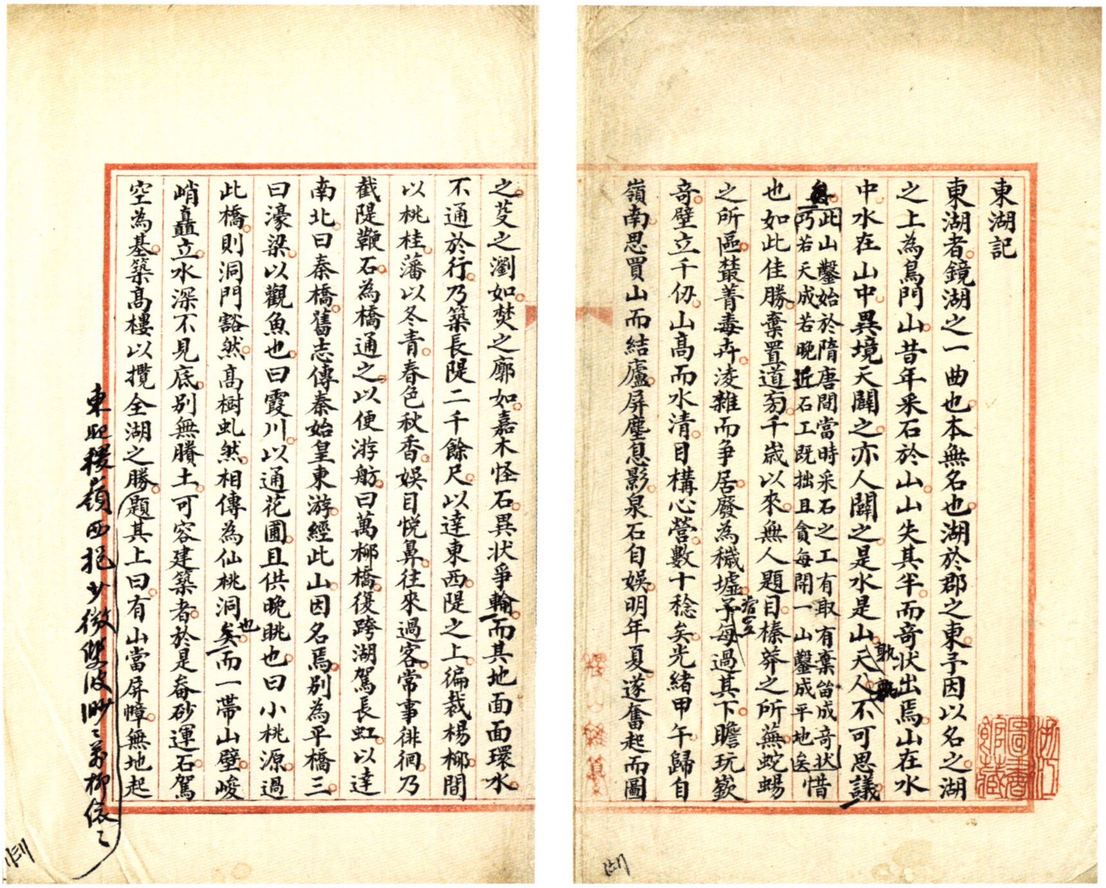

東湖記

東湖者鏡湖之一曲也本無名也湖於郡之東予因以名之湖之上為烏門山昔年采石於山山失其半而奇狀出焉山在水中水在山中異境天闢之亦人闢之是水是山天人不可思議此山鑿始於隋唐間當時采石之工有取有棄留成奇狀惜丙若天成若晚近石工既拙且貪每開一山鑿成平地矣也如此佳勝棄置道旁千歲以來無人題目榛莽之所蕪蛇蝎之所匿蘋菁毒卉淩雜而爭居廢為穢墟予每過其下瞻玩欲奇壁立千仞山高而水清目構心營數十稔矣光緒甲午歸自嶺南思買山而結廬屏塵息影泉石自娛明年夏遂奮起而圖之芟之劉如焚之廓如嘉木怪石異狀爭輸而其地面面環水不通於行乃築長隄二千餘尺以達東西隄之上徧栽楊柳間以桃桂藩以冬青春色秋香娛目悅鼻往來過客常事徘徊乃截隄斷石為橋通之以便游舫曰萬柳橋復跨湖駕長虹以達南北曰秦橋舊志傳秦始皇東游經此山因名焉別為平橋三曰濠梁以觀魚也曰霞川以通花圃且供晚眺也曰小桃源過此橋則洞門豁然高樹虬然相傳為仙桃洞也而一帶山壁峻峭矗立水深不見底別無𡒄土可容建築者於是畚砂運石駕空為基築高樓以攬全湖之勝題其上曰有山當屏幛無地起

〇〇六 東湖記一卷 （清）陶濬宣輯 稿本 一册 浙江圖書館藏

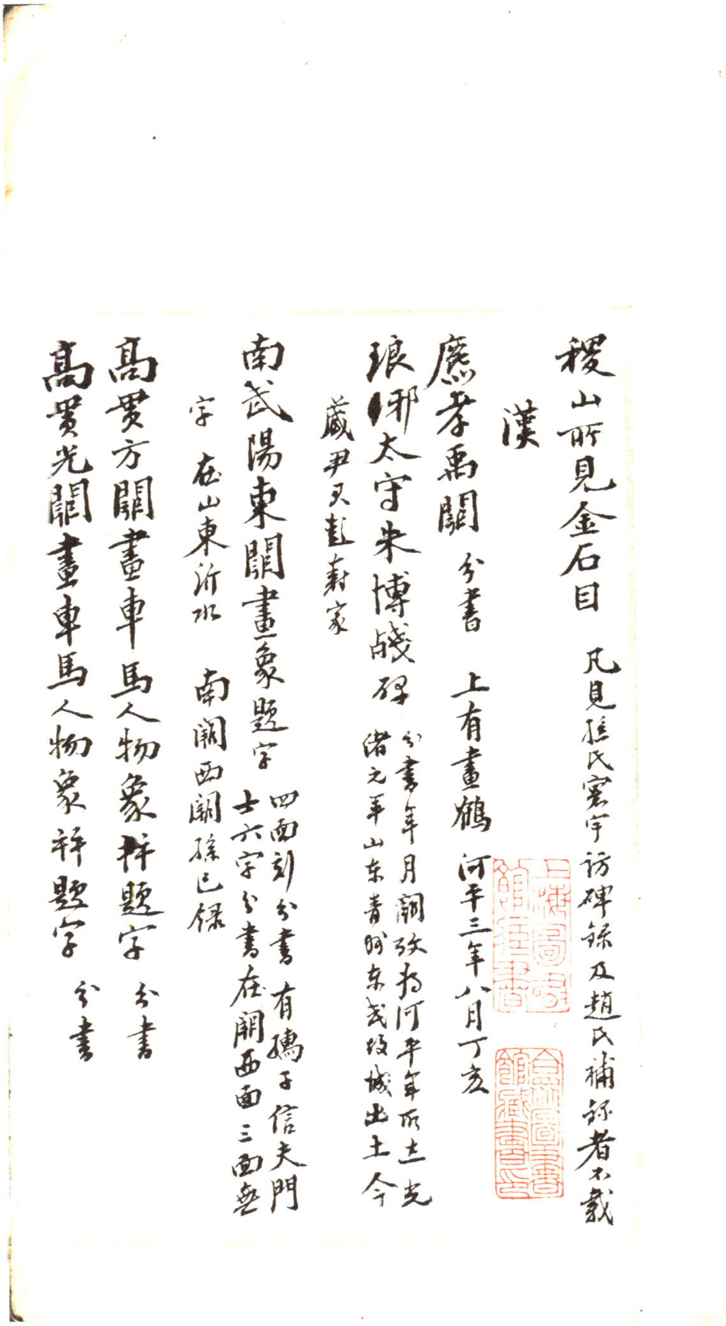
稷山所見金石目 凡見孫氏寰宇訪碑錄及趙氏補錄者不載
漢
麃孝禹闕 分書 上有畫鵠 河平三年八月丁亥
琅邪太守朱博殘碑 分書 年月泐 攷為河平年所立 光緒之年山东青州东武故城出土 今藏尹又彭壽家
南武陽東闕畫象題字 四面刻分書 有鴙子信夫門十六字分書 在闕西面 三面無字 在山東沂州 南闕西闕孫已錄
高貫方闕畫車馬人物象并題字 分書
高貫光闕畫車馬人物象并題字 分書

〇〇七 稷山所見金石目一卷 （清）陶濬宣輯 稿本 一册
上海圖書館藏

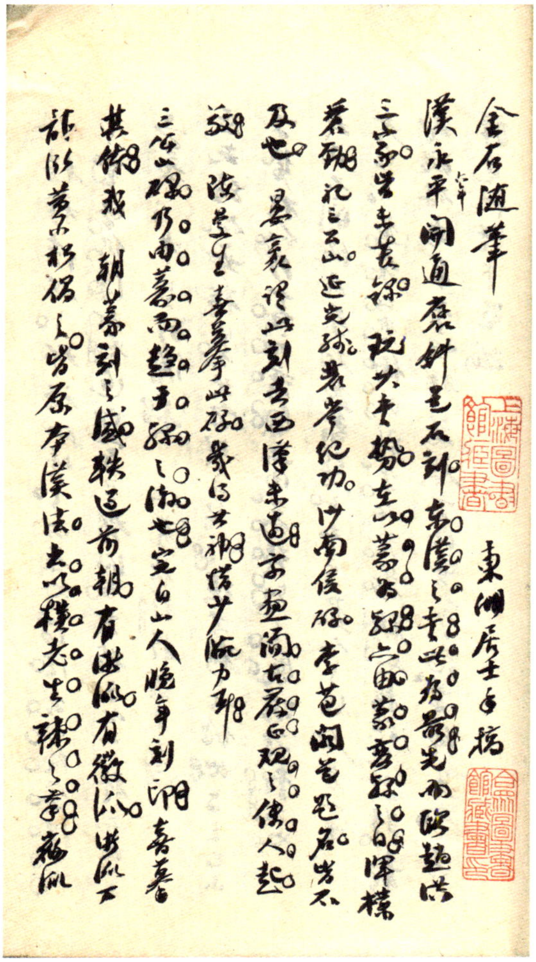
金石隨筆

東湖居士手稿

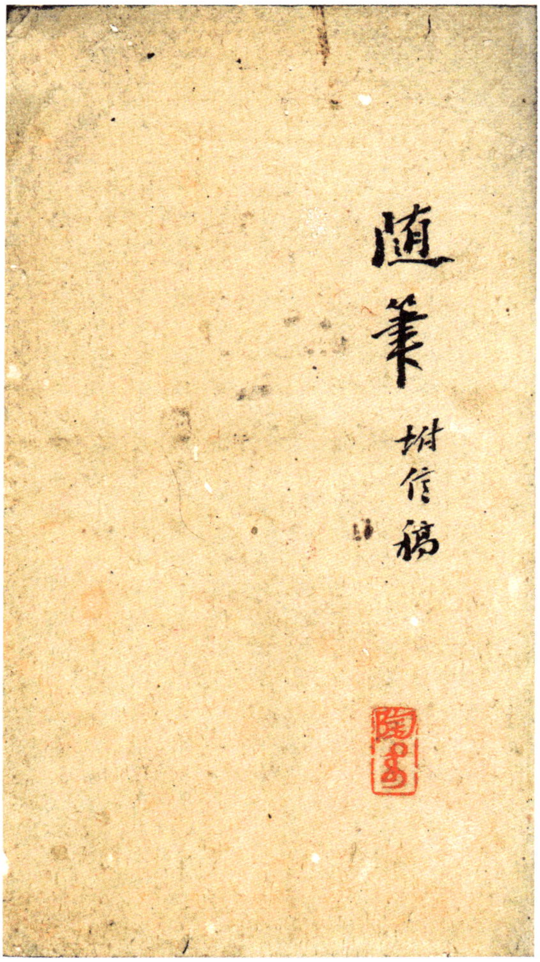
隨筆

樹侯稿

〇〇八 金石隨筆一卷 （清）陶濬宣輯 稿本 一册 上海圖書館藏

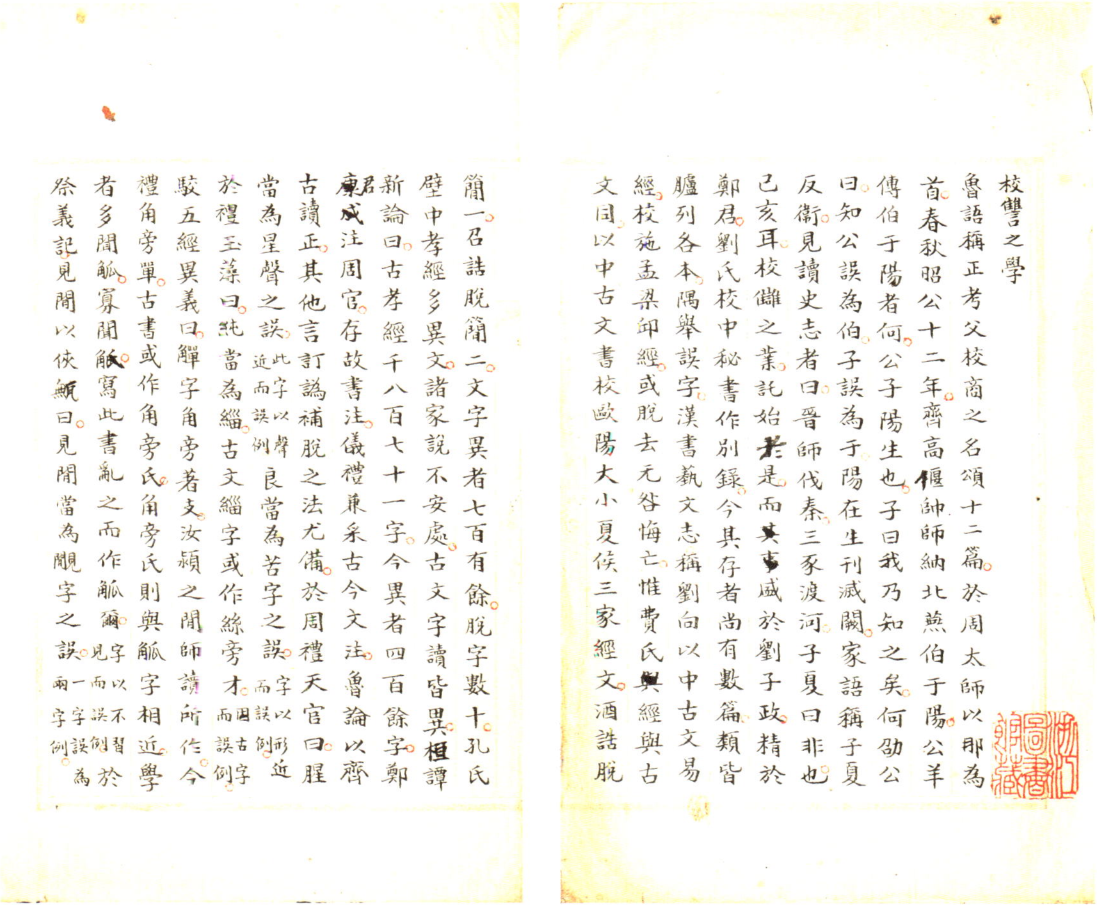
校讐之學
魯語稱正考父校商之名頌十二篇。於周太師以那為首。春秋昭公十二年。齊高偃帥師納北燕伯于陽。公羊傳伯于陽者何。公子陽生也。子曰我乃知之矣。何劭公曰。知公誤為伯。子誤為于。陽在生刊滅闕。家語稱子夏反衛。見讀史志者曰。晉師伐秦。三豕渡河。子夏曰非也。己亥耳。校讎之業。託始於是。而其事盛於劉子政。精於鄭君。劉氏校中秘書作别録。今其存者尚有數篇。類皆臚列各本。偶舉誤字。漢書蓺文志稱劉向以中古文易經。校施孟梁邱經。或脱去无咎悔亡。惟費氏與經與古文同。以中古文書校歐陽大小夏侯三家經文。酒誥脱簡一。召誥脱簡二。文字異者七百有餘。脱字數十。孔氏壁中孝經多異文。諸家説不安處。古文字讀皆異。桓譚新論曰。古孝經千八百七十一字。今異者四百餘字。鄭君康成注周官。存故書注。儀禮兼采古今文注。魯論以齊古讀正。其他言訂譌補脱之法尤備。於周禮天官曰。腥當為星聲之誤。此字以聲近而誤例 良當為苦字之誤。字以形近而誤例 於禮玉藻曰。純當為緇。古文緇字或作絲旁才。因古字而誤例 駁五經異義曰。觶字角旁著支。汝潁之間師讀所作。今禮角旁單。古書或作角旁氏。角旁氏則與觗字相近。學者多聞觚。寡聞觝。寫此書亂之而作觚爾。字以不習見而誤例 於祭義記見間以俠甒曰。見間當為覸字之誤。一字誤為兩字例

〇〇九　校讐之學一卷　（清）陶濬宣輯　稿本　一册　浙江圖書館藏

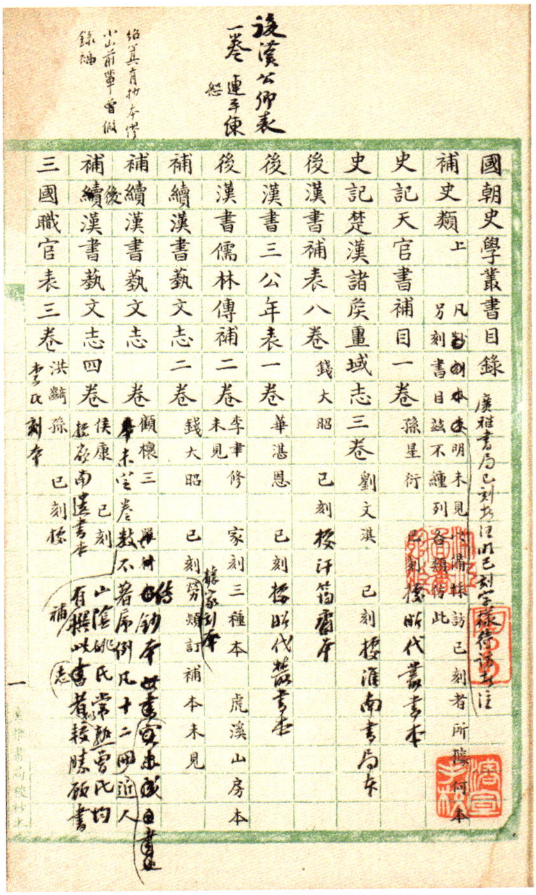

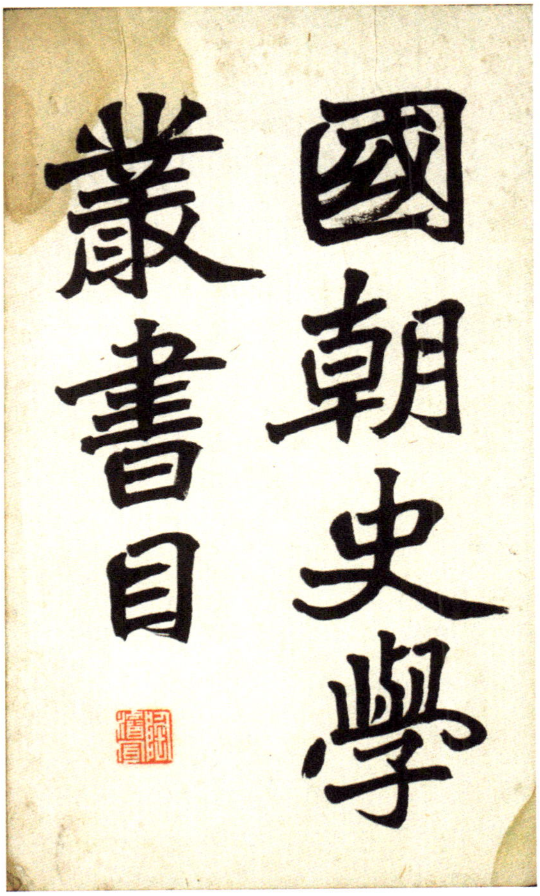

〇一〇 國朝史學叢書目録一卷 （清）陶濬宣訂 稿本 一册

浙江圖書館藏

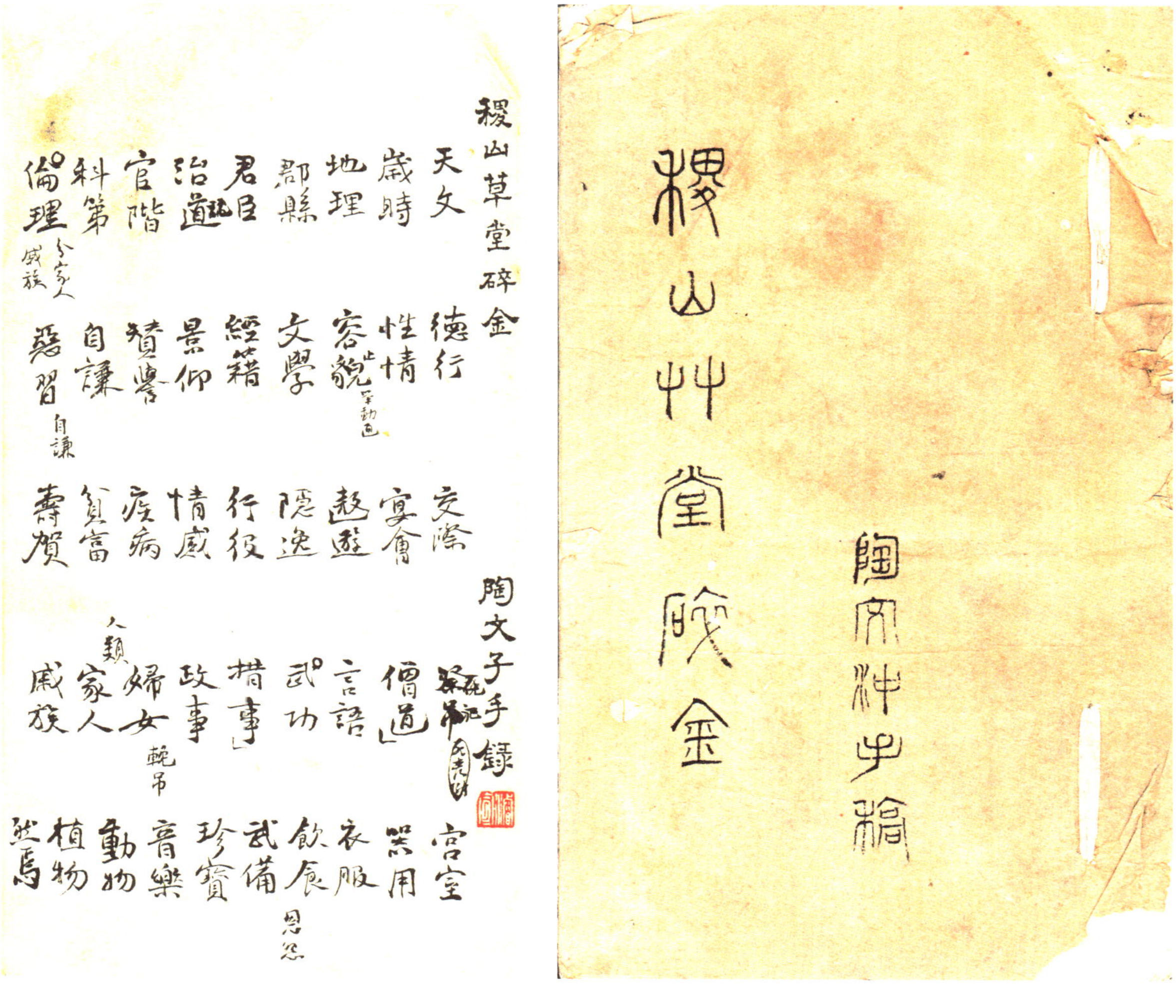

〇一一 稷山草堂碎金不分卷 （清）陶濬宣輯 稿本 二册
寧波市天一閣博物院藏

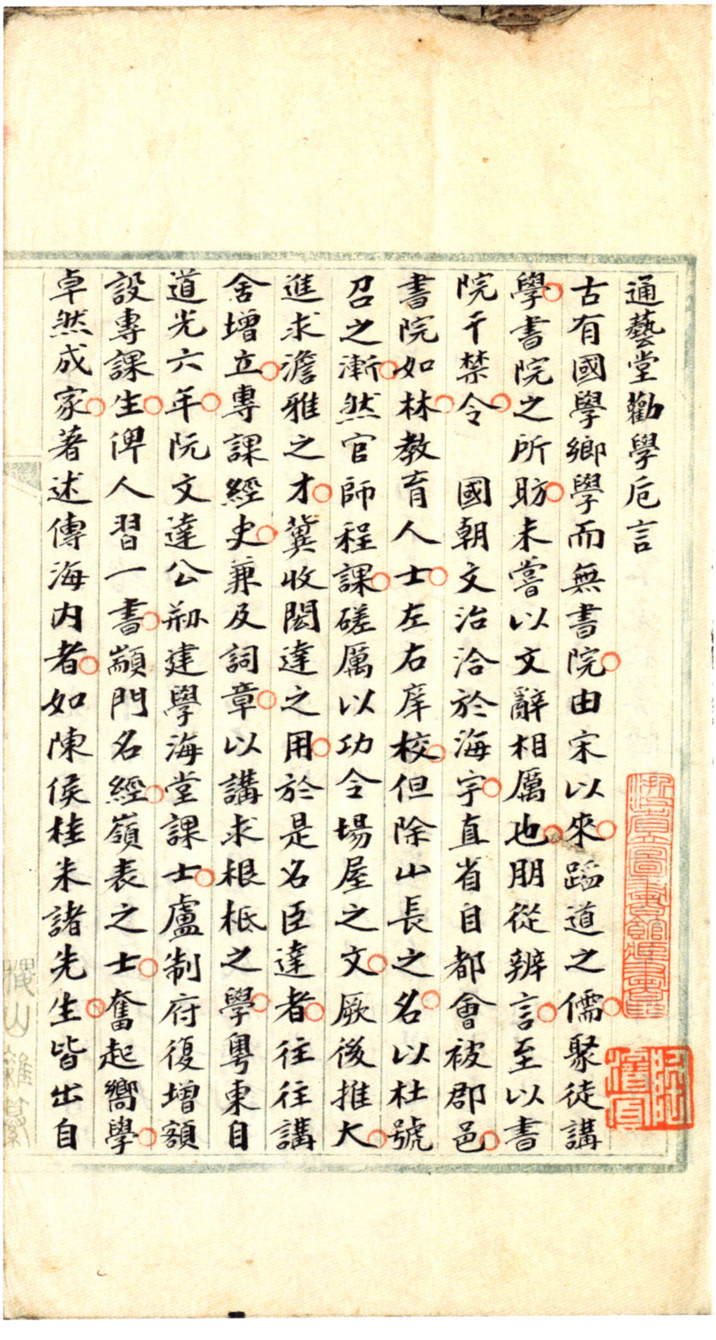
通藝堂勸學卮言
古有國學鄉學而無書院由宋以來蹈道之儒聚徒講
學書院之所昉未嘗以文辭相厲也朋從辨言至以書
院干禁令　國朝文治洽於海宇直省自都會被郡邑
書院如林教育人士左右庠校但除山長之名以杜號
召之漸然官師程課磋厲以功令場屋之文厥後推大
進求澹雅之才冀收閎達之用於是名臣達者往往講
舍增立專課經史兼及詞章以講求根柢之學粵東自
道光六年阮文達公剏建學海堂課士盧制府復增額
設專課生俾人習一書顓門名經嶺表之士奮起嚮學
卓然成家著述傳海內者如陳侯桂朱諸先生皆出自

〇一二　通藝堂勸學卮言一卷　（清）陶濬宣輯　稿本　一册

浙江圖書館藏

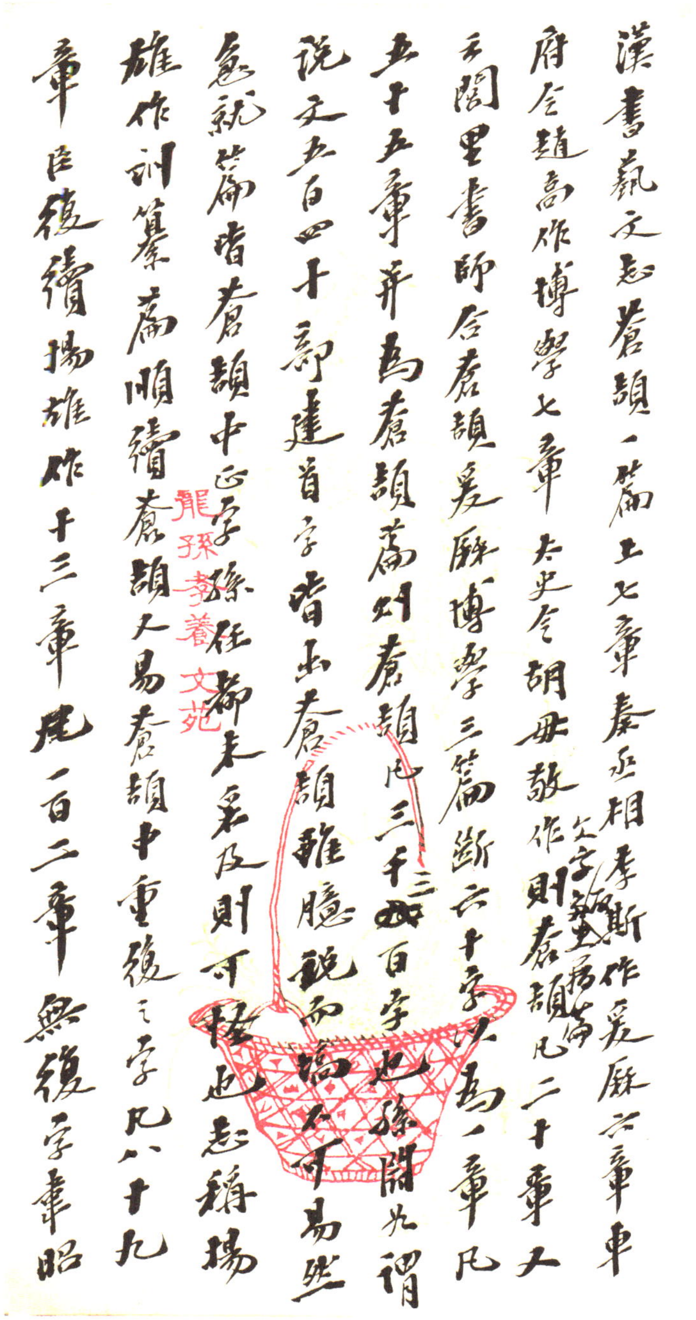
漢書藝文志蒼頡一篇上七章秦丞相李斯（文字多取史籀篇）作爰歷六章車
府令趙高作博學七章太史令胡毋敬作則蒼頡凡二十章又
云閭里書師合蒼頡爰歷博學三篇斷六十字以為一章凡
五十五章并為蒼頡篇則蒼頡凡三千三百字也孫關九謂
說文五百四十部建首字皆出蒼頡雖臆說而論不可易然
急就篇皆蒼頡中正字孫任卿未采及則可疑也志稱揚
雄作訓纂篇順續蒼頡又易蒼頡中重複之字凡八十九
章臣復續揚雄作十三章凡一百二章無復字彙昭

〇一三　稷山讀書札記一卷　（清）陶濬宣輯　稿本　一册　上海圖書館藏

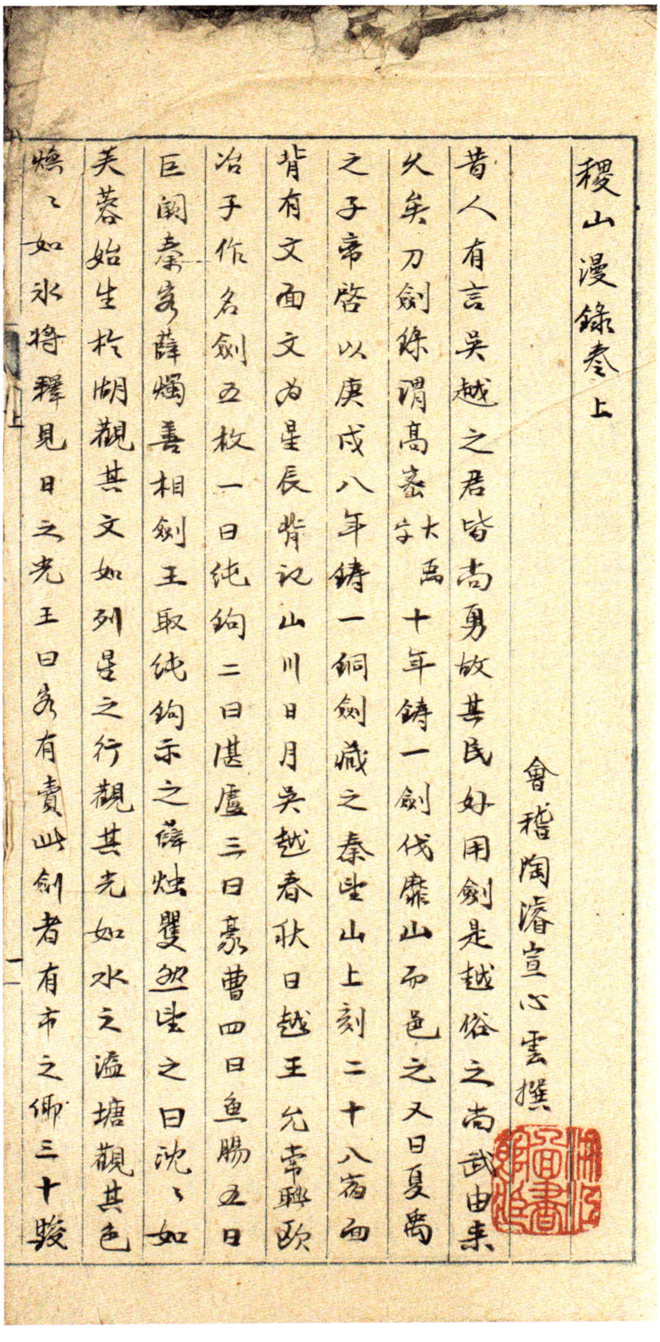

稷山漫錄卷上

會稽陶濬宣心雲撰

昔人有言吴越之君皆尚勇故其民好用劍是越俗之尚武由來久矣刀劍錄謂高密字大禹十年鑄一劍伐蔡山而邑之又曰夏禹之子帝啓以庚戌八年鑄一銅劍藏之秦望山上刻二十八宿面背有文面文為星辰背記山川日月吴越春秋曰越王允常聘歐冶子作名劍五枚一曰純鉤二曰湛盧三曰豪曹四曰魚腸五曰巨闕秦客薛燭善相劍王取純鉤示之薛燭矍然望之曰沈沈如芙蓉始生於湖觀其文如列星之行觀其光如水之溢塘觀其色煥煥如冰將釋見日之光王曰客有賣此劍者有市之鄉三十駿

〇一四　稷山漫録二卷　（清）陶濬宣輯　稿本　一册　浙江圖書館藏

存一卷（卷上）

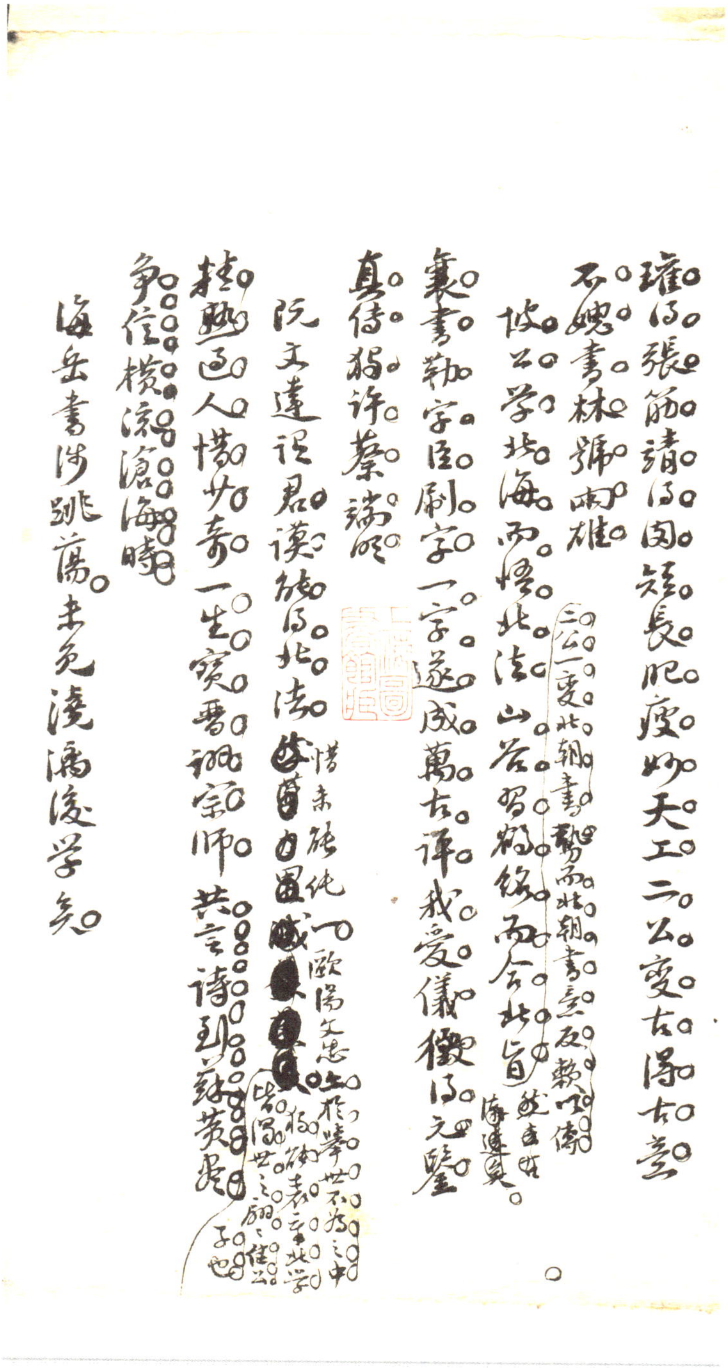

〇一五　稷山論書詩一卷　（清）陶濬宣輯　稿本　一册　上海圖書館藏

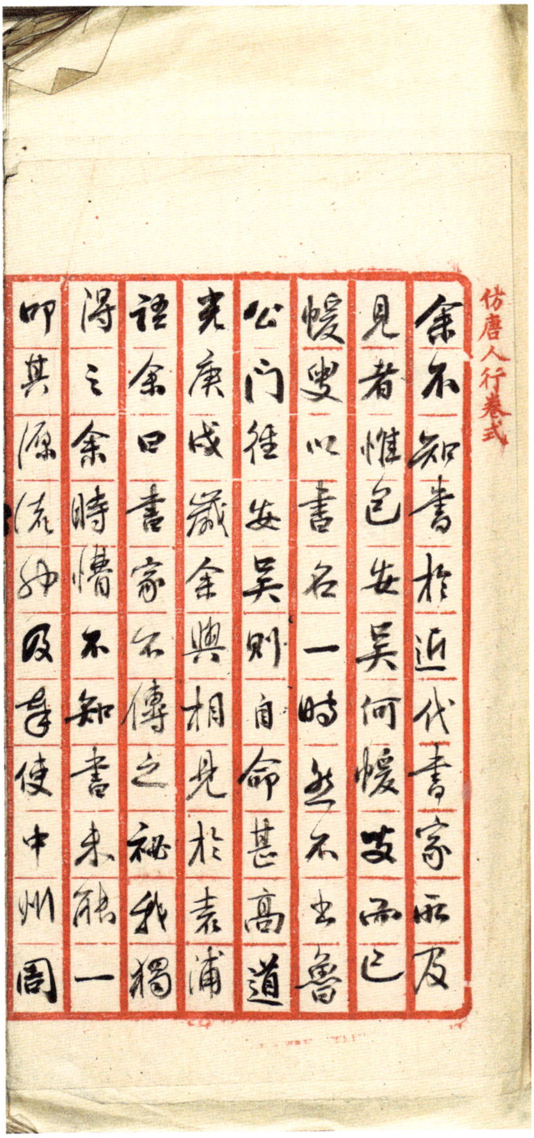

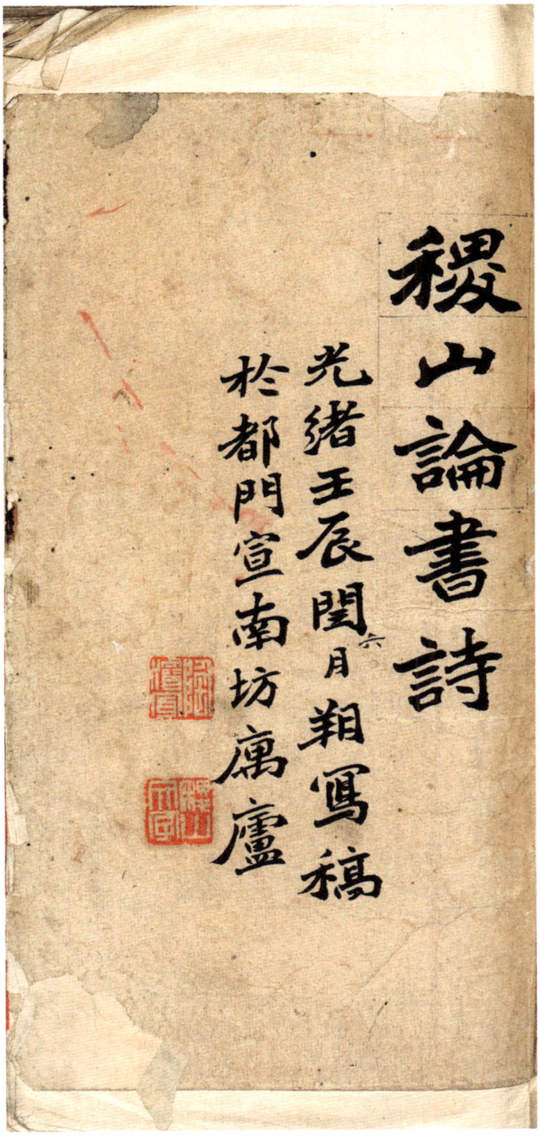

○一六 稷山論書詩一卷 （清）陶濬宣輯 清俞樾 清李慈銘 清譚獻 清袁昶 清王繼香 清宗源瀚跋 稿本 一册 國家圖書館藏

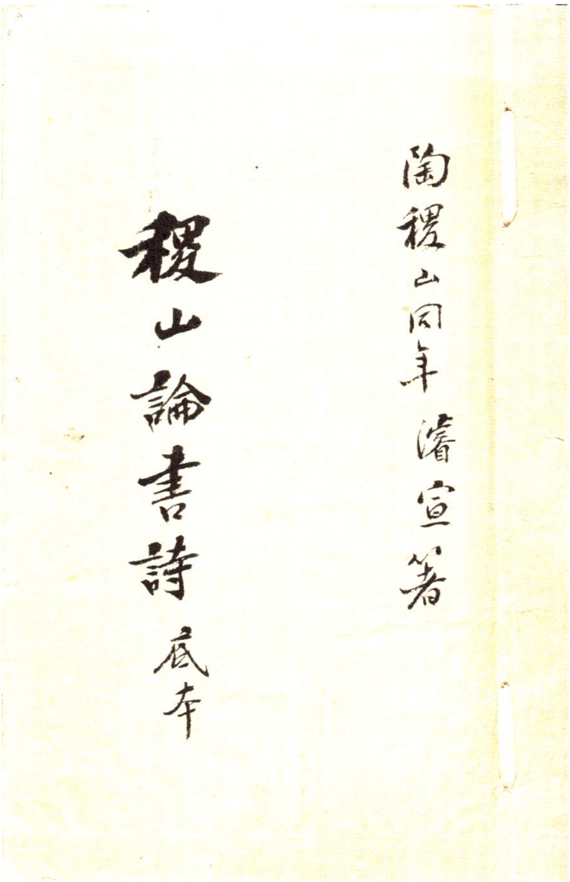

陶稷山同年濬宣著

稷山論書詩

底本

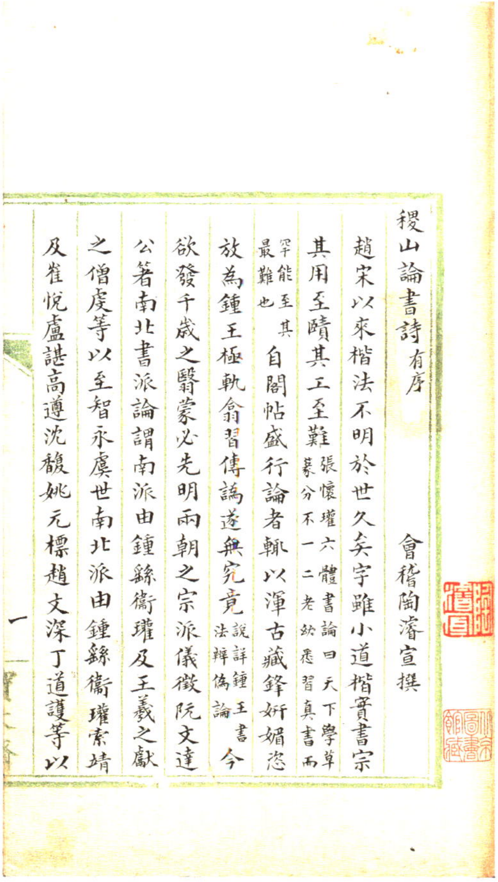

稷山論書詩有序

會稽陶濬宣撰

趙宋以來楷法不明於世久矣字雖小道楷實書宗其用至賾其工至難張懷瓘六體書論曰天下學草篆分不一二老幼悉習真書而罕能至其最難也自閣帖盛行論者輒以渾古藏鋒妍媚恣放為鍾王極軌翕習傳譌遂無究竟說詳鍾王書法辨偽論今欲發千歲之翳蒙必先明兩朝之宗派儀徵阮文達公著南北書派論謂南派由鍾繇衛瓘及王羲之獻之僧虔等以至智永虞世南北派由鍾繇衛瓘索靖及崔悅盧諶高遵沈馥姚元標趙文深丁道護等以

〇一七　稷山論書詩一卷　（清）陶濬宣輯　稿本　一册　國家圖書館藏

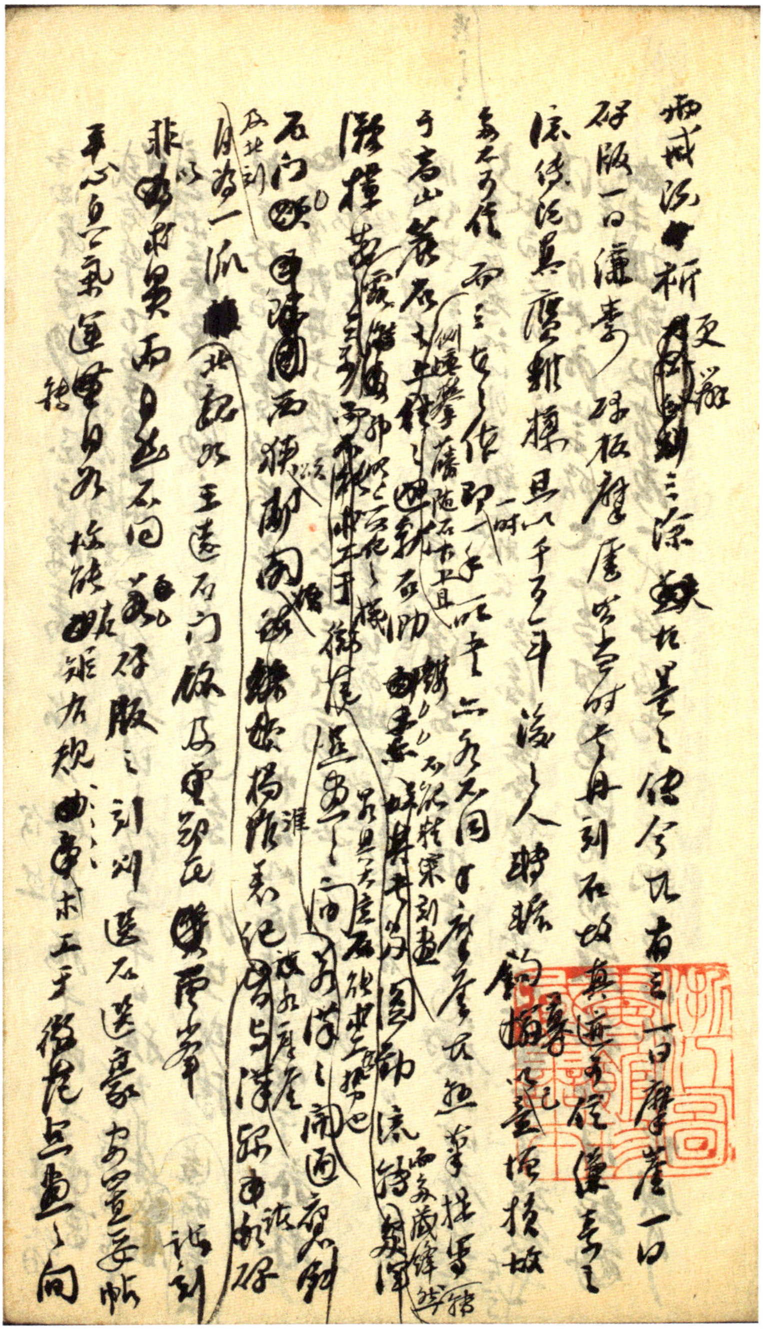

〇一八 稷山論書詩一卷 （清）陶濬宣輯 稿本 一册 浙江圖書館藏

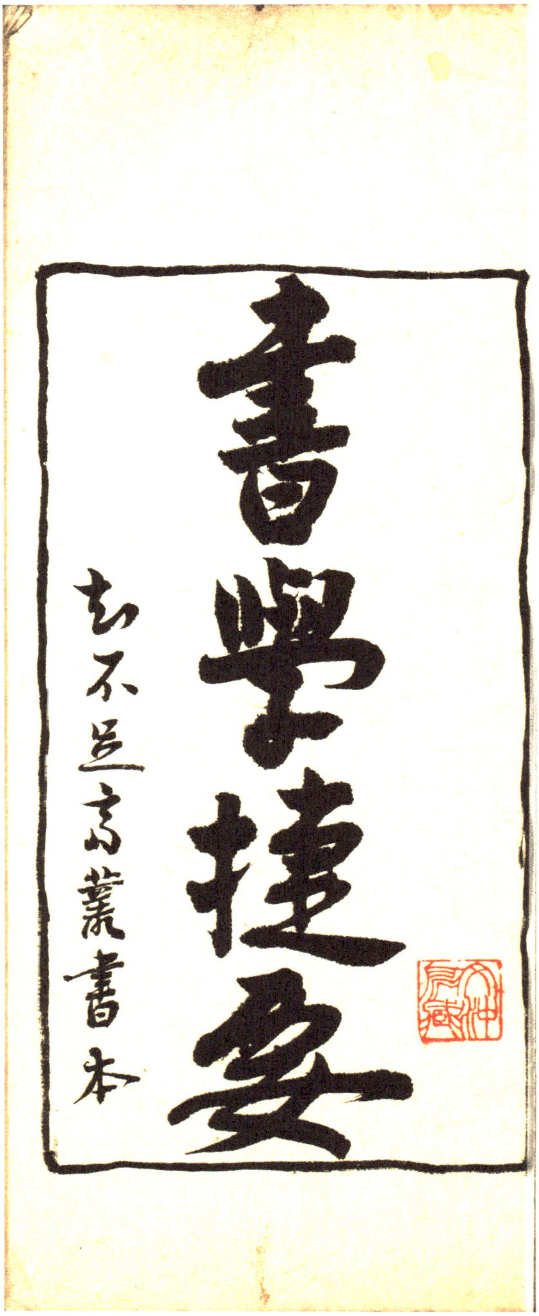
書學捷要
知不足齋叢書本

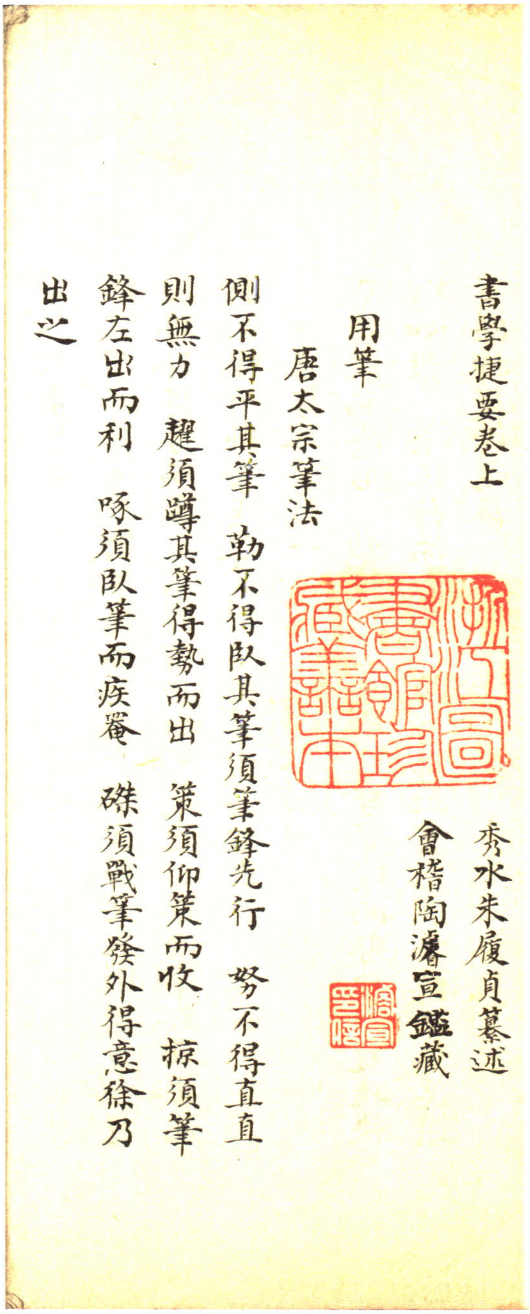
書學捷要卷上
秀水朱履貞纂述
會稽陶濬宣鑑藏
用筆
唐太宗筆法
側不得平其筆 勒不得臥其筆須筆鋒先行 努不得直直則無力 趯須蹲其筆得勢而出 策須仰策而收 掠須筆鋒左出而利 啄須臥筆而疾罨 磔須戰筆發外得意徐乃出之

○一九 書學捷要二卷 （清）朱履貞撰 清同治十一年(1872)陶濬宣抄本 書學捷要補一卷 （清）陶濬宣輯 稿本 一册 浙江圖書館藏

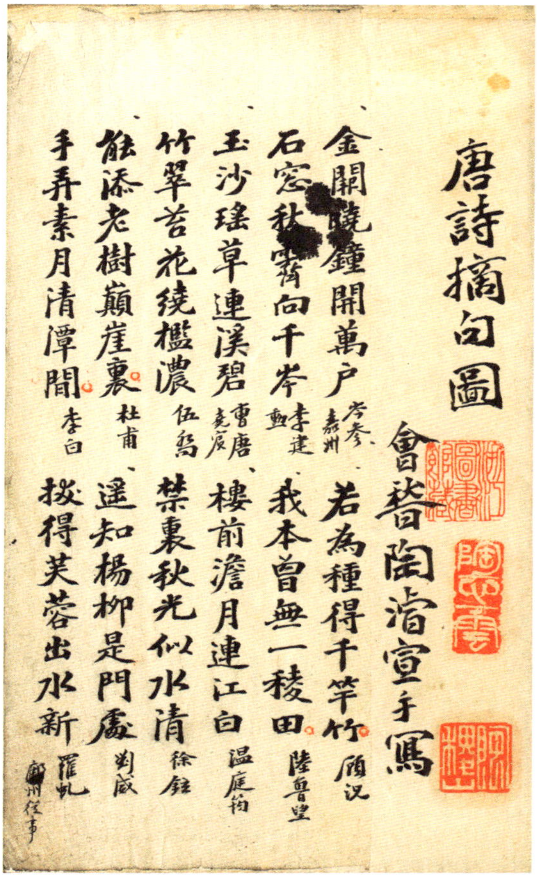

唐詩摘句圖

會稽陶濬宣手寫

金闕曉鐘開萬户 岑参 嘉州 若為種得千竿竹 顧況

石窗秋霽向千岑 李建勳 我本曾無一棱田 陸魯望

玉沙瑶草連溪碧 曹唐 堯賓 樓前澹月連江白 温庭筠

竹翠苔花繞檻濃 伍喬 禁裏秋光似水清 徐鉉

能添老樹巔崖裏 杜甫 遥知楊柳是門處 劉威

手弄素月清潭間 李白 掇得芙蓉出水新 羅虬 鄜州從事

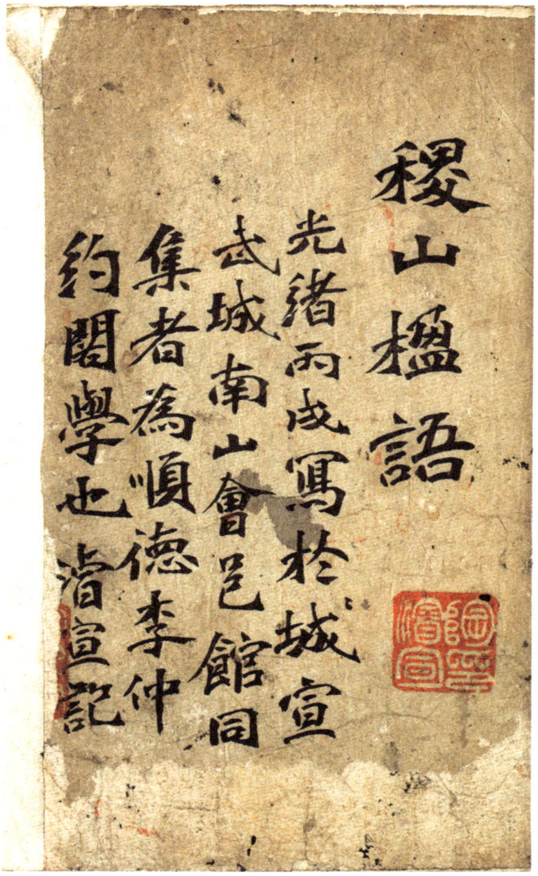

稷山楹語

光緒丙戌寫於城宣武城南山會邑館同集者為順德李仲約閣學也濬宣記

〇二〇　稷山楹語三卷　（清）陶濬宣輯　稿本　三册　浙江圖書館藏

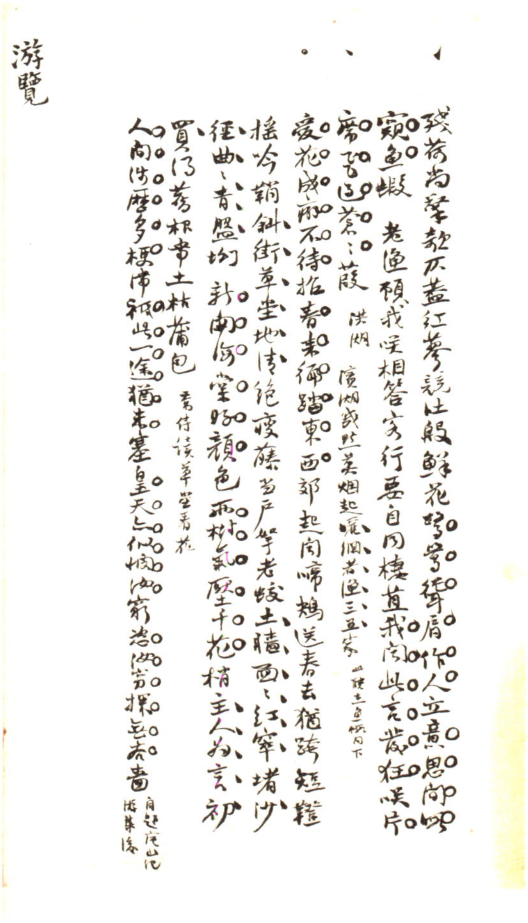

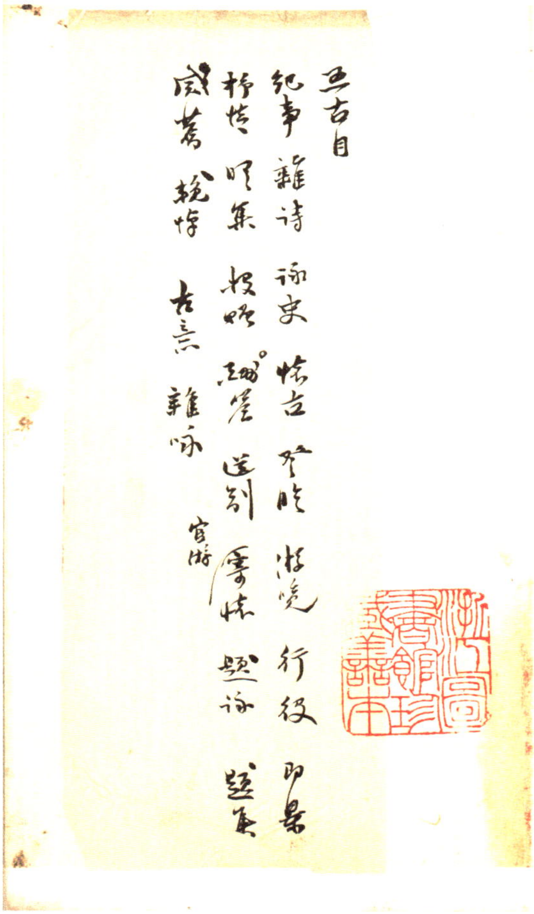

○二一　稷山樓分類詩選不分巻　（清）陶濬宣輯　稿本　一册
浙江圖書館藏

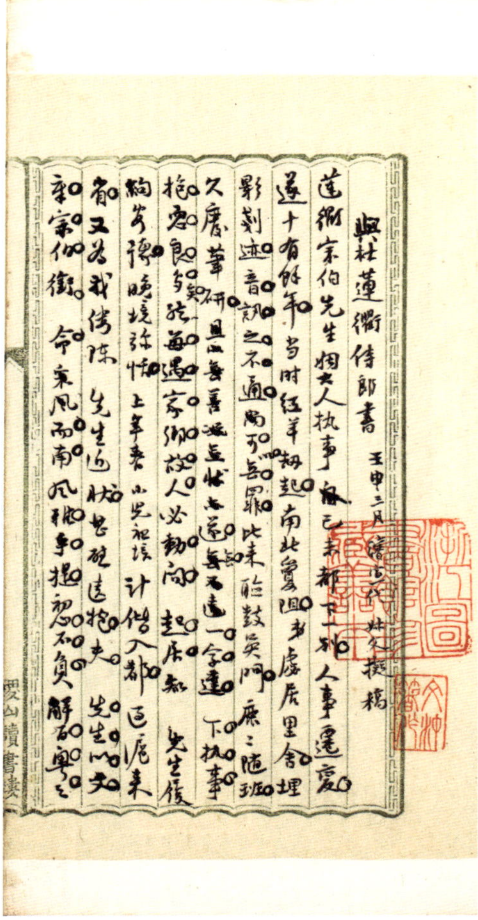
與杜蓮衢侍郎書
壬申三月 濬宣擬稿
稷山讀書樓

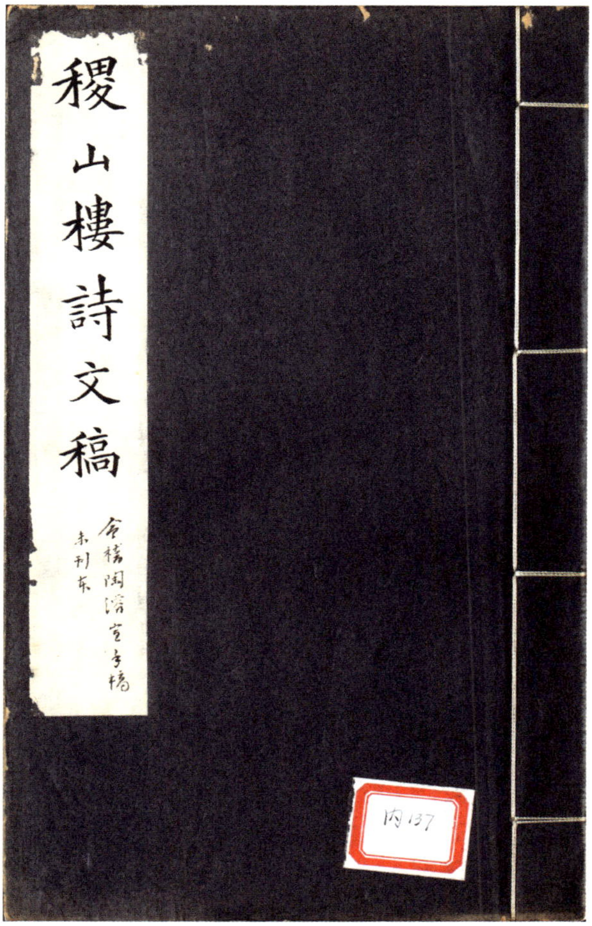

〇二二 稷山樓詩文稿不分卷 （清）陶濬宣撰 稿本 三册
浙江圖書館藏

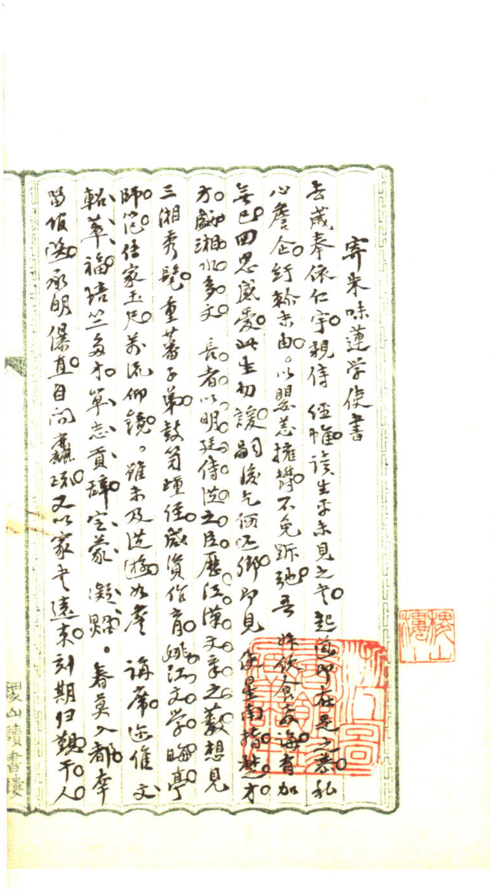

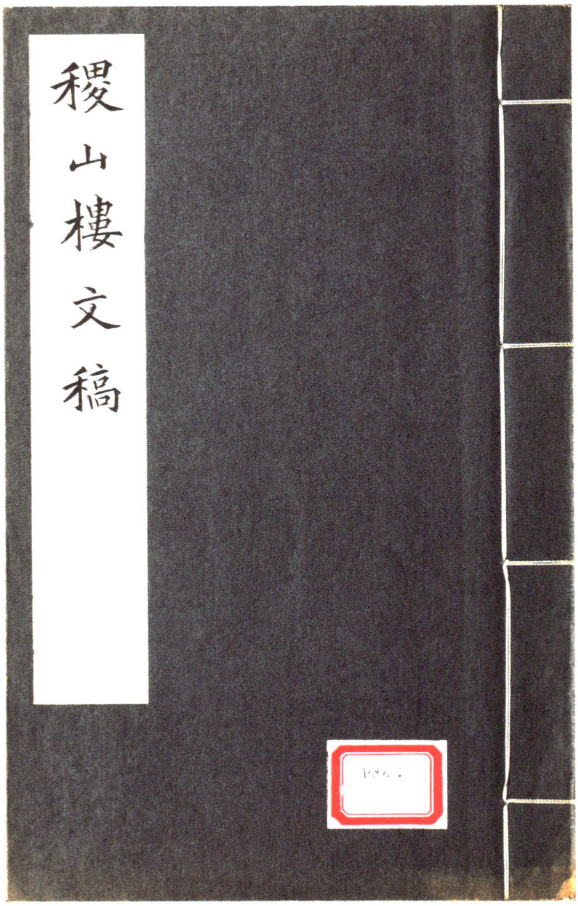

○二三　稷山樓文稿一卷　（清）陶濬宣撰　稿本　一册　浙江圖書館藏

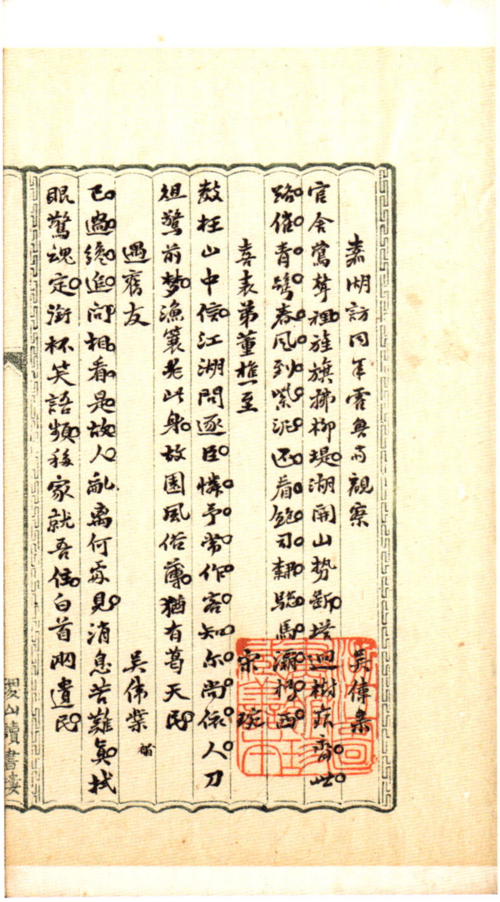

〇二四　稷山今體詩鈔不分卷　（清）陶濬宣輯　稿本　三册

浙江圖書館藏

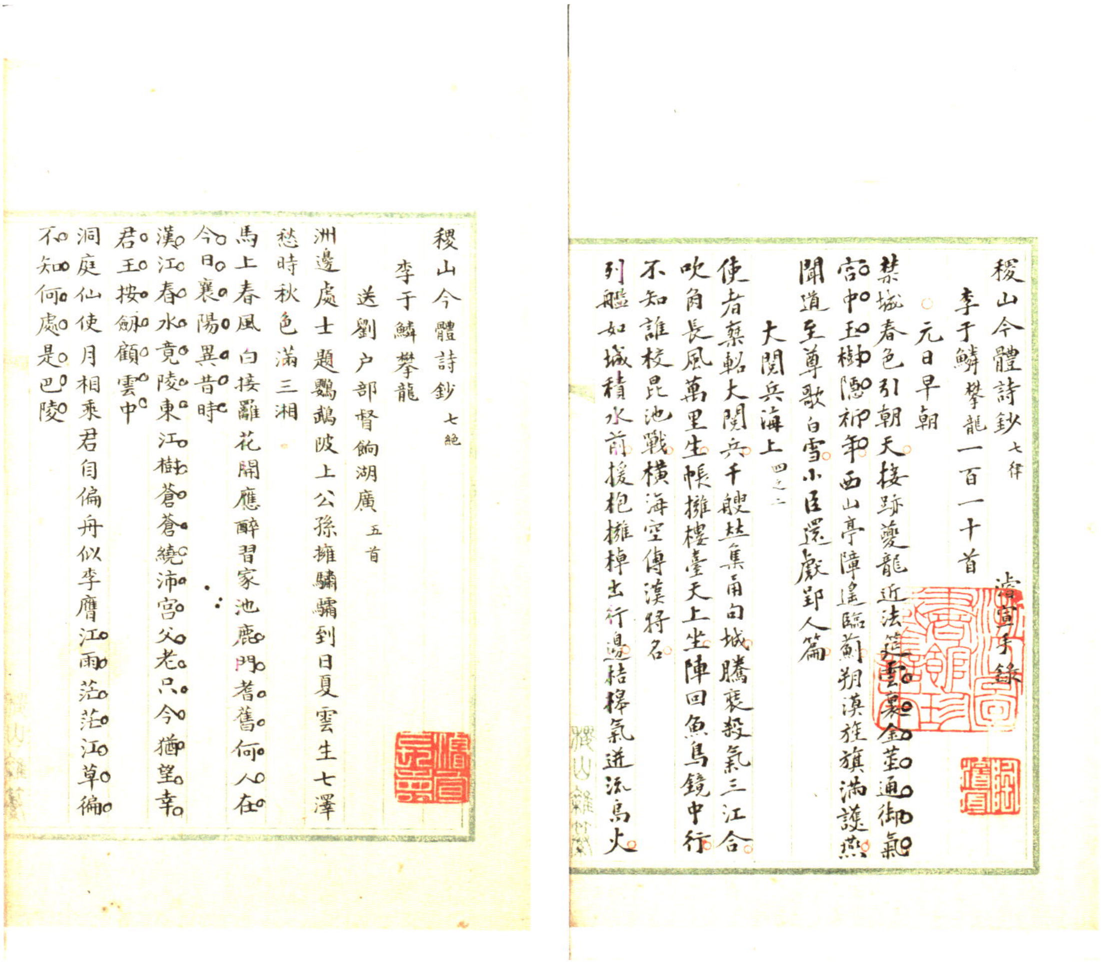
稷山今體詩鈔 七律
李于鱗攀龍一百一十首 濬宣手錄
元日早朝
禁城春色引朝天接跡夔龍近法筵劍舄金莖通御氣宮中玉樹隱神仙西山亭障邉臨薊朔漢旌旗滿護燕聞道至尊歌白雪小臣還獻郢人篇
大閱兵海上 四之二
使者翬軺大閱兵千艘鼓集甬句城騰裒殺氣三江合吹角長風萬里生帳擁樓臺天上坐陣回魚鳥鏡中行不知誰校昆池戰橫海空傳漢將名
列艦如城積水前援枹擁棹出行邊桔槔氣迸流烏火

稷山今體詩鈔 七絕
李于鱗攀龍
送劉戶部督餉湖廣 五首
洲邊處士題鸚鵡陂上公孫擁驌驦到日夏雲生七澤愁時秋色滿三湘
馬上春風白接䍦花開應醉習家池鹿門耆舊何人在今日襄陽異昔時
漢江春水竟陵東江樹蒼蒼繞沛宮父老只今猶望幸君王按劍顧雲中
洞庭仙使月相乘君自偏舟似李膺江雨茫茫江草徧不知何處是巴陵

〇二五 稷山樓詩選四卷 （清）陶濬宣輯 稿本 四册 浙江圖書館藏

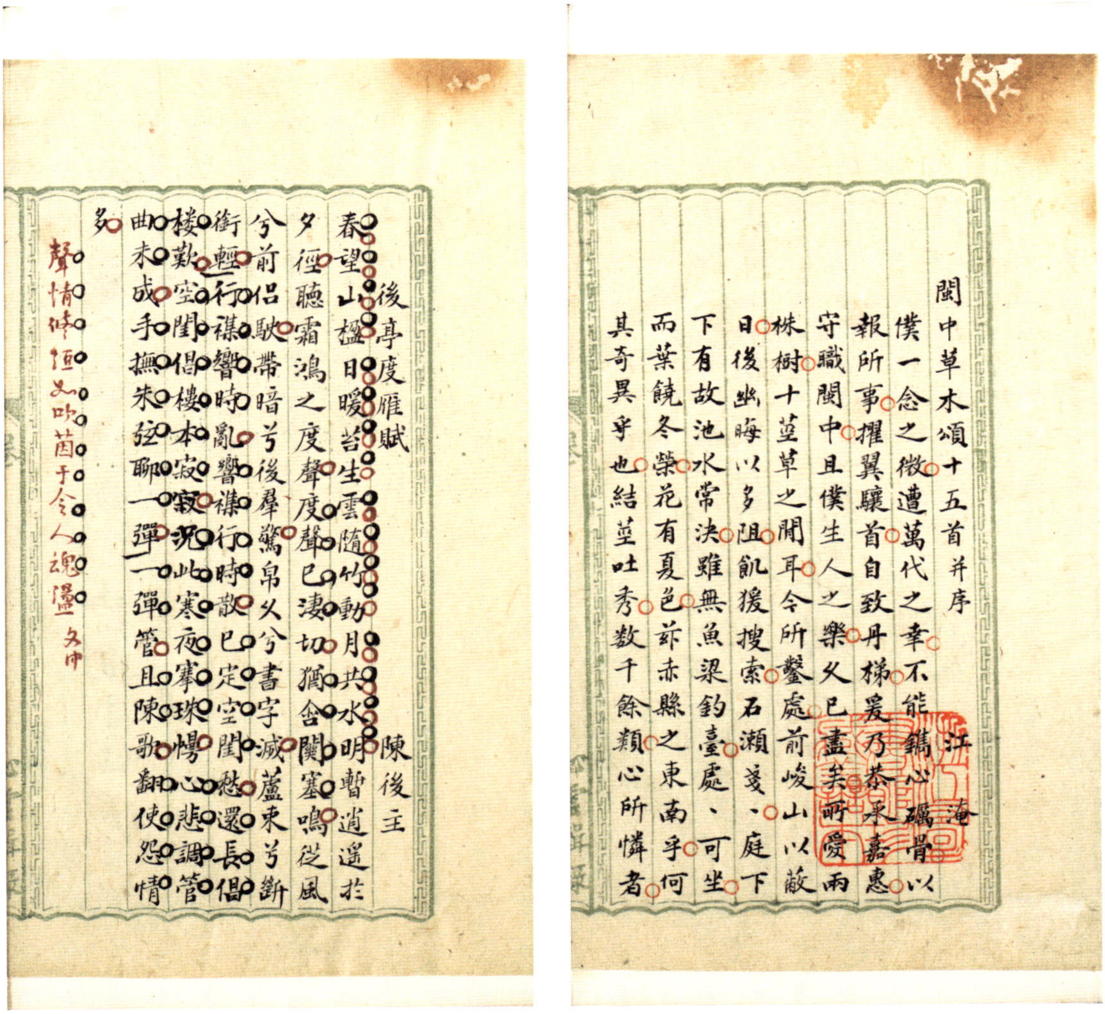
閬中草木頌十五首并序
僕一念之微遭萬代之幸不能鐫心礪骨以
報所事攞翼驤首自致丹梯爰乃恭承嘉惠
守職閬中且僕生人之樂久已盡矣所愛兩
株樹十莖草之間耳今所鑿處前峻山以蔽
日後幽晦以多阻飢猨搜索石瀨戔戔庭下
下有故池水常決雖無魚梁釣臺處處可坐
而葉饒冬榮花有夏色茲赤縣之東南乎何
其奇異乎也結莖吐秀數千餘類心所憐者

後亭度雁賦
陳後主
春望山楹日暖苔生雲隨竹動月共水明暫逍遥於
夕徑聽霜鴻之度聲度聲已淒切猶含關塞鳴從風
兮前侶駛帶暗兮後羣驚帛久兮書字滅蘆束兮斷
衘輕行襍響時亂響襍行時散已定空閨愁還長倡
樓歎空閨倡樓本寂寂況此寒夜寒琰心悲調管
曲未成手撫来絃聊一彈一彈管且陳歌翻使怨情
多
聲情悽惋又吹箘于今人魂還

〇二六 稷山樓文選不分卷 （清）陶濬宣輯 稿本 四册 浙江圖書館藏

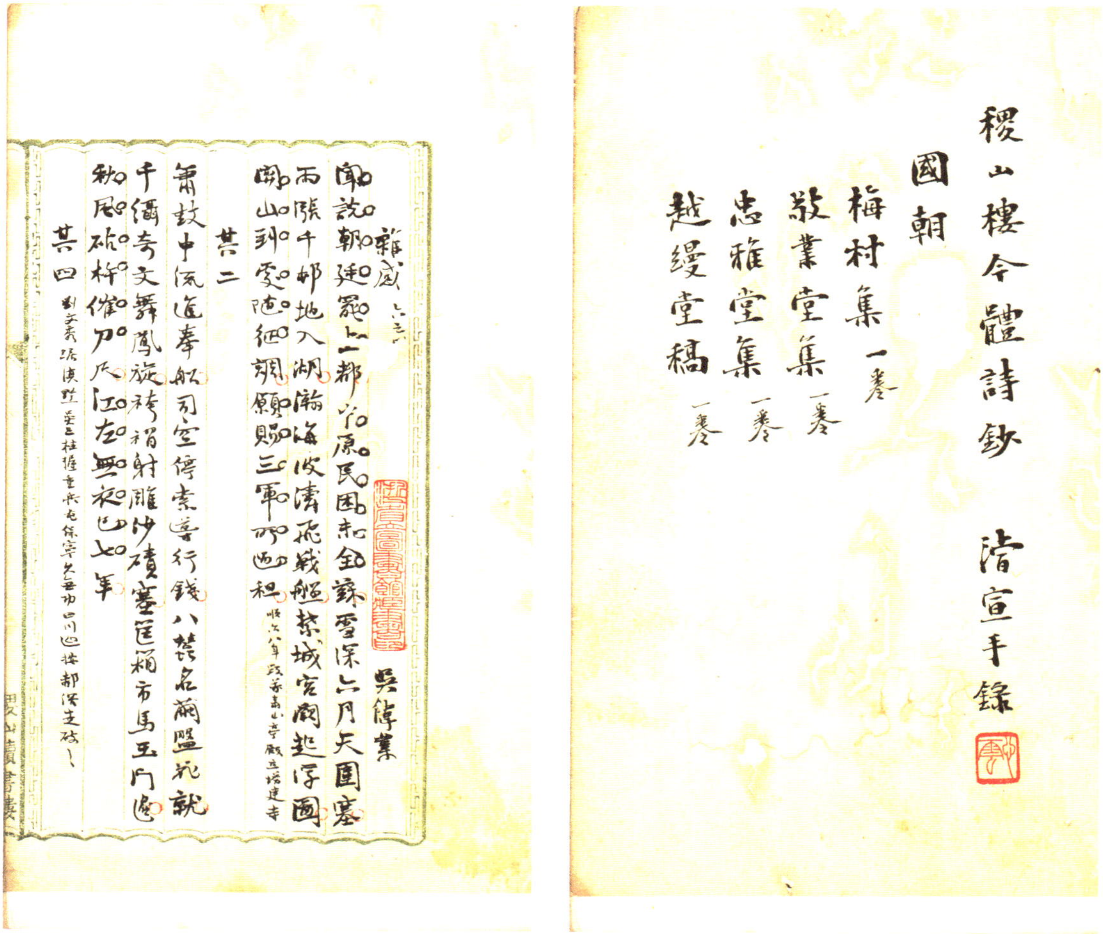

〇二七 稷山樓今體詩鈔四卷 （清）陶濬宣輯 稿本 四册
浙江圖書館藏

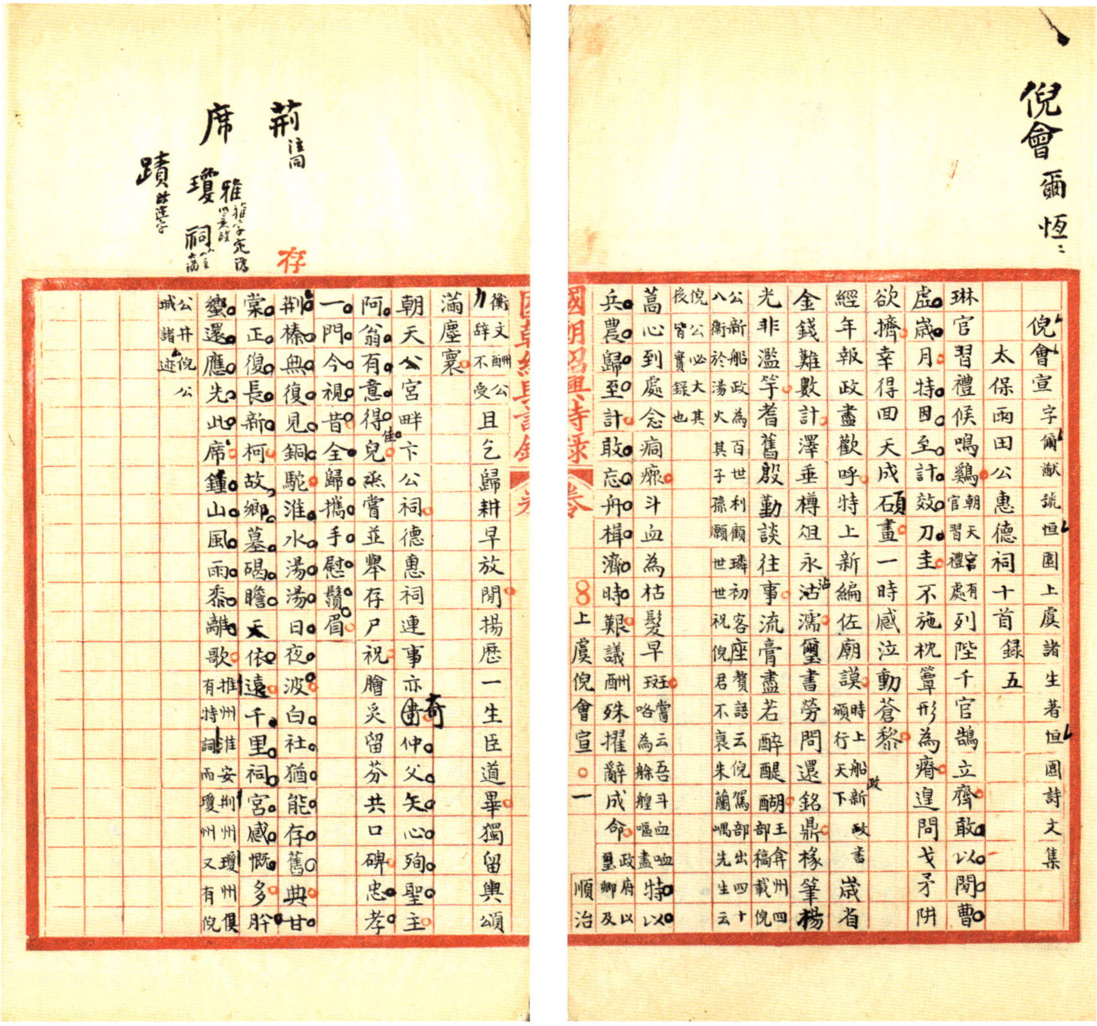

〇二八　國朝紹興詩録四卷　（清）陶濬宣輯　稿本　四册　浙江圖書館藏

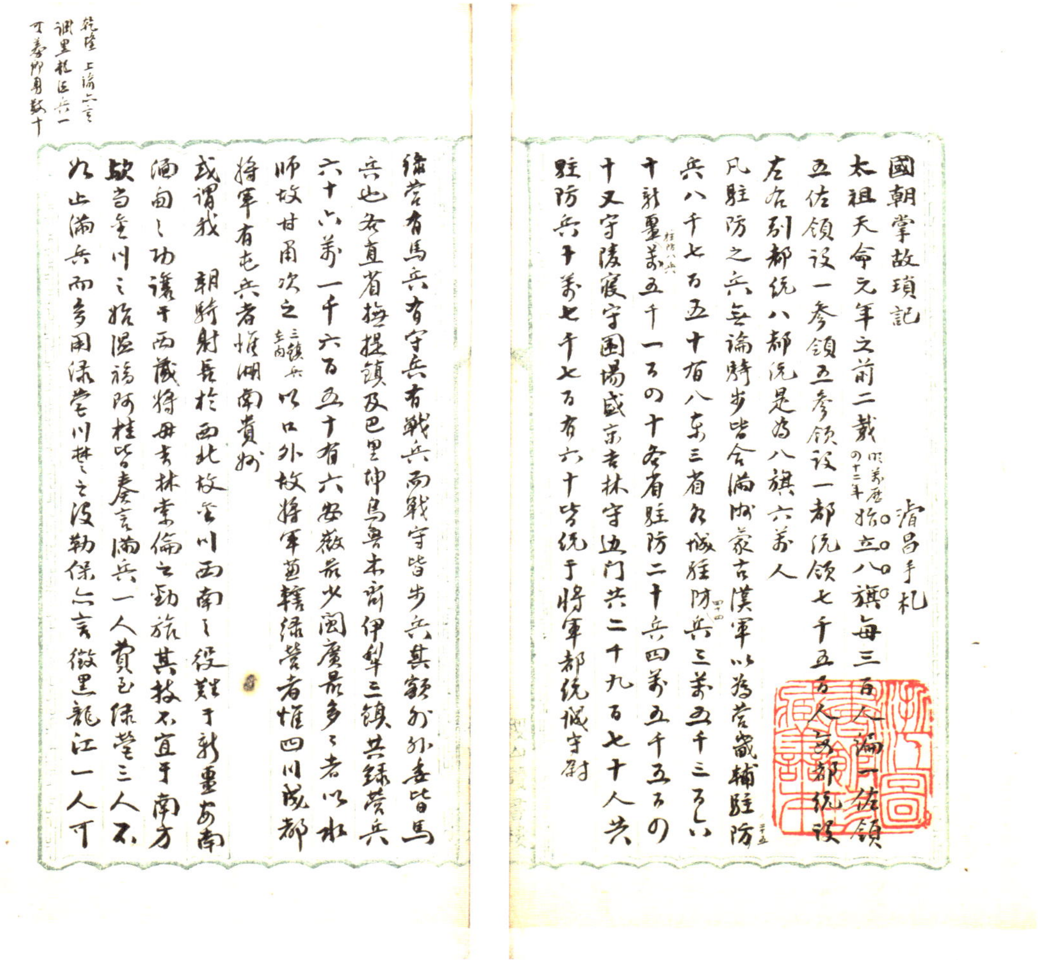
國朝掌故瑣記　濬昌手札
太祖天命元年之前二載（明萬曆四十二年）始立八旗每三百人編一佐領
五佐領設一參領五參領設一都統領七千五百人每都統設
左右副都統八都統是為八旗六萬人
凡駐防之兵無論騎步皆合滿洲蒙古漢軍以為營畿輔駐防（二十五）
兵八千七百五十有八東三省各城駐防（四十四）兵三萬五千三百[illegible]
十新疆（駐防八旗）萬五千一百四十各省駐防二十兵四萬五千五百四
十又守陵寢守圍場盛京吉林守邊門共二千九百七十人共
駐防兵十萬七千七百有六十皆統于將軍都統城守尉

綠營有馬兵有守兵有戰兵而戰守皆步兵其額外委皆馬
兵也每直省撫提鎮及巴里坤烏魯木齊伊犁三鎮共綠營兵
六十六萬一千六百五十有六安徽最少閩廣最多多者以水
師故甘肅次之（三鎮兵在內）以口外故將軍兼轄綠營者惟四川成都
將軍有屯兵者惟湖南貴州
或謂我　朝騎射長於西北故當川西南之役難于新疆安南
緬甸之功讓于西藏將毋吉林索倫之勁旅其技不宜于南方
歟當金川之役溫福阿桂皆奏言滿兵一人費至綠營三人不
如止滿兵而多用綠營川楚之役勒保亦言徵黑龍江一人可

乾隆上諭亦言調黑龍江兵一可養綠勇數十

〇二九　國朝掌故瑣記一卷　（清）陶濬昌輯　稿本　一册　浙江圖書館藏

王繼香專集

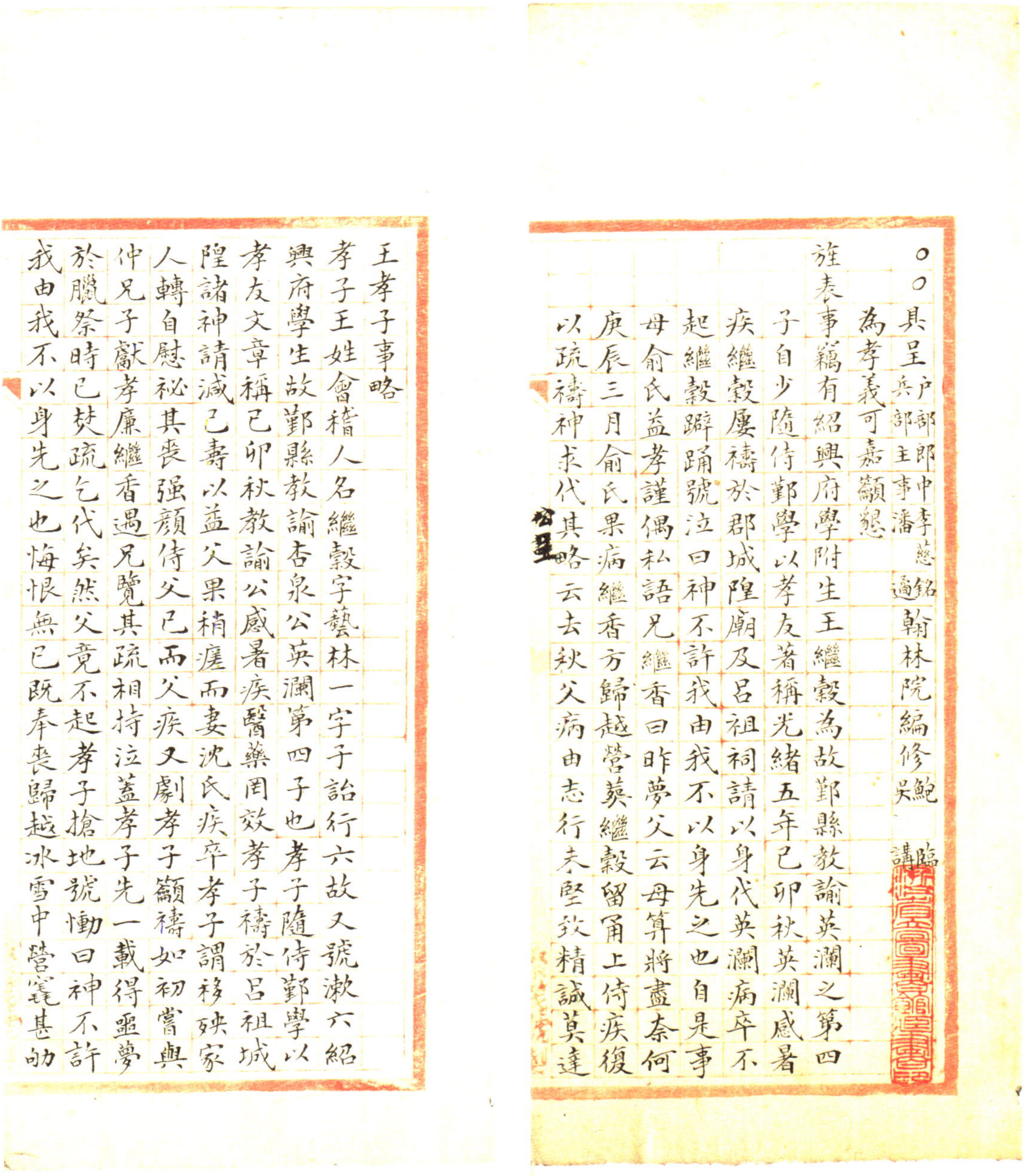
〇〇具呈戶部郎中李慈銘兵部主事潘遹翰林院編修吳鮑臨講
為孝義可嘉籲懇
旌表事竊有紹興府學附生王繼穀為故鄞縣教諭英瀾之第四
子自少隨侍鄞學以孝友著稱光緒五年己卯秋英瀾感暑
疾繼穀屢禱於郡城隍廟及呂祖祠請以身代英瀾病卒不
起繼穀擗踊號泣曰神不許我由我不以身先之也自是事
母俞氏益孝謹偶私語兄繼香曰昨夢父云母算將盡奈何
庚辰三月俞氏果病繼香方歸越營葬繼穀留甬上侍疾復
以疏禱神求代其略云去秋父病由志行未堅致精誠莫達
公呈

王孝子事略
孝子王姓會稽人名繼穀字藝林一字子詒行六故又號潄六紹
興府學生故鄞縣教諭杏泉公英瀾第四子也孝子隨侍鄞學以
孝友文章稱己卯秋教諭公感暑疾醫藥罔效孝子禱於呂祖城
隍諸神請減己壽以益父果稍瘥而妻沈氏疾卒孝子謂移殃家
人轉自慰祕其喪強顏侍父已而父疾又劇孝子籲禱如初嘗與
仲兄子獻孝廉繼香過兄覽其疏相持泣蓋孝子先一載得噩夢
於臘祭時已焚疏乞代矣然父竟不起孝子搶地號慟曰神不許
我由我不以身先之也悔恨無已既奉喪歸越冰雪中營窀甚劬

〇〇一　王孝子事略一卷　（清）王繼香輯　清抄本　一册　浙江圖書館藏

丁卯九月十九日晚陰　竹泉叔父赴西興舟過　鮑恒昌酒棧過　益甫敦甫審三
昆季隨來拜孫君麟竣同行上更出西郭門抵岸眠一宵
二十日辰抵西興岸七房早膳上輿渡錢江微雨午前至望仙橋弼一里官房無
窗欄　孫閣秀峴御柳林暨陶尼已先在陳雨　峴林謀移寓三橋址
書恒盛米鋪內午膳後雇担夫行李搬往恒豐主人鮑寄生先生所　峴林御試
時已雇房而　根齋先生之華宗文小樓三間頗精潔部署甫定已上燈時矣
廿一日雨不能出門半步與同房　孫閣秀峴御胡羿僻行秀才鮑氏昆季聚談頗暢
廿二日雨　積齋辰刻陰　竹軒訪詹新甫老伯暨　藕廷年伯出往芋上進刻字店与留
先生說即蛛菴下午謁　姚季眉師光宇仁和令　并稍搬往衙齋因辭乃已

何研山世坤名增
余雲軒三坤恩煦
翰臣
金梅坨〇年玉堂
沈又魚三弟吉昌人
戴老康字彤伯
莫晉昌先生
俞老樹春岑
王子蕃名錫康
馮四六官名錫昌

初八日晴上午俞海男來送行　何研山世坤來　鮑竟亭來即同至輝翁處談比上
改行輪船　輝翁許可並約武林會齊晤其弟雲軒及其嗣翰臣　蔣玉至梅坨處
不遇回至光相橋与竟亭分手昧　沈又魚來同午飯飯後向　戴秉丈及其嗣老康來送行
談許久　鮑益翁常徐偕來旋与益翁至陳節翁家辭行不遇晤其子芸山乃歸
向晚書屏對十餘幅　晚東卿從弟來　嚴貴卿姑丈來送行
初九日晴午前俞樹來同午飯下午節翁來　莫晉昌來　書對屏十餘幅
初十日雨上午馮四六官來　王子蕃來　午後書對五付　凌葵生來送行　謝午峰來託寄銀信
十一日雨上午午峰來　竹軒來同午飯夜飯　美香來　鮑益甫信來允十七日啓行
十二日雨上午午峰來　午前美香邀餞偕梅生桐生往赴与葵生同席見紫禅下午冒雨歸

〇〇二　王繼香日記不分卷（清同治六年九月十九日至同治七年底）　（清）王繼香撰　稿本　一冊　紹興圖書館藏

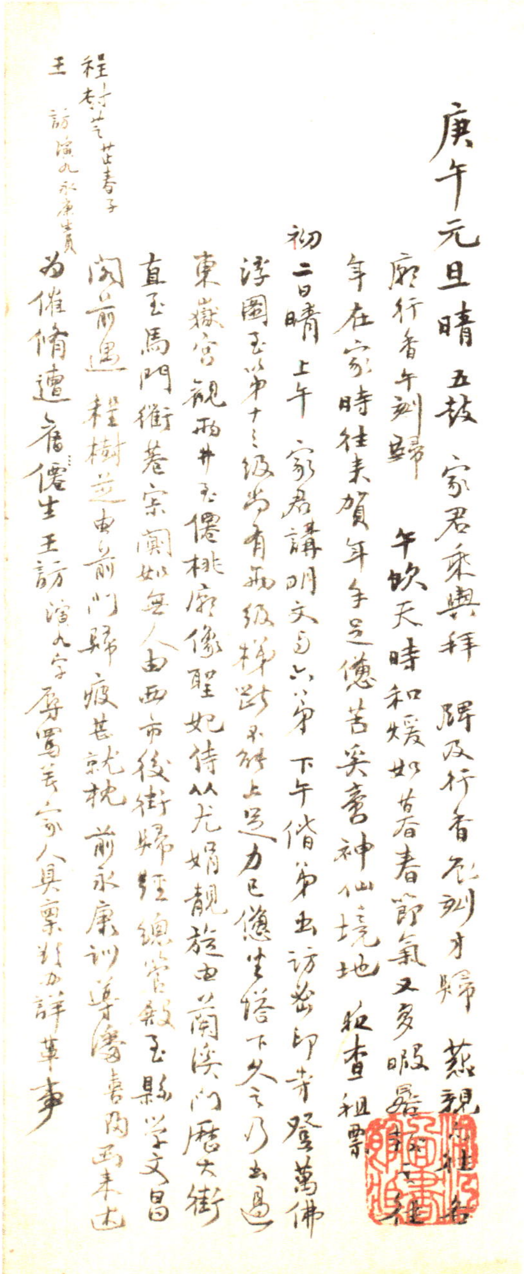
庚午元旦晴 五鼓 家君率與拜 牌及行香[illegible]刻才歸 慈親[illegible]
廟行香午刻歸 午飲 天時和煖如昔春節氣又多暇[illegible]
年在家時往來賀年手足[illegible]苦矣[illegible]神仙境地 [illegible]查祖[illegible]
初二日晴 上午 家君講明文昌六[illegible] 下午偕弟出訪[illegible]印青登萬佛
浮圖至第十三級尚有兩級梯[illegible]不能上達力已[illegible]下久之乃出過
東嶽宮觀雨井至[illegible]桃廟像聖妃侍從尤娟靚旋由蘭溪門歷大街
直至馬門街巷宗[illegible]如無人由西市後街歸經總管[illegible]玉[illegible]學文昌
閣前過 程樹芝由前門歸 疲甚就枕 前永康訓導[illegible]來[illegible]
為催[illegible]遭[illegible]生 王訪[illegible]九字[illegible]人[illegible]詳[illegible]事
程樹芝 芷春子
王訪[illegible]九 永康生員

〇〇三 王繼香日記不分卷（清同治九年） （清）王繼香撰 稿本 一册 浙江圖書館藏

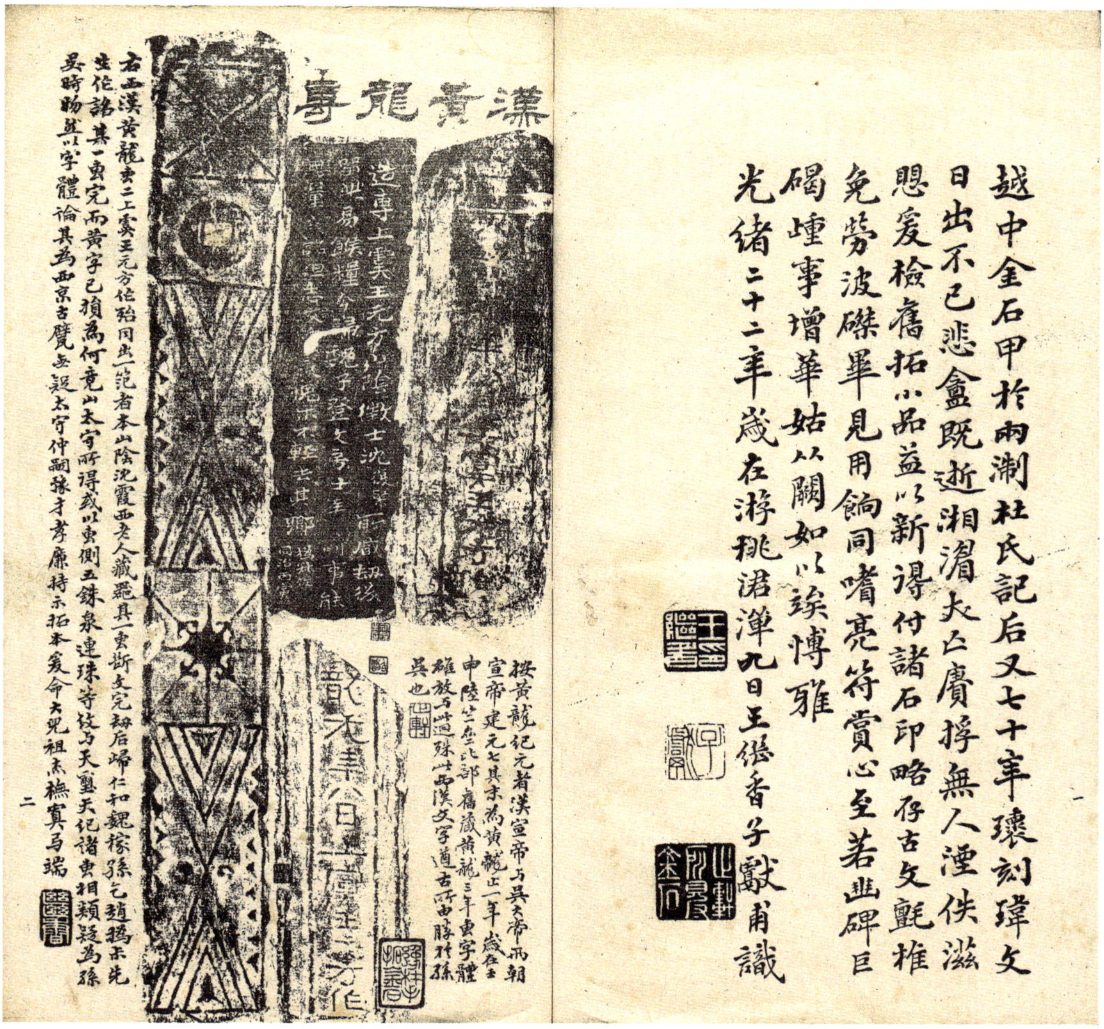

漢黃龍專

越中金石甲於兩浙杜氏記后又七十年瓌刻瑋文日出不已悲盦既逝湘湄太守廣搜無人湮佚滋懇爰檢舊拓小品益以新得付諸石印略存古文甄椎免勞波礫畢見用餉同嗜亮符賞心至若豐碑巨碣嶁事增華姑從闕如以竢博雅

光緒二十二年歲在游桃涒潬九日王繼香子獻甫識

○○四 越中古刻九種 （清）王繼香輯 清光緒二十二年（1896）石印本 一册 國家圖書館藏

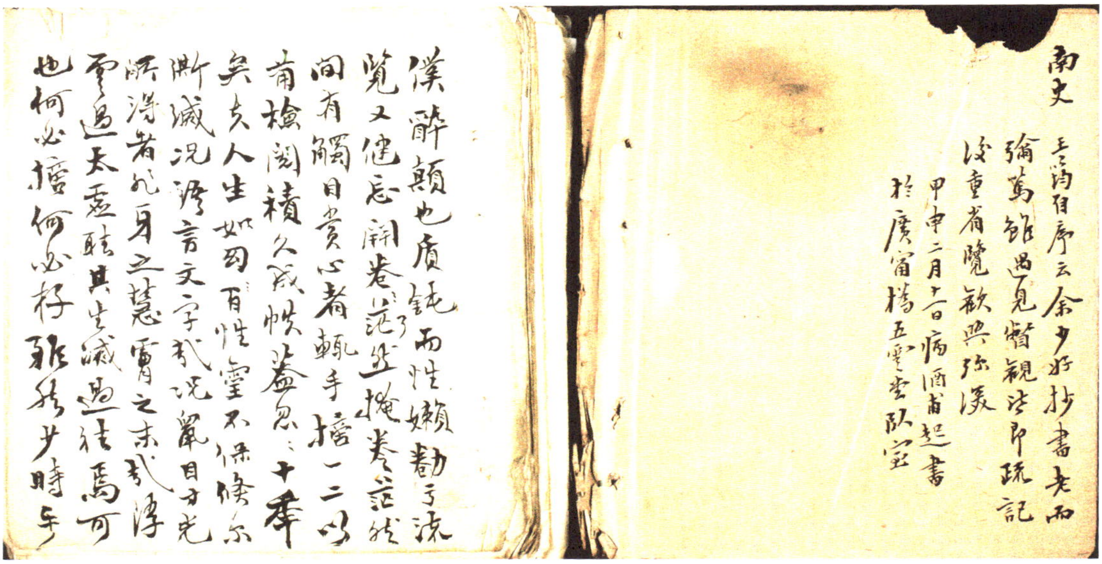

〇〇五 文犀不分卷 （清）王繼香編纂 清同治三年(1864)至清光緒十年(1884)稿本 一册 浙江圖書館藏

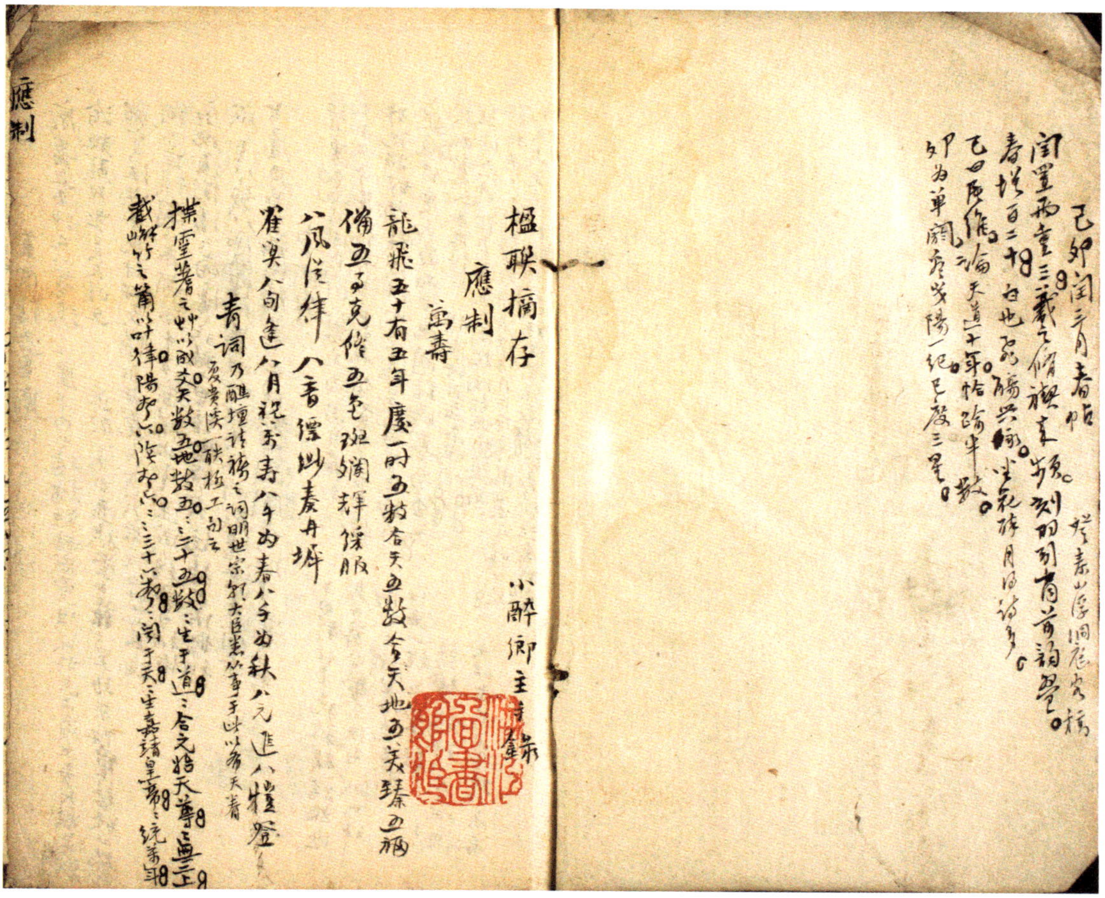

〇〇六　聯襍録不分卷　（清）王繼香輯　清同治六年（1867）至光緒三年（1877）稿本　清王繼穀題記　一册　浙江圖書館藏

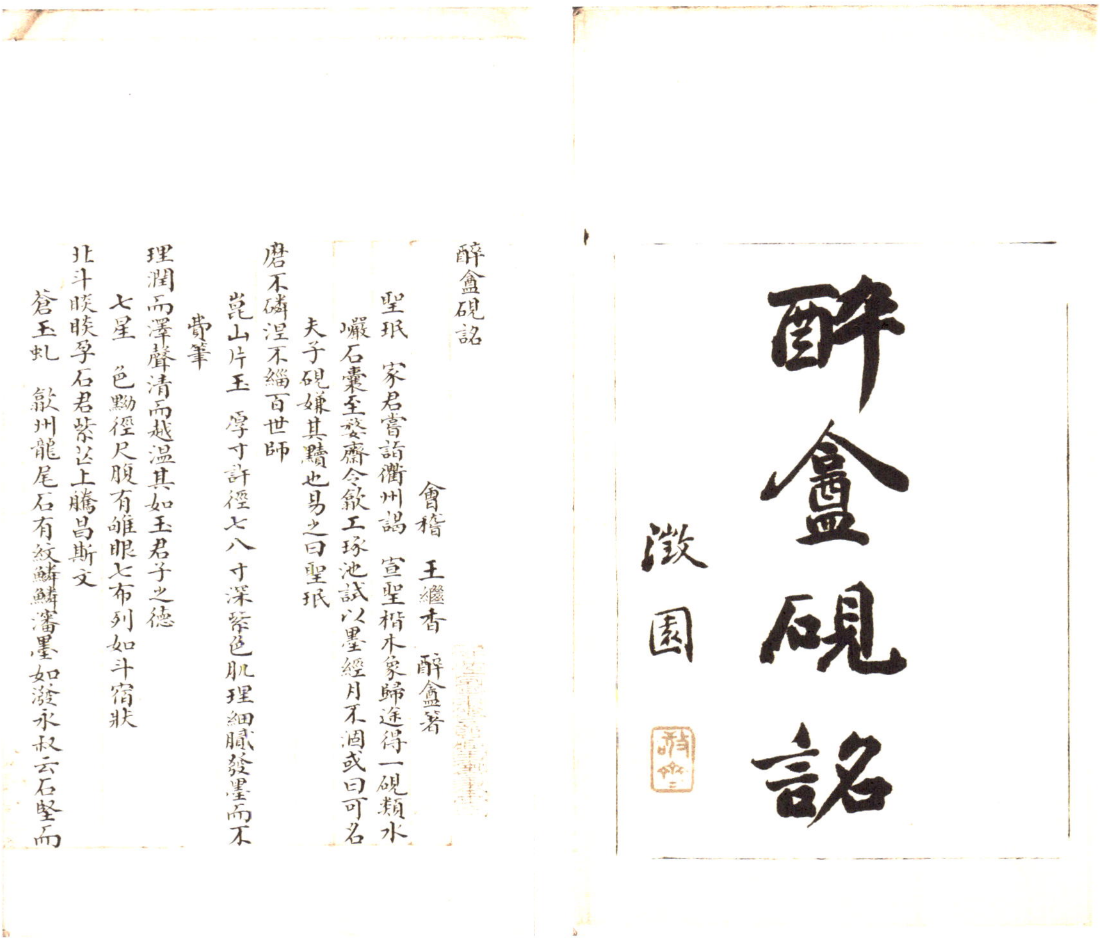

〇〇七 醉盦硯詺一卷枕湖樓藏硯銘一卷 （清）王繼香撰 清光緒五年至二十五年（1879—1899）稿本 清徐樹銘題簽 一册 浙江圖書館藏

第一批《浙江省珍貴古籍名録》，名録編號 00137

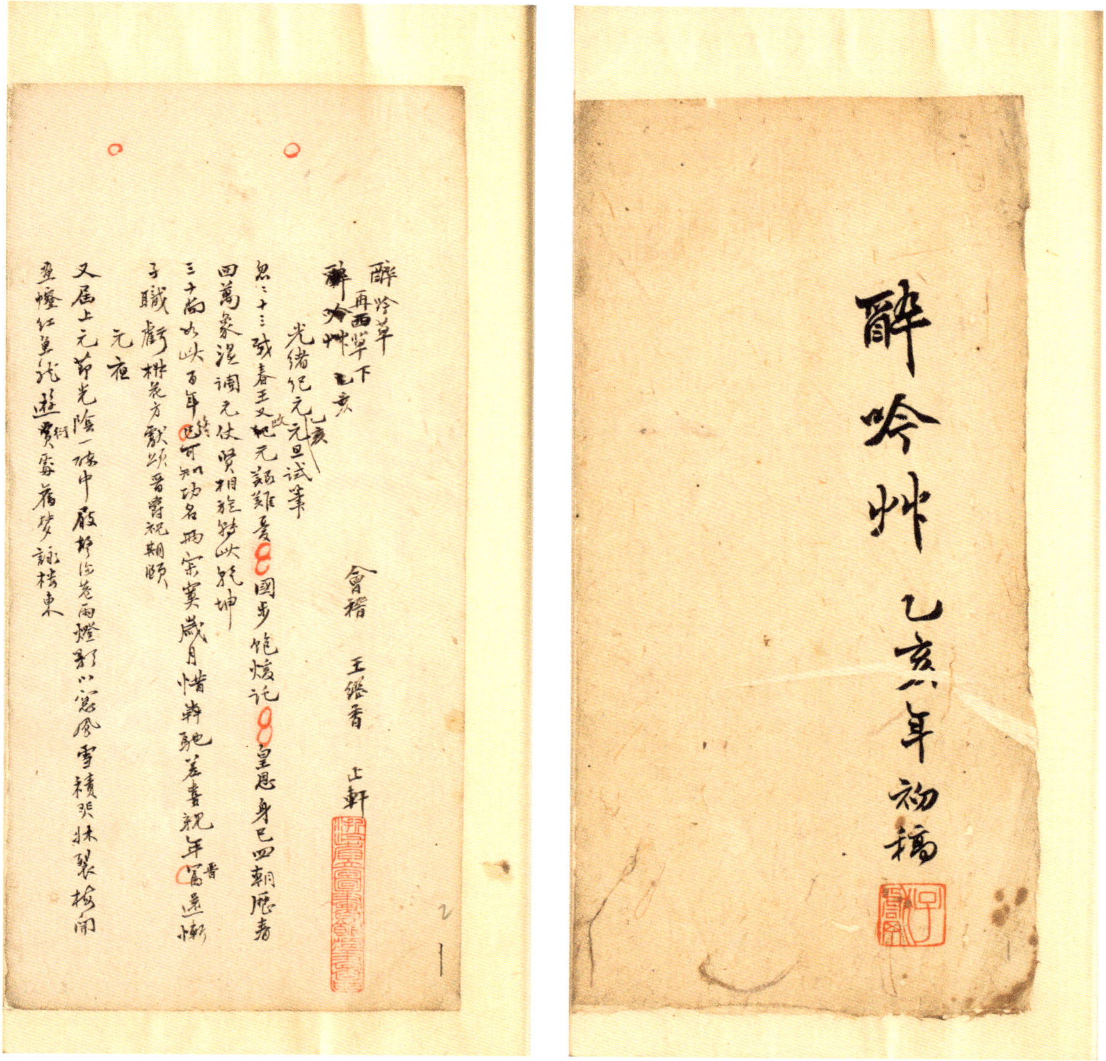

〇〇八 止軒集不分卷 （清）王繼香撰 稿本 十一册 浙江圖書館藏

第二批《浙江省珍貴古籍名録》，名録編號 00398

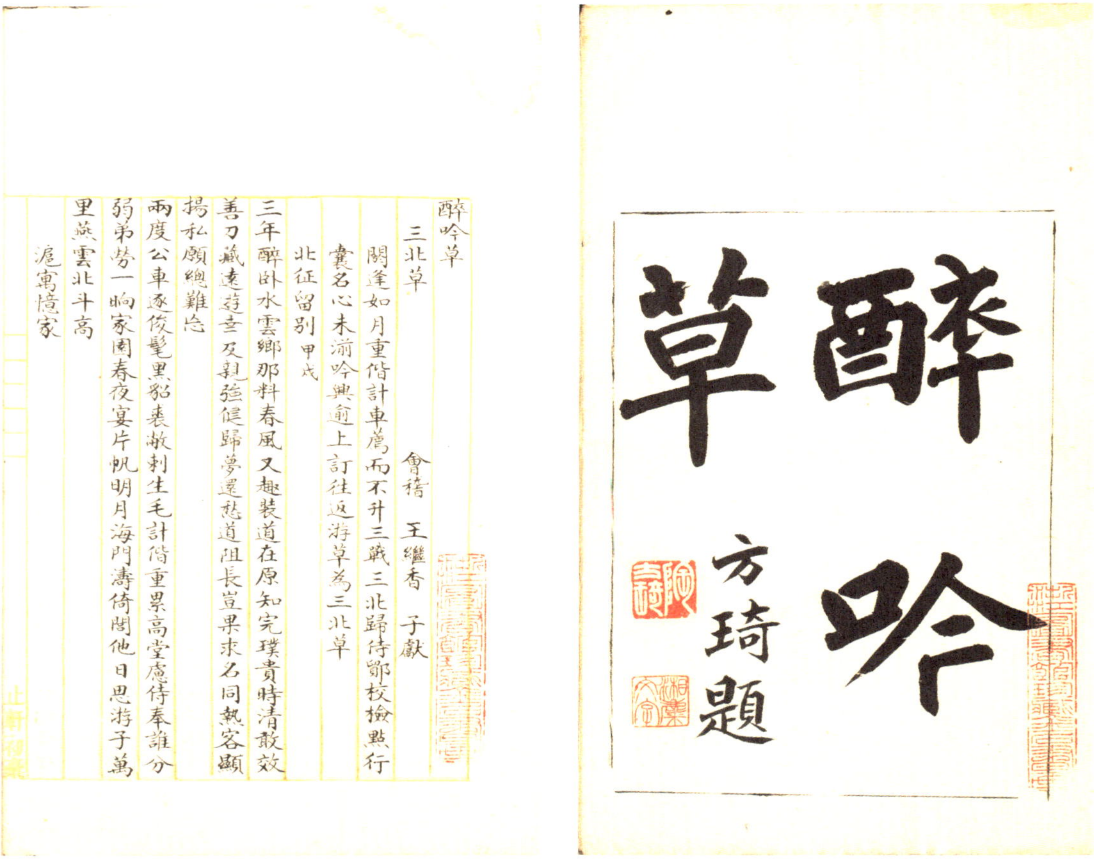
醉吟草

三北草　會稽　王繼香　子獻

閼逢如月重偕計車駕而不升三載三北歸侍鄮校檢點行囊名心未消吟興愈上訂往返游草為三北草

北征留别　甲戌

三年醉卧水雲鄉那料春風又趣裝道在原知完璞貴時清敢效善刀藏遠游豈反親強促歸夢還愁道阻長豈果求名同熱客顯揚私願總難忘

兩度公車逐後塵黑貂裘敝剩生毛計偕重累高堂慮侍奉誰分弱弟勞一晌家園春夜宴片帆明月海門濤倚閭他日思游子萬里燕雲北斗高

滬寓憶家

醉吟草

方琦題

〇〇九　醉吟草二十五種三十五卷　（清）王繼香撰　稿本　九册　浙江圖書館藏

館藏單位原題：醉吟草二十種二十八卷　六册　醉吟草五種七卷　三册

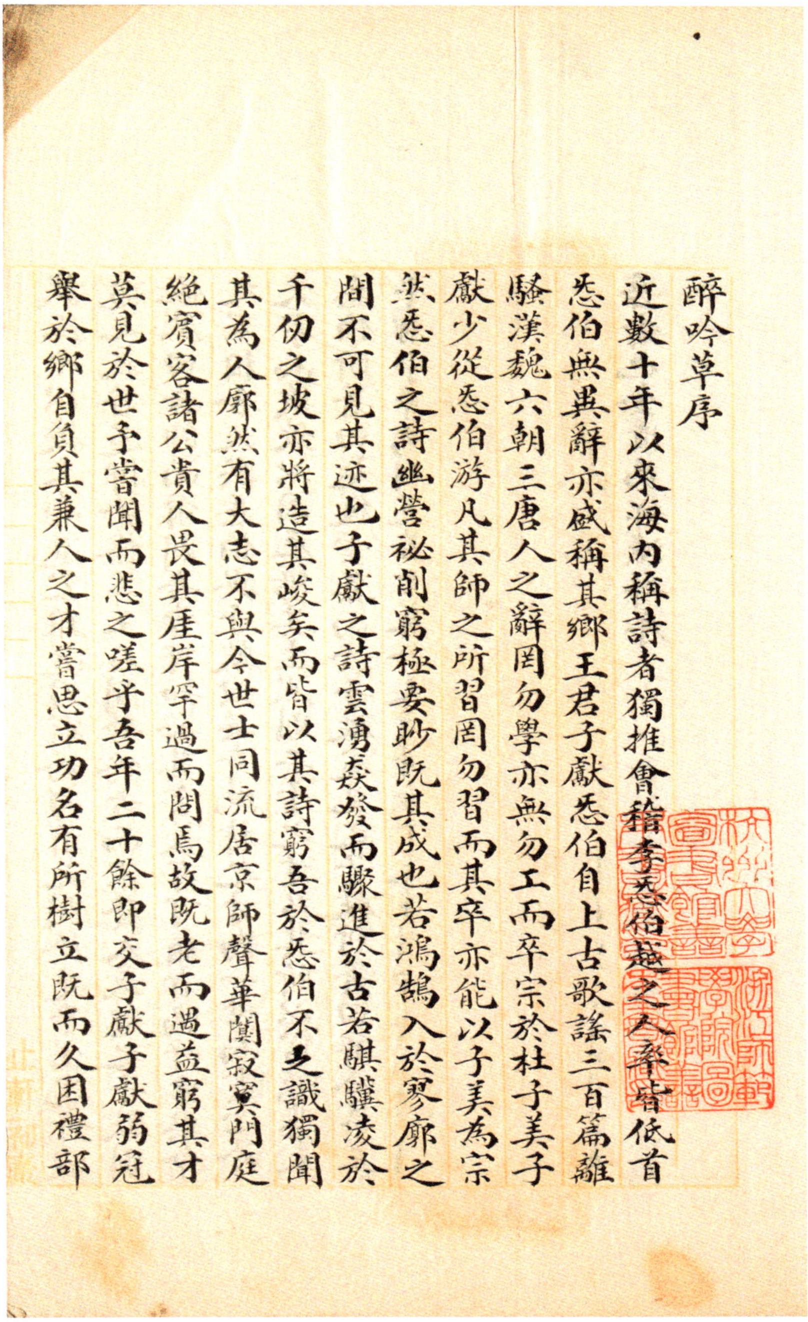

醉吟草序

近數十年以來海内稱詩者獨推會稽李㤅伯越之人率皆低首㤅伯無異辭亦咸稱其鄉王君子獻㤅伯自上古歌謠三百篇離騷漢魏六朝三唐人之辭罔勿學亦無勿工而卒宗於杜子美子獻少從㤅伯游凡其師之所習罔勿習而其卒亦能以子美為宗然㤅伯之詩幽營祕削窮極要眇既其成也若鴻鵠入於寥廓之間不可見其迹也子獻之詩雲湧焱發而驟進於古若騏驥凌於千仞之坡亦將造其峻矣而皆以其詩窮吾於㤅伯不之識獨聞其為人廓然有大志不與今世士同流居京師聲華闃寂寞門庭絕賓客諸公貴人畏其厓岸罕過而問焉故既老而遇益窮其才莫見於世乎嘗聞而悲之嗟乎吾年二十餘即交子獻子獻弱冠舉於鄉自負其兼人之才嘗思立功名有所樹立既而久困禮部

〇一〇　醉吟草二十五種二十五卷止軒序跋一卷　（清）王繼香撰　清光緒稿本　三册　浙江大學圖書館藏

館藏單位原題：醉吟草一卷止軒序跋一卷

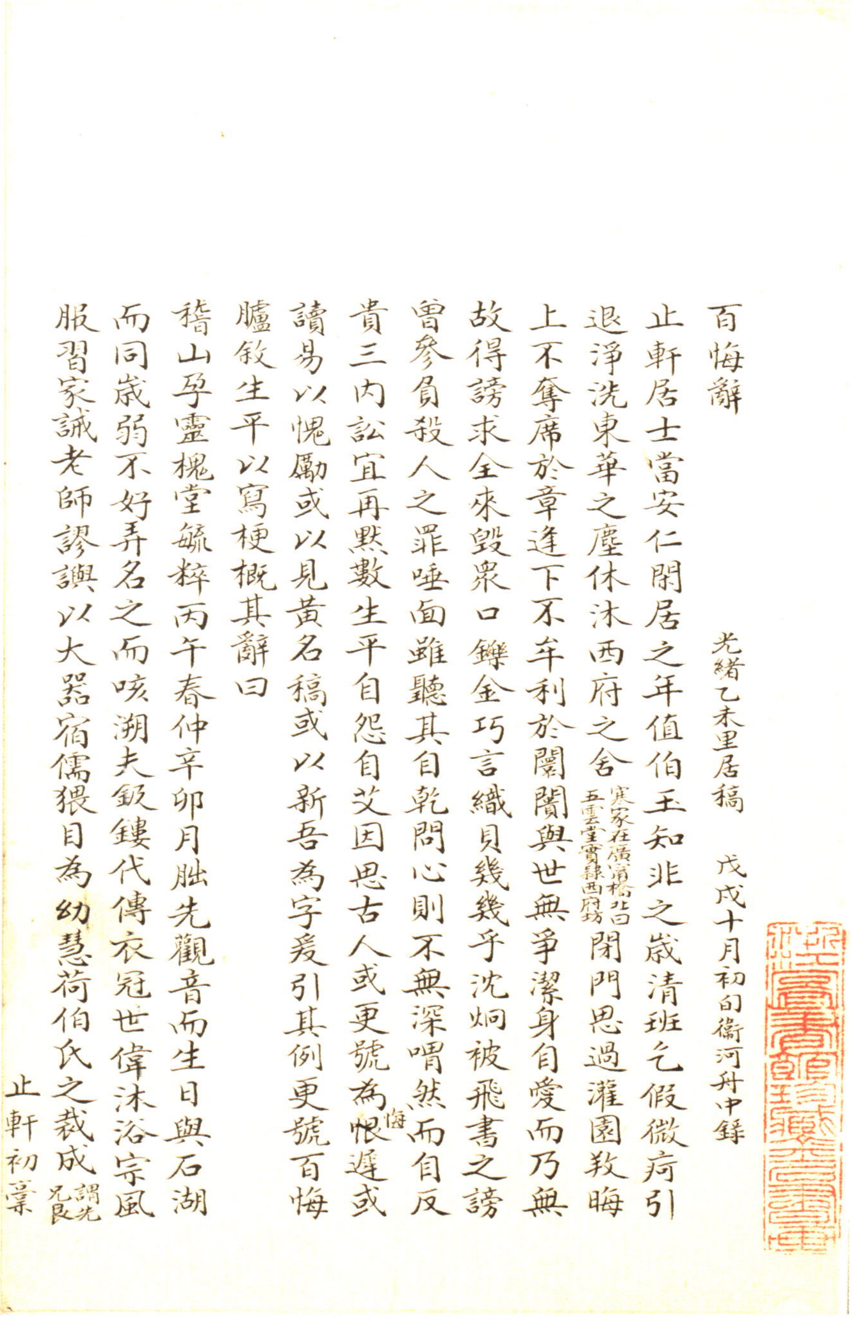

百悔辭

光緒乙未里居稿　戊戌十月初旬衛河舟中録

止軒居士當安仁閒居之年值伯玉知非之歲清班乞假微疴引退淨洗東華之塵休沐西府之舍寒家在廣甯橋北日五雲堂實隸西府坊閉門思過灌園教晦上不奪席於章逢下不牟利於闤闠與世無爭潔身自愛而乃無故得謗求全來毀衆口鑠金巧言織貝幾幾乎沈炯被飛書之謗曾參負殺人之罪唾面雖聽其自乾問心則不無深喟然而自反責三内訟宜再默數生平自怨自艾因思古人或更號為恨〔悔〕遲或讀易以愧勵或以見黄名稿或以新吾為字爰引其例更號百悔臚敘生平以寫梗概其辭曰

稽山孕靈槐堂毓粹丙午春仲辛卯月朏先觀音而生日與石湖而同歲弱不好弄名之而咳湖夫鈒鏤代傳衣冠世偉沐浴宗風服習家誡老師謬譽以大器宿儒猥目為幼慧荷伯氏之裁成謂先兄良

止軒初稾

〇一一　百悔辭不分卷　（清）王繼香撰　清光緒稿本　一册　浙江圖書館藏

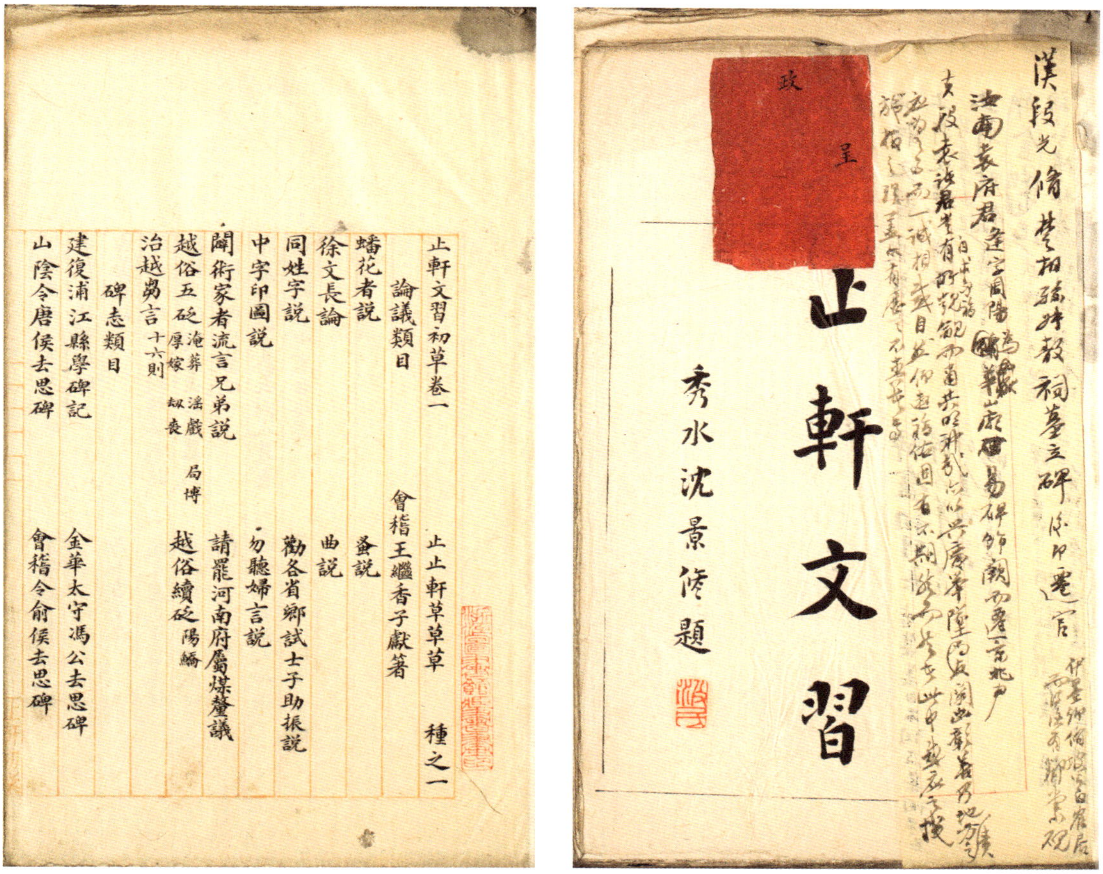

〇一二 止軒文習初草四卷文蜕初草一卷 （清）王繼香撰

稿本 清鮑臨 清沈景修 清陶濬宣 清陳璚題簽 五册 浙江圖書館藏

第二批《浙江省珍貴古籍名録》，名録編號 00399

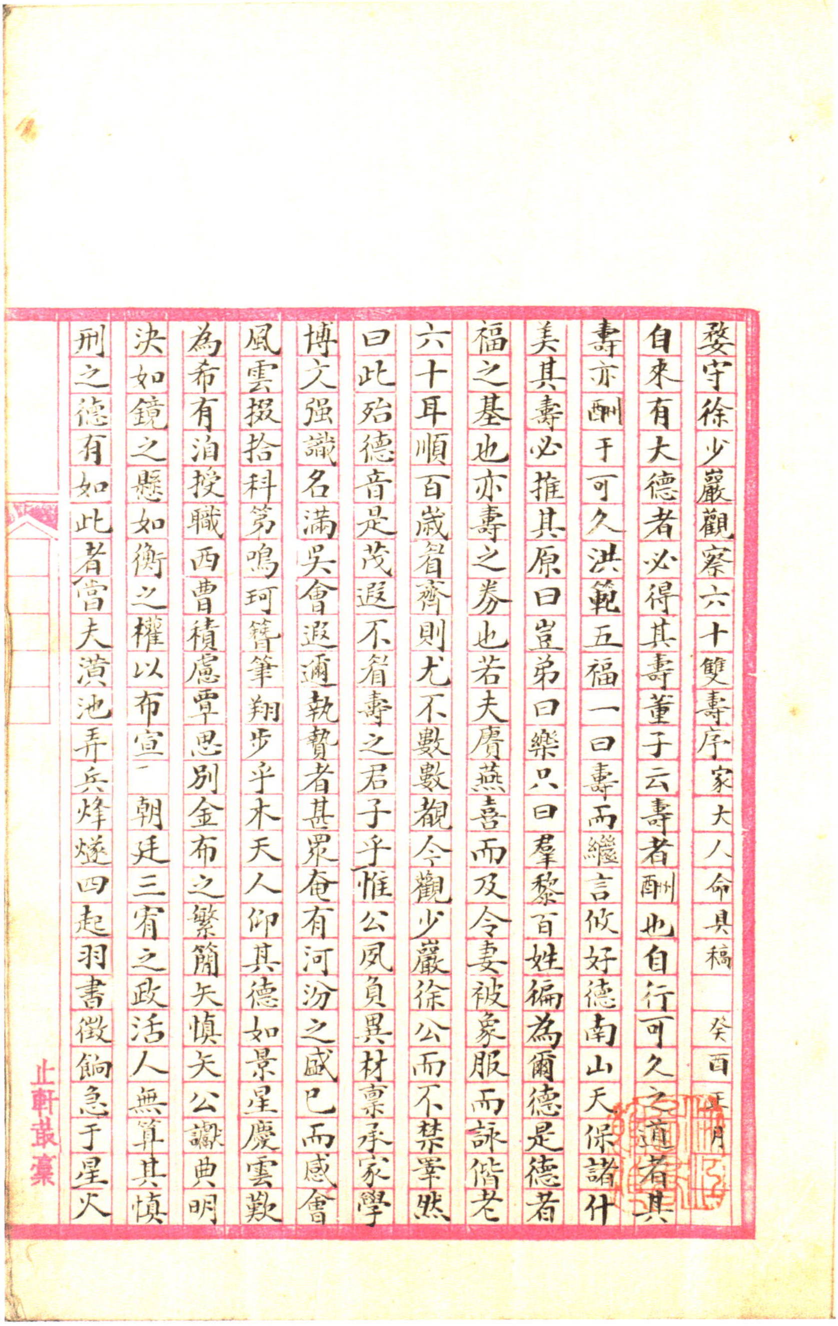
婺守徐少巖觀察六十雙壽序家大人命具稿　癸酉五月
自來有大德者必得其壽董子云壽者酬也自行可久之道者其
壽亦酬于可久洪範五福一曰壽而繼言攸好德南山天保諸什
美其壽必推其原曰豈弟曰樂只曰羣黎百姓徧爲爾德是德者
福之基也亦壽之劵也若夫賡燕喜而及令妻被象服而詠偕老
六十耳順百歲肖齊則尤不數數覯今觀少巖徐公而不禁睪然
曰此殆德音是茂遐不眉壽之君子乎惟公夙負異材稟承家學
博文强識名滿吳會遐邇執贄者甚衆奄有河汾之盛已而感會
風雲掇拾科第鳴珂簪筆翔步乎木天人仰其德如景星慶雲歎
爲希有洎授職西曹積慮覃思别金布之繁簡矢慎矢公讞典明
決如鏡之懸如衡之權以布宣朝廷三宥之政活人無算其慎
刑之德有如此者嘗夫潢池弄兵烽燧四起羽書徵餉急于星火
止軒藁

〇一三　止軒文習外編不分卷　（清）王繼香撰　清光緒稿本
一册　浙江圖書館藏

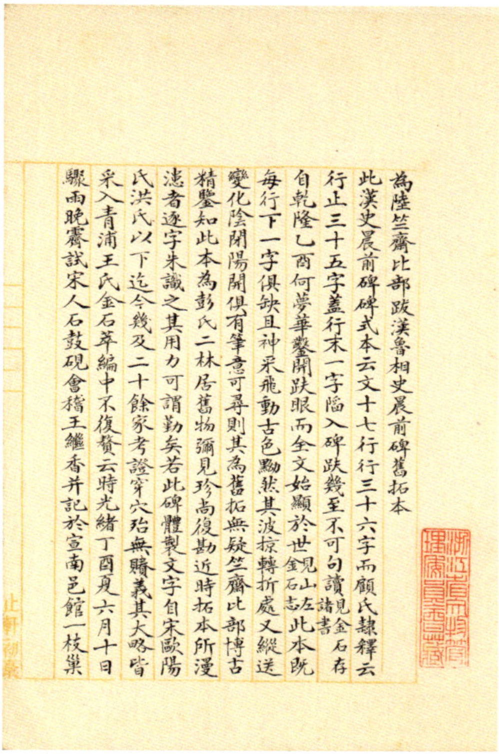

為陸笠齋比部跋漢魯相史晨前碑舊拓本
此漢史晨前碑碑式本云文十七行行三十六字而顧氏隸釋云
行止三十五字蓋行末一字陷入碑趺幾至不可句讀見金石存諸書
自乾隆乙酉何夢華鑿開趺眼而全文始顯於世見山左金石志此本既
每行下一字俱缺且神采飛動古色黝然其波掠轉折處又縱送
變化陰開陽闔俱有筆意可尋則其為舊拓無疑笠齋比部博古
精鑒知此本為彭氏二林居舊物彌見珍尚復勘近時拓本所漫
漶者逐字未識之其用力可謂勤矣若此碑體製文字自宋歐陽
氏洪氏以下迄今幾及二十餘家考證穿穴殆無賸義其大略皆
采入青浦王氏金石萃編中不復贅云時光緒丁酉夏六月十日
驟雨晚霽試宋人石鼓硯會稽王繼香并記於宣南邑館一枝巢

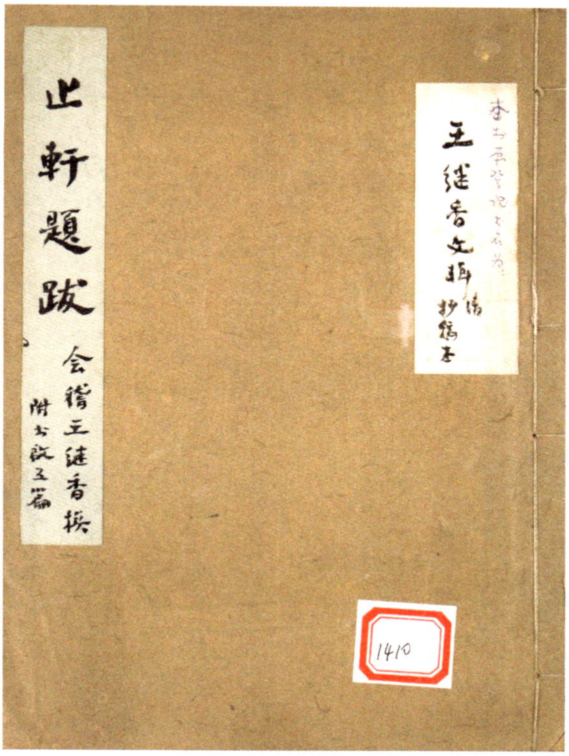

〇一四　止軒題跋一卷　（清）王繼香撰　稿本　一册　浙江圖書館藏

止軒散體文鈔

卷二

傳略類目

凌月槎太守家傳
葛青伯家傳
潘伯循駕部傳
舅氏俞海颿公家傳
樾圃司馬君家傳
朱聘園封公家傳
族弟繼新家傳
程孝女生傳
何貞孝女傳贊
長姑姚節母家傳

會稽王繼香子獻類稿

郭都司家傳
周笑巖先生詩傳
沈素庭先生家傳
孝義沈守和家傳
蒼波外史小傳
陳節婦五家傳
李孝烈女傳
陳節婦許氏家傳論
族祖姑字屠五貞女傳論

〇一五　止軒散體文鈔一卷　（清）王繼香撰　清抄本　一册　中國科學院文獻情報中心藏

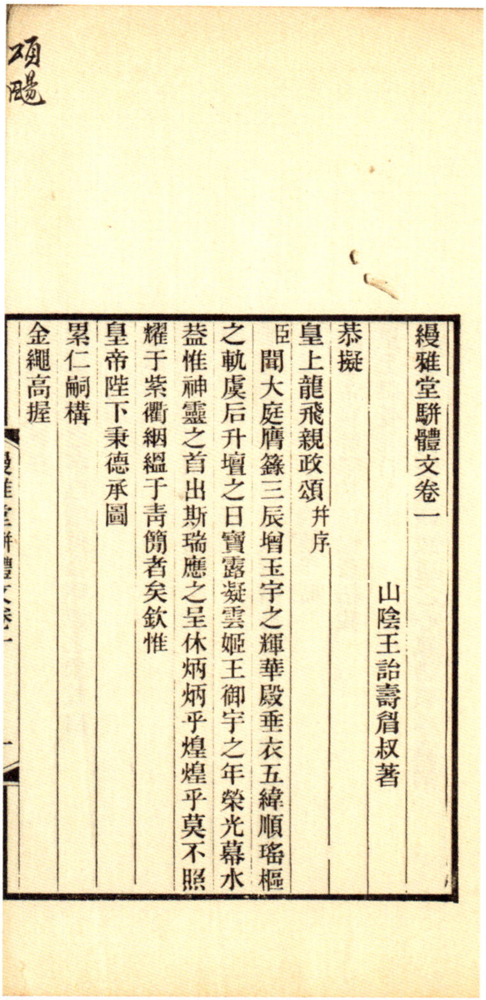

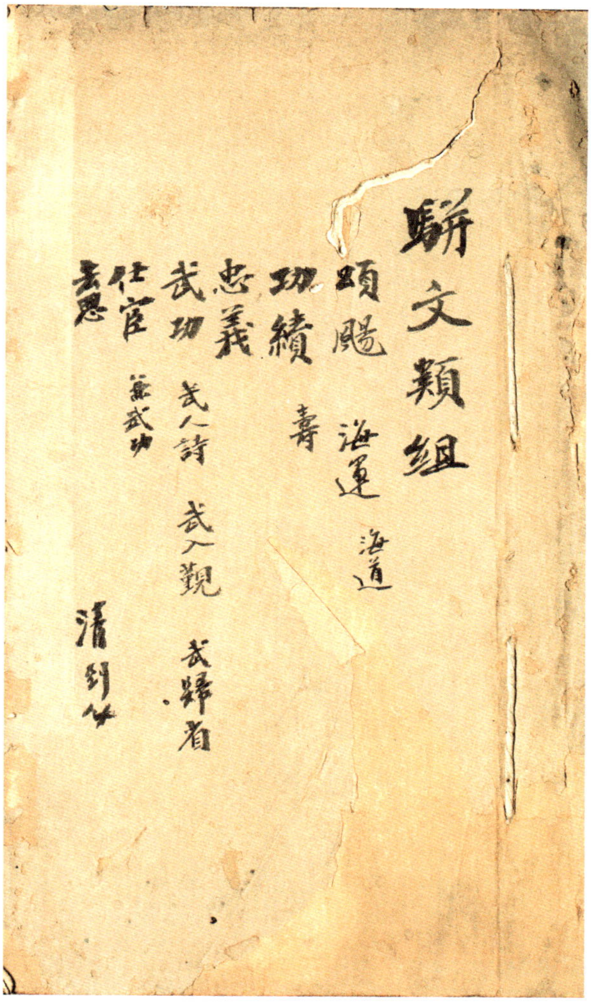

〇一六 駢文類組五卷 （清）王繼香編 清光緒十一年(1885)
稿本 五册 紹興圖書館藏

拙著記目

止軒文習初草 散文　止軒文蛻初草 駢文

怱寮介麋草 上卷散文下卷駢文

醉吟草 古今體詩　沈寶森陶方琦鄧濂撰序　翁同龢題檢

醉盦詞韋草 詩餘　郭傳璞撰序　潘祖蔭題檢

醉盦詞集外草 上卷集姜白石詞句下卷集詞牌名　李慈銘譚獻陶方琦評識　沈景脩陳璚題檢

醉盦蕞草 八種

楹聯　硯銘 俞樾 沈寶森撰序　徐樹銘王詠霓題檢

碑斠　簡隶

書槷　畫髓

印話 徐樹銘題檢　觥侑 或作觥媵　觵董

右共十四種合名止止軒草草

〇一七　王繼香文稿一卷　（清）王繼香撰　清光緒稿本　一册

中國科學院文獻情報中心藏

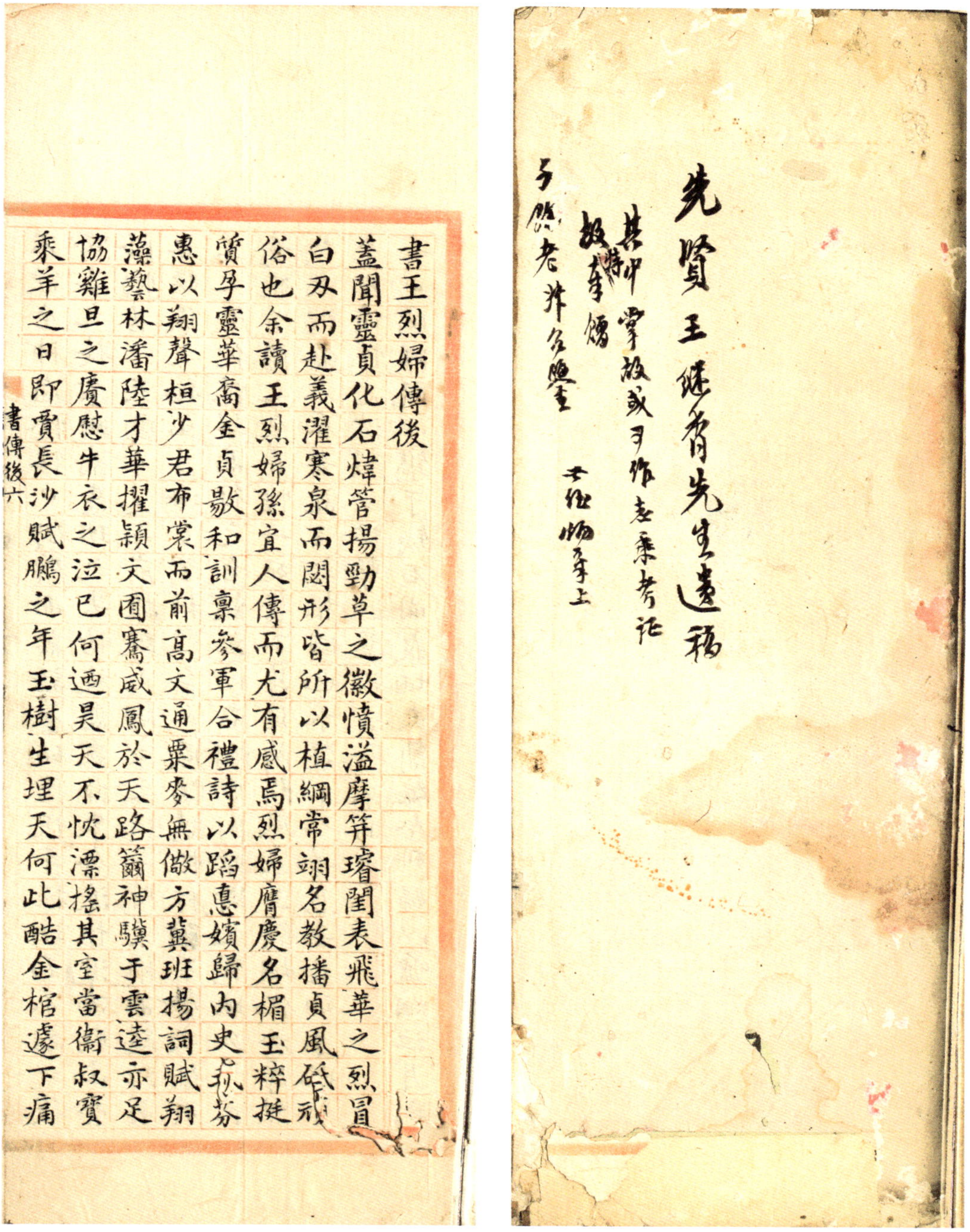
書王烈婦傳後

蓋聞靈貞化石煒管揚勁草之徽憤溢靡笄璿閨表飛華之烈冒白刃而赴義濯寒泉而閟形皆所以植綱常翊名教播貞風砥頹俗也余讀王烈婦孫宜人傳而尤有感焉烈婦膺慶名楣玉粹挺質孕靈華裔金貞歙和訓稟參軍合禮詩以蹈惠嬪歸內史秋芬惠以翔聲桓少君布裳而前高文通粟麥無儆方冀班揚詞賦翔藻藝林潘陸才華擢穎文囿騫威鳳於天路籥神驥于雲逵亦足協雞旦之賡慰牛衣之泣已何迺昊天不恤漂搖其室當衛叔寶乘羊之日即賈長沙賦鵩之年玉樹生埋天何此酷金棺遽下痛

書傳後 六

〇一八 先賢王繼香先生遺稿不分卷 （清）王繼香撰 稿本 一册 紹興圖書館藏

醉盦詞序

朱竹垞氏謂宋越州以詞名者陸游高觀國尹煥王沂孫輩先後輝映今所傳樂府補題可覆也予案晉書夏統傳小海唱實長短句之萌芽近時越中如李蓴客霞川花隱詞周叔子東甌詞暨皋社之王眉叔笙月詞孫峴卿寄龕詞陶子縝蘭當詞推陳出新浸欲頡頏古作者予曾諷誦之而王君子獻與予習且久治詩古文有聲尤於詞辭夫詞者詩之餘也詩有難堪之境難達之情難顯之景鏤塵吹影惟詞為宜君幼被賊虜李頻知名倖脫虎口泰興吳和甫師之按浙也予與君受知尤深君既食餼稟登賢書計偕之長安慢尾歌頭傾倒輦轂春闈報罷走燕趙齊魯數千里沂江亂淮暫弛負擔同人咸讙呶為樂君獨叉手茶檣酒幔中幽夐冷峭其素性然也君五試禮部而航海者九歸作海天琴嘯圖寄意

醉盦詞　戊辰

雨中花　吳淞舟中

一棹琴尊烟水裏儘消受淺吟閒醉江上愁雲波酒邊酸雨半是離人淚　昨夜西風蘋末起把寒信送來枕底魂也禁寒欲歸不得抱枕沈沈睡

虞美人　舟行

好山四面如迎客客思隨山疊折斜陽一片疊烟螺其奈客愁更比亂山多　打頭連日風偏惡帆卸牙檣矗歸心說與石尤知索性倒吹船返鏡湖湄

臨江仙　秀水道中同孫峴卿年丈

一片輕陰連暝色吳船同泊吳江江山無奈閱滄桑水清峰更秀郵僻市尤荒　烟雨樓空歌舞散劇憐衰草斜陽南湖何處覓鴛

〇一九　醉盦詞不分卷　（清）王繼香撰　清光緒三十年(1904)稿本
清潘祖蔭 清陳璚題簽　五册　浙江圖書館藏

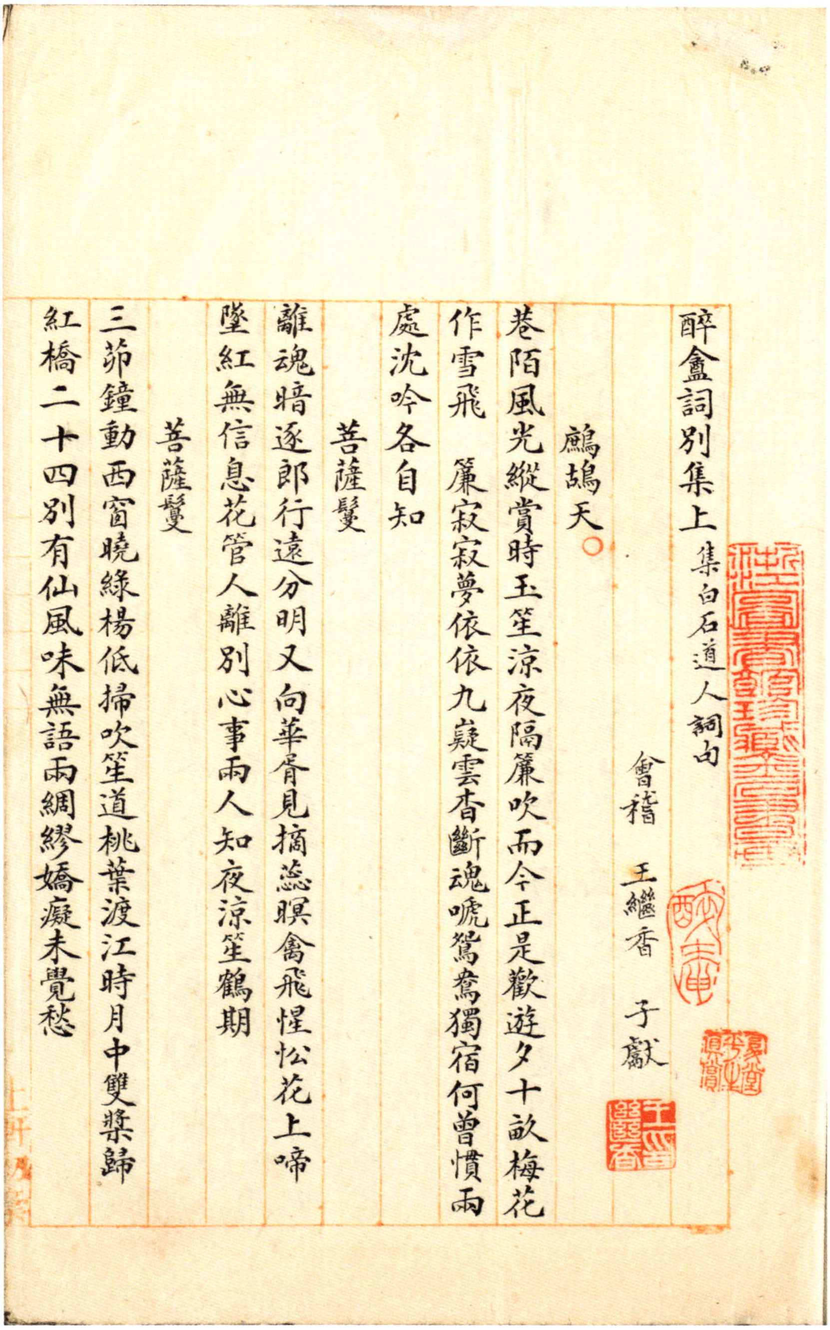
醉盦詞別集上 集白石道人詞句

會稽 王繼香 子獻

鷓鴣天

巷陌風光縱賞時玉笙涼夜隔簾吹而今正是歡遊夕十畝梅花作雪飛 簾寂寂夢依依九疑雲杳斷魂啼鴛鴦獨宿何曾慣兩處沈吟各自知

菩薩蠻

離魂暗逐郎行遠分明又向華胥見摘蕊暝禽飛惺忪花上啼 墜紅無信息花管人離別心事兩人知夜涼笙鶴期

菩薩蠻

三茆鐘動西窗曉綠楊低掃吹笙道桃葉渡江時月中雙槳歸 紅橋二十四別有仙風味無語兩綢繆嬌癡未覺愁

〇二〇 醉盦詞別集二卷 （清）王繼香撰 稿本 清陳璚 清沈景修題簽 清李慈銘 清沈景修 清陸詒經 清伊立勳 清陶方琦 清文悌 清馬賡良 清孫德祖 清譚獻 清桂坫題記 清馬寶瑛題款 清應寶時批并題記 一册 浙江圖書館藏

第二批《浙江省珍貴古籍名録》，名録編號 00419